U0016792

# 大減速

飛躍式成長的終結，後疫情時代的全球脈動及契機

## DANNY DORLING
## 丹尼・道靈

克斯汀・麥克勒（Kirsten McClure）———— 繪　唐澄暐———— 譯

# SLOWDOWN

The End of the Great Acceleration——
and Why It's Good for the Planet, the Economy, and Our Lives

# 目 次

CONTENTS

**推薦序**

# 返璞歸真成就永續發展

### 吳惠林
中華經濟研究院特約研究員

　　千禧年以來，「永續發展」逐漸響徹全球天際。究其內涵，「生活的目的在增進人類全體的生活，生命的意義在創造宇宙繼起的生命」是很貼切的詮釋，畢竟「人是萬物之靈」，地球為人而存在，而人生在世得好好生活，一代傳一代，代代相傳才得以永續。

　　多年以來，天災人禍紛至沓來，甚且越演越烈，2020年新冠肺炎世紀大瘟疫猖獗，全球各地熱浪洪水此起彼落的「水深火熱」，樓塌空難不斷發生，世人不婚不生致少子化、老人社會的降臨，「末世」、「毀滅」之聲都已傳了開來，如何能永續發展呢？有這麼一說：「科技」在知識、創新的加持下無止境發展，被認為是靈丹妙藥。

## 資源稀少可由科技破解？

　　回顧歷史，人類對科技的依賴已有不短的時間。1798年古典學派經濟大師馬爾薩斯（T.R. Malthus,1766-1834）提出「人口呈等比級數成

長，糧食只以算數級數增加」，因而人類將在「生存線上」掙扎苟活，陷入「貧窮陷阱」。但迄今此情此景在絕大多數國家都未出現，而「技術進步」就被公認是主因，尤其工業革命、電力的發明、各種能源的發展、電腦、AI等等的持續發展，更讓人類對技術進步充滿信心。

任何人要過日子存活，食衣住行育樂是必要的，而使用資源就避免不了，於是很早就遇到「資源是否有限、是否稀少」的根本課題。在諸多資源中，「自然資源」最為根本，在基礎經濟學開宗明義就明示「人的欲望無窮、資源有限」，於是「選擇」也就成為經濟學的核心，「代價」、「成本」的觀念，或「天下沒有白吃的午餐」之警語也隨之出現。不過，空氣、陽光和水這三種人類日常生活必需品，卻曾有「取之不盡、用之不竭」之說。但不可否認的，這人生三大寶也早已必須支付代價，其逐漸成為稀少也應該是無疑義的了！

那麼，連這三種自然資源都已逐漸變為稀少了，更遑論其他資源！但是，二十世紀末問世的一些著作，卻仍有不一樣的看法。例如保羅・皮爾澤（Paul Zane Pilzer）在1990年出版的《點石成金》（*Unlimited Wealth*），就以「技術進步無窮無盡」（該書中稱為「經濟煉金術」）來否認人世間存有稀少性，亦即，透過技術的進步，資源的使用及創造「很可能」永無止境。

相對於這種「樂觀」的看法，也早有另一種極端的「悲觀」論調出現，就以1968年生物學家保羅・埃爾利希（Paul Ehrlich）出版的《人口炸彈》（*The Population Bomb*）這本暢銷書和1972年春季問世的《成長的極限》（*The Limits to Growth*）最具震撼力！

前者承襲馬爾薩斯對人口激增的憂慮，三百頁的內容述說著地球正

被摧毀，因為人類像挪威的田鼠一樣繁殖。該書第一句話「養活全人類的戰鬥已經結束。就算即刻啟動任何緊急應變計畫，70和80年代仍有數億人即將餓死」，當時激發經濟學家朱利安・西蒙（Julian Simon）的極力駁斥，展開一場精彩的經濟與生態間關係大辯論，而環保與經濟競合的議題也從此開展，「綠色運動」也被催生了。

後者是羅馬俱樂部（The Club of Rome）的作者群以計量模型估算出資源到達極限的時日，這曾給世人帶來無比的震撼，正巧的是，1973至1974年第一次石油危機發生，更加深世人的恐懼感。

## 悲觀樂觀壁壘分明

此後討論自然資源和環境危機的著作、會議就如雨後春筍般湧現。環境經濟學、資源經濟學自此普遍受到重視、甚且蓬勃了。直到現在，對環境資源各抱持悲觀和樂觀兩種極端論者仍為數不少。

到底是悲觀論者對或者是樂觀論者正確，極可能永遠沒有答案，而關鍵就在對「技術進步」的看法。處在E社會的知識經濟時代，人們對科技的看法似乎偏向正面、樂觀，而無止境的進步也在電腦、網際網路等等高科技產品面世之後被較樂觀的認定。不過，科技進步促進經濟成長可能是無止境的嗎？縱使科技進步是無止境的，其對人類的「福祉」一定是正面的嗎？而政府以政策再予以強化，是否應該呢？

E社會的知識經濟時代所依恃的就是高科技的日新月異，但即使是一般人所認識的物質性狹義經濟，自2000年下半年開始，連以「新經濟」在1990年代吃香的美國經濟也走入不景氣，而「新經濟是否已成明日黃

花？」已由質疑成為肯定。無論如何，1990年代的「新經濟」終究還是落入「生產力遞減」的宿命，而「景氣循環」也仍是難免，科技進步對經濟成長的支撐也總是有起有落。迄二十一新世紀伊始的全球經濟嚴重下滑，又有「空前危機」的論調出現，這至少告訴我們，靠科技來引導狹義物質性經濟成長畢竟仍是有限度的。其次，縱使科技仍會不斷進步，但高科技所伴隨的風險是否越高呢？

　　眾所周知，科技進步依靠電力，一旦電力不繼或管理失當，所造成的損害是否相對大？我們是否該嚴肅思考過分依恃電力的科技進步，相對地風險是否也越來越高？

## 科技風險繫於人心

　　這種不是人類有意製造的風險，除了對日常生活越來越依賴電力，以及諸多電器電腦產品對現代人會帶來越來越大的「意外損害」之外，每個活生生的行為人由於科技的越見發達，原始的求生本能會不會越來越消褪、甚至於有朝一日喪失殆盡呢？

　　除了一旦出現意外，現代科技用品即停擺無法使用外，科技越發達，其產生的能力越大，一旦用在作奸犯科事務，反而會對人類產生無比的危害。舉例來說，諾貝爾發明炸藥，若用來開採礦產或作為建設之用，固然可在物質層面上造福人群，一旦作為戰爭用的各式武器上，其禍害實在難以計量。就人類歷史上幾次世界大戰之慘狀，以及日常生活裡惡徒更方便作案，而善良無辜民眾的安全威脅更大，已可知這種顧慮並非危言聳聽。2001年9月11日美國紐約雙子星世貿大樓遭受的「911」

驚恐事件就是活生生見證，而國際恐怖分子之所以越見囂張且難除，現代科技的助力正是主因。其實，當今社會幾乎無孔不入的騙案，也是高科技產品扮演推波助瀾角色的啊！

推理至此，一個重要的根本性課題就浮現出來了：現代科技產品是「工具」，其本身設計不良或使用者疏忽所產生的不安全性，固然越來越高，最嚴重的是有些「人」刻意使用它來戕害同類。所以，讓我們深自思考的是：「人心是否越來越淪喪？」果真如此，「到底已淪喪到何等地步？」而這種現象與科技的進展是否呈現極高的正向關係？能夠找回「善良的人性」嗎？

正當思索這些重大課題時，《成長的極限》第三版在2004年問世。作者期望人類能「永續發展」，但他們認為以「成長」為手段是不可能的，因為「成長」無論如何都有其「極限」，他們用理論、用數據、用數學模式，以各種模擬方式來告知世人各種發展的結果。他們不只提出警示，更殫精竭慮試圖找出永續發展之道，他們並非反對成長，只是指出成長有其限度，不可能無止境的追求成長，也不能妄想以科技作為克服極限的靈丹妙藥。

該書在1992年曾出第二版，書名改為《超過限度》（*Beyond the Limits*），第三版表明由於人類不自愛，沒能聽進去本書的忠告，不只忠言逆耳還變本加厲，在「科學萬能」、「迷信科技」下戮力追求成長，於是「成長的極限」時期縮短，只不過二十年光景已瀕臨「超越限度」。作者在第三版自序中提出一個非常重要的觀念，用白話說就是人總是「事到臨頭」才驚覺「大禍已至」，但「為時已晚」。作者們深諳世人的此種通病，乃寫作此書，期盼浸泡於自私、追求短利的世人，能記取古人

「未雨綢繆、防範未然」之訓詞。

## 永續之道在人心回升，生活返璞歸真

遺憾的是，由本書在三十年間推出三版、且間隔越來越短觀之，「言者諄諄，聽者藐藐」應是活生生寫照，第二和三版都以最新資料作相同方式的極限推估，而「超限」、「崩壞」、「毀滅」等等名詞也紛紛出現。其實，只須稍微注意，天災人禍、水深火熱、資源耗竭等實景和警訊都在我們當前日常生活中一再出現，在中國、印度等大國也加入追求經濟成長的行列之後，更加速地球資源的掏空，特別是極權中國，無法像民主社會一樣還有法治、人民，以及市場機能的監督、調節，所採用的強取豪奪的「成長方式」，更是極限期縮短的元凶。

《成長的極限》第三版中作者們希望世人：「回復人性，懷抱更大同情心，提高資源使用效率」，如此，「世界就能讓成長速率回到極限範圍內，且因而得以避免崩毀的命運」。如今，世人的確面臨最嚴苛的「選擇」，說到底，是走向「新生」抑或陷入「崩毀」，繫於每位地球人的「一念之間」，而「人心回升，找回誠信倫理」仍是當下「各個人」最起碼的使命。不要忘了，「人生如寄旅」，不能讓旅店在我們這一代過客手中崩毀，而「清心寡欲、儉（簡）樸人生」應該就是最佳的選擇哪！

## 「大減緩」是大好事

十五年後，英國牛津大學地理學教授丹尼・道靈（Danny Dorling）

在《大減速》這本巨著呼應了《成長的極限》之籲求。作者在這本創意十足的書中，自全球資料寶庫中汲取大量豐富的數據，繪製六十多個「時間線」圖，揭露人類的所謂「成長、進步」，其實從1970年代早期就已開始放慢，恰好是能源危機、環境汙染問題爆發的時候，作者將負債、氣候、溫度、人口統計、生育、經濟成長、社會運動、甚至是地緣政治都各以一章的篇幅，利用視覺化手段說明並證實這些事物都已經在過去幾個世代中穩定循環地下降。最讓人意外的，「科技進步」的速度其實也在急速減慢。

大體而言，現代人都認為新科技重塑我們的日常生活，也大都相信新科技正推動我們的文明航向新而未知的領域，也支撐著永續發展。那麼，如今科技進步的速度正在急速減慢，不是前程暗淡了嗎？永續發展不也將成泡影了嗎？妙的是，作者不但沒在感嘆這樣的形勢變化，而是把這當作充滿希望的一刻、當作邁向穩定的行動來接納；而他也注意到，許多更早以前曾決定近代歷史的大幅躍進，都一併帶來了蔓延四處的戰火、帶來分裂的社會，以及大規模的貧富不均，他因此將我們當前的趨緩視為充滿希望且邁向穩定的一刻，而欣然接受之。

丹尼・道靈在這本說服力十足的新書中，證明減速的新紀元給了我們穩定經濟、增進平等，並停止進一步損害環境的機會。他認為，我們並未朝烏托邦邁進，但到最後我們很有可能會過著更好的生活。

在防疫期間被「禁足」的時刻，突然有時間靜心思索，過往「休息是為了走更遠的路」口頭禪也得到實質領悟，而現代人「窮忙」、「盲目」、「茫然」的忙碌生活是真幸福嗎？本書最後一章〈人〉，作者引領我們回歸「真人」，告訴我們「趨緩、減緩」年代「不確定感」會消失，

好事會更長存，浪費變少，諸多當前社會環境大問題的事情都不再造成困難，也都不再是問題，每個人都將做自己總是做過的事，以及在大加速開始的很久以前，大加速期間和大加速結束後都做過的事——享受朋友、歡樂、家庭。他最後問說：大家對未來有啥期待？他說他會在某處的沙灘上堆沙堡。

　　其實，在過往經濟蕭條、金融風暴出現時，都有不少人選擇回歸傳統，返本歸真過儉樸生活，畢竟「人的行為」不像挪威的田鼠，「人是會自己找尋出路的」，人有頭腦，會對周遭世界的變化做出反應，不過，政客和左派社會主義者總喜歡關注短期趨勢，並錯誤地將它們推斷為二十、五十和一百年，於是趕緊利用政府祭出各種紓困、管制、干預政策，讓短痛變為長痛。幸好，擁有聰明才智的「自由人」總能發揮「置於死地而後生」的本能自救、突破困境尋得出路。這本《大減速》就是訴說這樣的歷史故事，任何人讀它都會增強逆流而上的信心，永續發展也更永固！

# 致謝

　　感謝我的父親，如今整天在林地花園裡掃落葉、餵鳥兒、快樂自在的大衛‧道靈（David Dorling），他好心地為我修訂本書第一、第二和第三版草稿。也要感謝我的母親布隆溫‧道靈（Bronwen Dorling），她總跟我說，只要全心全意，什麼都做得到，而且我愛做什麼都可以。愛利森‧道靈（Alison Dorling）面對我的局限就比較務實，但也始終熱心確保這個計畫值得這番工夫。謝謝羅比‧道靈（Robbie Dorling）、伊奇‧道靈（Izzy Dorling）和索爾‧道靈（Sol Dorling）容忍我老是放不下這件事，從他們三個的老大還是青少年就開始想，一直想到老么已經青少年、老大都長大成人找到第一份穩當工作，都還想個沒完。

　　我特別要謝謝澳洲的安東尼‧凱拉—卡奈爾（Anthony Caira-Carnell），儘管他深受英國國家醫療服務系統（National Health Service, NHS）的血液感染醜聞所害而苦於血友病，人又在16,000公里外，卻還是好心答應閱讀最後一版草稿，針對我原地兜圈之處提出鉅細靡遺的建議，且保持頭腦清醒。我也要由衷感謝凱倫‧淑克（Karen Shook）和克萊兒‧杭恩（Claire Hann），兩人在我混合那麼多其他人的想法和修編之後，都還讀過每一個草稿章節並加以改進，而且她們做起這件事的高標準，更令我望塵莫及。接著，蘇珊‧萊帝（Susan Laity）又順暢地接手製作這本圖片甚多的複雜書籍，並把我介紹給羅賓‧杜布朗（Robin

DuBlanc），我有幸（在線上）遇到最思慮周密且客氣有禮的審稿人。雖然說銷售書籍時總會強調作者個人，但這樣的一本書其實是龐大團隊的共同結晶，而不是個人成果。

　　我也特別要感謝克斯汀・麥克勒（Kirsten McClure），她設計出把書中時間線轉換成你眼前圖片的固定風格，並把我未加工的 Excel 試算表全部以此風格重新繪製。還有太多人也協助我並提出建議，我要感謝史秋潔和中谷友樹各自在中國和日本統計數字上的協助；另外，再次謝謝史秋潔利用許多不同資料集產出本書內容以外的大量時間線，而這些現在都放在本書的網頁上（且所有人都可自由取用）。我也要謝謝羅倫莎・安東努西（Lorenza Antonucci）、班・艾爾（Ben Ayre）、安妮可・霍爾瓦（Aniko Horvath）、卡爾・李（Carl Lee）、約翰・麥基奧恩（John McKeown）、哈蒂加・魯夫（Khadija Rouf）、賽門・萊德（Simon Ryde）、克萊格・特威福特（Craig Twyford）、塔拉・凡・戴克（Tara van Dijk）等人（我應該先留名單的），在我緩慢嘗試梳理亂成一團的思維、看法和七零八落的證據放進本書，並有點令人厭倦地著迷於發現幾乎每個觀察對象都顯現出一些趨緩證據時，好心地針對許多章節的初期版本提出建議。

　　同時非常感謝 2019 年 2 月第一次聽我講述這些想法的劍橋大學（University of Cambridge）理科大學生所提供的感想；感謝該年 3 月對時間線第一版草稿提出意見的倫敦政經學院（London School of Economics）大學生；感謝所有於 2019 年 5 月，當我在牛津馬丁學院（Oxford Martin School）第一次公開講授這個主題之後給予意見的人；還有倫敦各大學經濟社會研究理事會（Economic and Social Research Council）資助的博士生

們於2019年6月提供的觀點。

　　最後，我最想要感謝的是耶魯大學出版社（Yale University Press）編輯喬・卡拉米亞（Joe Calamia），如果沒有他，本書可能會慢上好一陣子才開始動筆，甚至很可能完全不會動筆。他不僅有耐心、沉著冷靜且十分親切，我想他會十分適應嶄新的未來。

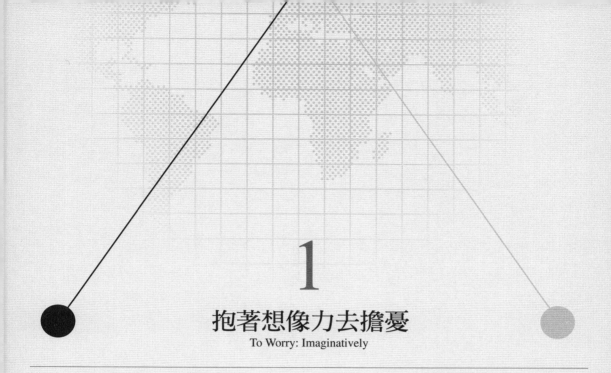

# 1
## 抱著想像力去擔憂
### To Worry: Imaginatively

根據週三公布的政府最新數據,韓國的生育率——也就是每位成年女子的預期產嬰數——在 2018 年下滑到 0.98 人。
　　——2019 年 8 月 28 日,宋廷亞(Song Jung-a,音譯)發表於南韓首爾

過去一百六十年裡，人類的數量已經翻倍又翻倍，而且幾乎又要再翻一倍。過去人類從未在這樣少少幾個世代裡就如此激增，以後也不會再這樣了，現在我們的人口成長已經慢了下來。1859年，查爾斯·達爾文（Charles Darwin）寫道：「各種生活於自然狀態下的動物，在接連兩到三季內處於有利環境時驚人快速增加的眾多記錄案例。」[1]他從極小的幼苗一路舉例到碩大無朋的大象，討論自然界非常罕見的、單一物種數量出現指數成長的例子。事實上，他大可選出一個最佳案例，也就是自己所屬的物種，當時正史無前例地開始在世界各地以指數增加數量的人類。

現在，趨緩（slowdown，這個詞彙在1890年代開始使用，意指以更慢速度前進）的影響力遠遠高過我們的人口成長率，幾乎全方面影響我們的生活。當前的趨緩大幅挑戰人們對加速的期望，也代表著踏入未知境界。我們當前的信念體系（經濟的、政治的，以及那些之外的）有多大程度是建立於一種假設，認為未來技術會高速變革且經濟會永久成長？若要接受「一陣趨緩將迎面而來」的想法，就必須轉變自己「把變革和發現當成百利無一害」的基本觀念。我們能否接受，不該再期望永不止息的技術革命？光是感覺到有可能無法永續革命，本身就已經夠嚇人了。如果假定趨緩不太可能發生，且一個個全新大變革都近在眼前，我們會犯下什麼樣的錯誤？如果以後一切都跟現在差不多，就只有改變的速度趨緩，會發生什麼事情？

想像一下，你一輩子都待在一列快速前進的列車上，然後突然覺得有人踩了煞車，你會擔心接著要發生什麼事。現在想像一下，不只是你，而是你認識的所有人——也包括他們的父母、祖父母、曾祖父母，

遠溯至任何能記住的人——都活在同一列快速前進的列車上，而列車差不多在所有人的一輩子裡都一直在加速。對你來說，以不要命的高速飛馳前進已經感覺輕鬆自在，但現在卻可以開始感覺到趨緩，這種新穎而駭人的感受。然而，因為列車還是在快速前進，所以周圍的人仍在談加速——越來越快的變化速度，儘管實際上列車已經再也不會變得更快。有些事情已經變了，窗外的地景飛逝得已經沒那麼快；每件事物都在趨緩，一個時代正在結束。

近幾個世代發生的大加速，產生我們所處的這個文化，它創造出我們當下對於某一類進步的特定期望。當我說「我們」的時候，指的是現在地球上較老的大多數人，那群一般來說都目睹自己的健康、居住和工作場所比父母、祖父母更加進步的人；我是指那些見證教育時間延長的人，那些在一生中眼見赤貧和窮困都逐漸遠去的人；我想到的是，那群現在有種感覺、認為下一代不會過得比自己現在好到哪裡，正感受到一股全新趨緩氣息的人。

我們會覺得當下這個時代特別令人困惑，是因為過去幾個世紀實在沒有什麼趨緩的例子好參考。然而，趨緩實在是一件好事——若不趨緩的話，就是難以想像的糟糕。如果我們不慢下來，就無法躲開眼前災難。我們會弄壞僅有的家園、居住的行星。我們需要慢下來，因為我們以高速達到的不會是別處，只會是慘烈的下場。趨緩代表我們不需要擔心保羅・埃爾利希（Paul Ehrlich）和安・埃爾利希（Anne Ehrlich）在1968年著作《人口爆炸》（*The Population Bomb*）最後所描繪的，那種最糟糕的全球饑饉情況；在該書中，他們最後的結論是應該讓印度人民飢餓：「在（作者自己提出的）鑑定處理順序的系統中，它（印度）不該

再獲得食物。」[2]這種憂心又殘忍的結論，不久前還一度很盛行。那時候各種失控加速的描述都變得稀鬆平常。舉例來說，喬爾・以法蓮・柯恩（Joel Ephraim Cohen）這位數學生物學家在1992年寫道：

> 1970年時，普林斯頓大學（Princeton University）人口統計學家安斯利・寇爾（Ansley Coale）觀察到，美國人口從1940年以來又增加了一半。據他計算，按照這樣的成長率，美國人口會在快到2100年時達到10億。在六到七個世紀後，就會達到每個美國人只能有1平方英尺（0.09平方公尺）土地的情況；而在大約1500年後，如果我們的後代還是每三十年增加50%的話，就會比地球還重。甚至可以算出，按照這樣的成長率，在幾千年內，我們的後代會形成一團（若先不管相對論）半徑以光速擴張的血肉球體。[3]

在寇爾進行計算的約莫一年後，他所測量的東西就從此停止加速。到了1990年代初期，我們開始不那麼擔心加速。我們就是在那時候開始察覺到，持續加速已經不再可能。

慢下來。

接著退後一步。

看看周圍發生的事。

現在是2019年元旦，我剛聽了晨間廣播在討論，如果人類今年做出計畫要前往天王星和海王星旅行，並立刻開始著手規劃，我們要怎麼在

2043年把一艘太空船弄到那邊。光是要近看那些行星，就要花上幾乎四分之一個世紀。

我們被時間及空間困住，去別的地方就是會花太多時間。（但願）在未來一段很長的日子裡，我們還是會被困在這裡，困在地球上。出於碰巧好運，人口成長在1960年代晚期急遽趨緩（諷刺的是，大約就是人類首度踏上月球時）。現在沒有哪個地方的人口還在加速成長。減速已經成為常態，今天在歐洲大部分地區、遠東，還有美洲的大半地帶，人口總數都在下滑。

人口的趨緩不一定代表立即穩定，而是代表將來的穩定。最有可能的情況是，一個世紀後平均每個家庭的兒童人數會少於2個。趨緩代表著在未來一個世紀內，全球的新常態會是總人口緩慢減少。這也會代表未來幾十年內人口會持續老化，但老化速率本身也會隨人類預期壽命增長趨緩，而在不久的未來中減速，[4]全世界最長壽的人在過去二十年間並未增加。[5]

當然，隨著趨緩持續進展，將會出現本質上完全無法預測的震撼和眾多意外；但現在承認這個過程已經開始才是明智之舉。要了解那件事真實無誤，需要用一種不同於我們習慣看待自己這個時代的方式，觀察不久前的過往和現在。但首先，我們必須思考持續加速會變成像是什麼樣子。

## 眼見大加速

有許多方法能展現變化，但如果你想真正看出變化的細節──以及

變化本身有什麼在變化——最好的辦法就是觀看時間線。本書使用的方法並不尋常，在西方社會科學界很少使用。[6]然而，這是一種極有效的方式，既能展現總體有多大，同時又能強調出那個總體也在改變，不僅是在極短期間內改變，而且最重要的是全面地改變。此外，像本書這樣畫出來的時間線也能讓人評估變化的第二種衍生項目，也就是變化速率的變化。本書最後的附錄會詳細說明怎麼畫出這些圖並加以解讀。

艾薩克・牛頓（Isaac Newton）和他那個時代了解變化速率的人，應該可以輕易理解本書中用來繪製時間線的方法，畢竟那些時間線就是統計圖。已知的第一張統計圖可以回溯至1623年，就在牛頓出生的幾十年前。[7]現在跟以前不一樣的地方，就只是在於我們如今普遍地了解這種概念，但在過去只有少數人獲准學習。因為分享範圍越來越廣，新發現的增加速率一開始也快速攀升。隨著速度攀升（直到最近才停止攀升），每個世代（藉由新的圖表、新的數學、新的物理學、全新的學科，以及當作真理來取代舊神祇的科學）對每件新事物的看法也改變得更快。

圖1的範例時間線，顯示的是一個想像國度「沒這國」（Nosuchland）的人口，該國在1950年時有1億人，接下來每年都以一年2%增加。日本在1950年的人口就大約是這個數字，而且當年的成長率也是這個數字。第一年，沒這國的人口增加200萬來到1.02億人。即便在這樣顯然很中規中矩的變化率之下，總人口數還是快速成長，在三十五年後就增加一倍；1985年這個想像國度就有了2億人口，而且每年的增加人數也來到400萬（2%）。僅僅二十一年後，也就是2006年，人口就變成三倍，達到3億，且一年還會大幅增加600萬。這時間線就只是標示出對應於人口絕對變化率的人口大小。相對變化率這個百分比，一直都是2%。反觀絕

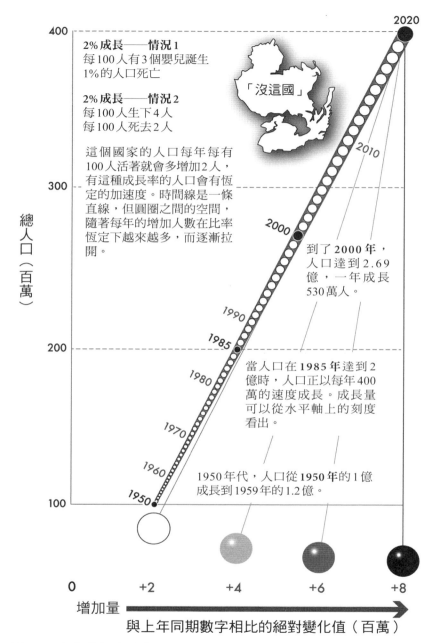

圖1　一個想像國家的人口，1950年～2020年（每年加速2％）。這是一個非常簡單的恆定加速假設範例。注意下方的單位是「與上年同期數字相比」。

對變化率，也就是人口量，則是隨著人口增加後的2%越來越大而不停增加。時間線上朝右遠離的擺錘，描繪的是變化的速度。

在圖1的時間線上，恆定的加速看起來是直線，而每年之間的間隔，也就是線上每兩個圓圈之間的間隔，則是隨著時間流逝而越來越大。這種展現變化的方式，與其他方式的關鍵差別就在這裡。用這種方式畫時間線，我們就能藉由「當實際變化量較大時，讓成長真的看起來較快」，來看出變化發生的速度。圖下方的擺錘主要只是裝飾意義。在本書的所有圖上，這個擺錘都強調該圖展現時間之起始，以及起始時間點之間的變化率，因此就顯示那兩個時間點之間變化率本身的變化。

圖1展現的模式是較富裕國家在1970年之前常發生的情況，但這樣的變化在今日越來越罕見，通常只會發生在戰爭或類似戰爭的毀滅性災難後，或者發生在目前沒有什麼事會改善，且大部分事情還會繼續惡化的最貧窮地帶：也就是更不公平、更加殘暴、更加絕望的地方。相對地，在一個真實存在的地方，好比說日本，實際上的每年人口成長率卻是從1950年的2.0%下降到1958年的1.0%，在1973年再度升高到1.5%，在1977年回跌到1.0%，在1986年跌到0.5%，並在2012年首度出現人口實際減少。

今日世界只有很少數國家的人口軌跡，會有那麼一點像圖1時間線描繪的模樣。然而，當我出生時（半個世紀前），幾乎所有的國家都走在人口成長大約2%（上下1%）的軌跡上，而透過我的出生，也在無意間加入那場未來的集體惡夢——或者說當時太多人擔憂的那件事。[8]我是在1968年出生的，那年在可以接觸最新知識的那一小群人中，有不少人都認為，這條時間線表示的想像國家反映自己的殘酷未來。

1968年觀察的人只能看到圖中1950年至1968年這一段，接下來就是用想像的。一年後的1969年，當幾個人登陸月球時，就只因為他們剛剛踏出地球，我們就以為自己也快要真的走上這一步。所以難怪埃爾利希夫婦在《人口爆炸》中會主張，人類要集體出走地球，讓少數幸運者逃過未來的全球饑荒。但才過五十年，一切都變了。

今日出生的小孩可望在有生之年看到世界人口減少──而且不用靠任何災難就能實現。如果未來有大災難造成數百萬人死亡，接下來的總人口反而可能因此加速成長，而不會持久減少。我們可以帶著越來越強的信心做出預測，如果我們得以避免這種巨大災難，很快地，人類歷史上即將出現第一次的人口自然減少。我們已經邁入趨緩時代。

## 回歸常態

在許多方面來說，趨緩會帶我們回到大加速之前的常態生活。舉一個例子就好，世界各地的物價會開始穩定，更穩定的未來不需要通貨膨脹。我們的孫輩可能會發現，一罐啤酒在六十歲那年的價錢就跟剛滿二十一歲時一樣。在那個世界裡，他們很可能無法只靠「投資」就賺大錢。過去，投資的絕大部分利潤是從未來更多的人口拿錢。舉例來說，我可能借錢蓋了一棟自己相信未來會更高價的房子，但如果未來人口較少，這棟房子可能永遠都不會漲價。我的投機會落空，未來我不會賺大錢，但──很重要的是──其他人不會被敲竹槓。

在人口趨緩期間和之後，貧富嚴重差距的狀態很難再維持。要從一批縮小且老化的人口中賺到錢將會難上加難。隨著事物減少變化，人們

可能更加通曉事物，也更難用不停增加且越來越複雜的大量「最新」、「最即時」消費品來愚弄他們；而且如果技術革新的趨緩代表能廉價傾銷的新鮮感（其實根本）沒有那麼多的話，情況就更會是如此。

那些只因社會、經濟、政治和人口加速變化──因為始終在擴張的市場才有效的銷售策略，在趨緩期間將不再帶來同樣利潤，在趨緩之後更是不可能。科技公司現在每天會多砸那麼多廣告在我們身上，一部分就是出於這個原因。那些銷售不那麼必需的貨品的人，也就是把那些「你可能會經過說服而覺得需要，但其實不會令你更好」的東西銷售給你的人，會在我們集體變得更有智慧時，陷入前所未有的絕望。

我們不能再把不景氣當成禍害。趨緩意味著我們的學校、工作場所、醫院、公園、大學、娛樂廳和住家都會失去活力，不會再像過去六個世代的每一代期間變化得那麼多。這意味著耐久的商品會增加，浪費會減少。我們目前擔憂的社會和環境問題，到了未來將不再是難題。當然，我們會有新難題──包括我們現在想都想不到的難題。

趨緩本身就是一個非常新的難題，我們無法輕易預測它可能的後果，因為除了當前首批開始趨緩的少數國家以外，我們都沒有趨緩的過往模式，因此得從那些地方的經驗獲得線索。我們唯一能確信的，就是趨緩已經開始了。事實上，它已經開始一陣子。只要我們留意趨緩，它在未來某一刻就會成為很要緊的事。人類總是在擔心著，而且很可能會一直擔心下去。

或許給一個比喻會有助理解。三百年前，人們有很多事要擔心。那些難題包括擔心如果不遵守教義過著正確生活，就會被地獄之火焚燒。許多人至今還有這種憂慮，但人數不像以前那麼多，而且這種畏懼感受

起來應該不像以前幾乎人人都信教時那麼強烈，許多躊躇的無信仰者則覺得兩邊押寶比較安全。過去我們在西方世界的新興城市蓋了許多教堂，緩和在地獄裡遭到（永久）焚燒的極端嚴重危險，過去同一段時期裡，興建教堂的人們也經營著以奴隸制為基礎，或以奴隸制間接收益為基礎的經濟活動。

　　直到1865年南北戰爭結束後，美國才廢止奴隸制，在英國及其領地到了1883年廢止，而巴西則要到1888年。流回歐洲的利潤是如此之高，讓正式終結奴隸制的驅力始終微弱。在此之前的一段漫長時間中，大部分的蓄奴者和他們奴役的人應該都很難相信奴隸制有天會幾乎徹底非法（儘管契約勞工還是存在，但當代奴隸制還是很普遍）。不久前，人們也同樣無法相信，未來的教堂和修道院會幾乎門可羅雀，因為許多人都轉而投身於自家或夜店。

　　儘管經歷過那麼多變遷，但我們還是很難想像事情能變得多不一樣。如果未來出現的差異是變化本身在趨緩，我們就更無法想像了。

　　如果觀察世代差異，那麼「憂慮變化的方式」就成為很能反映真實想法的考量。今日哪一個在我們看來完全合理的憂慮，到了未來會讓我們一點也不擔憂？其中一個會是氣候變遷。不是因為氣候變遷並非真實或不特別嚴重，而是因為那是這個時代的首要變遷，絕大部分起因於我們過去六十幾年的行徑。未來我們不會再像今日這樣汙染空氣了。我們現在不知道的是，還要花多久才會到達那個未來。我們花費的時間越久，後果就會越嚴重。

　　在已經很明顯需要改變之後，可能還要花費好幾世代人的時間，大約五十年或五十年以上，我們才能徹底適應這種態勢。但當我們面對

「得要這麼作」的需求時，按照慣例，我們確實就會適應，並且改變自身的行為。因為我們也是非常沒耐心的動物，察覺不到自己能變化多少，也真的察覺不到已經改變多少。對我們來說，變化看起來總是來得太慢，而我們卻很容易就感到挫折。但我們很快就能適應新情勢，所以很可能適應趨緩的情況。

人類永遠會煩憂，這是我們的天性。我們在演化中同時成為獵人及獵物，我們的周邊視覺寬廣，因為那些可以看到誰或什麼東西正在靠近的人較常存活。想像一下，兩百年前我們完全不知道一種看不見的燃煤副產品——二氧化碳，會在空中滯留那麼久，且不會很快就被重新吸收，又具備龐大的有害效應。我們今日做的某些事，未來不可避免地也會有嚴重反彈，而且我們對此到現在都還沒有一點概念。畢竟，我們只是動物。正如一位知名思想家說的，人類光是能餵飽自己就已經是奇觀了。[9]

我們一度害怕核子冬天，以及下一個「天然」的冰河期來臨。幾年前，我列出一張清單，包含過去一個世紀裡曾經是我們擔憂焦點的眾多災害。我最喜歡的是曾經預言要橫掃加州的「殺人蜂」入侵，小時候我直接從電影聽來這些殺人蜂的故事。1974年由愛德華·艾爾柏特（Edward Albert）和凱特·傑克森（Kate Jackson）主演的電影《殺人蜂》（*Killer Bees*），很快就有了1978年的承襲之作《狂蜂末日》（*Swarm*），而在2011年又有《1313：巨大殺人蜂！》（*1313: Giant Killer Bees!*）來警惕我們。[10] 跟其他大多數物種相比，蜜蜂似乎與末日有更緊密的連結，但今日我們擔心的是替作物授粉的蜜蜂太少。

趨緩不是歷史終結或救世來臨，我們並非邁向烏托邦，雖然多數人

的生活有可能會比較安穩，居住、教育水準較高，工作也不如先前繁重。我們正朝向穩定狀態邁進，穩定可能會有點無聊，就像匹茲堡、斯德哥爾摩、京都、赫爾辛基、渥太華或奧斯陸的生活；如果你一心渴望刺激和五光十色，更會覺得格外無聊。不過，我們必定會想到新的東西來擔心。這種擔憂、恐懼有很多都會頗有幫助，因為它會有保護能力；擔憂是讓自己安全的方式。但我們太常擔心錯事：例如怕小孩從樹上摔下來，然而爬樹遠比你想像的安全。[11] 我們的擔憂太常是擔憂過去的危險，但自己並未察覺這一點。我們發展出對高處的天生恐懼，卻不那麼擔心高速移動的巨大金屬物體，因為在發明車輛之前，很少有那種物體會威脅到我們。

　　試著想像你的後代在2222年會擔心什麼——當時的全球人口已經連續滑落幾十年且經濟品質又高，而地球也不再暖化，甚至可能隨著溫暖的間冰期慢慢結束而開始降溫。在那一年之前的某一刻，海平面會變得比今日還穩定，只是會比現在高出許多。能源會十分安穩，而且汙染程度極小。人工智慧（Artificial Intelligence, AI）已經證明可用——但還是非常人工，而沒那麼智慧。在這個未來裡，我們都能吃得飽，但太胖的人比較少。那時候我們會擔心什麼？那一定會是很令人擔心的事——至於會是什麼就不用管了！身而為人就是會抱著想像力去擔憂——永遠會在尋找烏托邦，但又擔憂著災禍。[12]

　　趨緩正迎面而來，而這非常值得慶幸。如果情況不是這樣——如果情況是繼續成長的總人口、經濟差距越來越大的社會、每人消耗量越來越多——就會是慘烈災難。若是人口和物質經濟沒有同時成長，資本主義——這個我們實在太習慣，以至於無法想像終結的經濟體系就會轉變

成其他東西，變成某個較穩定而明智的東西。至於人們在那個未來裡會不會比較開心，則是無從得知。他們可能會更加認定，人無法藉由獲得更多財產和更新奇的經驗來找到快樂。我們無法得知的事情太多了，但至少應該承認，趨緩已經迎面而來，而且現在可以在太多令人驚訝的地方發現趨緩。

現在的情況已經越來越不像是我們被快速丟進一個未知的未來；反而像是我們才剛從雲霄飛車般的過往濃霧衝出，現在當旅程慢下來時，正開始看見雲霧散開。未來會有好日子，但不是那種人口、發明、財富總量都以指數成長的豐沃日子；事實上，人口很快就會整個停止成長。過去幾個世代有過大幅進步，也有過慘烈苦難，包括幾場就死亡人數、種族滅絕和最惡質人類行為（包括各種以核武大規模滅絕人類所需的計畫和建設）來說都最為糟糕的戰爭。

我們可能要花點時間，才能接受現在面對的是將有更少新發現、更少新玩意兒、更少「大人物」的未來。但這真的有那麼苦嗎？我們遇上的專制者會更少、破壞會更少、赤貧者也會更少，而且再也不會崇拜二十世紀經濟學家在大加速鼎盛時期極其愚蠢讚美的「創造性破壞」。那種怪誕的想法認為，當公司倒閉時一切都會變得更好，因為只有活該要破產的公司才會倒閉。根據他們古怪（但當時蔚為主流的）的最適者生存公司演化論，這種虛無主義的修辭學是合乎邏輯的。

有鑑於別人到現在還在教導我們：科學家仍持續以不停加快的速度在發現了不起的新事物，對許多人而言，一開始會很難接受趨緩發生後，乍看之下黯淡無光的前途。但進步其實就是一種相對狀態，而最明顯在推動趨緩的，就是進步本身——女性解放就是一個例子。推動進步

而邁向穩定的力量，並不是出於那些幾乎全由男性及其美好發明所達成的成果，而是女性一旦爭取到一點工作、投票、生育自由後就率先做出的選擇。

## 下降

　　趨緩看起來是什麼樣子？我們再從頭看看前面那個1950年有1億人口，且年成長率為2%的國家。這邊的起始人口就跟我們在圖1中看到的完全一樣，而且起始的人口成長率也跟那個例子完全相同：就是2%。然而，我們這次把成長率降低，每年減少十分之一個百分點，所以到了第二年，人口年成長率就是1.9%，而到了第二十年（1970年）成長率就來到0%。

　　到了1952年，這個想像國家的人口會是1.02億乘以1.019。1973年的人口會是1.23億乘以0.997。你現在不會看到圖1那樣的直線，而是看到曲線。這個想像國家的人口在1970年達到1.23億的高峰之後，接著會在1991年回跌到1億，在2015年進一步減少到4,500萬。就是因為趨緩有這樣的實際模樣，所以本書其他的時間線幾乎都會畫出各種往後下滑的曲線，而不是持續指數成長。圖2就顯示最急遽的趨緩長什麼樣子。

　　那些在時間線上一個代表一年的圓圈（每個圈都置在正好年中的時間點上），到了1970年，全部都是間隔相等，而不是隨時間前進而越離越遠。每年的變化看起來和前一年及後一年都非常相像，但變化率本身正緩緩地改變。過了1970年之後，圓圈開始逐漸靠近。有鑑於作用在這種想像情況裡的變化公式，如果你想到人口會怎麼逐漸趨近於零，但永

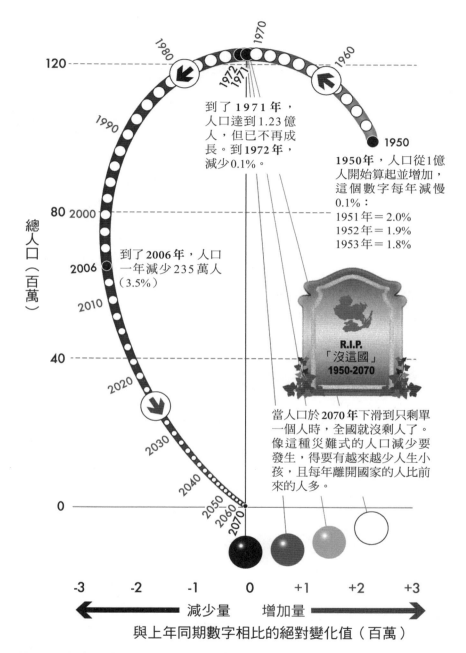

圖2　一個想像國家的人口，1950年～2070年（一開始增加，但之後就減速）。這是一個人口加速轉為減速的假設範例。

遠不會完全達到零，這一點就變得很明顯。隨著這個想像國家的人口減少，圓圈也在1970年以後變得越來越小。

圖2展現的時間線是本書第一條時間線的反烏托邦鏡像。圖1描繪的是永遠向上加速的人口；圖2展現的是很快會全部死絕的人口：不是趨緩，而是滅絕。這就是1992年小說《人類之子》（*The Children of Men*，2006年改編為電影）的劇情，而故事則是設定在虛構的2021年英格蘭。[13]

在圖2中，人口正快速朝著滅絕前進。每年出生的孩子越來越少，最後終於一個也沒有。人死去之後沒有足夠的人來替代，連移民都無用，人就是不夠，毀滅性下滑看起來就是這樣。當人口和每年變化率被同步描繪出來時，很明顯就能看出這樣的趨勢是怎麼結束的。如果平均每人生下的孩子遠低於2個，我們看到的就會是這樣的情況；此外，只要每年選擇離開這個想像國家的人比選擇前來的人少，生育力甚至不用低到這種程度也行。過去人類歷史上曾發生這樣的人口下滑，儘管牽涉其中的只是幾千人，而不是幾百萬人，好比說古代那些離開絲路沿線偉大城市——樓蘭、精絕、訛答剌，還有蘇巴什的人。

你幾乎從未聽過剛剛列出的那些地方，恐怕連這些地方所屬的城邦國家也沒聽過，因為它們全都已遭遺棄，如今只剩廢墟。近幾十年裡，這些地方讓考古學大開眼界，所以我們再度得知這些地名。未來應該還會發現許多類似這樣的地方。打造一條新絲路會讓許多地方重見天日，但卻不會造成更大規模的交通貨物往來，因為消費者很快就會變少，尤其是當地消費者少得更快，一切最終都會趨緩。圖2裡的擺錘正往零那頭止住。

## 終結的起始

我們不常擔心人口下滑其實滿奇怪的，因為今日地球上有一大半的人，都生活在好幾年或者（常常是）好幾十年來每人平均生下少於 2 個孩子的地方。只要生 3 個或以上小孩的人數很低，就算許多人都生 2 個小孩，且只有少數沒生或只生 1 個，也可以讓整體平均遠低於 2。我們常會覺得這樣簡單的數學很難懂，多半也因為這樣，我們的擔憂必須花不少時間才能追上現實的腳步，也因此要花不少時間才能發揮想像力產生新擔憂，來取代舊的擔憂。我們仍然常常害怕古老的惡魔，那種我們的父母很有理由害怕，但已不再像以前那樣具有威脅性的惡魔。

很快地，就算在最貧窮的國家，人們也不再非得挨餓或發育不良。目前許多活在世界上最貧窮地帶的人，能生多少小孩就會生下多少，因為嬰兒死亡率高，代表他們得確保其中至少有幾個能存活。未能取得避孕方式也是一個因素，但有這個因素的地方在世界上已不多，且越來越少。我們很快就不會再擔心自己（整體）有沒有足夠的食物，然後開始更擔心吃的東西是否有益，然後很快全都會少吃很多肉。

我們的後代（或其他人的後代）很快就會回顧我們的現況，並詢問為什麼我們未能看到正在進行的轉變，但是我們會反駁，別忘了當你在一列加速行進的列車上，而突然踩下煞車時，你會感覺被往前拋。只有事後回顧時，你才會看出自己不再像以前那麼快地向前移動。這本書就在回顧過去。

# 2

## 幾乎一切事物的趨緩
### The Slowing Down: Of Almost Everything

在 2009 年至 2017 年間失去了 25% 的國內年生產毛額之後
……希臘的經濟正處於趨緩，且至少到（2019 年）7 月都還
是如此。

————2019 年 1 月 25 日，經濟合作暨發展組織（Organization for Economic
Cooperation and Development, OECD）於中國進行之報告

希臘希俄斯島（Chios）上某個古老村落裡的那名年輕人，顯然比同世代的大部分人都冷靜許多。他離開雅典，重新落腳於祖父母、曾祖父母及無數家族先人都住過的這個地方。雅典實在太熱、太擠、太繁忙、太瘋狂，瓦西利斯（Vassilis）和太太盧拉（Roula）在2006年搬離希臘向外擴張的首都，來到一個生活步調慢上許多的地方，而那場即將吞沒全雅典的經濟危機在當時都還沒有一點跡象。

當時有大量雜誌文章刊登瓦西利斯、盧拉和他們全家的相關文章，因為當時這種舉動非常罕見。每篇文章都會提到的問題是，為什麼這對年輕男女會想放慢腳步，搬到某個主要活動是靠著乳香收成（緩慢）獲利的地方。他們有位經營當地工廠並收購收成的朋友伊利亞斯・斯米尼奧迪斯（Ilias Smyrnioudis）解釋，他覺得是因為「他享受自己的工作，以及可以每天到海裡游泳這件事」。[1]斯米尼奧迪斯擁有分子生物學博士學位，大可在瑞士阿爾卑斯山的藥學實驗室裡工作，然而他就跟瓦西利斯和盧拉一樣，選擇了更低廉、更緩慢、害處較少的生活，一個以乳香為中心運作的生活。

## 乳香樹下

世界上大部分做商業採集的乳香樹，都生長在愛琴海上距離土耳其海岸只有幾英里的希俄斯島上。今日人們認為地中海生活風格是，平靜緩慢地過活，吃著人們認為有助於更長壽、更健康飲食的典範。但事實上，地中海生活風格並不慢；相反地，有一段時間裡，或者應該說有幾個世紀的期間，歐洲，尤其是北歐，其實是快到異常。

　　傳說荷馬（Homer）就出生於希俄斯島，他本身可能就是寓言的產物，而不是單一個人。許多學者認為《伊利亞德》（*Iliad*）和《奧德賽》（*Odyssey*）是一代代說故事者與詩人的共同作品，而非出自單一一位吟遊詩人。人們認為古代希俄斯島上曾有大約12.6萬人口，比今日生活在島上的5.2萬人多出許多。[2]我們實在太習慣人口成長和加速，以至於很容易忘記成長不是必然要發生的，最終地球上每個地方到了某一刻，都將住著比過去某一刻更少的人。事實上，必然要發生的是減速，而不是加速。希俄斯島就只是最早發生減速的其中一個地方，蘇格蘭高地則是另一個例子，另外還有愛爾蘭、第一章提到的絲路城鎮，還有北美洲和澳洲的鬼城與淘金熱聚落。

　　希俄斯島所在位置曾是世界十字路口，靠近歐、亞、非三大洲唯一的交會點，又處於全世界其中一條最早的主要貿易海路上，過去曾反覆遭受入侵。然而，該島最嚴重的人口流失很晚近才發生。都市化，尤其是雅典的神速成長，把年輕人都吸往本土，吸往光彩奪目的生活和機運中，吸引他們朝向大加速而去。

　　趨緩的開頭就如涓滴細流。在雅典時，「盧拉和瓦西利斯是典型的工作狂，替資訊科技大公司工作」。[3]他們在假期數度出國前往較平靜的地方，最終產生渴望放慢腳步的念頭。兩人拋下擁擠的首都，搬到瓦西利斯祖父母住過的希俄斯島，開始種植乳香和橄欖油。2007年，他們成立Masticulture這間生態旅遊公司。十年後，《寂寞星球希臘指南》（*Lonely Planet Guide to Greece*）會將該公司列入「為環境負起責任的該國環保行程」十大首選。「認識當地並食用當地農漁人的產品，見識乳香收成，在海灘邊划皮艇」，促成Masticulture的宣傳要素，它其實應該加上：「讓您

一窺未來」。那樣的生活看起來可能跟遙遠過往沒有那麼大差別，只不過遠比過往舒適太多。有鑑於它所處的地點，或許某天又會有12.6萬人定居在希俄斯島上？

　　人需要從無聊中抽身，生態旅遊提供這種機會；只是人們若能更常在本地度這種假，而不是長途跋涉，這種假期就會更生態環保。選擇那種會更讓我們了解世界的旅遊，就是一種慢下來時預期要保持的事物。但願我們也會開始以更慢的速度開始旅行，而且全程都別那麼匆忙。在未來，因為你應該是活在不那麼苛求時間的世界，所以正要前往希俄斯島認識乳香，就能慢慢花時間抵達該地。

　　乳香園在第三十年時可能來到最有生產力的時候。7月時要把每棵樹下的地面清空，並在堅硬的土壤上灑一層碳酸鈣，接著要劃開樹皮，好讓樹木滲出乳香樹液來修復傷口。樹液會一滴滴地落在地上，可以大到像小磚頭一樣，但大部分的液滴都很小。經過一週後樹液會硬化，接著就可以開始採集，並煞費苦心地清理乾淨。最後完工的成品可用於各方面，從飲料到天然藥物、口香糖到牙膏都行。

　　在穩定狀態到來的那個時間點和地點，每一天會開始看起來跟前一天一樣。新聞不再報導一連串的危機，我們永無休止的恐懼感和不確定感，可能會被生活停滯的挑剔感取代。過去，讓都市顯得如此迷人的理由，有一部分可能是與農村生活有關的無趣。也曾經有段時間，人們不再能像在希俄斯島或世界上許多其他地方那樣平靜地生活在村莊裡，因為入侵者前來造成毀滅。接著入侵者會把比較順從的當地人晉升為地主，並且開始圈地的過程。村莊會緩慢但必然地消亡，而本土的城市會壯大，但那是當時的情況。

　　穩定不代表一直保持一模一樣，每個世代人口都有可能緩緩上下浮動，在巔峰之後漸漸下滑一段時間，然後更慢速地改變規模。就算其他大部分事物都已開始塵埃落定，嬰兒潮的餘波還是會迴盪到遠超過一個世紀以上的未來。在這樣的情況下，會成為變化主要驅動力的，就不會是死亡和出生，而是遷徙。當太多人落地生根之後，就連遷徙也會變得不那麼普遍。現在的遷徙有很多是被不知情所推動的，人們並不知道，在那些一度遙遙領先的城市裡，道路並不是用黃金鋪成的。時間會更迭，但這種情況變化得會比時間更慢。大量人口遷徙是由騷亂、戰爭、饑荒、瘟疫或其他嚴重不穩定情況所推動。趨緩之後，這樣的遷徙也應該會慢下來，誰會希望屈指可數的孩子搬到世界的另一頭？

　　當然，人們未來還是會四處搬遷。在一個不那麼瘋狂而較有邏輯的世界裡，他們應該會有多上許多的時間搬遷，但卻不會再從變得沒生產力的地方搬到有工作的地方。一如許多人太常描述的那種情況，我們不再需要花費那麼多時間生產太多實際價值那麼少的東西。我們會有更多閒暇時間，但那些時間全部要以能夠永續的方式來使用──因此會有生態觀光熱。未來大部分的觀光活動都會是生態觀光，就如同絕大多數國家的油漆現在都是無鉛油漆。

　　所以當人口穩定時會發生什麼事？在傳統的圖形上，這種情況看起來會像來回擺動的彈簧或擺錘逐漸減緩幅度。有鑑於本書繪製曲線的方式，朝向穩定狀態接近的極度平緩趨勢，看起來就會像一條往內移動的螺旋線。[4]當我們計算下面這個例子中來回擺動的振幅有多大時，發現答案是31.4歲。這是今日歐洲許多人成為父母的平均年齡，但目前在美國只有幾個地方是如此（好比說舊金山），首次為人父母的平均年齡在東京

已經比31.4歲晚很多了。[5]如果不管兒女輩生下的孩子數會比父母更少或更多，但孫輩生的人數大致上又往往跟祖父母一樣，就會產生出這種圖形。

## 穩定化

我們再次從一個1950年有9,900萬人口的國家開始，但該國有著只會慢慢改變的極穩定人口。一開始，因為人們更長壽，人口又因為增加的壽命而成長到略多於9,930萬，所以人口只有極小量成長。然而，生下來的小孩較少，所以當老人都過世後，人口便在1970年代開始減少，而人口減少在1980年到達最高速。但接下來（或許在政府進行某些鼓勵生更多小孩的生育倡議之後）生育率提高了一點，而且出現一陣來自更早先時候、意味著死亡率下降的人口餘波；會有這樣的死亡率下降，是因為八十年前出生的人較少，導致此時上了年紀的人也較少。

在圖3中，到了1980年，人口已經下跌到9,898萬，但變化的速率也同樣滑落到每年只因死亡人數超過出生數而（淨）減少3.2萬人，且又從淨遷入人數獲得一點幫助，所以到了2000年，人口又再度於一年中（淨）增加了1.4萬人，而到了2010年幾乎又回到9,900萬。這個虛構國家的虛構政客，會一邊說這實在太糟了，一邊嘗試對一群人逢迎拍馬，讓他們沒注意到政客的朋友一直拿走生意裡逐漸變少的大部分收益。你可能會覺得其中的波動不怎麼重要，但當前世界上的人口爭論，幾乎沒有一個真正在談論相關數字的實際大小。

圖3虛構時間線所描繪的循環一再重複，每一次都比上一次更靠近

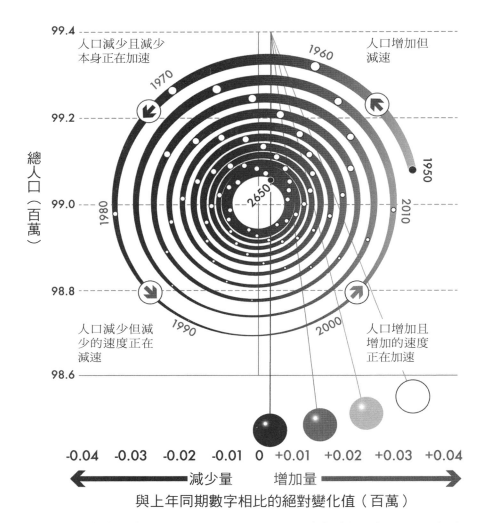

圖3　一個想像國家的人口，1950年～2650年（奇蹟螺旋）。這是一個人口的加速和減速都隨著時間而放慢的假設範例。絕對變化值是以每年百萬人計。

衡狀態一點。這個循環會重複，是因為在這個想像國家的1880年前後有相當多小孩出生，他們大多活到80幾歲而死於1960年代，或活到90幾歲而死於1970年代。這些老人本身的子女較少，但出生在1950年前後的孫輩人數就稍微多了一些，而當他們在快要30歲到30多歲開始生小孩時，又讓人口下滑放慢，這群曾孫輩又為人口增加做出貢獻。遷徙移民讓整個狀態平衡；如果有段期間的二、三十年前較少人出生，那段期間就會有較多移民落腳。如果人們跟著一大群人一起出生，就會有更多人離開，因為留下來獲得的機會較少。

在這個想像國家裡（這是在本書中呈現的第三個，也是最後一個想像國家，接著就要開始查看真實數據），每個家庭的平均子女數一代代地微微波動。然而，因為這個想像國家很富裕，也因為前面提到的理由，如果這個世代的人們生的小孩較少，一個世代以後，前來的移民就會比離開的人來得多。實際上，移民就成為不是生在這個國家的孩子，且通常生在該國生育率低下時。這些年度浮動和世代浮動都隨時間減低，所以很快地，在某一平均年中，人口數的上下浮動會少於1萬人，或者少於總人口的0.01%。這樣的穩定在今日還是未知狀態，但未來很有可能發生。然而，要達到那樣完美的螺旋線，需要進行某種自大狂等級的移民控制，每年做出恰恰好的數字組，那種事（但願）永遠都不會發生。舉例來說，誰會笨到策劃進行以「幾萬人」為單位的移民控制，或者認為築一道牆就可以防堵移民？[6]

這裡畫出的螺旋時間線，和有室軟體動物「鸚鵡螺」及螺旋星系都有著同樣的形狀。[7]據說游隼也是沿著這種螺旋路徑起飛，並以幾乎和這一樣的模式向獵物俯衝，因為這是最有效率的飛行路徑。[8]控制得極好

的趨緩看起來就會是這樣。然而，沒有人在控制我們目前經歷的這段趨緩，所以在現有的任何數據中，我們連勉強有一點像這樣工整的東西都永遠見不到。這裡展示的是朝著穩定狀態前進的完全穩定趨勢，但在這段期間內的任何一個時間點上，情況看起來都不會像那個趨勢。趨緩就是因為這樣，所以通常都難以察覺。

## 四萬十市的稻田

　　千佳（Chika，音譯）是日本大阪的店長，她的丈夫武志（Takeshi，音譯）是司機。這對快40歲的夫妻，不覺得生活有哪裡不對勁，但某次假期造訪安靜許多的澳洲塔斯馬尼亞之後，就決定要放慢步調。他們就是在那時看到很不一樣的事物，因此察覺到自己並不喜歡手邊擁有的東西，察覺到大阪的生活步調並不適合他們。大阪就跟日本所有都市一樣，是住起來非常安全的地方。我曾在白天獨自造訪大阪最貧困的地區；我的日本東道主說，別傻到覺得自己需要找嚮導。那裡很安全，但生活十分瘋狂、吵鬧又不安，千佳和武志想要生活在比較緩慢的地方。

　　大阪是日本第二大都市，加上範圍更廣的都會區，一共住了近2,000萬人。根據為千佳和武志這番抉擇留下紀錄的《經濟學人》（Economist）指出，該市也是日本最有活力的城市之一。[9] 2017年5月，他們帶著兩個年紀很小的孩子，搬到位於日本四島中最小島（譯注：指四國）上的四萬十市。他們落腳於該市南端的海岸，打算務農為生。千佳表示：「這個選擇有點冒險，但我們很快樂。」

　　就跟2010年達到1,130萬人口巔峰值的希臘一樣，日本的人口過往就

在減少，從2011年的巔峰值1.28億開始下滑。人口減少速度最快的地方是農業區，所以這對（以日本人標準來說的）年輕夫妻帶孩子來到四萬十市的事情就成了新聞。千佳和武史來到一個有二十二間基本家屋蓋在農地旁邊的農圃社區。該社區座落的高知縣在1955年經歷人口高峰。到了2015年，人口幾乎少了近五分之一，來到僅僅72.8萬人。

千佳和武志的經歷並不少見，2015年就有約45名日本別處的遷居者抵達四萬十市，接著2016年有73人，2017年有139人。到了2017年，約有33,165人正在洽詢搬到該處事宜，在僅僅四年內就增加了三倍。想要退隱到平靜地方的不再只有老人，如今也包括一些想過不一樣生活的年輕人。

這種前往鄉間的涓滴人流可能永遠不會成為滔滔巨流，因為這樣鄉村就會變成下一座城市。然而，如果要產生一股邁向全新穩定狀態的趨緩，這種新的涓流就是不可或缺的要素之一。在地球上最富裕的一批國家中，有許多國家的鄉村人口已經過少，必須有少數先鋒回去穩定這些地方的人口。那些人之中也會有越來越多人開始從事（但願是比較在地的那種）生態觀光業，為世界上住在人口稠密擁擠都市的多數人裡的一部分人提供緩解。但即便是那些城市，也會因為每個家庭平均都比前一個家庭小一些，而變得越來越不稠密擁擠。

日本國內往鄉間遷居的新動力，源於想像工作與生活能有更好的平衡、找到更便宜的住屋，或是逃脫永無休止的競爭，但也來自於一種越來越強烈的安心感，擔保你如果想慢下來也不再是孤軍奮戰。承認擁有另一種夢想，正變成越來越普遍的念頭。值得慶幸的是，越來越多人定

居在鄉村，也有助於那些不在鄉村的人獲得工作與生活的平衡，因為他們能提供休息場所，一方面讓城市居住壓力的減緩速度比單靠生育率下降得更快一些；另一方面又有助於戳破資本主義當前所需的無止境成長必定要有永無休止的競爭這種神話。

在日本，政府正鼓勵著熱切希望離開都市的年輕人。希臘還沒有走到這一步，但也不難想像這樣的鼓勵很快就會在歐洲各農業地帶開始，而這也就是經濟學家會在他們最出名的雜誌上談論這些事的理由。《經濟學人》的文章是這麼作結的：「在那裡住了三年後，31歲的高瀨直史（Naofumi Takase，音譯）打算開始做民宿生意。22歲的加瀨茉優（Mayu Kase，音譯）辭去東京東側千葉縣的旅館接待員工作後，想開一間蛋糕店。『我喜歡這裡』，她說。」她的新生意要做起來，就必須有很多城裡人來造訪──並來吃蛋糕。

從小故事到數據，再從數據到小故事──這是我們認識事物的方式。只有從數據才能看到趨緩，雖然趨緩關乎幾十億人會發生什麼事，但趨緩在個人尺度下的模樣，也只能透過小故事才能理解。我們對一個比自己熟悉的數十人團體還要大上太多的人群不會有太多感觸。沒有數據，我就只能靠著小故事，針對挑選出來對談的幾個人進行幾次採訪，而這些人或許能講出一個這時代的大加速故事，但那個故事可能不實。數據就會顯現為何不真實，今天幾乎不可能找到數據來主張大加速正在進行；相反地，幾乎所有數據都表明發生的是趨緩，所以我才會選出這幾個故事，描繪趨緩在人們的實際生活上可能的意義。

未來的田園風光將仰賴都會觀光業，無法自給自足，但如果那種觀光業能妥當地分散，就不需要毀壞田園風光，甚至有助於讓現實變得更

像風情畫。[10]趨緩並不需要年輕族群大舉搬往鄉間，而是需要鄉間穩定化，好讓鄉間人口金字塔不要變得更頭重腳輕，變得更加衰老。趨緩已從世界上最富裕的一些地方開始。至於在世界最貧窮的地帶，許多農業人口仍在快速成長，他們遷徙至都會中心，正讓城市變得更加龐大。但現在有充分的徵兆顯示，這種狀況很快就會改變，而那些已經最為趨緩的地方就是最好的未來指南。

在美國和歐洲的許多農業地帶（所以不只是在日本、南韓、中國和大洋洲），許多農業社區的幼兒數量在數十年來都一直在減少。離開鄉間的學校之後，這些將成為父母的人通常都會搬離，以尋找城鎮裡更好的工作。對夫妻來說，就算兩人中的一人可以在農業地帶獲得有適當收入的工作，另一半還是不太可能。在美國和英國等貧富更不均的國家裡，這件事更加重要，因為收入高度不均就代表，對今日處於勞動年齡的成年人來說，有一大部分的家庭得要有兩份收入。現在較貧窮工作者的單一一份收入已經太少，無法支撐整個家庭。

除了少數不想離家的人以外，「鄉村生活」對年輕人並不那麼有吸引力。一旦有搬到城市的選擇，就有上百萬人選擇這麼做，一部分是想擺脫社群的監控，也有一部分是因為曳引機來到農場，取代大部分人力勞動，讓他們別無選擇。在大部分富裕國家中，由於圈地運動（將小塊農耕地合併為由單一家族擁有或經營的較大型農莊）的出現，農村人口流失遠比農業機械化更早發生。不想要大城市喧囂，但又不希望與世隔絕的退休人士，會覺得某些村莊很吸引人，但一個所有人都退休的村莊可能會沒有商店、沒有服務、沒有孩童，也就沒有活力。

有些年輕的理想主義者渴望孤立主義者的生活，渴望擁有屬於自

己、那個可惡大世界無法染指的小小「永續」農園。從定義上來說，能參與這種生活的只能是單一家庭或非常小型的社區團體，因此除非發生什麼超乎想像的大災難，導數十億人死亡，否則永遠不會是社會中大部分人的選擇。那些真的去做的人裡，只有少數人在一個群居團體中會居住超過十年。大多數人會逐漸變成在越來越大的村鎮裡生活，這也就是為什麼永續的「另類生活」農園會如此稀少。對於所有那些尋求田園喜樂的人來說，只有極少數人能成功實現目標。多數人有這種夢想，但只有極少數人能堅守必須依照前幾個世紀的水準來生活的抉擇。未來人們會越來越密切聯繫，而不是越來越孤立。對絕大多數人來說，我們的未來是城市生活。

　　這裡描述的未來，在這幾頁中想像的未來，是產生自當前的趨勢，而這個趨勢則是起始於一項改變，可追溯至半個世紀前，可追溯至某件於 1960 年代晚期開始變得普遍的事。當時一切都變了，但仍「言之過早」。不過到了現在，我們就可以言之鑿鑿。到了 1960 年代末，世界各地年輕人的行為舉止都開始變得很不一樣。本書後面會就當時全球人口成長加速的突然逆轉來舉證說明此事，但當我們進一步離開那些年之後，回頭再看就會發現，有更多事情都越來越明確地顯示，有一股廣泛的趨緩狀態在 1960 年代最末期開始。

　　1960 年代發生了什麼事？一位中國政治人物提出一個答案。周恩來生於 1898 年。1972 年 2 月，當時身為中國國務院總理的周恩來，在 74 歲生日的不久前，和理查・尼克森（Richard Nixon）有過一番對話。這位美國總統詢問周恩來對 1789 年法國大革命的意義有何看法。據說周恩來留下一句著名的回答：「現在言之過早。」然而，一位當時出席的外交官事

後解釋，幾乎可以確定是周恩來誤會了，他假定尼克森指的是1968年劇烈的巴黎學運。要是真的這樣問，他就答對了，才剛過四年，要說1968年的事會有何影響確實太早。事後來看，那些學生不過是一場剛開幕的大戲裡的眾多小片段之一。那是趨緩的開始，但為何是在那一刻、那一地發生，現在可能還是言之過早。

那種偶爾可以看起來像動亂的事件，其實是在對一些沒有變化的事情做出反應。1968年學運學生的生活沒有變化，他們沒有成為父母，至少在他們父母成為父母的年紀時還沒有，而他們之中有只比他們大幾歲的煽動者，也沒有因為要照顧嬰兒而受到拖累。他們知道政治世界已經失控，被越戰嚇壞了，也害怕父母輩把世界捲入第三次世界大戰。他們之中有些人夢想著田園詩意生活——一種簡單生活，但那種生活無法以他們期待的方式達成。

這批世代的人少生小孩，而且比自己父母更大年紀時才生小孩，又因為他們的小孩接著生更少——通常不生，或只生一個，頂多兩個，而引發巨變。這比較不是因為他們都在遊行抗議示威，而是因為他們之中有太多人沒有複製父母過的生活。儘管1968年所有人的目光都投注在巴黎的青春抗議者，以及他們在美國和其他富裕過剩中心的同志，但本書後面的時間線將證明，1968年和其前後數年其實是遍及世界的變局。

在我們思考這個全球轉變以及它可能於何時開始之前，得先插入這一串虛構時間線的最後一條，因為你要在更龐大的脈絡下專注於變化本身的速率和方向，轉變才會變得明顯。人很容易看不出眼前的線其實是一條螺旋線。圖4顯示的是，當圖3按慣例以時間當水平軸，並以人口當垂直軸，畫出來會是什麼樣子。現在想像一下圖形的大半都不見了。你

活在 2020 年，所能看到的就只有到 1960 年代為止的大攀升，接下來人口因為人們少生小孩而滑落，然後隨著抵達的移民比離開來得多，而在過去的四分之一個世紀上升。如果你能看到的就只有這些，應該不太可能覺得眼前這是穩定狀況。你大可說：「移民失控了。」移民是否被當成失控，從來都無關實際上的絕對人數，而一直是修辭學和政治觀點的問題。

　　人們容易覺得移民失控，是因為獲得的資訊太少（「言之過早」），也因為他們並沒有用最清楚的方式查看資訊。到了 2020 年，圖 4 顯示的假定圖形中，由移民移入造成的成長率正快速地放慢；但這個虛構地方的人口當然還是持續上揚。著迷於絕對數字，且普遍會被變化速率（第一個衍生物）搞糊塗的媒體和政客，會談起一場基於「因為（據他們自己所言）太多人到來，所以國家人數太多」的想法而出現的危機。但是媒體始終不談，時事評論員也幾乎不談第二種衍生物：正在發生的變化本身出現的變化。

## 很難看出正在放慢

　　我們再次從一個 1950 年人口略多於 9,900 萬的國家開始。跟其他可能的情況相比，你現在看到的人口非常穩定且只會極緩慢變化。不過，圖 4 在你眼中看來可能不是那樣，而現在必須想像，你就只有這一張圖可以看，你手上沒有時段更長的其他歷史紀錄。尤其重要的是，你沒有在看比較長期的脈絡，沒有在看之前發生的事，就只是用這種方法在看這一小段時間而已。過去已經從左邊切除了；右邊的未來仍然未知，你就只有畫在同一條線上的七十一個圓圈的高度可以做比較。

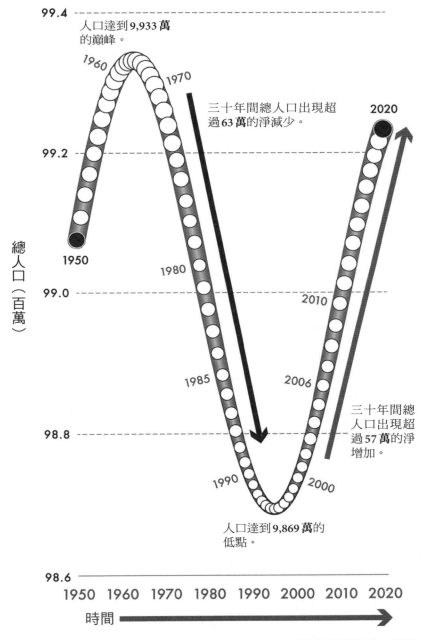

**99.4** - - - - - - - - - - - - - - - - - - - - - - - - - - - - - - - - - - - -

人口達到 **9,933 萬**
的巔峰。

*1960*

*1970*

三十年間總人口出現超
過 **63 萬**的淨減少。

**2020**

**99.2** - - - - - - - - -

**1950**

*1980*

**99.0** - - - - - - - - -

*2010*

*1985*

*2006*

三十年間總
人口出現超
過 **57 萬**的淨
增加。

**98.8** - - - - - - -

*1990*

*2000*

人口達到 **9,869 萬**的
低點。

總人口（百萬）

**98.6** ———————————————————————————
　　　1950　1960　1970　1980　1990　2000　2010　2020

時間 ➡

**圖 4　一個想像國家的人口，1950 年～2620 年（傳統繪製法）。**這是一個乍看像是巨變，但實為日漸穩定狀態的假設範例。

　　你和朋友建構一段敘述，描述畫成這樣的圖形顯示的是什麼。當你用這種方法觀看，就不會說：一開始當人活得更久，而人口成長到略多於9,930萬時，只有小幅度的人口成長；而是會說：在二戰結束出現嬰兒潮之後，一開始出現快速人口成長，然而到了1960年代中期就慢了下來，避孕普及，而一個較早、較龐大的出生群體──第一次世界大戰前後出生的人開始死亡，一開始只有一些人在老年初期就過世。到了1980年代和1990年代，這一群較早的戰時嬰孩有更多的人來到生命末端；出生於兩次大戰間的世代人數較少，生的孩子也就較少。這個國家的人口便從1970年的9,930萬左右，來到1980年的9,900萬，到了1990年則只有9,870萬。人口下滑的加速到了危險的程度，僅僅十年就少了30萬人。在這個速度下，幾個世紀後就沒人了，如果還加速下滑就保證更會如此。

　　你和朋友建構的敘述聽起來非常合理，這段敘述裡布滿將特定事件連結到圖中圖案上的日期；這段敘述把人們出生的機制連結到受孕和避孕的趨勢上，而且進一步將這些趨勢和圖上看起來是斜率變化的部分加以連結；它交織在一個未顯示於本圖時間框架內的較舊世代敘述中，因此這些先前世代的生命餘波也在圖中迴盪。然而，這裡有一個問題。圖形上的斜率沒有內在變化；只是因為繪製的方式如此，看起來才是那樣。這條時間線裡的數據和圖3顯示的一樣，就只是同一條神奇的螺旋線。儘管如此，我們已經用一種特定的方式開始講述這個故事，所以就繼續講下去。

　　到了1990年代，由於人口急遽下滑，出生的年輕人又太少，也就沒有多少人能執行一般描述為「低技術」的低薪工作：清理工作場所、採收田裡蔬果、在平價餐廳服務。移民開始從比較貧窮的前殖民地來到原

本所屬的帝國，他們從事1970年代沒被生下的孩子本來會做的工作。慢慢地，人口下滑止住了：會過世的老人也比較少；移民開始生育小孩，又有更多人開始從其他地方前來，尤其是從東方，來自那些直到非常晚近才獲准進入這個虛構國家的新開放國家。但（人們說）他們到來的數量太多，而「淹沒」當地人口，他們並沒有徹底同化，不像那些老人聲稱現在跟他們是朋友的、所有比較早來的移民。

到了2011年，人口又再次快速上升，超過9,901萬人——對這個想像國家所在的擁擠島嶼來說，人口實在太多了。到了2015年，又增加10萬人。接下來那年有一場公投，提出有望減少移民的移民管制，而到了2020年，當人口來到「無法永續的」9,923萬時，未來看起來就沒有那麼危險，但還是被停不下來的未來成長所宰制。

當然，這個結論是胡扯，因為我們觀察的線段只是把整條遞減的螺旋線取出一小段，以另一種更傳統的方式重新畫出來，然後就以此為基礎做出結論。但看看垂直軸上的數字，其中的波動都很小——正如今日英國和美國的人口低成長率。談及失控移入人口的煽動話語都十分荒誕，但那些對數字缺乏感覺的人仍會覺得很有說服力；況且從2020年來看，這條線看起來仍在快速攀升。

## 相位圖

擺錘會從一邊晃到另一邊，對我們來說，它似乎在正好達到弧線最遠端，幾乎要接觸到第一條漸近線時最慢。對我們之中用某種特定方式觀察的人來說，它在垂直朝下的短暫一點上擺動得最快速。接著，隨著

抵達位在另一端的第二條漸近線，速度再次慢下來，並在那裡滯留片刻，滯留了把一秒鐘切成最小一份那麼長的時間，然後（起頭慢慢地）開始順著原路回去。我們會這樣看，是因為我們就是這種存在，但觀看同一種擺動還有其他方法：把它看作在速度慢下來時累積潛能，又或者同時標示出擺錘的速度和位置，而把擺視為順著一條螺旋線行進。位置的速度或「一階導數」，就是變化的速率，而變化就完全關乎時間。

　　令我們反射聯想到時間流逝的「滴答、滴答」聲，誕生於1656年克里斯蒂安・惠更斯（Christiaan Huygens）發明擺鐘的那一刻。[11]今日的說法是，它的擺錘增加機械中的精準度，從一天可能十五分鐘的誤差，降到一天頂多只差十五秒。[12]在他做出這發明之前，時鐘通常只有時針而已！惠更斯生長於後來是荷蘭的地方，那裡當時是全世界經濟、政治權力的最強大中心。荷蘭人透過新商業貿易而獲得的財富，讓富家子弟們可以把玩時鐘和數學。當惠更斯促使時間測量精準許多的同時，一場大加速也正好要開始。這是一場思想的、合作的、發明的，還有財富的加速，它隨著入侵英格蘭，而從海牙和阿姆斯特丹擴散到倫敦，而英國至今仍稱為1688年光榮革命。革命代表改變。

　　在惠更斯發明出擺鐘的一個世紀內，英國的木匠兼製鐘匠約翰・哈里遜（John Harrison）就已經在生產海上精密計時器，其設計精準到可以用來在海上判定準確的經度。要達到這一點，一年內的誤差就不能多於或少於一秒鐘。今日的計時準確度已經高到沒有什麼能進步的空間了，身為1980年代紐卡素大學（Newcastle University）學生，我曾見過一位「時間主」（time lord），此人的工作就是確保早期的網際網路能準時到幾分之一奈秒的程度。他騎著一台哈雷（Harley-Davidson）機車，並在克雷

蒙塔（Claremont Tower）的一間下層地下室工作（真不好意思承認，我當初印象最深的是他那台機車！）。我們目前的測量已經精準到，可以根據時間膨脹來判定時間什麼時候會自行變慢或加快，但就算那鮮為人知的過程，都早在1938年就被愛因斯坦（Albert Einstein）所預測，並率先測量出來。[13]

　　我們是如何那麼快速地，在僅僅兩百八十二年內，就從第一次以擺錘測出只能約略計算正確的時間，來到理解時間本身並非恆常不變的地步？你可以從1656年起向前跨出六步，每一步長達四十七年，並驚訝地發現，每經過一步，我們的時間測量就進步至少一個數量級。我們從一天差一分鐘，進步到一天差幾秒，再到一週幾秒、一個月幾秒、一年幾秒，而後到一年只差一秒左右，然後到了1938年開始使用石英水晶之後，我們的時間測量就精準到一年只差三分之一秒。在這個年代，我們使用的原子鐘已經極其精準，必須把它慢下來，好算入地球自轉的放慢。

　　你的智慧型手機就算有著輕量鈳鉭鐵礦（最有可能來自剛果）電容器的幫助，測量時間也沒有特別精準，它反而固定會向中央伺服器詢問時間來自行修正。那個伺服器本身則持續在網路上和其他伺服器對話，保證一切受控，每一台伺服器都為彼此服務。還是有少數幾所大學配有少數幾名時間主，監控特殊中央伺服器。要晚至1970年代初期，當周恩來和尼克森討論法國大革命的意義時，最初的幾台電腦伺服器才開始彼此對話，而美國國防部打造的高等研究計畫署網路（Advanced Research Projects Agency Network, ARPANET）那時才起步沒多久。有時你可能會因為太多事情正在發生，而覺得周圍的一切都正在加速，但另一種觀看這些較晚近發展的方式，則是把它們看成起始於1656年左右的可見加速

過程一部分。從各方面來說，自從人類發明高等研究計畫署網路以來，革新的速度已經慢了下來，我們只不過是現在才更加察覺到有那麼多事發生。從1960年代晚期以來，我們對計時和時間本身有多少新認識呢？一切加速的東西最終都會減速。

　　要用不同的眼光看時間，就要讓想像力躍進。你得想像自己踏出時間本身，低頭或抬頭看看，若你不在時間裡，你正在思考的東西是什麼。這時候你不要把時間看成某個就只是在進展的東西，也不要覺得自己在時間裡始終處於一直以完全等速向前的時間點上；而要想像自己是一個與空間和時間本身都脫鈎的觀察者。[14]

　　想像力的躍進之所以會稱為躍進，是因為做起來不容易，可是一做下去，看起來就會很顯然如此、很直覺如此，甚至很沒有想像力。想像時間穩定向前，就像我們把一隻腳踩到另一隻腳前面一樣容易。「我們像開始跑步那樣，以更快的速度穿越時間」這種想法也很合理（儘管我們不會將時間加速），「我們不能永遠越跑越快」這種想法應該也很明顯。但不知怎麼的，我們卻說服自己，認為在革新和技術方面可以做到永無止境的進步，或者至少到未來某個時候為止都還是可行的。我們得靠想像力的躍進，才會發覺到正在趨緩。

　　**相空間**（phase space）這個詞彙要歸功於三位同時進行工作的數學家和物理學家。奧地利鐘錶匠之孫路德維希・愛德華・波茲曼（Ludwig Boltzmann）使用相空間進行思考，設計出著名的方程式。[15]法國博學者亨利・龐加萊（Henri Poincaré）創造一張數學圖，起初是用來觀察行星軌道，以及軌道如何微微隨時間變化。約莫同時，在1873年發表的一篇論文裡，美國科學家喬賽亞・威拉德・吉布斯（Josiah Willard Gibbs）採

用「相圖」（phase diagram）這種想法。他們之所以有志一同，是因為身處的時間和地點。今天趨緩幅度最大的地方是日本，而相圖的最新發展也正在日本發生。[16]

相空間是一塊舉凡能想到的可能變量值都能標示出來的區域。空間裡會有一個點代表每個可能的狀態。圖1和圖2就是一個相空間的地圖。如果你假定人口絕不可能無限大，所有可能的人口數量和人口變化就能畫在這張圖上。相對地，圖4就沒有展現相空間，因為時間就是其中一軸，讓它只能展現一段有限的時期。

相位圖（phase portrait）就是在相空間裡展示實際可能軌跡的圖。[17]本書的時間線都是用同一種方式畫出的相位圖，只在每條時間線上描述每個標的最簡單的兩種計量單位。標的的位置及其目前的值，都顯示在垂直軸，所以一個點越高，顯示的值就越大，而及較小值的位置就較低。標的可能是一年內活在一個地方的人數、一個政黨一個月的資助額，或某一天的金價，但不管呈現的是什麼，一個點在每張圖上的位置較高，測量的東西就會比較多；點在圖上越低，測量的東西就比較少：人較少、資助額較低，或當天金價較低──以上隨便舉幾個例子。

在本書展現的相位圖或時間線上，水平軸用來標示速度、被測量物的變化速率。每年人口成長或下滑有多快？每個月政黨的資助額增加或下滑多少？金價每天的漲跌數量有多少？當一個點畫在右邊遠處時，值就在快速上升；當它正好畫在垂直軸線上的任一點時，就代表速度不升不降；當它畫在左邊遠處時，就是快速下滑。左右邊緣代表變化快速，越靠近中心就越慢。

最後，點會以曲線連結起來，曲線把時間上相鄰的點加以連結。會

使用曲線是因為，不用的話就會造成一種錯誤印象，覺得變化的速率在測量變化的那一刻突然改變。這裡使用的貝茲曲線（Bézier curve）能夠把外觀平滑化，好讓進行測量的那一點看起來只會是曲線上一個個點，而不會（如果按照尋常畫法的話）每一點都各自凸出明顯。最重要的是整條曲線的可見形狀，以及那條曲線能否表明我們今日有沒有趨緩。曲線上的點被畫成圓圈，並由垂直軸上顯示的值來決定圈的大小，並以日期——年、月，甚至日標記，讓相位圖得以同步展現時間、變化及變化速率。但最重要的始終都是曲線的形狀，以及形狀如何變化，而不是哪個單一事件。因此，這些圖形在回答「我們怎麼來到這一步？」以及「它整體要往哪裡去？」等問題時就特別有用。

　　本書的每張圖像都描繪單一一組連串的統計資料。每張圖都同時展示那一連串資料在某特定時間上的值，以及那個值變化得有多快。沒什麼變化時，時間會自動壓縮，而在有巨變時期則會自動擴張，好讓觀看者更容易了解長期觀點。可以用這種方法描繪的主題有無限多，在這裡展現的只是非常小的一部分。徹底全新的東西其實很少，而觀看變化的方法也一樣，其實真的沒有那麼新；它只是採用不同的觀點。請閱讀本書附錄來更了解那種觀點，尤其你想畫的話更務必一讀。

　　今日試圖了解發生什麼事情會那麼難，部分原因是每個人的時間那麼少，卻要試著學習那麼多的東西——遠多過之前幾個世代的任何人嘗試學過的量。我們正經歷的資訊大加速可能產生眾多後果，上述狀況只是其中一個。趨緩可能會讓學習活動更輕鬆，只是稍微沒有那麼刺激。如果我們正踏入一段較少有新發現的時期，至少可以試著把已發現的事情和近期降臨在身上的事情好好拼湊整理一番。

# 從外看內

　　今天我們使用擺錘來教孩子減速。在維基百科（Wikipedia）搜尋「相位圖」，網頁給你看的眾多圖形中有一張是 Krishnavedala 畫的擺錘動作圖。圖5重新繪製那張圖。關於原作者，我們只知道他在2014年11月29日上傳這張圖，並希望人們記住這件事，繪圖者只給了一個名字：Krishnavedala（可能是把 Krishnatej Vedala 寫在一起）。[18]

　　圖5套組裡的第一張圖是你平常所見的擺錘，從一頭擺動到另一頭。左邊最遠的端點標示數字1。往中間擺時，在重力拉扯下，它加速並在速度最高時，抵達抵達標示為數字2的點；接著持續向上來到點3，現在開始減速，直到它彷彿在極其短暫的時間內滯留於數字3，也就是最右端的地方；接著再度擺回點4，也就是點2，只是擺錘現在往反向移動；接著它開始再度放慢，直到抵達點1。接著，這個模式會重複再重複，但（有鑑於空氣阻力和擺樞的摩擦力）沒有那麼直到永遠。在本書附錄中，圖67顯示擺錘慢下來的相位圖。

　　圖5中右邊的那張圖顯示同一個變化模式，但是在時間上做出標記。它除了位置外，也畫出速度。它顯示擺錘的速度是怎樣在點1和點3的地方為零，而在點2和點4的地方最高速（但方向相反）。擺錘在速度上升時加速，並在點2至點3，還有點4至點1的期間內速度下滑而放慢。最右端時間線的尾端完美地和最左邊的起頭契合，顯示這個模式是怎麼重複的。此外，有別於第一張圖，「位置變化的速率」本身怎麼變化，現在也很清楚。第一張圖只顯示位置而已。

　　三張圖中顯示在圖5底端的最後一張，把時間帶離任何軸線。這張擺

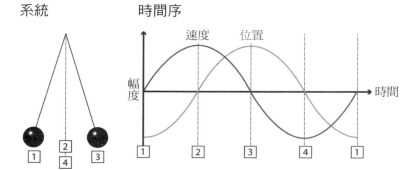

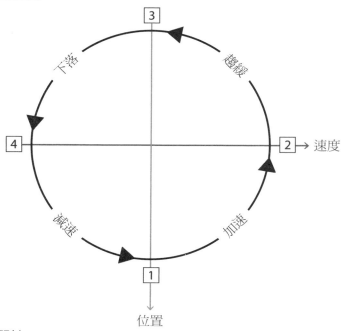

關鍵：
1 最低位置，速度零
2 最大速度
3 最高位置，速度零
4 最大負向速度

**圖5　描繪擺錘動態的三種不同方式。**（調整自維基百科條目「相位圖」條目的一張圖，繪者可能是Krishnatej Vedala，2019年9月存取，網址為https://en.wikipedia.org/wiki/Phase_portrait#/media/File:Pendulum_phase_portrait_illustration.svg。）

錘相位圖是一個圓，而擺錘就以順時針或逆時針方向繞著圓轉。在點2和點3之間的趨緩後，發生朝向此圓最高點（真實空間中最右端，也就是點3）的減速。相位圖中像這樣的模式，就是一個減速模式，因為速度在下降，儘管位置還是在升高，只是每過一個時間點就升高得越來越少。相位圖讓擺的狀態可以更清楚分成四區（從點1開始）：加速且上升；仍在上升但減速（趨緩）；下降但反向加速；最後是減速但持續下降。人類今日就處在「趨緩」這一段。相位圖繪圖的優點在於，迫使你專注變化本身的變化。擺錘放慢時可能還是在往右上揚，但觀察它往哪裡去的最重要之處，是了解到它正在趨緩。很明顯地，它很快就要往回滑落。當某物在減速時，還擔心它上升，其實還滿傻的。什麼時候你會無從得知眼前的運動是不是擺錘運動？就是在擺錘加速的那一刻，不過相位圖會幫你先一步想到。

　　相位圖可以很理論，就好像圖5那樣，擺錘在真空中移動且想像的完美擺樞沒有摩擦力，但有了真實數據，相位圖也可以用來凸顯當擺錘沒有永遠在圖上繞圈圈時，實際上會發生什麼事（附錄的圖67就描繪這種情況）。軸承摩擦力和空氣阻力都意味著，如果沒有動力，擺錘每一次擺動都到不了上一次那麼遠，每一次擺動的最大速度都會比上一次擺動略少一分。如果我們要畫出上千次交互作用所構成的圓圈，會漸漸看到它縮小至一個點，也就是擺錘不再移動的那個點。事實上，整個軌跡就是一條螺旋線，就跟生活中大部分的事物一樣，擺錘正在慢下來。

# 3

# 負債
## 趨緩的減速徵兆
Debt: A Decelerating Sign of the Slowdown

學生負債持續成長，儘管比過往幾年來得慢。去年畢業的
（美國）大學生大約有 66% 都背負債務。

————安妮・諾瓦（Annie Nova），於消費者新聞與商業頻道（Consumer
News and Business Channel, CNBC）報導之內容，2018 年 9 月 20 日

本章及接下來兩章比較不那麼精簡的標題，會是「證明了規則的那些例外——負債、數據和環境惡化，人類生命中我們認為尚未開始趨緩的三個領域（但我們現在就得趨緩，不然未來也得趨緩）」。這是本書觀察真實數據的第一章，而它關注的是人們認為還在展現高速（甚至是指數）成長徵兆的極少數現象之一：這些罕見的奇觀最容易讓我們感興趣，也常讓人極度擔心，因為它們看起來好像失控了。這些奇觀也都會放在頭幾章，因為你可能已經在納悶，它們要怎麼塞進這本關於趨緩的書籍裡。我就從最難的案例開始，並期待你比較不想跳過！

當我們觀察社會正在變化的形貌時，從例外開始是有道理的。隨著世界大部分國家的所得貧富不均開始減少，我們要問：現在最嚴重的問題是什麼？[1]今日大部分的事已塵埃落定，但有些事還繼續脫韁而出，而且幾乎都是某些過往事件、過往抉擇、過往錯誤或無知的遺害。

財富不均及隨之而來的負債嚴重不均，在所得不均減少許久後仍長期持續上升。生產和處理資訊的能力達到巔峰之後，資訊在一段很長的時間內還是會繼續噴湧（因此在趨緩年代開始時，會有大量的假消息）。儘管經濟成長老早就慢下來，但造成的汙染仍持續產生巨大影響，其中最嚴重的莫過於讓地球溫度上升。

負債是財富的反面，財富沒有越來越集中，持續成長的負債就無法存在。沒有「持有最多財富的人就是取之有道，且有資格藉此得到不勞而獲的收入」之信念，財富的持續成長就不會像眼見的那麼快。隨著財富增加，大部分的人平均來說都變得更窮了。至於資訊，在有紀錄的範圍內，在生產及儲存資訊的能力上揚後就發生資訊爆量，但當我們被資訊淹沒時，卻不一定變得更聰明，也沒有變得比較見多識廣。

　　因為趨緩是減速，而不是下滑，所以我們在發生時無法輕易察覺。趨緩發生得不疾不徐，在某些案例中還花上好幾個世代的歷程。我們已經習慣尋找新奇、刺激、不一樣的事物，習慣期望社會持續快速進步，而那還伴隨著危險及常常不可預料的變化。在季節更迭之前，我們可以預測現在算起幾週後的天氣可能會和今天的天氣類似，但那之後，天氣就會徹底改變。

　　那一刻正迎面而來，有利於人類擴張的時節、越來越重大的技術革新，以及我們生活所在地於地理學上的一次急速重組，都已經來到終點，慢了下來且穩定化。這沒有什麼好怕的，還是會有變化，只是不那麼急遽。那些有利──絕非對所有人普遍有益的時節不會持續太久。儘管我們之中的多數人能活著，當然是大規模人口爆炸和近期的大加速所導致的結果。

　　對一個物種來說，有利的時節就是群體數量快速增加的時節。那樣的時節往往罕見，以人類的例子來說，那樣的人口增加也會關係到「身為人類是如何」的轉變。對地球上大多數人來說，有利的時節直到1900年左右才開始。我們遷居都市，人變得更高、更乾淨，教育程度也提升──但可能也變得更貪婪。如果我們要在新的人口數量下好好活著，就得要快快做出大量改變。當我們觀察那些尚未徹底趨緩的事物時，就可以找到最有說服力的例子證明需要改變。

　　這種加速案例的罕見，凸顯出我們生命的幾乎所有其他面向上，都是如何不再經歷快速變化，至少沒有經歷父母或祖父母見識過的那種快速變化。本章會先談論美國學生負債問題，也會談到其他幾個近年讓學生負債膨脹的國家。學生負債增加是發生在大學學生人數上升之後，後

者是好事：學生人數若是沒有這樣擴張，就沒有什麼人能讀懂本書這類
書籍，但學生負債上升並不是必然結果，過去也不是如此。

## 增加的學生負債

有了負債，我們就有了一個例子，證明的確有「是別人讓我們相信
不僅沒放慢，還在加速成長的東西」。美國的學生負債是全球最高，接著
是英國，然後可能是加拿大、智利或南韓。學生負債的發明及其後的興
起，大半起因於這些國家的經濟趨緩、腐敗和無能，這些國家在政治敵
意的刺激後，又生成擴大貧富不均的政策。一個貧富嚴重不均的國家，
或者正在變得越來越貧富不均的國家，可能會容許推行高利率學生貸
款，但只會推行一小段時間，因為這種貸款就是無法永續。

理解學生貸款無法永續的一個關鍵，就是承認我們需要改變思路，
從相信自己活在加速的時代，轉而認為有太多事物都在減速。如果每件
事物都還在加速，如果通貨膨脹一直增加，而未來薪資會變得很高，大
筆負債就會變成小負債，未來就可以輕易償還。這個論點不是漫天亂
喊，早就已經有辦法看出，就全體借貸額而言，學生負債的成長正在趨
緩。

美國學生負債的成長率已在 2009 年 7 月來到高峰，但負債本身還在
繼續成長。如果我們能估計在世界上占少數的、向大量年輕人索取高額
大學學費國家的合計學生負債總額，無疑會發現，從國際來看，負債還
在持續成長，情況一如其他類型負債的總額增加。但是美國負債加速成
長所遇到的緊急煞車，在這裡是一個有趣的模式，而那樣的緊急煞車

恰巧與全球金融危機同時開始。只是正如本章開頭那句過往記事顯示的，十年後那場趨緩才開始有新聞價值。

　　美國學生負債的成長速度已經下降了，但降下來不是因為能就讀大學的年輕人變少，也不是因為美國的大學課程收費變低。1969年至1979年間，美國大學頒發的學位從一年127萬來到173萬，也就是增加43%。[2]在接下來到1989年的十年中〔幾乎都是隆納‧雷根（Ronald Reagan）總統任期內〕，數字上升到194萬，也就是只增加12%。1990年代，每年頒發的學位上升到一年238萬，也就是直到1999年的十年裡成長23%。到了二十一世紀，2000年至2009年的數字加速到335萬，也就是提高41%，而到了2010年和2011年分別是355萬和374萬，但接下來就停止成長了。2017年頒發的學位比2016年少：前往大學獲得學位的美國年輕人最近正在減少。

　　美國的學生負債持續成長，不只是因為加上的利息，也是因為越來越多學生無法清償貸款。即便畢業生發現情況並不像父母輩那樣，高薪工作突然就出現在眼前，每年學分費還是進一步提高。然而，在選擇就讀大學的美國年輕人減少之前，債務上升的速度就已經開始減緩了。在我動筆時，減速已經進行十年之久。儘管美國國內和全球的負債一直都跟著超級富豪的財富成長一起增加，但最晚近的快速致富計畫卻是第一個失足落馬的項目。最終，學生負債將成為過往雲煙：未來學生負債不僅會繼續幾乎不存在於多數歐陸國家及中國，也將從世界上其他打算對年輕人玩這種單一世代投機金融把戲的地方消失。

　　圖6的時間線顯示，美國的學生負債在僅僅二十二年內就從4,810億美元來到1兆5,640億美元；但這段期間的負債成長率趨緩了，很容易看

出轉捩點在2009年7月。

聖路易聯邦準備銀行（Federal Reserve Bank of St. Louis）發表的研究，揭露在它們的計算下，全美從2006年1月起就以同一種方式提供學生貸款單位持有的未償還貸款金額。到了2007年，已有4,019億美元以「聯邦家庭教育貸款」的形式借給2,260萬名學生，而每一名已無學生身分的借款者未償還金額是17,783美元。[3]如果再加上聯邦直接貸款給700萬學生的1,068億美元，以及聯邦柏金斯貸款（Perkins Loans）和其他較小額的借款，2007年第一季的總額就來到約5,100億美元，等於每季增加約150億美元，或者每年增加11%。

從2006年到2011年，僅僅五年內，使用聯邦借貸制度的學生人數就從2,830萬增加到3,830萬，每名學生的平均負債從18,233美元增加到24,757美元，而2011年他們積欠聯邦官方的總負債達到9,480億。在這段期間，學生人數增加三分之一，負債數字卻幾乎翻倍。不管怎麼看，這樣的成長稱作「失控」確實合情合理。然而，圖6的時間線顯示，加速達到巔峰的年月（2009年7月，當時僅僅一季負債就增加300億美元）已經過了。如果這個（放出貸款速度的）增加速率持續，這種負債很快就會遠遠超越美國所有其他類型負債。它們的成長率變得無法永續，也因為這個理由，我們就應該知道，學生負債不能像過去那樣無限持續增加。

近年學生的負債遠高於較早期學生的負債。把貸款弄得較能接受的其中一種方法是，向每個世代的學生說，比他們更晚來的人得借更多錢，還會有更多事情比現在更慘：他們的學分費會更高、負債會更多，還要跟越來越多的畢業生競逐薪資夠高而能還清負債的工作。其中要透露的訊息是「別擔心」：負債對你可能有害，但對比你晚來的那些人會更

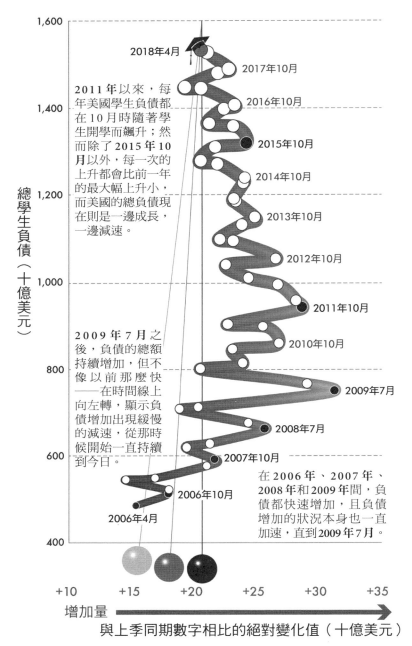

圖6　美國學生負債，2006年～2018年（以十億美元為單位）。〔數據調整自（美國）聯邦準備系委員會，「持有與債券化之學生貸款，未支付者，2018年第二季」，取自聖路易聯邦準備銀行，2018年12月28日存取，https://fred.stlouisfed.org/series/SLOAS。〕

有害，所以相比起來，你會好一點。當然，最富裕成年人的子女在美國上大學不需要貸款，所以這批學生就是最不慘的一群。藉由支持借貸而非助學金，密謀操弄這個體制，使所有別人的小孩——有志向抱負的孩子陷入不利的，就是這批非常有錢的人。

每年10月，隨著新生入學借走新的貸款，美國學生貸款額也常在此時增加最多。但2009年的情況卻並非如此，2011年也不是。到了2012年，初次接觸這個體制的180萬名學生（此為淨值），在僅僅一年內，就被多撮合總共1,000億美元給所有大學就學學生的借貸或追加未償還利息。但到了2012年，隨著學生人數成長的快速趨緩，增加的速率開始年年降低，甚至一度不增反減。儘管如此，未償還負債從來沒有減少。

2018年間，美國學生每季負債的增加已經減少到每季200億美元，也就是一年800億美元。到了2018年第四季，已達到1.56兆美元而且還在持續增加，但每年增加得越來越少。在那個時候，美國25歲以下的學生每人平均積欠聯邦政府14,753美元；25歲至34歲的人積欠35,553美元。他們的負債一路增加，已經遠遠不是他們所能清償的。35歲至49歲的畢業或肄業生平均負債更高：雖然這群人入學時學分費較低，過去要借的錢比現在少很多，然而因為利息累積，每個人現在積欠的金額平均為38,593美元。50歲至61歲的人的平均負債減少到只有37,828美元，而更年長的貸款者卻還是有34,316美元的負債，但至少過世後聯邦學生貸款會一筆勾銷。[4]

美國學生的貸款負債仍在增加，但是已經比以前慢了。它必須增加，才能在明顯嚴重不合理的體制中繼續假裝有點合理。在其他地方，好比說英國，學生總負債仍在持續加速，而且目前看不出有減速徵兆。

但有一天還是會趨緩，它非得趨緩不可，尤其當英國的兩個領頭反對黨──工黨（Labour Party）和蘇格蘭國家主義黨（Scottish Nationalist Party）都反對它存在時。[5]沒有什麼可以永遠加速。

# 車貸

　　所以美國的學生負債還在增加，但那種增加正在減速。買車的負債呢？當某人非得要有某個東西（好比說教育或住家），但只能透過借錢取得時，就可以輕易製造負債。透過一般稅收打造教育免費的國家，就沒有什麼空間能從需要上學或上大學的欲望和需要中賺錢；只有在沒有公開公平受教權的地方或時候，年輕人才會聽從無法支付學費的家人建議，覺得自己被迫要借錢讓未來人生更有機會。

　　世界上大部分地方都是多數人沒有車，即便在一些非常富裕的國家，用車量現在也在減少，日本就是最好的例子。早在2014年，每個日本家庭擁有的動力交通工具數量就已經明顯下滑好幾年，而且很快就開始下滑到一家一輛以下。[6]相對地（而且不可思議地），英國在2001年的普查顯示，許多家庭擁有的動力交通工具數量，還多於該家庭中年齡大到可以駕駛的人數。

　　一個井然有序的富裕社會將趨緩，會越來越仰賴公共運輸，還有自行車及步行，而不是使用不充分、奢侈浪費、擁擠又汙染的私家車。它會有一些非常快速的列車，但需要固定使用的人很少，沒什麼人會特別需要進行那麼遠又那麼快、通常自己一個人、又駕駛著自己那成噸的金屬和玻璃的旅程（就算慢上許多的也沒必要）。那些未曾察覺到我們正在

趨緩的人，常會談起一個令人興奮的未來，在那個未來裡，所有人都會在機器人駕駛的車內高速繞著城市飆行。除了多一種快速變胖的好方法外，那種未來願景有什麼好推薦的？為什麼不把生活組織成不要涉及那麼多不舒適行程的生活呢？

　　美國是加速的國家，是會把東西做得比任何其他地方都更大、更好、更快、更寬、更長、更高、更了不起的地方。今日看起來這實在很蠢；但不能以這樣的愚蠢行徑為由，對做出過分行為的地方所發生的事情幸災樂禍。在人類最大幅加速的時代，也就是1950年代和1960年代，不管全世界最富裕的是哪一國，該國都會產出最大的烤肉架、最大且大到噁心的單人餐、最重的身高體重指數（Body Mass Indice, BMI），以及最大型又最耗油的車子。美國甚至用超高速將幾個白人送到月球上，來展現美國有多偉大，也展現美國準備多少錢，要用來提升被蘇聯太空計畫打擊的國家自信心。[7]

　　今日活在美國很難沒有車，通常去工作、學校或購物區都不可或缺。對那些無家可歸的人來說，車子或別人拋棄的車子就是可以睡覺的地方。許多年前，美國汽車業成為債權產業，車可以像夢想一樣賣出，也像夢想一樣曲線玲瓏，而且體現在公路上自由奔馳的美國夢。

　　到了2003年，美國的購車相關負債達到6,220億美元，也就是每戶5,600美元。到了2018年，負債大約增加一倍，來到1.27兆美元，也就是每戶10,400美元。不過儘管全美車債還在增加，但是就和學生貸款的成長一樣，已經不再像以前那樣快速增加。美國要達到日本已經達成的狀態，也就是成為近幾年來每年路上車輛都比去年少的國家，恐怕還有很長一段路要走。如果公共運輸沒有更多新措施，美國恐怕就追不上日本

的成果，但美國在這塊負債區域的減速，卻意味著潮流已在轉變。

二十世紀的大部分時候，富裕國家私人負債增加的最大推手，都是想買新車的需求和欲望。今日，老車堪用的壽命可以比許多車主駕駛的時間長，但汽車業需要人們買新車、開新車。當人們沒有存款購買，汽車業就發明一種藉由汽車本身來擔保的新型貸款，所以你可以在身上的錢離足夠買車還很早時就先開到車。

人們常覺得負債和欲望息息相關，但負債只有在賒欠成立時才可能存在，而賒欠則只有在貪婪和過剩財富都充足時，才能為人所利用。負債要大幅擴張，就得先把財富趕進少數人手中。少一些人持有的財富越多，能借給其他人的錢就越多。在貧富嚴重不均且人口增加的情況下，私人銀行就會獲准擴張貨幣作為新的負債。那些銀行的擁有者及最高薪員工，就是最大受益者。至於其他人，物價上漲之餘，負債也會增加。

你可能會覺得，擁有新車怎麼可能不負擔大筆——而且逐漸增加的車貸。然而情況就跟學生負債的例子一樣；世界上還有其他國家的幾百萬人就讀大學卻沒有背上大筆負債。你可能會覺得，大部分的人怎麼可能日子既過得去，又不需要為買車借貸，但在這個問題上，美國的情況是例外，而不是準則。

很多人的負債就是另一個某人的資產，是那個人的收入來源。這種人通常已經擁有大筆財產，通常在死後還用不完，但他們似乎都想要更多。貪婪會讓人上癮，也會徹底占據人的心神。藉著把錢借給其他人買車，然後從所有的貸款中收取利息，這種非常有錢的人就可以躺著看自己的資產成長。至於那些其他人，就得駕駛著借錢買的車去上班，賺錢支付其他必須償還的貸款，他們大多永遠存不了多大一筆存款，如果他

們有辦法的話，這個體制就無法運作，因為這樣他們就不會選擇負債。

富有的個體可以間接把錢借出去，舉例來說，會借給聯邦政府，買下一部分美國國債，他們的錢有一部分又藉此變成聯邦貸款，借給大學生。那些連本帶利還完貸款的學生，照理說不只會抵銷那些無法還債者的貸款，還會產生盈餘，所以聯邦政府未來可以連本帶利地償還那些富有的個體。但這種巨型龐氏騙局（Ponzi Scheme）到頭來必然會失敗，因為如果我們都這樣過活，就只會有極少數人能一直有錢。

有錢人可能沒有察覺到，他們借錢給人獲得教育，並讀書讀到比那些通常太專注在短期獲利最大化的有錢人更了解世界如何運作，長期來說是在做傻事。

有些人表示，如果退休基金得為了少數擁有優渥私人養老金的人成長，基於負債的國家經濟就是不可或缺的；但是一個以負債為基礎的經濟無法為每個人提供充足的養老金。貧富不均社會中的大部分人，都是以普通到嚴重貧窮的經濟狀態步入老年，並邁向更貧窮的退休生活。所以要問：一個應該由多數人統治的國家怎麼會出現這種體制？為什麼在自由人的家園裡，會有那麼多人被那麼多的負債壓垮？答案或許包括一種對未來加速的信念，一種現在正遭到削弱的信念。

美國基於負債的經濟，因為有來自海外的現金挹注，在1950年代至1960年代似乎運作得不錯。當時美國工業達到最強大、最成功的巔峰。在背後撐腰的是無可匹敵的美國軍方。當時冷戰襲捲全球；事實上，在許多貧窮國家裡打的是熱戰，尤其那些被認定與美國利益相干的國家打得更是如火如荼。美國從全球海外賺到的錢，比花在購買海外貨品和服務的錢還多。而當這種事態開始結束時，美國大多數人實際上所處的不

安穩狀態，就變得越來越明顯可見。

　　從1930年代開始，美國國內購買的大部分車輛都是欠債買的，而借款金額及賣出車輛數幾乎是年年攀升，直到1978年一度達到高峰，幾乎賣出1,500萬輛車。[8] 1980年代初期的經濟衰退引發銷售滑落，但1986年賣出1,600萬輛，接著又出現一波滑落，直到1990年代晚期，才開始一路攀升到2000年達成的1,700萬輛。而後隨著經濟大衰退到來，年度總銷售開始劇烈下滑，來到2009年略多於1,000萬輛。

　　經濟大衰退過後，美國的車輛銷售開始復甦，但只有緩慢復甦，要到2016年才達到一年1,700萬輛，而現在銷售量又再度減少。[9] 2003年至2013年的十年期間，是美國車貸產業的一大動盪。但退一步來看，你就會開始看到，那段一度可說是「美國汽車業暨車貸業大加速」的歷程，現在也明顯慢了下來──而且已經趨緩一段時間。

　　儘管美國的車貸還是在增加，但已經比以前增加得慢。美國充斥著許多明明還能駕駛更久就先被報廢的舊車，目前的趨緩大有機會持續。但要持續下去，美國必須開始擺脫對車輛的喜愛。在2003年至2018年僅僅十五年內，全美未償還車貸就從6,220億美元增加到1兆2,380億美元，但在期間發生極大的衝擊。聯邦準備體系公布美國人未償還車貸的季度統計總額。在大部分的年間（至少從1970年代晚期開始），這種平衡就開始上升，而在2003年前，每年整體上都隨著美國人購車量和車價的上揚，而成長得越來越快速。同時，符合駕駛年齡的美國人也在成長，但他們無債買車的能力並未成長，所以美國車貸的總額不是只有成長而已，而是在2003年加速到驚人的6,220億美元之高。

　　在2000年代初期，美國車貸上升到平均一季250億美元，也就是一

年1,000億美元。已經高築的車債每三天就會多加10億美元（淨值）。舊債清償或勾銷的同時，人們也正在借出或展延越來越龐大的新債；但接下來到2004年底，整個體制受到衝擊。2003年的油價一直在穩定上漲，全球需求成長的高峰是2003年至2004年期間，當時單一一年的需求就成長3.4%。[10]到了那年尾聲，買新車的人較少。借貸在2005年初又下滑，接著恢復幾個月後，2005年底再度下滑。在圖7的時間線上一直打轉，在2006年間恢復，然後在年底下滑，然後到了2007年底為止又重複一次，然後從2008年中開始持續一路下滑到2010年中，而且是季季下滑。到了那時候，銀行本身正在破產，而無法發放汽車公司希望的貸款。

到了2011年初，借出的總額已經沒有2003年底那麼高。一直要到2013年中，美國車貸的成長才回到十年前所謂普通的那種成長率。但到了那時，又有別的事情從根本改變了。

從2015年以來，每一年的第二季，美國車貸的成長都比上一年第二季規模小，而且全都比2005年第二季低很多──當時是上一波加速的高點。圖7的時間線向左傾斜，以鋸齒般的路徑迂迴朝著車貸將抵達巔峰的未來那年前進。我們無法得知那是什麼時候，但是可以看出趨勢。同時另一場油價衝擊很可能發生；但中期來看，美國車貸的趨勢正趨向減速，車貸還在增加，但增加幅度比以前少。

到了2018年第二季，美國車貸在最快速成長的單季也只增加180億美元，在那之前的兩季更只有80億美元和90億美元。儘管多數美國人仍相當貧窮，且少數人有錢到嚇人（同時中間人數漸漸減少），但我們還是可以預料，車貸仍舊會是美國人能買到車的主要方法。要等到美國貧富不均的情況開始消退，車貸才會變得沒那麼必要。

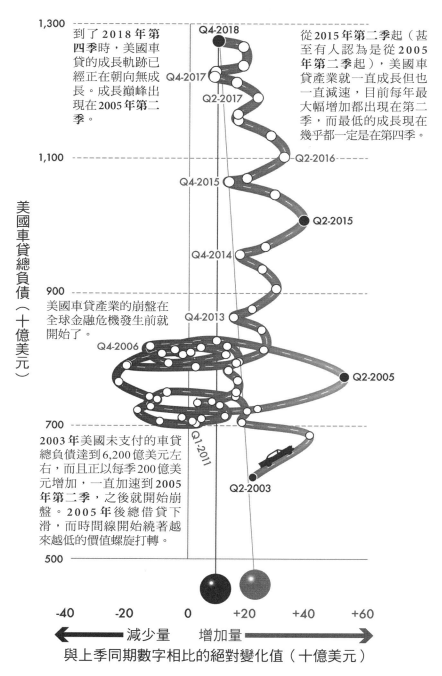

図7　美國車貸負債，2003年～2018年（以十億美元為單位）。留意一下到2019
年第一季為止的三個月，負債增加0.5%，到2018年第一季是增加0.7%，到2017
年第一季則是0.9%。〔數據調整自（美國）紐約聯邦準備銀行，「房債與信用季
度報告」，取自個體經濟數據中心（Center for Microeconomic Data），2018年12
月28日存取，https://www.newyorkfed.org/micro economics/databank.html。〕
編按：Q指的是Quarter（季度），以三個月為一季。

一個世紀前，美國人還不能開福特（Ford）T型車（Model T）就先買下。他們在福特經銷商那邊預付訂金，然後每週分期付款，直到達到完整售價，接著就把車開走，沒有未償還的債務。人可以不負債就行遍各地，買自行車可以不欠債，而經過規畫的城市可以讓你上班不用開車。隨著世界上越來越多人開始住在規畫較佳的城市，需要車的人將會減少。公共運輸可以調整到讓人能夠負擔，而較年邁的農村少數人可以用存款買車，就像日本現在這樣。總有一天，美國的車貸大半也會變成過往雲煙。

因為利率下降得實在太多，目前背負12億美元的債所要支付的利息，實際上可能比2003年負債12億美元的一半多一點所要支付的利息還少，但現在美國利率又再度小幅上揚。長遠來看，為了正在貶值的資產而借貸是沒有道理的。利率上漲也會嚇阻那些能改換其他方法移動的借貸者。

## 美國房貸

放眼望去，世界上無處不是借貸，但美國的借貸卻比世上所有地方都更大。對美國年輕人來說，學貸還是在增加，但增加的速度已經趨緩，只是趨緩的進展慢到依舊讓總額越來越高。美國的車貸也還在增加，但這項增加也正在趨緩，腳步倒是比學貸快一點。規模排在下一位的美國人借貸，是所有借貸中最不可或缺的，是你今日想在這個國家獲得任何使用權保障，就要取得的一種借貸——購屋所需的抵押貸款。在美國，要確保有地方住就非得買屋才行；如果用租的，即使有足夠的錢

付房租，還是可能被迫搬離。

　　許多國家具有租屋或購屋的選擇。國家會規範房租，通常是由地方政府做規範，而且房租不允許快速增加，也不能高到不符合房產品質或大小，房客只要有付房租就有權居留。在全球規劃最完善的富裕國家裡，如果地主想拿回房產持有權，就必須提供房客經濟補償，如果補償金額不夠，房客可以選擇續租並住在那裡。畢竟說到底，那也是人在住的家，而家遠比一間房產重要多了。

　　獨棟房屋和公寓的價格，通常會在沒有可靠租屋時一飛沖天。今日美國多數州的房客都沒有什麼權利，房租可以隨地主高興漲價，所以只要提高房租就可以輕鬆趕走房客。出租房屋的品質可以差到極點，而租金可以大幅高於同一間房產的抵押貸款。那些能購屋的會試著去買。然而對多數人來說，所謂能購屋代表的是能借錢買，要看他們的信用紀錄而定。此外，美國境內借錢的利率可以因為借錢時間而變，也可以因為借的人是誰、住在哪裡而異——即使畫紅線（譯注：劃分區域給予差別待遇）到了今日應該已經違法。[11] 人們各有不同的信用評等。

　　在美國購屋並不像是在歐洲購屋，在歐洲，抵押貸款利息維持二十年以上不變是很普遍的事。購屋比租屋好，但通常還是很冒險，因為如果你未能支付每一回的抵押款項，放貸者就可以占走你家並趕你走。美國的有錢人會用自己賺的現金購屋，以避開這種風險，而這些錢通常是借錢給不有錢的人而直接或間接收取的利息。貧富不均時，試著變得有錢或保持有錢，似乎常常是最好的目標，但只有極少數人可以一直有錢。

　　要興建一棟房子或一棟公寓也沒有那麼困難；人類做這行已經很久了。然而，要控制投機買賣和通貨膨脹就很難。在第二次世界大戰過後

不久的 1949 年，所有未償還的美國抵押債務，包括地主及家庭的借款，只達到 540 億美元。[12] 到了 1953 年就變成兩倍多，來到 1,120 億美元。到了 1960 年，又再度翻倍，來到 2,270 億美元，然後在 1969 年再度翻倍到 4,500 億美元。在 1977 年達到 1 兆美元，1984 年 2 兆美元、1992 年 4 兆美元，2002 年 8 兆美元。從 1949 年以來，每季都在上揚，絕無例外，直到 2008 年第二季，就接連二十季下滑，一直到 2013 年第三季為止。發生某件從根本上就截然不同的事：一個似乎好好運作六十年的房屋金融體系崩盤了。

但事實上，美國的住房供給體系只有在面對少數美國人時運作良好，尤其面對那些有錢到足以買超過一棟房屋的人就運作得更良好。美國幾乎沒有社會住宅，也幾乎沒有由地方政府或慈善單位經營並以可負擔費用出租的住宅。幾乎每個無法買房的人都得向私人單位租屋。許多可以購屋的人無法每個月支付抵押貸款。如果你丟了工作、生病或和另一半離異，要繼續付款就更難了。有很多人花了不少年清償抵押貸款，到頭來還是得不到一個家；其他人得要辦純利息貸款，因為被認定沒有能力償還抵押貸款。隨著房價一路從二十世紀末攀升到二十一世紀初，美國多數人落入敗部，尤其是年輕人和窮人。

我們拿去購屋的錢，和興建這些房屋的成本沒有多大關聯，和任何供需法則也沒有多大關係。住家的需求並沒有在 2008 年突然下滑，但可以借去購屋的金錢供應確實在當時崩潰了。別人常跟我們說，一棟住家的價值主要反映房屋底下土地的價值，但那也是幻想。美國土地沒有突然在 2008 年貶值，從來沒有什麼神祕的土地內在價值在支撐價格；相反地，房市是少數人玩的遊戲，他們把越來越多錢借給人數比自己多

上太多的住處需求者。房價反映的是抵押貸款的金錢供給，放在把價錢推高，遊說政府給借方稅金鼓勵，好讓他們的行徑看起來不那麼掠奪成性。他們以眾多租房才有家的人的恐懼和需求為食，這種體制若開始終結，就是趨緩到來的一個徵兆。

各種常被分開處理的負債問題，其實都相互密切關聯。目前，用來製造車輛的錢並沒有反應在購車費用上，大部分的購車費用都是拿去清償買車所需的負債。然後，你才是在支付車商的利潤，以及讓你和許多人都相信，新車對你來說太有價值，而你會願意背下更多債所需的廣告和行銷成本。你也是在一場說穿了就是競買大戰的活動中，買自己的身分、地位。在那之後，如果車子是美國製造，你就是在支付汽車工人的工資，但大部分的工資又會流向高昂的住屋費用、工人自己車子的費用，以及協助自家小孩獲得教育的費用。人們在美國的薪資必須高，因為住屋等諸多開支都非常昂貴。這一切都和加速相關，而且在一段期間內，加速在永續循環並自我強化。

就大部分的大學文憑而言，需要提供給教一個學生所需勞務的錢其實無足輕重。他們需要座位坐，要有桌子來偶爾用功一下，以及要能使用圖書館（儘管現在的學生使用網路的量遠多於書本）。教授的工資主要反映的是當地住房費用，當然也包括他們通勤的費用。如果他們得開車移動，就要多付他們一點錢。然而，美國學生每年上大學所支付的高額學費，大部分都不是流入教學人員的工資，也不是流向大學圖書館的營運費用，反而是（到不久前才）流進大學高階管理者急遽攀升的薪資中，以及興建頂尖大樓的昂貴費用，還有大學用來讓自己看起來值得那麼高學費而採行的所有廣告費用。

美國有相當多人不生產汽車這類實體貨品；他們不教學；他們也不蓋房子，他們反而跑去當中間人，涉入每一種以前不用干涉多少就能做好活動的資金供給與洽商工作。現在每個組織都安插律師，還有會計人員、投資者及顧問──換句話說，就是官僚制。他們接觸了什麼，就把什麼費用都增加──到了某個時間點，泡泡就會破滅。

你無法永無止境地抬價，無法一直借出更多錢。房價增值時，許多銀行業者沒在管錢借給誰，他們要不收取利息，要不就收回那筆幾乎一定比貸款值錢太多的財產。到最後，也就是2005年過後沒多久，就有非常多（而不是像平常那樣持續一點一滴增加）的家庭開始不履行抵押貸款。13

在2006年和2007年，銀行業者對貸款變得更小心翼翼，因此借錢的實際價格（譯注：通貨膨脹經修正後的價格）上漲，能借錢的人變少，房價下滑，而銀行業者面對貶值中的資產，提供借貸又更加小心翼翼，一個下行螺旋便開始成形了。東西變便宜通常都被當成好消息，但對那些依賴房價上漲的國家經濟而言，房價下跌成為一場災難，揭露經濟體制結構是怎麼出現瑕疵。

所有的負債都彼此相連，大學文憑、車子、房屋：這些東西不該造成人們下半輩子一直負債。世界上有許多地方確實不會這樣，在當今美國人和英國人的記憶中，曾經也不是這樣。環境若容許負債漲到太高，個人會無法償還，接著就是全家。如果別人借不到足夠的錢購買他們買下的資產，這份資產就會貶值。當大學文憑司空見慣時，人們就會認為不那麼有價值；人們不再頻繁地購買新車，因為那不再讓他們看起來那麼棒；而過去膨脹的住家價格現在也下滑了。

　　近年隨著地主賣出貶值地產而減少面臨負債，美國由屋主（而不是地主）進行的抵押貸款占全部抵押貸款的比例已升高。在絕大部分的案例中，他們為了「促進」銷售而趕走房客。當船要沉時，消息最靈通的人會第一個跳船；當打算借出錢的人發現借出去有保障的人和地方越來越少時，就會更急著把錢借出。當一個維繫於永久成長的體制出現大減速時，上述這段就是其中一個不可避免的結果。

　　美國的房屋總貸款在2003年至2018年僅僅十五年中，就從4兆9,420億美元來到9兆1,400億美元；但同樣地，成長率現在正在趨緩（見圖8）。你一開始會先被2008年經濟大衰退吸引目光，但看一下這件事前後的數字，看看整條時間線上，2006年、2007年、2017年和2018年時的傾斜，這條線在那場經濟崩盤的很久之前和很久之後都朝左移動。

　　紐約聯邦準備銀行會公布房屋貸款的季度數字，該單位最近的一組數字起始於2003年，當時美國房屋抵押貸款的總負債略低於5兆美元。隨著獨棟房屋和公寓價格雙雙上漲，隨著興建更多房子讓人負債買走，隨著美國人口持續增加，抵押貸款負債持續不停成長，一開始還是加速度成長。

　　加速在2004年初稍微有所抑制，但到了那年秋天，美國未償還房屋抵押付債跨越6兆美元的標竿。有更多的家庭正借下更高額的貸款，遠高過其他人正在清償的貸款，達到一季有淨值近2,000億美元貸款加進全美抵押貸款帳單的程度。2005年間，美國抵押貸款負債的增加出現成長，加速程度增加，在該年秋天就跨過7兆美元標竿。到了2006年春天，每季都會增加超過3,000億美元，而2006年秋天就越過8兆美元門檻。從那時候起，新借貸的成長就微微變慢，但又在2007年春天衝出最後一波加

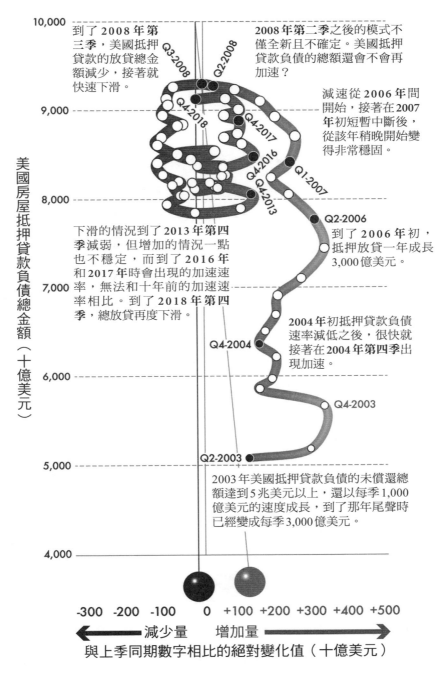

圖8　美國抵押貸款負債，2003年～2018年（以十億美元為單位）。〔數據調整自（美國）紐約聯邦準備銀行，「房債與信用季度報告」，取自個體經濟數據中心，2018年12月28日存取，https://www.newyorkfed.org/microeconomics/databank.html。〕

速。9兆美元的標竿在2007年秋天達成，但到了那時候，一個基本的變化已在進行。

　　放貸的整體成長率早在2007年底就明顯開始下滑；而對全體中的某些子群體來說，則是更早就開始下滑了。整體速率連續九季下滑到2010年秋天，就算是開始下滑的第一季，也能明顯看出一場危機開始了。事後來看，可以認為那場危機比被廣受報導之前就已開始，而且遠比2008年的大崩盤更早開始。然而，先前幾次明顯的借貸增加之趨緩都被完全翻轉，這些趨緩包括2003年第四季、2004年第三季、2006年第二季之後的減速。近期的歷史紀錄沒有提供確切的模型，以預測接下來可能發生什麼事。過往，那些放貸時戒急用忍的放貸者，往往會在後來整個負債量增加時遭受財務損失，所以「聰明錢」（譯注：精明投資者手上控制的錢）就一直被發放出來，直到大崩盤開始為止。此時人們才發現，到頭來借太多錢出去顯然也不是明智之舉。

　　為了確保更多家庭不會不履行那些利率降低才有辦法償還的借貸，利息遭到大幅削減。2009年第三季的總放貸金額下跌到9兆美元以下，2013年第一季還跌落到8兆美元以下。這不是趨緩，而是崩盤。房價暴跌，借錢的家庭減少，延長抵押貸款的人數增加得比過往少，而全美各地的人清償負債的速度開始比舉債的速度快。極少數的富豪越來越沒有機會，靠著借出越來越多的高利息貸款給數百萬不那麼有錢的人，而變得越來越有錢。

　　房市在2010年底的第一次明顯復甦，在2011年間崩潰。2012年初的第二次復甦以類似情況倒退回去。2013年間的第三次復甦看起來似乎比較持久，但又於2014年崩潰。2015年的第四次復甦看起來稍強一點，而

放貸再度於2018年第三季緩緩增加到9兆美元；然而到了此刻，平均季度上揚就只是以前尋常數字的九牛一毛，僅僅在一季500億美元和1,000億美元之間搖擺，而且隨時顯現著下一次崩盤的可能性。

到了2019年，被遺棄的美國抵押借貸經紀人仍問著：他們的產業到底是落入半永久的坑底，還是該期待產業逃出生天，讓放貸重新恢復原本永遠向上的軌跡。這道難題沒有人能給他們一個解答，我們能確定的一件事，就是一場巨大的趨緩已經發生了。比這遠遠更難確認的是，軌跡是否真的出現從根本的轉變。要（穩穩地）讓那種從根本的轉變發生，需要政治上的改變──或者一場比這還要大的危機發生，迫使這種政治改變出現。

美國政府不能再讓放貸者輕易地用那麼高的獲利率借出錢；人們要開始在不那麼常跟有錢人借錢的情況下，集體解決住房難題。這一切都需要影響廣泛深遠的政治改變：也就是興建社會住宅，並以需求為基礎做分配，而不是以可支配所得來支付的能力；在私部門導入有效的租屋規範，並對銀行和其他抵押放貸者施行更嚴厲的規範。我們需要擺脫人們為了獲得一個家準備付出「一切」，而放貸者也覺得自己可以「一切」都不受罰（還不會被嚴重拖欠付款）的狀況。如果上述這些改變都沒有發生，下一個負債泡泡就會長大，至少膨脹幾年。

## 美國國債

負債，是生活中太常被誤認為「不只是持續增加且還在加速」的其中一個面向，這種觀點是一個情況確實如此的時代所遺留下來的想法。

世界上大部分富豪的財富都在第一次世界大戰前的數十年中大幅增加，因此那些年也是讓其他人負債增加的年分。十八至十九世紀期間，負債人監獄在歐洲變得相當普遍。相對地，這種設施在美國經濟最為平等的十九世紀中就大幅遭到淘汰：1833年美國就廢止聯邦負債人監獄。

　　一個國家裡的負債程度，通常和該國收入及財富的集中程度密切相關。當大多數人只擁有極少的錢，特別是存款非常少的情況下，就更可能要仰賴負債。同時，當少數人有了大筆財富，如果不進行投資，財富就會失去價值。投資幾乎一定會為其他人製造負債。在極其平等的時代和地區，人們可以不用跟別人借錢就能投資自己的家和生意。但隨歐洲（以及之後的美國）在十九世紀後半葉越來越不平等，負債就開始增加。在那之前有很多人十分窮困，但卻沒有負債，只有少數過得不錯的人會欠債，但負債漸漸地成為常態。戰爭期間，政府的負債也開始增加，因為無法單靠收稅就來得及籌募到足夠的錢因應戰爭支出，尤其當戰爭繼續發展為長期戰時更是如此。許多人也在第一次世界大戰後的產業衰退和大蕭條中增加負債。

　　在北美、全歐洲各地，還有其他地方（尤其是日本），第二次世界大戰後經濟變得平等太多。戰後二十年的重建得以實施，是靠著向富人徵稅，而非跟他們借錢。比較平等的社會比較有效率，往往不會像貧富極度不均的社會那麼仰賴負債。然而，平等程度提升幾十年後，許多人開始習於成果，沒有好好保護它不受那些更想不平等的人改變。在英國和美國，從1970年代開始經過1980年代的大加速之後，所得不均的情況加劇，且財富不均的情況開始螺旋下行，負債也隨之增加，那些負債也包括國家公債的大幅增加。

負債要以加速上揚，只可能是因為身上有錢的人認為可以藉由放貸或假裝要放貸賺更多錢。可以弄出錢的方式五花八門；舉例來說，只要政府批准，私人銀行就可以合法地憑空擴張貨幣。

當一國人數增加，以及世上生存的人數增加時，就必須創造更多的貨幣避免通貨緊縮。但近幾十年來，許多國家的這種新錢都跑到原本就有最多錢的少數人口袋裡，然後他們又借出去給其他人。如果那些其他人投資獲得的錢能多過償還債務所需的錢，他們也可以變有錢。然而要得到那種獲益，只能以那些常因買產品而負債的他人之損失為代價。這是一個終究必須斷開的循環，而且總是會在某些時間點上斷開。乍看之下，或許像是大筆負債始終追著我們不放，然而只有在加速時期，或者當人們被愚弄而相信「把私產付給有錢的教會或國王是宗教義務或市民義務」的時代，「酬報那些試圖掌控最大量金錢的人」這種持續性義務才會被習以為常。

主權政府如果想要的話，就可以自己擴張貨幣。要做到這一點有很多方法，可以印更多鈔票，也可以叫中央銀行發行更多資金。政府也可以欠債，全世界最出名也最大規模的國債便是美國政府積欠的。數十年來，這筆負債不只增加，增加的速度還變快了。儘管如此，美國國債上升也有過減速時期，1991年至2000年曾經這樣，而在我動筆時又再次發生。美國國債總額其實在2000年、2013年、2015年和2017年曾短暫減少。然而在多數年間，美國國債都在快速增加，但認為這種狀況不可避免卻是不正確的：這樣的負債不只不是永遠都在加速，它也會下滑，而且在過去十年裡下滑得比美國近代史上任何時刻都來得頻繁。

1835年，美國沒有負債，它在那年把債務全還清了。美國南北戰爭

和兩次世界大戰期間負債增加，但事後往往會償還一部分。然而1970年代初期以後，美國政府就選擇減少從稅收籌錢，並增加借貸募資。尤其是針對極高所得者的最高稅率從1970年代的將近70%降到1980年代的50%，又在1990年代初期降低到25%，而在近年則是達到35%上下。[14]美國政府向有錢人借錢而非收稅，讓自己背上重債，也大量向海外借錢。實際上，當美國政府付不起錢買中國的貨品時，就開始跟中國借錢購買那些貨品！這種把戲在一陣子內有效，但不會有效太久；這就是不接受趨緩狀態的反應。

美國政府同意償付這筆債務的利率，在1980年代初期上升到年利率10%，就在該國對有錢人收最少稅的同一時候。[15]之後，利率就開始下滑，在當前金融危機期間低達0.5%，但最近期再度攀升；2019年初，利率達到2.25%。所以美國持續借入大量的錢，但未來償還的錢不會再比本金多那麼多，除非利率再度大幅攀升。美國政府該收稅還是借錢的爭論是一場政治鬥爭。負債本身就是政治鬥爭，過往也都如此。[16]

今日我們認為負債會永遠跟著自己，包括國家公債在內，但它既然可以在過去兩個世紀內從零開始增加，也就可以再度回到零。債不是自然現象，而是人為產物，它是一種政治抉擇。未來負債可能下滑的第一個徵兆，會是負債在我們的時代內下滑，而在過去十年間看到這種事發生的頻率，已經高於更久之前五十年的頻率。今日，已經沒有哪種負債還在向上加速，大部分的負債還在增加，但增加得比先前慢多了。然而若要負債穩定下滑，我們就得改變集體政治信念──並重新想像要把什麼當成「健全經濟」。

近幾年，一份又一份的學術出版品解釋「我們不能持續像現在這樣

與債共生」，以及「我們透過借貸／負債擴張貨幣，但從來不製造利益的這種行為，代表體制中負債永遠會高於償還能力」。[17]破產及其他各種無法履行債務的狀況，是唯一能讓世界負債總額減少的方法。

當我們看到美國國債成長率慢下來時，那樣的趨緩通常意味著，給其他單位或其他個人的別種負債上升了。舉例來說，我們試著透過負債去資助在許多富裕國家內的退休補助方案。社會保障基金公司進行通常只是借貸的「投資」，因為它們有一個錯誤信念，認為未來人數較少的較年輕人口總有辦法連本帶利償還那筆錢。除非全球人口成長，否則這種事根本不可能發生。終究來說，債必須變少，就跟地球上的總人數會隨著人們生的小孩更少而減少一樣。當前的許多經濟難題，都起因於我們居然那麼慢才在適應1960年代晚期就開始的人口趨緩。

負債是人口大加速的遺緒，尤其要歸因於1960年代晚期之前出生的成年者人數激增。美國國債在僅僅五十二年（1966年至2018年）內就從3,210億美元上升到21兆5,160億美元，但現在成長率同樣在趨緩。我們往往不看那件事，因為負債直到近期仍如此快速增加，令我們畏懼不已；但負債並非一直穩定成長，而且未來也實在不太可能會如此。

為什麼美國國債不是緩慢增加？1960年代晚期，每100萬美元的國債大約每年都會成長50美元。1968年時，這個數字下跌到政府每借走100萬美元，一年就會多出20美元。到了1971年，國債達到4,000億美元。聯邦政府每年大約多借了400億美元，每季只增加100億美元。有鑑於圖9中的圖表尺度如此，你很難看出那種變化。

1970年代間，美國國債快速上揚，大約是1960年代成長速度的兩倍。最大的加速發生在1974年，當時國債在連續幾季中大幅增加。到了

1974年底，美國政府每季多借了140億美元，1975年底每季230億美元，可換算成原本每借的100萬美元在那年就多了150美元。到了1976年，美國國債達到6,000億美元，而加速的速度稍微緩慢一些，但7,000億美元的里程碑還是在1977年跨越了，而8,000億美元則是在1979年達到，然後在1980年間，國債的加速再度開始成長，此時每季都多借了300億美元。在那樣的速率下，國債總額會在1980年超越9,000億美元，並在1981年超越1兆美元，也就不意外了。有雷根在白宮，史上最大的國債加速就會順利進展。雷根不喜歡收稅，但喜歡花錢，特別是軍費。唯一能化不可能為可能的方式，就是增加負債──而這很巧合地，也可以讓有錢借給政府的富人又更加富裕。

　　1980年代堪稱美國國債十年，國債在1984年劇增至1.5兆美元，在1986年超越2兆美元。美國國債最快速的相對成長率在1982年底達成，當時每100萬美元的借款每年都會增加185美元。過了那個時間點後，每季的增加金額還會一直增加，但占未償還借款的比例再也不會那麼快速成長了。未償還債務在1990年超越3兆美元，在1992年超越4兆美元，接著成長得越來越慢，而在比爾・柯林頓（Bill Clinton）的第二任任期中出現減速。然後要到1996年才達到5兆美元，之後在2002年達到6兆美元，2004年達到7兆美元，2005年達到8兆美元，並在2007年達到9兆美元。之後，美國國債在那場史上最大幅度的躍進中，於2008年第三季一口氣飆高到10兆美元。

　　2008年金融末日決戰開打，銀行需要救援，如果不向富人收稅的話，唯一的出路就是更多的國債，多上更多的國債。2008年第一季「只」借了1,310億美元，第二季借了2,940億美元，第三季6,040億美元，而在

第四季則是5,510億美元。在2008年底的幾個月裡，美國國債是以幾乎等同於雷根時代的高相對速度在成長，大約是每年原本借的每100萬美元又多了170美元。然而，因為之前借的金額已經太多，所以現在累積下來的是一筆比之前多太多的錢。2007年之後的國債一年就增加1兆美元。從2005年的8兆美元提高到2018年的21兆美元，也就是十三年13兆美元──快速增加，但不像以前那麼快速或瘋狂地增加。

當圖9呈現的時間線斜度趨勢現在猛力向左靠，就算是國債也不再像以前那樣快速增加。因為已經是十多年前的事，所以要重申，以絕對值來算，史上最大的加速是2008年第三季，當時國債在僅僅三個月內就成長6,040億美元，這比2015年第四季在同樣短暫期間內達到的5,570億美元高點還要高。然而，後來這幾年也有幾季出現國債總額下滑。如同前面點出的，如果以年為單位來把數線抹平，1980年代出現的相對增加，事實上甚至比2008年或2015年的相對增加還多。我們不會再看到美國國債像1980年代雷根主政時，或像小布希（George W. Bush）在2001年至2009年任期內那樣上揚，共和黨總統似乎都致力讓國家背負越來越龐大的債務。

負債的大幅增加是促成大加速的部分原因。從四百年前英國、法國和荷蘭的東印度公司開始，直到今日美國銀行的全球拓展，負債一直都被用來擴展貿易、權力和特權。這是一個隨著潛在借貸者越來越多，就會越來越有效的把戲，那些使人背債的人通常會主張，他們有進行投資，而且這些投資是他們的財產，是他們有權的財產，儘管那些財產可能是另一個人的家、運輸工具，甚至教育。

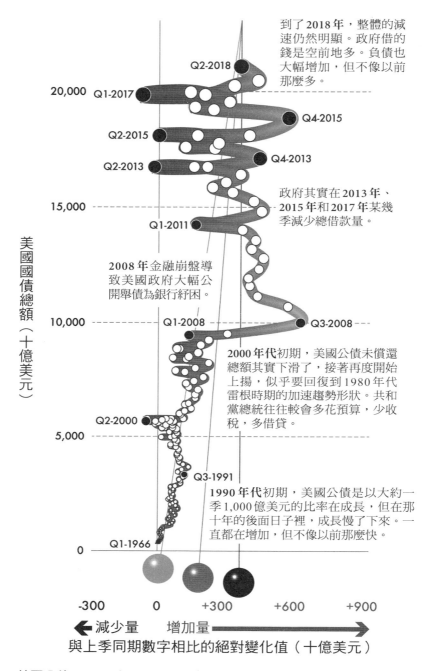

到了 2018 年，整體的減速仍然明顯。政府借的錢是空前地多。負債也大幅增加，但不像以前那麼多。

Q2-2018

20,000 Q1-2017

Q4-2015

Q2-2015

Q2-2013 Q4-2013

15,000

Q1-2011

政府其實在 2013 年、2015 年和 2017 年某幾季減少總借款量。

2008 年金融崩盤導致美國政府大幅公開舉債為銀行紓困。

美國國債總額（十億美元）

10,000 Q1-2008 Q3-2008

2000 年代初期，美國公債未償還總額其實下滑了，接著再度開始上揚，似乎要回復到 1980 年代雷根時期的加速趨勢形狀。共和黨總統往往較會多花預算，少收稅，多借貸。

Q2-2000

5,000

Q3-1991

1990 年代初期，美國公債是以大約一季 1,000 億美元的比率在成長，但在那十年的後面日子裡，成長慢了下來。一直都在增加，但不像以前那麼快。

0 Q1-1966

-300　　　0　　　+300　　　+600　　　+900

**◄ 減少量　　增加量 ➤**
與上季同期數字相比的絕對變化值（十億美元）

圖 9　美國公債，1996 年～2018 年（以十億美元為單位）。（數據調整自美國財政部，「財政服務局，聯邦負債：總公債」，取自聖路易聯邦準備銀行，2018 年 12 月 29 日存取，https://fred.stlouisfed.org/series/GFDEBTN。）

　　在本章的四張圖片上，美國所有主要負債曲線都朝向時間線中軸移動的趨勢，顯示漫長、時起時落且有時近乎不間斷的總負債量增加，已經可以看見尾聲。無可否認地，這只是全世界負債最高的國家──加速國度的國內狀況而已，而且該國現在正在放慢速度。若想知道那麼多的國家裡，為什麼只有這個國家負債成長率降低，就必須觀察一整組其他的趨勢，不是只看美國國內，而是要看全球。

　　1903 年，卡羅・皮耶特羅・喬凡尼・吉列爾莫・蒂巴爾多・龐茲（Carlo Pietro Giovanni Guglielmo Tebaldo Ponzi）從義大利來到美國。如果你對龐氏騙局有興趣，以及這樣的異想天開可以造成什麼結果，不妨看看他。在快速變遷的世界裡，他的許多詭計一開始都能騙到人，但沒有哪個能騙太久。在趨緩的世界中，這種賭徒的詭計都應該更沒有機會成功。我們會知道龐氏大名的唯一理由，就是他的眾多詭計在一生中都失敗了，通常是引人注目地失敗。其他用差不多一樣可疑方式致富，但守住財富的其他人，只是名聲還沒掃地而已。如果未來他們留下臭名，為人恥笑，我們也不用太訝異，這都要看年輕人無法償還的負債以後怎麼解決。

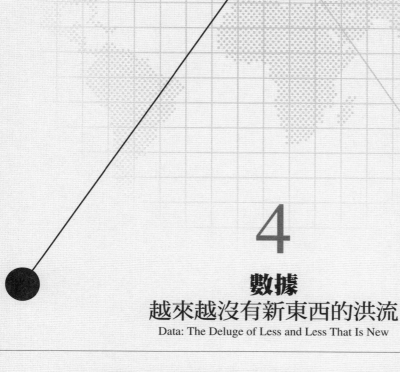

# 4

## 數據
### 越來越沒有新東西的洪流
Data: The Deluge of Less and Less That Is New

想想這件事：改變的速度從來沒有這麼快，然而再也不會像現在這麼慢了。

———賈斯汀·杜魯道（Justin Trudeau），達沃斯（Davos）世界經濟論壇演說，2018 年 1 月 23 日

關於變化的速度，人們總是會反覆說出荒唐的概括看法。我們正在製造數量空前的數據，別人也曾跟我們說：資料越多、知識越多，全都以無法理解的速度在大幅膨脹。當然這種主張確實有一些是真的，然而過去數十年發現的情報，並沒有顯著比這幾十年以外的整個人類史發現的資料多。實際狀況是，人們現在擁有當代歷史中舉世無雙的資料複製保存手段，但這個現象反映的，其實只是我們把過去的複製行為改為新型態加以採用而已。這一次就量來說大上許多，但造成的震撼卻不一定比過往大。

複製行為的第一種形式是說故事。沒人可以知道語言發明後過了多久才開始這種傳統，但我們學習資訊、傳遞資訊多半還是藉由說故事。你現在在讀一個故事，一個我從聽覺、視覺及閱讀其他故事來建構的故事。本書企圖重新修飾一個（而且從各方面來說相當讓人熟悉）故事：人類世界變化得有多快的紀錄。故事是第一種形式的資料，傳遞起來不太有效率，隨著許多人口耳相傳，然後少數人修飾改編，而不停地演變、擴散——也就是在複製並成長。在古代，只要至少有一個聽過故事的人記得故事並加以傳遞，那個故事就不會失傳（許多地方直到非常晚近還是如此）。

用書寫保存故事比較可靠，我們對書寫歷史的了解，遠多過說故事的歷史。多虧少數非常古老的書面與遺物歷經歲月保存至今，我們現在還能知道一些非常古老的故事。吉爾伽美什（Gilgamesh）的史詩，這部西元前二十一世紀一位美索不達米亞國王的神話和歷史混合作品，主要就是靠著早至西元前 1800 年起就製成的眾多黏土板拼湊還原。在這個短篇系列故事集中，有些故事很類似《希伯來聖經》（*Hebrew Bible*）中伊

甸園和諾亞方舟的紀事。書寫文字同時讓真實和神話都得以保存。

　　書寫能夠儲存並傳遞更大量的資訊，並保障原始資料使其大幅減少攙假。書寫就跟幾乎所有我們想到可以測量的東西一樣，發明出來之後，一開始先是加速，更多人學會閱讀、抄寫經文，接著就是一場書寫物的大爆炸。但這個過程仰賴大量抄寫員艱鉅勞動，而且因為生產工作採用勞動密集手段，多少東西可以寫下來、存續下來，就有一個合理極限。

　　從古至今，有力少數人支配多數人的趨勢，導致資訊產生、資訊取得和資訊擴散都受到控制。如果你是統治者，多半較想讓能夠讀寫的人民只維持在極少數。然而，一旦書寫文字可以機械方式複製，就會有多上太多的機會能接觸書寫物，讓更多人能更輕易獲得機會──更容易想要成為能讀寫的人。

　　遠在古騰堡（Gutenberg）活字印刷機於1440年左右發明的許久之前，壓印法印刷早就起步了。古早最有效率的寫作者是中國人，他們可以快速畫出單一個代表整個詞意的字。九世紀時，中國僧人用塗墨的木製活字來多量印書。韓國僧人於1377年利用金屬活字印刷佛經。[1]在這些例子中，率先使用這些新技術的用途是分享最古老的故事。宗教文本是第一批大量複製的文本，包括《金剛經》（868年的中國版《金剛經》是最早有確切日期的完整印刷書），1377年的《直指》（高麗佛經，譯注：全名為《白雲和尚抄錄佛祖直指心體要節》），接著是歐洲的基督教《聖經》。

　　在資料隨著時間展開的大成長過程中，出現的躍進、回彈和低谷，都呼應負債歷程中的類似情況，而這兩種現象的連結更是錯綜複雜，沒

有書寫紀錄，就很難替負債記帳，沒有印刷機，就無法大量生產寫著「憑票即付……」（I promise to pay the bearer on demand the sum of...，譯注：在英鎊上會有這樣的文字），以避免輕易偽造的紙鈔。十一世紀起，中國開始廣泛使用的紙鈔，就是一種債券。在還沒有電報線跟電腦的世界，擔保國際金融的方式是把金條繞著地球運送，是小心記帳，是靠著「言出必行」（My word is my bond）這種古典過時的假定。

我們可以把電腦當成這一連串本質類似革新上的更進一步：從語言到說故事，再到書寫、印刷。如果觀察每兩種創新的間隔中曾有多少億人活著，其實還滿有意思的，每一段間隔裡活過的人數其實可能差不多。我們從自己的高處看，這幾次創新彷彿越擠越近，但只有以年來計算時間看起來才像這樣，用人數來計算的話就不會了。人均創新速度很可能是不變的，但卻很難量化，因為創新的數量和重大程度定義起來都很模糊。

今日我們會認為，情報量的上升及數據量的指數成長都和電腦的出現有關，但是應該要當成更長期的知識成長及情報分享過程的一小部分，電腦現在也不新了。當我還是年輕學子時，大學的年長講師會用儲存資料打孔卡紙上的詳細紀錄，把我們搞得很煩。還記得身為研究生的我，因為全英國的公司股份登記只需要一百多個大型磁帶盤紀錄而驚奇不已；而他們居然讓我寫一個程式來讀取全部資料，並列出擁有最多股份財富者的地址清單，以及全國每個人（根據個別郵遞區號）的平均本地股票財富和中位數本地股票財富是多少，又更令我驚奇。

或許我沒有傾心於「失控的數據成長」這種概念，是因為曾有滿長一段時間，都擁有多到始終不知能拿來做什麼的數據，而我早在很久以

前就不再擔心自己的數據要怎麼儲存。身為博士生，我小心翼翼地守護儲存著用來寫博士論文數據的四百張磁片，沒有其他備份了。

　　今日，我很老派地在皮夾裡帶著一個非常小的隨身碟，儲存著我分析的所有數據和寫過的一切內容。如果比較跟得上時代，我猜自己會用雲端硬碟，但我信不過它。所有的東西，包括我的隨身碟，在我的每台電腦裡都有備份，而現在硬碟好像幾乎很少故障。

　　世界上第一張磁片是在我三歲時生產的──電腦磁片是一種老技術。磁片現在已經被淘汰，硬碟也逐漸步上後塵。當我們說「可以儲存的數據量或擁有的數據量正一再地螺旋上升」時，我們很可能是在回憶自己的年輕時代。當記者必須回答「世界上的數據有多少」這個問題時，幾乎不可避免地寫下類似這樣的內容：「沒有人真正知道，因為量增加得太快。有些人說世上所有數據有90%是在過去幾年間生成的，而隨著手機占有率預計從2013年的全球61%擁有，成長到2017年將近70%，那些數字也只會成長。」[2]

　　認為未來的數據製造量「只會成長」其實沒什麼道理，能認定不會成長的理由倒是很多。首先，全球人口成長本身就在放慢。如果我們想持續以「始終有90%的數據是嶄新到才剛創造出來沒幾年」的速度來產生數據，未來人口就必須不停以指數成長；或者我們得把剛收集到的數據越刪越少，好確保大部分的數據始終都是新的。持有手機的人口比例顯然不可能提高到100%以上，而一個人能生產的自拍相片、影片量也有極限。

　　在未來一段日子裡，公司收集、儲存資料的效率可能會低下，儘管地球上人口不到80億，但我們卻已經在電腦上儲存至少等於平均一人

80億位元組的資料總量。雖然這些資料大部分可能不是關於人，卻將包含所有一切，從難以感覺的微弱意象，到古代藝術的掃描照片，應有盡有，全部都是由人收集，也是為了人所收集，目前有著極大量的複本。估計到了2020年，地球上每人每秒都將生產1.7 MB的數據。

2018年，根據《富比士》（*Forbes*）雜誌報導：「以我們當前速度，每天都有2.5京位元組的數據生產出來，但隨著物聯網（Internet of Things, IoT）成長，只會一直加速。」[3] 一個京是10的18次方，而1位元組是可以化為256種形式的極小片數據，有點像一個詞彙裡的一個字母。在我寫這段話的電腦上，你讀的每個字母都儲存為1位元組。

考量到有這麼多的估計數字四處流傳，我們可能會認為自己正集體地為每個住在地球上的人一年十二個月都各寫一個長達80億字母的漫長故事。當然，從資料內容來看，這些數據大部分過時多餘，更遑論它們對促進人類知識還能有什麼意義，這些數據大部分都會是某個東西在許多其他地方已經記錄很多次的複本。

如果我們得想盡辦法解決「世界上的資訊量是不是真的以指數成長」這個問題，就必須區分有用的、不是很有用的，以及完全沒用的數據。大部分的數據實際上都沒用，剩下的小部分裡又有一大部分實際用途不大。甚至於當我們觀看世界各地對最多人而言最有用的那一部分數據——好比說維基百科無薪志願大軍仔細收集的資料時，被頻繁使用的還是只有其中一小部分，而且會有許多維基百科的文章幾乎無人讀過。

先不考慮「刊載在維基百科上的內容並非一切都有用」這件事，我可以用這個線上百科的成長速度，估計有用資訊隨時間成長的情況。把維基百科想成資訊海洋中微小的一滴水，但這滴水比其他大部分水滴來

得有價值。接著，假如在每天生產出來的2.5京位元組數據中，維基百科在較有用的子集中占了固定一小部分。換句話說，假設泛濫成災的數據中，有一個固定的部分是生產來增加維基百科內容的。如果情況是這樣的話，就該預期維基百科本身大小會快速成長，隨著每多一個人新拿到智慧型手機或電腦，成為可能對全世界最廣泛使用的資料庫做出貢獻的新兵，而變得更加快速。然而，維基百科的成長並沒有加速：事實上，它每年增加的條目和新條目的規模都慢了下來。

如果「數據出現指數成長」的主張正確，維基百科的大小成長趨緩，就不只代表世界上所有電腦裡儲存的其他數據成長速度遠遠快過維基百科這種顯然很有用的數據，同時也代表我們儲存的東西有更大的比例可能跟垃圾差不多——換句話說，就是那種如果採用紙本儲存就會被丟掉的資料。如果你覺得維基百科上的很多東西都沒多大價值，最好不要去想我們劑進全球數位垃圾堆裡的其他東西！

## 維基百科

可以選來做檢驗的資料集案例還有一大堆，但要想到一個你比這更可能使用，還更熟悉的，實在不容易。維基百科是一個好主意，是一個非常好的主意，好到有成千上萬的人幾乎在創立幾個月內就立刻發現它多有用（見圖10）。在僅僅十九年內，維基百科的文章就從19,700篇成長到577萬3,600篇。

維基百科在2001年1月15日開站，沒有核心權力在控制內容成長。不到一個月內，在2001年2月12日就添加1,000篇文章；僅僅六個月內就

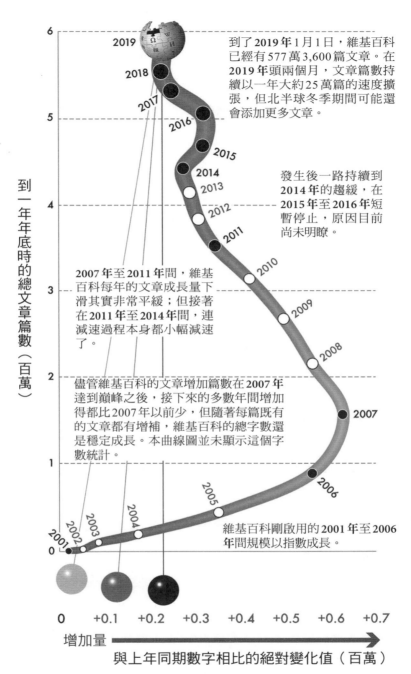

到了 **2019** 年 **1** 月 **1** 日，維基百科已經有 **577** 萬 **3,600** 篇文章。在 **2019** 年頭兩個月，文章篇數持續以一年大約 **25** 萬篇的速度擴張，但北半球冬季期間可能還會添加更多文章。

發生後一路持續到 **2014** 年的趨緩，在 **2015** 年至 **2016** 年短暫停止，原因目前尚未明瞭。

**2007** 年至 **2011** 年間，維基百科每年的文章成長量下滑其實非常平緩；但接著在 **2011** 年至 **2014** 年間，連減速過程本身都小幅減速了。

儘管維基百科的文章增加篇數在 **2007** 年達到巔峰之後，接下來的多數年間增加得都比 **2007** 年以前少，但隨著每篇既有的文章都有增補，維基百科的總字數還是穩定成長。本曲線圖並未顯示這個字數統計。

維基百科剛啟用的 **2001** 年至 **2006** 年間規模以指數成長。

到一年年底時的總文章篇數（百萬）

增加量

與上年同期數字相比的絕對變化值（百萬）

圖10　維基百科文章篇數，2001 年 1 月 15 日～2019 年 1 月 1 日。（數據調整自「維基百科：維基百科的大小」，出自維基百科，2019 年 2 月 24 日存取，https://en.wikipedia.org/wiki/Wikipedia:Size_of_Wikipedia。）

刊出1萬則條目，10萬則條目的里程碑是在2003年間達成，100萬則是在2006年3月達成。[4]這時候它呈現指數成長，但在一年內這個成長率就慢下來了。為什麼？

根據維基百科本身說法，「英語維基百科定期活躍編輯者的人數在2007年達到超過51,000人的高峰，從此開始下降」（譯注：出自條目「維基百科歷史」）。2013年發表的一篇文章主張：「那些問題的主要緣由並不神祕。今日營運網站的鬆散集團，這個估計90%為男性的集團，以時常傷人感情的氣氛運作這個支離破碎的官僚系統，而這種氣氛讓那些本來可能更深入參與維基百科，並拓寬百科範圍的新人不敢加入。」[5]但這樣的主張並未解釋維基百科的趨緩為何從2007年開始，而不是始於2006年或2008年。

維基百科成長速度的趨緩有其他眾多解釋：事實上，最合理的解釋也非常可能正確。會不會是大部分非常顯著的條目到了2007年都已經寫好了，而較不顯著條目的比例正在成長呢？維基百科剛開始的神速成長有著非常平穩的趨勢（以及後來較慢的減速），傾向支持這種解釋。或許情況是，全世界許多人非常感興趣的事總共介於100萬到200萬件之間，而達到這個數字以後，每次新增的100萬則條目，整體來說內容都不如上100萬則條目那麼有趣。過去的百科全書記載的條目都遠遠少於100萬則。

2015年出現的趨勢中可以看見第二波變化，當時維基百科的成長率再度短暫加速。有可能是因為人們開始假設，任何（且所有）他們覺得重要或有趣的事情都可以找到一則維基條目，所以那些能編輯條目的人（也因為當時電腦能力又快速增進）加入更多「小作品」（stub，譯注：指條目裡只有一段短文，除了主題外幾乎沒有其他資訊，等待寫作者增添

內容），讓既有的知識空白變得明顯，而其他碰巧點到小作品的人，就會透過頁面上的通知而受邀對這個空白填補些什麼，這只是維基百科趨緩趨勢在2015年出現反常的眾多可能解釋之一。

當人們為維基百科寫下歷史時，某個時間點上的人們會特別詳盡地探索所有的可能性。這些對維基百科的解釋中，最有趣的可能是在探討接下來會發生什麼事。維基百科會像神聖經典那樣不可更改嗎？未來的「版本」有沒有可能只是遵照越來越標準化的格式，把過去二十年內定下的東西做小小修訂？或是如果那些可能成為編輯的人的注意力沒有被其他更有吸引力的平台或計畫拉走，維基百科會不會持續演化？

維基百科的成長達到高峰的那幾年，全世界網路使用者的上線人數一年就會增加一倍。全球資訊網（World Wide Web）不只新穎，而且特別令人興奮，維基百科是它最令人興奮的其中一環——在那條我們當初稱作「資訊高速公路」上的一大熱門焦點。

近年來，所有網路上可得資訊的成長都已經趨緩，現在一年只會增加大約10%的內容。網際網路整體的成長也不可免地隨時間減速，打個比方，當汽車發明時，平順到足以輕鬆駕駛的馬路也會呈指數成長，在頭幾十年裡，長度不斷加倍。今日的維基百科同時是所謂網際網路的其中一個熱門景點兼新道路；呈指數成長的早年已經過去了。

## 舊資料

我們在維基百科所見到的，會不會就只是任一種革新都會發生的情

況？一開始革新起步，接著不可避免地慢下來；但用這種方法來測量進步，實在不太能讓人知道，我們是不是注定一直要看到同樣的模式。很幸運地，這個問題的答案是否定的。我們通常會目睹一場革新起步、舉步維艱、崛起、似乎大幅成功，然後看起來要失敗，接著再度奮起。然而，絕大部分的革新連這個模式都未能達到：它們很早就失敗了，因此大部分的人從來沒聽過這些革新。

　　所以我們回過頭看看，從電腦時代回到印刷機時代。當書可以用活字印刷時，新書種的數量是如何成長的？1500年的書本零售價，和不過幾十年前印刷機啟用時相比，就已經減少一半。1600年時，以平均工資來計算，書已經便宜十倍，到1680年則是便宜二十倍。有趣的是，之後依實際價格計算，生產和購買書籍的價格都沒有下跌太多，至少在我依據的這份史料於1870年代停止記錄前都沒有下降太多。[6]因為「實際上到底記載什麼」會有變化，導致長期前後一致的資料集很罕見。今日，大部分前後一致的資料集都只能回溯至幾十年前，而且通常只有特定幾個國家才可靠。

　　書不是很好計算的東西。據聯合國教科文組織（United Nations Educational, Scientific and Cultural Organization, UNESCO）表示：「書（book）是不包括封面和封底在內，至少含49頁的非期刊類印刷品，並且於該國家對大眾公開……『書種』（title）一詞用來專指形成一個獨立整體的印刷品，不論單本或數冊成集發行皆屬之。」[7]

　　聯合國教科文組織曾做出一個時間序列，顯示每年每人每國出版多少本新書，但近年來該組織的統計學家越來越關切累積的數據有何效力。網路的發達意味著，有數十億人只要動手就可以產出一本書，並找

到辦法讓它問世——即便只有數位格式也行。然而，網際網路的興起和買書、藏書風潮的改變，導致人們對實體書的需求降低，一如當年印刷終結手抄稿的需求。五十年前，很少有人會質疑「為了滿足教育程度越來越高的世界人口，以後的新書印量需求幾乎會無止境提高」這種假設，我們的預測實在太快就被證明是錯的。

　　過去，資料和情報的可獲得性就出現好幾次飛快提升，而且不只發生在我們這個時代。舉例：「例如，光是在1550年，西歐就生產300萬本書，超過整個十四世紀生產的手抄稿數量。」[8]如果只算新書種，而不計算實際印書量〔剛開始歐洲大部分的印書都是《聖經》（*Bible*）的複本〕，改變的速度就沒那麼快了。這是因為在大量生產新書前，必須有一個人或一群人進行發想，並把書寫出來。新書種若要大量增加，「書不是非得記載事實，也可以是虛構作品」是必須更加普及的某種想法。

　　在歐洲，至今書籍生產和消費上最大幅度的增加，是發生於十七世紀至十八世紀，在如今稱為荷蘭的國家。這裡所說的地區範圍以前被稱作聯省共和國（United Provinces），如果要說到當地生產書籍的銷售，這片地帶就包括低地諸國（Low Countries），以及今日比利時的一部分〔魯汶（Leuven）和安特衛普（Antwerp）〕。到了1600年，當年當地生存人口和新書生產的比例是每有6,000人就會產出一本新書，到了1650年就變成兩本，到1740年代就變成四本。所以在進一步觀察荷蘭書籍生產的情況前，我們先來思考一下「說故事」這件事，從印刷機出現，一路到1688年奧蘭治親王威廉三世（William of Orange）啟航前往英格蘭為止，在地理方面的成長變化。到了那年，大不列顛生產的人均書本量是僅次於荷蘭的第二名，而德國則位居第三。

　　人類語言最早是在非洲發展的。那些有記錄的最古老故事，許多都是先在亞洲為人所訴說，再從那裡流傳到全世界，包括傳入美洲。書寫的源頭要追溯至大陸交會地帶：五千年前在美索不達米亞和埃及（亞、非交界處）；兩千年前在兩個美洲的交界處（中美洲）。在距離上述各處都很遙遠的地方，還出現很不一樣的書寫方式，同樣可能是獨立起步：四千年前，有大批人類在中國建立定居社會。貿易規模最為龐大時最需要書寫，而它需要穩定性才能演變留存。

　　印刷出版的爆炸，是屬於歐洲的事。儘管在生產古老故事方面，這塊大陸曾是最貧乏的。中國使用木版印刷的時間早上太多，但後來卻沒有推動力促使印刷長足展開。而在歐洲，早期印刷實驗和財富累積、負債成長、宗教動亂同時發生，接著歐洲人又從1492年開始入侵且征服新世界，讓歐洲突然成為已知世界的地理中心。

　　就地理的角度而言，網路起源於美國實在再合理不過。在故事發展的大歷史中，每個大陸都有關鍵角色，最長存且仍被反覆傳誦的故事，可能是在澳大拉西亞（Australasia，譯注：澳洲、紐西蘭和鄰近的太平洋島嶼）開始的。要說網際網路起始於美國國防部也不為過：資訊成長不只與監控負債密切相關，也和戰事的策劃執行有很大關聯。情報釋出、控制、創造的速率與戰爭之間的關聯，通常比我們想像的還深。荷蘭書籍出版的起落歷程，就是被戰爭一再打斷的故事。

## 舊書

　　從1500年到1688年，在不到兩個世紀裡，荷蘭每年分配給100萬人

的新書出版量就從41本提高到395本。這裡給的數字是十年平均，所以總體模式中十分短期的波動就不會讓我們過度分心。

一開始新書種的數量快速增加，從1500年代的每100萬居民一年41本，到1510年代的每100萬人49本。但接著在1520年，魯汶發起公開焚毀新書行動，接著在安特衛普又燒毀400種書，其中包括尚未從書店賣出就先遭到沒收燒毀的馬丁·路德（Martin Luther）著作。1521年在烏特勒支（Utrecht）發生大規模焚書，接著1526年有人記錄阿姆斯特丹的第一場焚書行動。[9]這些事件開啟延續數十年的焚書傳統，並（與其他因素一同）在1570年代和1580年代到來前，拖慢荷蘭的出版擴張。

隨著荷蘭共和國在1570年代晚期成立，書籍出版再度加速，然後在1620年代下跌。出版速率下滑有部分是因為人口成長超越新書印刷，但這個改變也是因為與西班牙的戰爭歷經長期休戰後又重新開始。儘管如此，若將新書印刷量和當地人口相比，在荷蘭人征服巴西及東印度公司的財富權力同時上揚時，這個比例再度加速。荷蘭書籍生產隨著1660年代與英格蘭戰爭的爆發而減速，當時每年新出版的書種有著將近十年的下跌。接著在1670年代，新書出版速度再度成長。圖11展現三個時期的趨緩和三個時期的加速。

圖11中那條時間線有趣的地方，在於它以一種非常簡單的方式，描繪一門新技術的興起如何能被特定事件反覆打斷。這種**同等重視**強調「變化本身速率」和「任何一個時間點達到程度」的方法，讓確實發生的趨緩看起來明顯太多。本來你看標準圖表時會形容是「些許起伏」的改變，現在更明顯變成重大事件。

觀看圖11時，會吸引你目光的是線條三度跨越垂直軸往左邊移動，

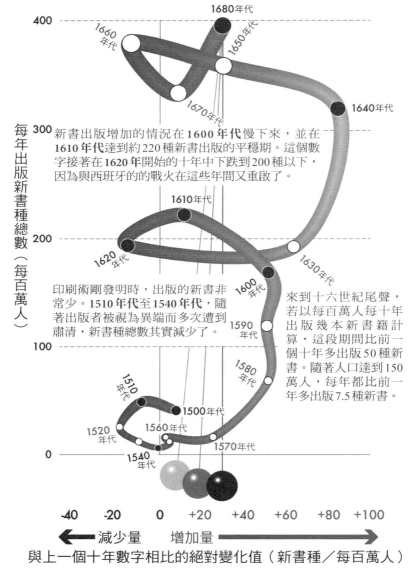

與英格蘭交戰，導致原本發生在荷蘭共和國黃金時期的出版大幅上揚暫時中斷。在鬱金香價格崩盤的1637年之後，上揚趨勢又進一步遭到減弱。但在 **1680年代** 再度上揚後，出版速率又進一步加快，不斷以周而復始的節奏，達到1700年代的巔峰：一年446種書籍，以及1790年代的一年571本書（本時間線並未顯示這段時期）。

**400**

1680年代

1660年代

1650年代

1670年代

1640年代

**300** 新書出版增加的情況在 **1600年代** 慢下來，並在 **1610年代** 達到約220種新書出版的平穩期。這個數字接著在 **1620年** 開始的十年中下跌到200種以下，因為與西班牙的的戰火在這些年間又重啟了。

每年出版新書種總數（每百萬人）

1610年代

**200**

1620年代

1630年代

1600年代

印刷術剛發明時，出版的新書非常少。**1510年代** 至 **1540年代**，隨著出版者被視為異端而多次遭到肅清，新書種總數其實減少了。

1590年代

**100**

1580年代

來到十六世紀尾聲，若以每百萬人每十年出版幾本新書籍計算，這段期間比前一個十年多出版50種新書。隨著人口達到150萬人，每年都比前一年多出版7.5種新書。

1510年代

1500年代

1520年代

1560年代

1570年代

**0**

1540年代

**-40**　**-20**　**0**　**+20**　**+40**　**+60**　**+80**　**+100**

◀ 減少量　增加量 ▶

與上一個十年數字相比的絕對變化值（新書種／每百萬人）

圖11　荷蘭出版新書種總數，1500年～1680年。〔數據調整自《從數據看我們的世界》（*Our World in Data*），https://ourworldindata.org/books，該數據使用喬納森・芬克—簡森（Jonathan Fink-Jensen）的「人均書種」，2015年12月13日資料集，http://hdl.handle.net/10622/AOQMAZ，同意由IISH Dataverse V1使用。〕

是有十年（或有連續數個十年）比先前出版較少新書的那段短暫時光。
在晚近的數十年裡，像這樣的趨勢通常會在圖形上畫成「最適的」直
線。如果不管用的話，圖形作者可能改用其他技法，畫出兩條應該要顯
示「趨勢改變時」的直線。然而，趨勢並不常以直線方式進行。這裡要
注意的是，趨勢什麼時候從加速變成趨緩，這些轉變在這些相空間時間
線圖上清楚可見——在最右邊遠端或最左邊遠端的點有強調出來。在時
間就構成一條軸線的標準圖形上，你很難察覺到這樣的時間點，也就是
趨勢改變的實際時間點。

　　圖11呈現的是荷蘭出版一百八十年時間線，也強調成長期是如何地
壯大。在1570年代之後的三十年，書籍出版以每年增加50種書的速度成
長。如前面所提，這個時間線使用十年平均來撫平比較短暫的波動。因
此，出版新書的總書本量在僅僅三十年內，就從每百萬人50本增加到200
本。在三十年的起頭，一個人還有可能把從古至今荷蘭出版的所有書籍
都讀完；到了三十年的尾聲，就不可能辦到了。

　　有一件事情值得記住：出版成長在十七世紀開頭的短暫中斷期，依
舊是每年出版200種新書的時期，比較像我們今日所見維基百科擴張期間
的短暫中斷。那是因為新書數量成長得沒有比以前快，所以才會出現短
暫成長中斷，但一年還是有許多新書出版，多到除非你能一天讀完一本
書（幾乎天天這樣），否則根本不可能看過所有新東西，遑論更早之前就
已經出版的所有書籍。但是你大有可能讀過所有重要的書——如果你識
字，又有錢到能買書，還有時間精力讀那麼多書就行。

　　不斷增加的書籍生產如果要持續獲利，識字能力就必須更普及。
「人必須能讀《聖經》」的宗教信念，對歐洲印刷的起頭加速有很大的

效用，但一開始並非一視同仁。當人們認為應該能閱讀的社會階層越來越廣大，識字能力就容易一代接一代提升：固定接受教育而學會閱讀的階層先是男性，接著是少數上層女性，然後是中層女性。除了學會閱讀外，有時還學會書寫，目的是為了娛樂——不只是為了精神啟迪或生意目的。人們的閱讀內容也開始特殊化。李奧納多·達文西（Leonardo da Vinci, 1452－1519）之所以能博學，有一部分是因為他年輕時剛印出來的內容（或手抄成稿而能取得的內容），並不是量大到不可能讀完的資訊。

出版的特殊化是在十七世紀間成長的，那個時代不只有太多新發現，當時因為散布這些新知的方法（也就是印刷）每隔十年就變得更便宜、更普及，讓這些新知可以開始更廣泛散布。散播本身接著又導致更多革新。在1650年左右的某個時間點，荷蘭每天每百萬人就有一種新書出版——那還只是在荷蘭一國之內的數字，儘管當時它是世上最富裕的國家。

## 書籍巔峰

我們在維基百科目睹的情況，也能在任何成功的革新中看到。一開始革新起步，使用者增加，銷售量或大幅成功的次數增加，然後增加的速度不可避免地放慢，但在趨勢顛簸上揚的路程中，可能會出現很多次假性下滑。書籍出版的早期成長和後來的進展都闡明這種現象，但是到了最後（甚至也可能沒過多久），所有的新技術要不變舊，要不就變得過時。到頭來，幾乎什麼都會過時。

除非你讀本書用的是Kindle，或者邊聽它邊開車走路，不然你現在手

上捧著的書本，如今已是非常古老的技術了，它還沒有完全過時，是因為你（但願再多一點人）還在使用。看過從印刷術開始至今的書籍生產時間線紀錄後，針對「書到底是正在邁向過時，還是說只是在經歷又一次下滑」這個問題，我們或許可以產生比較清楚的看法。你可以看看圖12的時間線，並對這個問題提出自己的答案。但時間線確實展現的事情是，我們至少暫時達到「書籍巔峰」的時期——前提是如果荷蘭的紀錄更能放諸四海的話。

　　人們不斷對我們講述各種「新技術將永遠改變世界」的奇蹟。我們不會一直把每種曾被許下這類承諾，但後來無法實現的舊技術都牢記在心。如果你是我這個年紀的英國人，可能會記得辛克萊C5（Sinclair C5），這種小型、電池驅動、坐式、單人用，而且未能改變世界機動行進方式的馬路交通工具。它失敗的一個理由是，在馬路上移動時，駕駛若坐在很貼近地面的低處，還被標準大小的車輛及卡車包夾，恐怕不會覺得多安全。然後一樣的問題：如果我們決定讓馬路變得更安全，並為自行車、電動車或強化動力輪椅另外製造道路，或許之後辛克萊C5的時代終究還是會來到？

　　為了銷售新技術，我們部署一整串的行銷部門、公關公司和廣告企業集團。人們鼓勵大學在自家員工的「新創」及「衍生」公司裡出資，設立創新中心，創立育成中心。我在牛津大學（University of Oxford）工作的短短幾年裡，遇到那種堅信自己會成為成功企業創辦人的有錢大學生，已經比成年至今（除去牛津大學那段時間以外）遇到的加起來還多。正如你現在或許已經猜到的，我對此有一點懷疑。我不覺得這些年輕人特別有創造力，但確實認為，牛津大學有比例高到不尋常的研究生

來自一個有足夠金錢促成／實現自己孩子夢想的家庭，而那些夢想會促使他們尋找更多資金，投注於多半必定失敗的騙局。我們很少察覺到，每個行得通的想法背後，都有數以百萬個試過但失敗的其他想法。我們也常常未能察覺到，那些驚人而複雜的集體協力發明，如今消亡卻是那麼頻繁（好比說語言）。

替你現在使用的古代技術列一張清單吧！你可能會從輪子或棉織品、羊毛織品開始。在你生命裡有多少東西是一千年或超過一千年前發明的？你現在正在讀的字就是。當我還小時，父親唸了克萊夫・金（Clive King）的《二十二個字母》（*The 22 Letters*）給我聽，那是一本講「大人如何開始了解非常久以前的東西是怎麼發明出來」的童書。在父親唸那本書時，世界上正有無數語言隨著最後一個說者死亡而消失。同時，極多樣的語言書寫正減少為數十種語言的書寫，也就是幾乎今日所有的書寫者都在使用的少少幾種，而其他那些語言的新出版品越來越多都只是翻譯。

你正在使用多少舊技術？你住的房子是用什麼技術興建的？你住在電梯公寓嗎？如果是的話，你會覺得電梯是舊技術嗎？電梯讓人能夠住在高空中。約在1850年就有少數地方開始使用蒸汽動力升降梯，而第一台電力升降梯則在1880年左右啟用。從此之後，改變你住家的最大革新是什麼？你可能會說是電視，但它是在電梯出現後沒多久就發明的。這些技術的今日版本比較順暢、安全、平坦，也較為普及，但電梯現在還是只會帶你上高樓，讓你不用走樓梯，電視也仍不過是在螢幕上展示影像。

你現在仰賴多少頗新的技術？那種父母跟你現在一樣大時就很新的

技術？我離開家很難不帶手機，但有這種感覺已經三十年了（自從我有手機以來）。但比這更難的是，要記住哪個曾被我們認為是未來大熱門的發明，那種我們早就沒有使用的所謂必備玩意兒。這類東西可說是汗牛充棟，每年核發的專利都有成千上萬。要舉例就想想以前發明出來，但現在不再開立的各種藥物，或者到後來發現有副作用，才知道傷害性很強的所有藥物。[10]

　　而你又使用多少非常新的技術呢？你可能戴著 Fitbit 智慧手錶，你覺得十年後它還會戴在手上，還是會落得和防汗帶一樣的下場？你是不是「搶鮮族」？如果是的話，是否代表你在一堆到頭來不像當初想的那麼有用的東西上花了很多錢？你會把舊的 Filofax 筆記本留下來當作年輕歲月的紀念，還是說你比較年輕，所以根本不知道我在說什麼？你會不會問 Alexa 今天天氣如何，或叫它放歌，或者在問它「什麼是趨緩？」時，叫它唸出一本舊字典裡的條目？還是你根本不知道 Alexa 是誰？如果你在中國閱讀這一段的話，幾乎可以肯定你從未聽過她。她是 2014 年末開始由超巨型公司亞馬遜（Amazon）發售的電子助理，其發想的基礎是 1960 年代的科幻作品〔譯注：指 1966 年電視劇《星際爭霸戰》（*Star Trek: The Original Series*）裡的電腦語音對話系統〕，花了半世紀才成為一項產品。

　　一直都有人產生新發明，但速度或許並非一致，量和質也不是一直均等，畢竟過去的情況都是這樣。有些人主張，革新的巔峰年代是 1930 年代。在遠比 1930 年代更接近現在的過去，破解人類基因組曾經有如奇蹟，但是現在人們已清楚知道，若要問這樣的發現是否立即帶來什麼，我們就該回答說，它並未實踐所有當初的承諾──儘管它確實告訴我們，有些人們普遍抱持的想法其實很天真，沒有哪個特定基因對應特定

才能。而且儘管基因達成這麼多成果，我們還是在想辦法避免饑荒、戰爭、傳染病和疾病。即使我們在短時間內創造大量新發現，但有些非常老的難題依舊大幅未解。

世上有許多非常大的企業，目標在於讓人們相信一切都變得越來越好。我（做研究）工作的企業花費很多時間，和願意聽的人談論學術界在生產新藥、新機械、新軟體及（最重要的）新發現方面，一直在增進的創造力。我們的論點是，這些大部分都只是炒作，但不是因為人類變得不那麼有創造力，也不是因為大學比以前某些時候更加僵化。其實從來沒有黃金年代，即便我們確實在1930年代開始真正思考電力可以用來做什麼，而發明比平常稍微多一些的非常有用東西。[11] 今日的難題在於，較好取得的成果大部分都已經摘下了，現在尋找未來大熱門的人比之前多了千百萬，但近來這種大熱門鮮少出現，意味著能找到的比以前更少了。

在使用活字印書之前，學習的範圍大幅受限。一旦能透過印刷書頁散播想法，一旦越來越多人獲准學習閱讀，一旦提出意見的資格規範放寬，且古老宗教的正統信仰遭到抑制，新發現就接踵而來。印刷使人發明電力、電晶體、拉鍊、迴紋針、魔鬼氈、洗衣機、盤尼西林：所有讓我們生活比以前更光明、更輕鬆、更簡單、更整齊、更快速、更乾淨、更安全的東西。每項發明都仰賴書本的散布，讓那些會發明出東西的人獲得知識。

我們對自己的看法隨著印刷書籍而變，自娛的方法也是。人們發明小說（一種新型態的故事），並使其盛行，取代古老傳說。呈現不同觀點的書只有在「異端邪說」的禁令放寬後才得以出現，這些書暗示著，

地球可能不是宇宙的中心，但還是有辦法敬畏某些全能的存在。如同達爾文在《物種起源》（*Origin of Species*）中寫的，我們現在稱作演化的事物，「讓上帝的大作成為區區假冒與欺騙」。[12] 他並不是在懷疑某個至高神明的存在，就只是懷疑人們口中上帝有效的「神祕方法」。

考量到書本在充實我們想像力的重要性，如果有人聽說撰寫新書和出版新書的增加率曾經趨緩，可能是覺得革新的速度已經慢了下來；然而實際比較可能的情況是，想要讀更多書的人數在減少，特別是年輕的人和年長的人相比，更可能對書籍沒有那麼大的興趣。當書是我們唯一的資訊來源時，它們才重要無比。

父親會唸《二十二個字母》給我聽是因為他喜愛書，特別喜歡唸書給小孩聽（現在還是），而他希望我也喜愛書。然而，他那一屋子包羅萬象的書卻越來越過時，也多半用不到。我的小孩在我聽父親唸書的年紀，就無法忍受像《二十二個字母》那麼長的故事，尤其是一個沒有巫師的故事。他們有太多別的方法能獲得資訊，最主要的一個原因就是，電視、電腦、電話已經全部整合在一個大小約略等同於史前燧石手斧的裝置裡。這個裝置非常舒適合手，也適合裝在口袋，又能把你和幾乎世上的一切都連結起來。

## 新書

我的孩子會唸什麼給他們的小孩聽呢？如果我們真的在趨緩，他們就會像我那樣唸給小孩聽，也會像他們的母親那樣，遠比我還勤奮地唸故事給孩子聽。如果我們正在趨緩，未來的孩子們晚上還是會讓父母唸

故事給他們聽，而不是由一台假裝是父母的機器代勞，因為唸書給孩子聽的意義遠遠不只是傳遞資訊。或許未來的兒童故事會有一段旁白說，在1600年到千禧年的四百年間，荷蘭新書種的出版數量幾乎成長二十倍，每百萬居民每年分配到的新書從168本成長到3,219本。現在那樣的增加不是只有慢下來，而是每年出版的新書種總數都在下滑。到了2020年，那個未來的故事將會揭露，新故事的數量看起來彷彿在下滑。我們是不是快要沒有新故事了？

前面講述的荷蘭書籍故事，它的起頭因為故事本身目的，而在1680年結束；因為到那時候為止，趨勢都還相當簡單，有過成長，被偶爾發生的趨緩數度打斷。1680年代之後，荷蘭的書籍出版似乎就穩定保持在大約每百萬人每年分配到400種至600種新書的程度，它不再加速，也根本沒有多少成長，而是達到穩定狀態。

在穩定出版的那些年裡，荷蘭主宰歐洲貿易的程度也處於頂峰。在1670年，有將近56萬8,000噸貨物在荷蘭港口交易。對這些紀錄的分析顯示，這個數字比當時法國、英格蘭、蘇格蘭、神聖羅馬帝國、西班牙和葡萄牙所有商人的交易總和還多。荷蘭成為一方霸權。阿姆斯特丹就坐落於貿易的十字路口，是那個年代最重要的海運貿易中心，介於生產穀物的北波羅的海（及波蘭），和對食物有最大需求的歐洲其他地帶之間。人們從歐洲以南和更偏遠地帶，把香料、蠶絲、糖、葡萄酒和白銀運回荷蘭，藉以交換糧食。[13]

書籍只是國際貿易中微不足道的一部分。大部分的書籍應該都是為了國內荷語市場而生產。貿易為那些從中獲利最多者帶來的財富成長，促成書籍出版在地球上最富裕地帶的首度加速，也促成其後的持續成

長，直到達成十分富裕的穩定狀態為止。

　　歷程中有過起起落落。若觀察頭一百八十年以後的歷程，就會看到1720年代的荷蘭出版隨國家經濟趨緩及鄰近的英國經濟成長，而來到低點。相對地，1860年代就是高點，當時荷蘭城市成長得更快，而識字程度也一併成長。然而就如圖12時間線所示，並沒有新的清晰模式。成長達到某種平穩的高原期，但之後，1900年過不久，生產再度開始緩慢成長。

　　到了1900年，荷蘭每年每百萬人分配到的新書種有700種，接下來的十年和過去的十年相比，則是每年多出800種以上，但在1930年代出現一次下滑，又因第二次世界大戰而持續到1940年代；但在戰後時期就出現大幅加速。1945年後，荷蘭成為出版者的夢幻市場，而這個局勢一直延續到1980年代初期。二十世紀的人均新書種出版量，比過去有出版書籍的每個世紀的人均出版量加起來還多。

　　圖12的時間線和前面的稍有不同，垂直軸上使用的是對數尺度，因為1950年代至1990年代的成長率實在太高，之後最近的下滑速率也很高。這條時間線是半對數圖，垂直（縱座標）的尺度是對數，而水平的座標（橫座標）卻不是。只有過去的一個半世紀裡才有人畫這種圖形，一開始還很少見。我們在了解什麼、如何數數，甚至在如何繪製圖表上都加速得太快，以至於很難接受正在趨緩。趨緩本身是新事物。

　　在後古騰堡的世界中，人類快速進展，從使用活字印刷進展到圖片印刷，並設計標定周遭世界資料的新方法。1970年代，荷蘭成為幾乎全民都會讀寫的社會，而在十年後，大部分的荷蘭人都富有到能定期買書，有時還買一大堆。購書不再只是中產階級的專利；買下後從未被讀

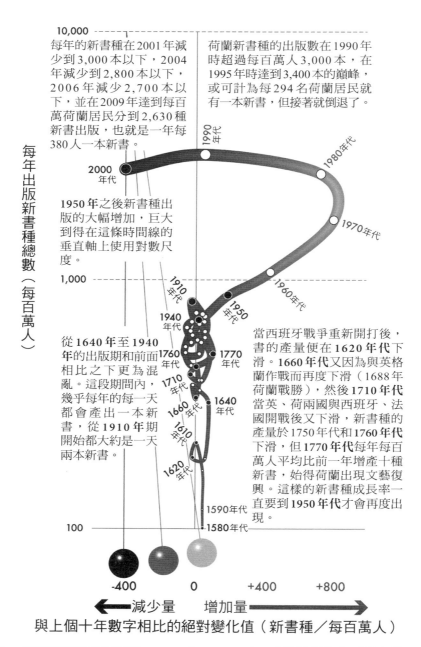

**10,000**

每年的新書種在2001年減少到3,000本以下，2004年減少到2,800本以下，2006年減少2,700本以下，並在2009年達到每百萬荷蘭居民分到2,630種新書出版，也就是一年每380人一本新書。

荷蘭新書種的出版數在1990年時超過每百萬人3,000本，在1995年時達到3,400本的巔峰，或可計為每294名荷蘭居民就有一本新書，但接著就倒退了。

**1990**
**年代**

**2000**
**年代**

**1980年代**

**1970年代**

1950年之後新書種出版的大幅增加，巨大到得在這條時間線的垂直軸上使用對數尺度。

**每年出版新書種總數（每百萬人）**

**1,000**

**1910**
**年代**

**1960年代**

**1950**
**年代**

**1940**
**年代**

從1640年至1940年的出版期和前面相比之下更為混亂。這段期間內，幾乎每年的每一天都會產出一本新書，從1910年期開始都大約是一天兩本新書。

**1760**
**年代**

**1770**
**年代**

**1710**
**年代**

**1640**
**年代**

**1660**
**年代**

**1610**
**年代**

當西班牙戰爭重新開打後，書的產量便在1620年代下滑。1660年代又因為與英格蘭作戰而再度下滑（1688年荷蘭戰勝），然後1710年代當英、荷兩國與西班牙、法國開戰後又下滑，新書種的產量於1750年代和1760年代下滑，但1770年代每年每百萬人平均比前一年增產十種新書，始得荷蘭出現文藝復興。這樣的新書種成長率一直要到1950年代才會再度出現。

**1620**
**年代**

**1590年代**

**1580年代**

**100**

**-400**　　**0**　　**+400**　　**+800**

**← 減少量　　增加量 →**

**與上個十年數字相比的絕對變化值（新書種／每百萬人）**

圖12　荷蘭出版新書種總數，1580年～2009年。（數據調整自《從數據看我們的世界》，https://ourworldindata.org/books，該數據使用喬納森・芬克—簡森的「人均書種」，2015年12月13日資料集，http://hdl.handle.net/10622/AOQMAZ，同意由IISH Dataverse V1使用。）

完的書越來越多——所謂的「案頭書」（譯注：coffee-table books，意指刻意擺在咖啡桌上讓人休閒翻閱用的書）。

　　然而到了1990年代，荷蘭出版的新書種數量整體停止增加，到了2000年代，總量很明顯在下滑，這並不代表現在讀新書的荷蘭人變少了，大部分荷蘭人也懂得至少一種荷語以外的語文，所以可能是讀德文書或英文書的人增加了，而且幾乎每個人都可以在線上閱讀，這也導致購書量減少。

　　荷蘭書籍生產在1981年小幅下滑，但接著又回復了。它在1986年和1989年下滑，但只下滑了1%，而且一次下滑都只進行一年，但接著在1996年和1997年分別下滑3%和6%。這些年度變化在這條時間線上都抹平了，但如果你在那幾年待過出版業，就應該聽過當時員工資遣、市場緊縮和人心惶惶的情況。2003年下滑6%，2004年上揚5%，但接著在2005年和2009年分別有7%和4%的下滑。這些短暫一瞬的細節並未顯現在圖12的時間線上，因為線條呈現的是每十年的變化，而不是每年。此外，看看長期趨勢，有鑑於1970年代發生的總體變化方向是朝著減速移動，這些變化顯然就是遲早要來的結果。2000年代出現下滑的那些年也很可能有些隨機，但事後看來那早就等著要發生了。

　　當然，話不要說死：荷蘭新書種的出版量可以再度上揚。但你把網際網路出現這個因素納入後，1995年每百萬居住於荷蘭人口分配到的3,402種新書出版，就算成為再也無法超越的巔峰數字，也不是多令人意外的事。畢竟，那等於每年每296人活在該國就有一本新書的程度。許多新書種可能只是稍稍改動的再版、翻譯書，還有以出口為目的的書籍，但問題還是同一個：一個人一年能讀多少書——就算把滿心想讀而買下

卻從未讀過第一章的書也算入，又能有多少？所有東西都會在某個時間點達到頂峰，包括每年每百萬人分配的出版書種數。

## 正在放慢的技術

　　現在新數據和新想法的泛濫都慢了下來，這是人類在2010年代，當我開始撰寫本書時的一個生活面向，而我曾預期當前十年內還會繼續加速。但我無論怎麼測量，不管是用維基百科頁面條目、荷蘭書籍，或用其他太多無法容納在這寥寥幾頁中的東西來測量，都沒有找到哪個和數據（或資料）相關的時間序列到現在還在呈現指數成長（見www.dannydorling.org）。一切似乎都在減速，即便現在還常比以前快的也一樣在減速，就是現在加速得比以前慢上很多罷了。

　　微處理器的效率是最早的一個老套，它導致人們針對「戈登‧摩爾（Gordon Moore）在1965年發表的定律〔積體電路裡的最大零件（譯注：電晶體）量每兩年就加倍〕是否終於要來到盡頭」展開無止境的辯論。2018年間，那些猜測者主張「要開始為摩爾定律的終結做計畫了，值得仔細思考的，不只是定律何時會終結，而是如何終結」。[14]我大可觀察機器學習的效率，並注意到在2019年，「一項系統性探討顯示，在臨床預測模型上，機器學習並沒有比邏輯回歸更具性能助益」。[15]如果機器學習和人工智慧被視為預測分析的未來，根據這份由流行病學家進行的系統性探討來看，問題就大了。若要談論那個被大吹大擂的人工智慧新時代，我們至少應該開始擔心，關於「接下來即將發生的會是什麼」這件事，我們是不是整個被誤導了。

　　人會十分抗拒別人跟他說，技術進步不再像以前那麼快速。如果你需要比本書內容多上太多的證據才能接受我的論點具有說服力，你並不孤單。有些人主張，是我們沒有讓自己習於追求新事物，他們說事物還在快速變化，我們只是看不穿而已；我們假設自己正筆直望著前方一個穩定高原期的未來。他們說我們就是看不見眼前進程的上升曲線，因為缺乏看見上揚的想像力。有鑑於我們極度穩定的過去，這一點有可能是真的，畢竟在那段過去裡一代代下來的變化確實不多；但近幾世代有著大幅的加速，因此可能可以說，我們反而變得對那種加速習以為常。

　　長期來看，我們經過調適後，很可能就得以在越來越沒有變化的世界中適應良好，我們得以充分適應早已迎面而來的穩定狀態。然而，在我們接受事物不再加速之前，許多人可能還會緊抓每一個未來的技術小發現，當作是偉大進展。我希望有一天可以不用在QWERTY鍵盤上打字，但那一天其實早就該來了。那種鍵盤當初那樣設計就是為了趨緩——真的是要放慢打字者的打字速度，好避免老式打字機卡住。

　　同輩中少數跟我一樣打太多字而損壞雙手的朋友，現在會使用語音辨識來口授想法，有點像是以前生意人對秘書口授機宜。但曾有過比講話還快的東西，在我年輕時曾有人發明出巧妙的五鍵滑鼠。當你把右手五根指頭放在五個按鍵上，就可以創造三十二種組合，足以容納全部二十六個英文字母、空白鍵、句點、逗點等。經過簡單訓練後，你的打字速度會十分驚人，因為只要幾根指頭用最小力道輕壓就可以產生一個字母，不用像敲鍵盤那樣先對準正確按鍵。若讓左手使用另一個這樣的滑鼠，就可以有三十二個「換擋鍵」加入運作：粗體、斜體、底線、改大小寫、改字體大小、下標、重音符等。但這個想法始終未能走紅，而現

在也買不到這種快鍵（Quinkey）了。

　　人們很容易低估傳統的威力，也很容易在革新不一定有出現指數進展時看到指數進展。出於類似理由，人也很容易意識不到未來的技術進展可望協助降低我們某些行為造成的慘烈氣候變遷效應。[16]技術突破大能幫助我們抵達很快要到的地方，但這種突破最有可能是舊技術提升（好比說電池），而不是新技術發明（好比說瞬間傳送）。

　　常有人主張，就算面對大量趨緩的案例及刻意避免革新的案例，技術還是在持續加速。摩爾定律可能會走到尾聲，但接著有了平行運算就沒差，因為電腦會結合越來越多的處理器，而持續加快速度。維基百科上有些摩爾定律的擁護者主張，人們將在2025年最能接受摩爾定律已到盡頭；也有些人說摩爾定律早就到了盡頭，而處理器的進展速度是在1975年至1984年間最快。[17]但很少有人指出的一點是，多增加的處理能力被用到哪裡，顯然是有報酬遞減。幻想家們（一如往常地）主張，真正聰明的人工智慧已經快要誕生了。截至目前為止，最堪稱為人工智慧成就的是圖形辨識和語音辨識，但這兩種都只是圖形識別的進階形式。

　　也值得一提的是，古典摩爾定律圖表（很容易就能搜尋到）中標記的，從1970年代開始呈現持續加速的處理器，到了1980年代多半是大眾市場取向的全功能處理器。[18]那些後來創造出來的東西通常是更加特殊化的處理晶片。此外，大多數的處理器處於早期指數加速曲線的上方，而在1990年開始處於曲線下方。曲線本身則是向下走。實際上，摩爾定律有數十年都不是一個定律。如果我們要看真正的技術進展，應該看傳播的近期歷史軌跡：信件、電報、電話、電子郵件、Skype、社群網路。要判定什麼很創新，而什麼不創新，也要問一問我們現在是否還在像以前

一樣快速前進。能送出一封信一度是巨大變革，能在朋友的手機上閃現一則訊息，是現在小孩就能做的事（而大人往往還不想做）。

今日連洗衣機都可以彼此對話，但它們幹麼要這樣呢？洗衣機之間的數據傳輸會不會使用5G技術——或者資料只會從個別的洗衣機傳輸到某個中央控制中心？如果洗衣機在美麗的新物聯網之中彼此聯繫——我們能否預期它們將要起義反抗？[19]洗衣機本身曾是一大飛躍進展，讓一台洗衣機跟另一台能夠對話就不是了，但未來當然還能再創造躍進。

太空望遠鏡累積的數據總量可能還在加速，不過望遠鏡一直在提高的解析度，是否比得上製造出第一片能夠看見月球表面細節的鏡片，或是從第一台電波望遠鏡聽見第一聲噪響呢？總有一天，我們和天際另一頭的摯愛通話時會看著小小的全像攝影，但和聽見摯愛的聲音首度穿越大西洋而來相比，並沒有神奇多少——事實上，前者感覺起來可能遠遠不如後者神奇。世界的知識不再被塵封於一個只有菁英能取用並控制的圖書館。現在隨時都有新想法正在產生，但總體來說，它們並沒有像我們父母、祖父母和曾祖父母經歷的新想法那麼新穎，也不像那時候一樣，隨隨便便就產生深遠影響。

就資訊和技術而言，我的孩子能使用的和我小時候能使用的其實大部分都沒差太多。我的孩子是可以把上述這段說法講很多年的第一代，對我的小孩來說，一切都比之前便利太多，運作也比之前平順太多，但他們並不是能寄電子郵件或站在野外打電話的第一批人——我才是。對我來說，在Spotify上選一首曲目來聽，或者能依需要選一部電影來看，並不像1970年代和1980年代的技術變化那樣震撼我心——不過對他們來說，有這種念頭很普通，因為對他們來說現在這種情況就是平淡日常，

他們擁有其他數十億人擁有的東西——尋常普遍的技術，我們的孩子已不再站在加速的前端，往前望向全然未知了。

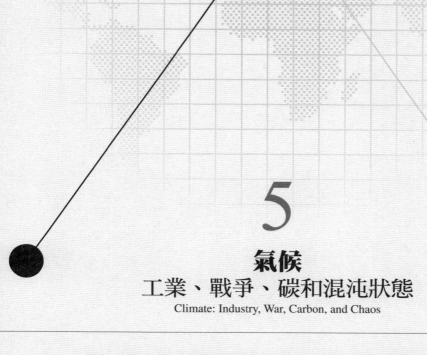

# 5

## 氣候
### 工業、戰爭、碳和混沌狀態
Climate: Industry, War, Carbon, and Chaos

長久以來，政客和掌權者完全沒出一點力對抗氣候危機與生態危機，卻總是能夠脫身，但我們將確保他們再也不能脫身。

———格蕾塔・童貝里（Greta Thunberg），2019 年 4 月 22 日

**SLOWDOWN**

2018年8月某天，瑞典的一位女學生發起罷課行動。一開始實在稱不上罷課，因為只有她一個人。父母試著阻止她，但她堅持不退讓。某個週五，她一個人站在斯德哥爾摩的國會外，高舉一面標語，展開「為氣候罷課」（Skolstrejk för Klimatet），下週五她重返原地，次週又再度前來。一開始，她的同學沒有興趣加入：「眼見當時沒沒無聞的15歲孩子坐在鵝卵石上，帶著手繪標語，路過的人表達同情和困惑。」[1] 2019年3月13日，童貝里獲得諾貝爾和平獎（Nobel Peace Prize）提名。[2]

2019年4月，童貝里搭列車前往倫敦，向當地的氣候變遷抗議者發表演說。到了復活節週末尾聲（譯注：4月21日）時，有將近1,000人因為封堵英國首都道路橋梁而被捕。2019年夏天，才16歲的童貝里在倫敦很簡單地解釋她橫跨大西洋旅程的情況：「瑪麗齊亞二號（Malizia II，譯注：一艘配備可再生能源螺旋槳的碳纖維強化塑膠帆船）要花十三天又十八個小時，完成從英國普利茅斯橫跨北大西洋，經過亞速爾（Azores）群島來到紐約市的航程。」[3] 當我寫到這邊時，童貝里正帶著她的訊息跨越美洲大陸。

所以，這是怎麼開始的？

## 最早的人造碳排放

每件事都彼此相連，由負債所推動、促使生產和消耗都越來越龐大的資本主義成長，與知識的散布及加速有關。資料和新情報的增加與傳播，讓人們可以越來越快速地想像創新、散播革新，而且快到史無前例。基本能源從風、水與碳中和木材，變成煤炭和焦炭，然後是石油和

天然氣。紙價隨著生產機械化而下滑，只要有越來越多人願意且能夠讀書、買書，同時有足夠的樹木來造紙，便可以印製出越來越多的書。

　　但讓我們先回到只有極少數人可以讀寫的時代，當時我們也正開始學會生產越來越多、最為人所貪圖的東西（而且以後還會生產更多）。一開始，遠比大多數家中都只有一本書的時代還要早上許久的很久以前，鐵製品的需求相當大。大加速的起源在過往有著綿延久遠的歷程，點燃這把火的火花，很可能是更久以前，1492年橫跨大西洋的行動，但那把火一開始悶燒得很慢，就算是全球地緣政治及經濟因為新舊世界相遇而轉向的三個世紀後，假設當時有來自另一個行星，測量我們空氣化學成分的觀察者，也很難注意到有任何事情發生變化。

　　估計在全球還沒有進行太多工業活動的1750年，每年排放至大氣的二氧化碳總量只有十億公噸的1%。[4]在少量工業活動中占大多數的，是以鐵為主的金屬冶煉。到1791年，全球人造碳排放量增加到十億噸的2%，1802年達到3%，1810年達到4%，而在現代工業化才剛開始的1816年達到5%。菲利普‧詹姆斯‧德‧勞瑟堡（Philip James de Loutherbourg）在1801年的畫作〈夜間的柯布魯克岱〉（Coalbrookdale by Night），今日看起來十分古雅，尤其和日後由綿延數英里的熔爐和工廠所構成的工業景色相比，更是古色古香。然而，即便只是對早期對工業黎明時代的一瞥，就已經可以比擬為地獄般的景象。柯布魯克岱（Coalbrookdale）這個英國什羅普郡（Shropshire）的小村落，有著歐洲第一個持續燃燒焦炭的煉鐵高爐。

　　到了1816年，歐洲各地用焦炭高爐大量產鐵已有一個世紀多的歷史，但一開始只在少數靠近鐵礦和煤炭，且多半與世隔絕的地方。需要

添加到熔爐裡的煤炭量相當少。1790年代，全球一年增加到大氣的碳量就跟過往四十年一樣多，是工業興起後，碳及其他化石燃料用量快速成長，導致加速排放的第一個可測量跡象。這時候工業快速成長的主要是歐洲，其中最主要的則是英國。事實上這個成長快速到1810年為止的八個年頭及從1810年算起的六個年頭裡，全球工業活動增加的汙染，就各自等同於1790年代整整十年的汙染量。之後六十年內，年度全球碳汙染量增加六倍以上，而加速仍持續進行。

如果有想像中的外星訪客用非常敏銳的科學儀器監視我們的行星，他們可能要到兩百年前，才勉強能察覺地球空氣成分的變化。有一件事務必記住：那時候，他們無法區分空氣中二氧化碳量首度大幅攀升，和一座巨大火山能夠產生的排放物。如果他們能確認大部分汙染的來源，就會看出大部分是來自英國和其他歐洲國家的活動，儘管他們不太可能分辨是什麼導致攀升，甚至無法了解那種至今仍至關重要的政治奧妙之處，好比說知道「荷蘭（在1795年之前大部分都還是聯省共和國）把對貿易和領土的控制支配地位輸給大不列顛暨北愛爾蘭聯合王國」。

再早數十年，在遠離歐洲的地方，一共不過十三個的農業殖民地，正在北美大陸上為了從英國獨立而戰。雖然它們的獨立令英國不悅，但對歐洲工業化一開始的加速，以及碳排放大加速的成長，都沒有造成多少改變。當時無人預料到，未來將成為全球史上最大二氧化碳排放者的會是美國。

要理解工業產品（那些使用取自化石燃料能量來生產的產品）的需求，在十九世紀爆發到什麼程度並不容易。當時歐洲人口成長最快，且成長得最明顯，而那裡原本就已經有著最大的有效需求——換句話說，

有著由支付能力撐腰的需求。在那種支付能力的背後，又有歐洲人剛開始從快速成長的海外帝國吸取的利益在撐腰。

歐洲各地（而不像英國教科書常主張的只在英國）都發明或進口能從更深地層中開採更多煤礦的新方法、加速從礦坑抽水的新方法、更有效的鼓風冶鐵新方法，還有用燃煤蒸汽（而不是能量明顯較低的水車）推動工廠紡織羊毛和棉花的新方法。1825年全世界第一條使用蒸汽火車頭的公共鐵路在英格蘭啟用，那是由燃煤推動的。同時，第一批蒸汽動力船開始沿著美國排行前幾大的河流運輸貨物。

煤炭成為王者，礦場開始倍增，工廠、高爐和蒸汽引擎就像人口爆炸期間的人一樣擴散。大量的煤礦生產，導致越來越多的煤礦使用，某些地方煤礦便宜到用來讓住家維持溫暖。把工業地帶製造的貨品運出國的船隻激增，其中也包括運煤船。燒的煤礦有那麼多，裡頭那麼多的碳就被轉化成二氧化碳，從煙囪擴散進入空氣中——越來越多，幾乎每年都比前一年多上太多。

每燃燒1公噸的固體碳（煤炭中含50%到80%的碳），就會產生3.664公噸的二氧化碳。每個碳原子只有一個氧原子重量的四分之三，在氧化過程中，把兩個氧原子和一個碳原子結合起來，就會創造一個比當初從地表下挖出的碳還要重三・六六四倍的東西。然而，二氧化碳的密度是如此低，以至於它占據的固定體積比原本的碳還要多大約四百倍。一開始，這種汙染量有點低，以至於從全地球整體來算其實無關緊要。如今，碳汙染連同其他燃料廢氣及溫室氣體，一併成為當代最值得擔心的國際議題。

我們想像中的外星訪客可能很清楚碳和氧原子的特性，並知道它們

怎麼結合。然而，兩個世紀前從他們虛構的太空船下看地球，可能沒有發現人類。我們還是相當不顯著的物種，是一路擴散到地球各處的眾多物種之一。我們興建的少數城牆，還有運河、幾座金字塔，還有一些被我們砍光樹的土地，可能比人們循著某種彷彿幾乎漫無目的蜿蜒路線在奔跑的痕跡更顯而易見。這時候大多數的人類都聚集在被少數耕地、水稻田及許多雜草包圍的村鎮裡，有不少人還在野外採集、狩獵。

　　相當可以理解，也可以諒解的是，幾個世紀以來，人們都假設製造的所有空氣汙染到最後幾乎都會有辦法消失。少數有想像力的人開始想知道，情況有沒有可能不是這樣，但要到這裡描述的早期工業時代的數十年後，才開始出現真正的線索，揭露汙染地球大氣層會產生什麼嚴重問題。畢竟我們也是到1900年前後，才開始弄清楚原子怎麼運作及原子可能多重，更別說多晚才知道一個碳原子和兩個氧原子合在一起會創造溫室效應，還會包圍整個地球，並醞釀充滿毀滅性的氣候變遷。在那發生之前，對我們來說，自己所居住的行星實在是大到難以想像，一如原子小到無法想像。人類要很有想像力，才能把那些顯微鏡都看不到的粒子及一分子的二氧化碳，與氣候變遷那種巨大宏觀事件加以連結。

　　到了1836年，全球一年的人類活動已經排放出1億公噸的二氧化碳，1852年是2億，1859年是3億，1864年是4億，1868年是5億，1872年是6億，1877年是7億，1880年是8億，而1882年達到9億。這些1億公噸之間的年分間隔從十六年縮減到七年，再縮減到五年、四年，然後在1870年代擴張到五年，又縮減到三年，並在1882年時只剩兩年。事後來看，我們現在知道1873至1879年的長期經濟蕭條和第一次可測量的地球整體汙染間斷，在時間上是相符的。在美國，那場經濟蕭條的起點

是，人們擔心（燃煤火車的）鐵路公司會因為容易失敗的投機性投資而累積太多債務，接著鐵路熱潮就消退了。

蒸汽火車會冒煙，用來生產鐵軌和引擎金屬的鋼鐵廠也會。儘管如此，不管看得到的煙有多令人不快，但今日讓我們更加擔心的其實不是這種煙，而是看不見的永久汙染。同一時間在歐洲，維也納股票交易於1873年崩盤，同樣又是因為人們擔心太多錢已經被借給（或「被投資於」）新興的煤炭動力工業。當負債／投資下降時，汙染程度也會下滑，然而依舊無人知道那種汙染到頭來並不會消散。他們怎麼有辦法知道？或許他們認為那些汙染都飄進太空，或者被海洋吸收。但最有可能的情況是，他們根本沒想過。「他們」就是我的曾祖父母輩，而這也不是多久以前的事。

1870年代的長期經濟蕭條緩慢地平息了。即便是在那段蕭條期間，每年全球還是比前一年燃燒更多碳作為燃料用，減少的只是生產和汙染的速率而已。1878年威廉・阿姆斯壯（William Armstrong）位於英格蘭諾桑比亞（Northumbria）羅斯貝力鎮（Rothbury）的鄉間別墅「克拉格塞德」（Cragside）畫廊裡安裝一盞弧光燈。1880年這裡安裝第一盞家用白熱燈泡，[5] 阿姆斯壯當時是世界上最有錢的人。他那個年代的人應該沒有幾個會想像到，過了不到一個世紀，英國絕大多數的人就普遍都住在由數百盞各式各樣電燈所點亮的家裡（還是自己擁有的家），而且每一盞都還比阿姆斯壯的還厲害。

能讓工業及（其後的）擁有住家這兩件事都快速普及的因素就是負債。能夠負債這點同時驅動生產和消費，而這和總體空氣汙染成長的速度明顯有關。到了1884年，人為排放的二氧化碳一年已超過10億公噸。

燃料的工業及其他用途，再加上人類使用土地方式的轉換，第一次一起造成這樣的改變。[6]接著在1884年之後，一切（幾乎真的就是人類所做的一切）都加速了。然而，當時幾乎沒有人覺得這可能會有麻煩。為什麼要這樣覺得？

　　從1884年到1901年，整個世界僅僅花了十七年，就從一年多生產10億公噸二氧化碳變成20億公噸，這樣翻倍大半是運輸和工業活動的結果。那十七年堪稱多事之年，而上漲也不再像以前一樣穩定，但最重要的是，在僅僅十七年的歷程中，排放量每年的成長就跟1884年之前幾年來、幾十年來、幾世紀以來的人類工業生產排放成長一樣多。接著，在1901年到1910年僅僅九年中，工業及燃料用途的排放又成長得更加快速，每年給全球大氣增添30億公噸的二氧化碳。我祖父母輩中的頭兩個人此時出生了，這是近代的歷史。對任何耐心觀察、靜靜觀測我們，並測量大氣層的外星人來說，這時候就是事情開始變得真正有趣的時刻。

　　過去那個世紀裡，我們排入空氣中的碳，就是大幅加速的近似範例。就是那種你身在從地球向上直線發射的火箭裡會感受到的加速（那本身就會消耗大量的燃料）。然而，就算在這些早年的二氧化碳排放成長中，偶爾還是有十二個月或略多於十二個月的期間，總排放量會略少於去年或幾年前。人類活動現在是改變二氧化碳排放量的關鍵；火山不再有太大的影響，因為全球人類經濟活動開始失控波動，因此那些汙染量不會一直穩定上升。在認定排放何時成長得最快或最慢時，經濟循環、波谷和波峰特別重要，而那些趨勢則是要看負債、貿易和新技術的成長。

　　本書第三章開頭先關注更近代的負債──房貸、車貸、學貸等。然而，一開始讓工業成長如此快速的是，透過投資提供給初期工業的借

款。那些借款是從殖民主義時代快速成長的世界貿易中獲得的利益。就連大規模抵押債，也是要到1910年過了很久之後，人們才想到那是可能進行的活動，才開始對消費和汙染的增加產生極大影響。在此之前，活在都市裡的大部分人租屋，而且（和我們不一樣）往往不會在租屋中裝滿數不清、本來不用生產出來的財物，而其中許多財物（一旦接上家用電源後）又會再用掉更多的碳基燃料。我的祖父曾說過一個故事，是他爺爺擔任平底貨船船員，駕船穿過約克郡那些（比鐵路更早就存在的）運河時，還是小男孩的他坐在運煤平底船上的故事，曾祖父曾運轉把水從當地礦場中抽出的蒸汽泵浦。沒有一個人擁有多少財物，儘管他們的生活就是圍繞著抽取黑金（煤炭）在運作。

在1910年以前，大眾購買消費品的能力非常有限，尤其是因為大多數人擁有的儲藏空間實在太小。大部分人買夠食物就幾乎不會再多買，等到衣服穿破才會再買，也只會買很少量的奢侈品，大部分的人住在未供電的住家。但我們一想到今日的負債，卻往往是完全不同類的東西。信用卡在1950年代開始出現（後來才興盛到無所不在），和電腦運算的提升同時發生。同樣地，在第二次世界大戰過後的頭十年裡，「不要只讓少部分高中生可以繼續就讀大學」的概念被視為烏托邦理想。由美國政府支撐的聯邦學生貸款，是1958年依循經濟學者密爾頓・弗利曼（Milton Friedman）的意見所發明的；柴契爾夫人（Margaret Thatcher）於1989年將學貸引進英國。然而，在世界上其他地方，不負債就延長教育時間是很普通的事。最傾心於負債的國家才會把負債為基礎的生產擴大到極限，且那麼快就產生這麼多的汙染。

當前和我祖父及他祖父活著的時候都大不相同，卻也不像我們常常

宣稱的那樣截然不同或變化快速。今日我們活在技術持續快速全面變遷的錯覺中，這種技術變化速率正在放慢，一如維基百科的成長速度現在正穩定降低。我們常常覺得這樣的論點難以信服，因為已經習慣相信正好相反的故事，還加以反覆傳誦。

1968年，第一架波音（Boeing）747滑行過一條跑道，它仍是世界上最廣泛使用的飛機，在起飛時狂飲燃料，又在旅程的頭三分之一用掉大部分的燃料，在著陸時只剩下非常少量，好讓燃料——重量效率最大化。那些飛機是非常快而有效的汙染方式，在前面剛剛關注的時代裡，萊特兄弟〔奧維爾・萊特（Orville Wright）和威爾伯・萊特（Wilbur Wright）〕才剛開始飛向空中，兩人於1910年第一次同機飛行。在那段歲月裡，人們幾乎無法想像數十年後就會來到幾百萬人在空中飛行的世界；最近幾個世代從那一刻之後經歷的，就是這樣的加速速率。或許就是因為這樣，所以很難想像，和1968年往回算的五十年相比，1968年以後的五十年在飛行上居然那麼沒有創新。我們還是不太擅長這種想像活動，還沒準備好仔細思考趨緩一事。

「創新在變慢」這種想法，是到目前為止都還沒有什麼人跟我們說的故事。今日，別人告訴我們，人工智慧是我們的未來，有一種很普遍的主張是，如果電腦一旦夠快、程式編排得又夠好——或者開始把自己寫得夠好的話，將很快就能像我們一樣會思考，思考得像我們一樣好，用我們思考的方法思考，最後思考得比我們還好。我可以清楚記得，1970年代當我還小，才第一次替一台電腦設計出程式時，就有人這麼跟我說。從此之後，人工智慧的進展速率就慢到不可思議。在我1980年代寫的博士論文中，不懷好心地說那慢得像海參一樣，因為那是當時唯一一

種成功用電腦模擬出來的生物（但是並未完全成功）。當時，甚至連一個行為逼真得有如實際動物的人工智慧機器人寵物都還沒做出來，更別說人工智慧人了。1970年代之前的科技進展速率確實快到不可思議，但之後的速率就慢到驚人。

人類會那麼難以模仿，並非因為我們是什麼特別厲害的思考者，其實是因為我們是動物而非機械，要創造出人工的心智因此難上加難。我們思考的方式非常奇怪，方法並不一定好、快或聰明，就只是奇怪。因此經過程式編寫後，電腦首先能辨認的是車牌，然後才是字，然後才是詞。它可以藉由「機器學習」來翻譯語言，尤其如果給它充足的、經過在歐盟（European Union, EU）國家工作的專家小心翻譯的文本資源，就會學得更好〔這就是Google翻譯（Google Translate）在歐洲語言成果最好的原因〕。但人卻無法讓一台電腦深刻了解為什麼讓別人挨餓是不對的，或者在乎自身行動的長期後果。一台電腦沒辦法像一個15歲瑞典少女那樣擔心氣候變遷。阿姆斯壯在羅斯貝力鎮教堂墓地裡的墓碑上，有著這樣的墓誌銘：「他的科學成就讓他的名聲響遍全世界，而他的博愛讓他獲得貧苦者的感激。」[7]墓誌銘完全沒提到他實際上怎麼賺到錢，那是透過生產販賣軍火而來。今日的人工智慧想要模擬人類思考這類不道德行為，恐怕差得還太遠；而且人工智慧剛發明時，離這個目標其實也差不多一樣遠。

今天早上，我問廚房裡的機器人Alexa說：「人挨餓為什麼不對？」她回答說：「嗯……我不知道。」去Google搜尋的話，你可能會找到一個經濟學者告訴我們，讓人挨餓在經濟上是否有利（而且悲慘的是，人有可能會計算）。機器永遠不會從直觀地實際知道一件事在道德上是錯的，

你要是人才會懂，而要不在乎，就得不那麼把別人當成人——不可思議的是，有些人還真的做得到。要把一切向人工智慧引擎解釋，而不是只要它鸚鵡學舌，會是非常困難的事。

# 第一次世界大戰前的工業排放

在二十世紀開始時，全球燃料及工業二氧化碳排放成長得如此之快，以至於1910年就達到每年30億噸。這個年排放量數字比1859年多了十倍，而那不過就在半個世紀前。如果你活在那個年代，一生中看到的轉變會十分驚人。這樣的上揚在今日不可能再看到了，要再過九十六年，也就是幾乎一個世紀，才會再度發生類似的十倍增加——但現在這麼說也言之過早。所以我們就先回頭思考大加速的開頭，並提問為什麼它不會更早開始。

如果一項技術非常新，一開始幾乎一定會加速。幾個世紀前，燃燒化石燃料（一開始是煤炭，或有時是呈現為焦炭的碳）是非常罕見的舉動，砍木頭來燒比挖煤礦簡單太多了。木材並不是化石燃料，新生長的樹從大氣吸收的碳，跟燃燒舊木材產生的碳一樣多。樹如果沒有被焚燒，木材中大部分的碳就儲存在腐朽的樹幹裡，其中有些可能就在數十億年後最終化為煤炭和石油。

工業用途的燃燒焦炭起源於一千年前的中國，規模小但產量大。歷史學家威廉・麥克尼爾（William McNeil）在描寫十一世紀中國的鋼鐵生產，以及用風箱增加焦炭（用煤炭製造的焦炭，而不是用木頭製造的木炭）爐熱度的情況時，寫道：「就算個別的技術已經顯舊，這個組合還是

新鮮；一旦焦炭開始用在熔煉上，鋼鐵生產的規模似乎就以相當不尋常的狀態在猛烈上升。」[8]表1顯示麥克尼爾提及的中國關鍵地帶產鐵量，這可以證明「目前的汙染加速就只能在近期發生」並非必然結果；大可在幾乎一千年就開始。

　　因此，以化石燃料為動力的全球工業革命當初也很可能發生在十一世紀的中國宋朝，然而十二世紀時，鋼鐵的產量下滑了。運河貿易被戰爭打斷，導致運輸這些金屬的成本變得更高，而政治動盪又導致首都的需求滑落。來自滿州的入侵者（譯注：金人）打亂生產，而成吉思汗的大軍又在一個世紀後襲捲產鐵最豐的區域。接下來的生產就大幅限於為蒙古軍隊裝上盔甲、武器的工作（和幾個世紀後，阿姆斯壯主要將鐵用於生產軍火其實沒有不同）。[9]通常軍武在鐵生產的起落中有著關鍵作用。當1194年黃河潰堤改道，改從有別於1034年和1048年大洪水的路徑出海（譯注：1034年與1048年黃河兩次決堤改道後仍注入渤海，但1128年南宋為阻擋金兵而人為決堤後，黃河便改注入黃海，直到清朝末年才

表1　中國產鐵量

| 年 | 噸 |
|---|---|
| 806 | 13,500 |
| 998 | 32,500 |
| 1064 | 90,400 |
| 1078 | 125,000 |

資料來源：William H. McNeil, *The Pursuit of Power* (Chicago: University of Chicago Press, 1982).

重回渤海）之後，先前的迷你加速便結束了。人類在自己的歷史中已經
經歷許多次巨大災難；我們只是記得沒有那麼牢而已，發生在遙遠地帶
或久遠以前的尤其記不住。

在十七至十八世紀隨便的哪個時候，類似的政治和環境厄運都可能
摧毀歐洲剛起步的工業革命，但是並沒有。圖13描繪的時間線，顯示從
1750年至1910年每年加入大氣層的二氧化碳，但對全球暖化來說，最重
要的不是數字，而是累積的總量。碳往往會一直停留在大氣中，直到被
草木帶走或海洋植物吸收。人造排放物的增加也要考量到其他來源，但
碳是至今最重要的一環。此外，越多森林遭砍伐，空氣中被吸收的二氧
化碳就越少。

1807年，大氣層中估計有10億公噸的二氧化碳是人類使用化石燃料
的產物。這個數字到了1827年倍增至20億公噸，1847年達到40億公噸，
1862年達到80億公噸，1877年達到160億公噸，1892年達到320億公
噸，1908年則是達到640億公噸。這些年的間隔從二十年滑落到十五年，
然後才稍微拉大一點，變成十六年增加一倍。十六年間包括兩次美國經
濟大衰退（見表2）。然而，儘管有著那樣的倒退，整體的工業汙染還是
沒有變慢，只是不像本來要有的那麼快增加而已。

1870年代的生產下滑，在圖13的時間線裡就只是凹痕。1882年至
1885年經濟蕭條的效應就遠遠明顯許多。〔1883年位於現今印尼的巨大火
山喀拉卡托（Krakatoa）爆發，也把幾億噸的碳加入大氣層中。〕接著在
1907年銀行業恐慌之後的1907年至1908年衰退，效應也同樣相當明顯。
但除去這些經濟衰退時期，汙染就只是一漲再漲、越漲越快，直到第一
次世界大戰爆發的幾年前為止。

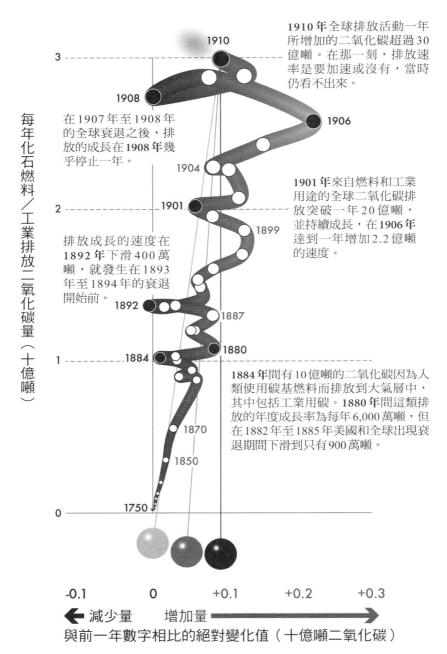

**1910 年**全球排放活動一年所增加的二氧化碳超過 30 億噸。在那一刻,排放速率是要加速或沒有,當時仍看不出來。

**1908**
在 1907 年至 1908 年的全球衰退之後,排放的成長在 **1908 年**幾乎停止一年。

**1906**

**1904**

**1901 年**來自燃料和工業用途的全球二氧化碳排放突破一年 20 億噸,並持續成長,在 **1906 年**達到一年增加 2.2 億噸的速度。

**1901**

**1899**

排放成長的速度在 **1892 年**下滑 400 萬噸,就發生在 1893 年至 1894 年的衰退開始前。

**1892**

**1887**

**1880**

**1884**

每年化石燃料／工業排放二氧化碳量(十億噸)

**1884 年**間有 10 億噸的二氧化碳因為人類使用碳基燃料而排放到大氣層中,其中包括工業用碳。**1880 年**間這類排放的年度成長率為每年 6,000 萬噸,但在 1882 年至 1885 年美國和全球出現衰退期間下滑到只有 900 萬噸。

**1870**

**1850**

**1750**

3

2

1

0

-0.1     0     +0.1     +0.2     +0.3

← 減少量    增加量 ⟶

與前一年數字相比的絕對變化值(十億噸二氧化碳)

圖 13　全球燃料／工業用途二氧化碳排放量,1750 年～1910 年。〔取自全球碳計畫,「2018 年全球碳預算補充數據」(1.0 版),https://doi.org/10.18160/gcp-2018 的數據並經過調整。〕

表2　1929年之前美國主要經濟衰退

| 衰退期 | 月數 | 商業活動 |
|---|---|---|
| 1873年～1879年 | 65 | −33.6% |
| 1882年～1885年 | 38 | −32.8% |
| 1893年～1894年 | 17 | −37.3% |
| 1907年～1908年 | 13 | −29.2% |
| 1921年～1922年 | 18 | −38.1% |

資料來源：Victor Zarnowitz, *Business Cycles: Theory, History, Indicators, and Forecasting* (Chicago: University of Chicago Press, 1996).

## 戰爭和疾病改變了一切

　　1910年至1960年間，工業及化石燃料活動排放二氧化碳的趨勢先是飄忽不定，接著從1946年開始，就不可思議地穩定，總是在戰爭以外的期間上揚。尋找原因時，值得注意的一點是，這段時期不只出現大規模的電氣化，也出現汽車生產的加速。

　　機動車輛的大量生產始於1901年，然後隨第一間福特汽車工廠在1913年開幕後快速成長。一開始，美國主宰全世界的車輛生產。到了1961年，世上幾乎一半的新車都由美國生產，一年550萬輛。德國生產180萬輛、英國和法國各100萬輛、義大利70萬輛、加拿大30萬輛、日本25萬輛、澳洲18萬輛、俄羅斯15萬輛，以及瑞典11萬輛。[10]

　　人們普遍（錯誤地）假想，隨著世界人口增加，進入大氣層的碳汙

染將會同步增加。有些人甚至認為，少生一點小孩多少有辦法降低整體汙染。但真相是，你養育一個孩子從事降低汙染的行動，正面效益會比不生還多上許多。歷史紀錄中實際發生的事情是，世界上非常少的一小群人口在特定的時間、地點迅速變得更有汙染力。再仔細一點看，就會看到大部分增加的汙染，是來自少數幾個國家裡的人們開始消耗原本只有最有錢人能用的特定貨品。舉例來說，汽車不只需要很大量的化石燃料才能製造，也要用化石燃料才能驅動。很難想像有哪個消費品的設計，能比早期車輛還有本事讓二氧化碳排放量最大化。

　　一開始汽車很少，卡車更少。1900年至1913年間，世界人口從15.6億增加到17.9億，增加15%。[11]同時，工業及化石燃料用途排放的碳則從一年19.6億公噸成長到34.6億公噸，增加77%。1913年活在世上的青年都過著跟父母差不多的生活，在自家村莊附近的田地上工作，（如果命好的話）用馬或牛拉犁來播種。他們種植已經種了幾個世紀的米或玉米，都靠著雙手。如果他們特別好命，住的地方可能開始普遍使用自行車。他們沒有消耗越來越多的化石燃料，或者多上太多的鋼鐵，想必也不會駕駛裝有內燃機的自家汽油車，甚至連電燈也沒有，因為他們的家和村莊都沒有供電。

　　1913年至1920年間，世界人口成長4%，來到18.6億人。第一次世界大戰儘管慘烈，但若從全球人口規模來考量，其實算是一個小事件。這件事僅限於歐洲，並導致大約4,000萬人死亡，大半都是受傷後數週或數月死亡的衰弱士兵。1918年至1919年流感大流行，在那幾年又賠上5,000萬條人命。如果這兩件天啟般的事件並未發生，或許1920年全世界可望有19.5億人生存，那種情況下的人口成長，將會是在七年中增加9%。

然而這樣的話，1919年的戰後嬰兒潮就不會發生，所以後來的人口實際成長很可能沒有那麼大。儘管如此，那七年從頭到尾，世界增加7,000萬人。汙染又增加多少？答案是減少了！即便人口成長，汙染也可以減少，反之亦然。

1913年至1920年間，每年的全球二氧化碳排放都下降1%。最大幅度的下滑出現在1919年，發生在史上所知最致命的流感爆發擴散、導致合乎工業工作的青年人口嚴重減少的那段期間及之後。比起死亡人數，病患人數才是這類人口減少的主因，而且因為人們不舒服也沒賺錢時買的東西會少很多，需求也隨之滑落。流感大流行對年輕人傷害特別大，這也有助於解釋，為什麼全球碳排放在1918年至1919年間減少14%，但接著在翌年多數患病者康復後增加16%。流感對工業、生產和消耗的影響遠大於第一次世界大戰。

1920年至1940年間，世界人口從18.6億來到23億，也就是增加23%。同一期間，全球工業及燃料用途的碳排放量從一年34.2億噸增加到一年47.6億噸，或者增加39%，遠高於人口成長。同樣地，這兩組數字的關聯只有薄薄一層。汙染增加最多的地方，是人口增加最少的地方——也就是工業化國家。這個時期世界上某些最貧窮國家的汙染若以人均計算，很可能是下滑的。大多數人仍然沒有電力也沒有車，並過著和父母類似的生活，通常活在這段期間以前的數十年裡才剛建立的國家中。他們的村莊現在被看作國家的一部分，接受著剛施加其上的國家制度（而且一開始相當殘酷）；而他們也幾乎不會是最大受益者。

在人類世界的大部分地方，殖民活動進行的政治動盪，對於被殖民地先前人口的相對穩定有著瓦解效果。世界上最貧窮國家的人口在之後

將快速成長。是先在一小群最富有（而且還會變得更富有的）人口中，出現工業及使用化石燃料的汙染爆發，然後才出現人口大幅成長。知道這一點並謹記在心，是非常重要的事。這裡的關鍵在於，並不是人口更多導致更大量的汙染，而是非常少數的人選擇製造汙染，才導致了這般結果。比這一小群人還少的一點有權勢者所做的選擇，也曾帶來世界大戰。

　　若以排放到大氣層的碳來看，第二次世界大戰和1914年至1918年的戰爭截然不同。1939年至1945年的衝突是一場工業戰爭，由製造子彈、炸彈、坦克、船艦、潛艇和飛機的數量取勝，那也是一場真正的世界戰爭，影響全球的大半部分。全球碳排放量在1929年達到一年42億公噸的巔峰，但是隨著世界經濟那年開始蕭條，排放量也接著下滑。直到1937年，排放量才回復到1929年的程度。在這段期間內，地球人口年年成長，但因為汙染跟全球人口數實在太沒有關聯，卻又跟最富裕者的財富及行為有著太密切的關係，所以全球人口的持續成長就不影響1920年代和1930年代的全球汙染程度。

　　1930年代的經濟大蕭條，代表人們能買的車數變少，因此產量也減少，開車的燃料也用得較少。1929年的銀行業崩盤耗盡信用供給，也因此耗盡債務的產生。用來製造車輛的鋼材需求下滑，推動生產線所需的燃料也跟著減少，人們製造、購買的奢侈家用品也變少了。經濟大蕭條之後，在最富裕的諸國中出現工業生產的總量減少。保護主義興起、全球貿易減少，汙染也隨之下滑。產出的物品變少，讓運輸那些貨品的老蒸汽船（或是開始要取代它們的柴油引擎遠洋船隻）驅動所需的燃料也減少了。

第二次世界大戰和戰前的重整軍備，導致全球軍事生產和軍事消耗雙雙爆發，也導致光是1939年一年的汙染就增加4%，而這個數字還在翌年翻倍，一年就增加9%。然而，接下來戰爭時期日常用品的消耗減少（尤其是奢侈品，好比說全世界最富裕國家的汽車），使得汙染又一次出現趨緩。1941年儘管有全球戰爭，全球碳汙染也僅僅上升3%，1942年上升1%，1943年上升4%，然後在1944年下滑1個百分點，接著當軍事戰爭行動大部分中止之後狂跌16%。從那年之後，碳汙染的速率就再也不曾下滑這麼大的幅度。在史上最大全球嬰兒潮發生的那一年（1945年），工業及燃料用途的碳汙染出現最大的下滑。以下這句話，不管講多大聲、多少次都嫌不夠：造成更多汙染的不是更多人，而是少數特別揮霍無度的人選擇這麼做。

所以1945年到1946年發生了什麼事？戰後的世界快速地成為更公平的世界，至少在最富裕的那些國家是這樣。美國較高薪的工作者可以開始買車；他們在歐洲的同道中人也可以開始夢想買車，當然這就讓更多車生產出來，而在所有的富裕家庭有了一輛車，或者有兩輛，還是三輛車之後，因為工會爭取到的工資提升，代表更多家庭有能力買車，生產又會持續擴張。

這個年代就算在最富裕的幾個國家裡，汽車仍是奢侈品。當時人不怎麼需要有車。大部分的人是走路、騎自行車或搭乘公共運輸上班。城鎮和都市向外擴張，所以住家距離工作地點很近，而公共運輸正處於規模最大的時期。在這些年間，英國鐵路網會成長到最大規模。（但隨著開車的人增加，導致許多鐵路路線顯得缺乏效益，到了1960年代，這些路線大半都將停用，但這已經說得太遠了。）從這段時期開始，整個歷程就

變化得太快，又有太多複雜轉折，導致很難用線性方式敘述。

第二次世界大戰後，儘管少數富裕國家變得較為平等，但從地球上窮富國家消耗速率的差距來看，人類世界還是急速變得更不平等。富裕國家的人口成長在1945年至1946年的嬰兒潮過後就急遽放慢，但每個家庭的平均貨品消耗量卻明顯增加。至於較貧窮的國家（從以前到現在、未來都一直是指世界上的多數國家），消耗量根本就不怎麼增加，但人口卻開始快速成長。這可以歸因於政治動盪，以及那些推翻過去確保人口處於相對穩定狀態的制衡力量的國家所施行的重大改變。「被殖民」有著某些非常持久的有害效果；從殖民開始的改變一直持續到1980和1990年代，當時世界銀行（World Bank）和國際貨幣基金（International Monetary Fund, IMF）推行結構調整政策，結果導致非洲人口更加爆炸（本書第七章圖25會進一步解釋）。

冷戰開始在全世界展開，戰爭中的美國和蘇聯試圖控制幾乎所有其他國家人民的政治選擇（前者控制較寬鬆，後者控制較緊密）。那些操控行動，包括支持拉丁美洲各地樂見窮人進一步赤貧的獨裁者。沒有什麼能像貧窮和不穩定那樣鼓勵人口成長。姑且不論其他原因，人們生較多小孩，是因為知道其中有些會死。冷戰時期包括中國從封建國家轉型為共產國家的過程，這個過程因為廢止舊制度並強加新制度，導致中國人口大量增加。在極其動盪不安時，窮人唯一保險的策略就是多生小孩來照顧他們。然而，共產主義很快就帶來遠勝於過往的穩定，使得每名成年女性生養的孩子在一個世代裡便從6個下降到2個。儘管達成如此大的成就（主事者可能不完全察覺到這一點），共產黨政府接著卻決定推行官方一胎化政策，發動下一場驟然而激烈的人口趨緩。本書第七章和第八

章的主題就是人口成長，其中特別會和中國的人口成長有關。

# 進入搖擺的1960年代

　　全球的燃料及工業二氧化碳排放在1950年代成長得最快速，1960年上漲到一年94億公噸。從我父母出生的1942年到他們滿18歲的那些年間，大氣層中增加1,230億公噸的二氧化碳——人類從十八世紀初歐洲最開頭的工業化，直到1930年排放的所有二氧化碳都還沒有這麼多。

　　從1940年至1960年，地球人口從23億增加到30億，也就是增加32%（見表3的1951年至1960年）。由工業及燃料用途產生的全球年度碳排放，在同一期間內，從一年48億公噸增加到一年94億公噸：增加98%，也就是同一時期人口增加比率的三倍。圖14呈現1910年至1960年排放時間線，說明即便全球人口成長只是穩定增加，排放量也能先在來回擺動中維持穩定，然後一口氣倍增。它也讓我們看到，1945年之後有什麼東西從根本轉變了。

　　1945年的年度排放量下滑，僅僅達到一年略多於40億公噸的低量，一個在今日看來（就如同那個不幸的常用譬喻所說的）殺人也不惜要得到的程度。接著在1946年和1947年，排放量幾乎每年都成長5億公噸。所有工業化國家的戰時經濟，都被重新規劃為和平時期的生產機器。美國今日的軍事工業複合體當時還在成形階段，所以打算一併維持軍事生產及其排放量，同時又在為越來越富裕、平等的國內消費者市場創造巨大的工業基礎，這也是為了把產品出口到由自己擁有最強軍事力量的世界。1948年生產小幅下降，而下一年美國的景氣循環就要達到1949年10

月的低谷。[12] 接著，美國經濟再度開始成長。這時候，美國在全球排放量的生產上可說是至關重要，重要之處並不在全球各地怎麼做；關鍵在於美國的生意怎麼做。

產量再度大幅上漲，1950年來到幾乎一年60億公噸的單年新高，並達到史無前例的加速巔峰，比前一年多了6.4億公噸。在經歷1954年5月的景氣循環低谷之後，翌年產量又重新恢復成長，在那發生前曾有一波短暫趨緩；接著在1959年4月低谷後的第二年又出現一樣的情形。美國經濟的小起伏，在汙染速率上製造出巨大的全球變化。全球人口對此其實根本沒有多大的影響，影響最大的還是全球人口中最富裕的一小撮人所製造及消耗的東西。

到了1950年代，世界上最有錢的人大部分都住在美國。1950年全世界每16.6人才有一個人住在美國，但這群人必須一起為目前為止占最龐大比例的全球碳排放負責，那大半只能歸因於世界最大超級強權國中最有錢人的作為，而他們就是控制美國大部分生意的人。在接下來的十年中，全球人口從25億增加到30億（見表3）。

1958年，全球人口加速短暫地達到2.1%的年度成長率高點。後來還會再次達到這個高點，而那一次則是從1968年到1971年為止的四年。然而就碳汙染而言，那樣的全球人口成長基本上無足輕重，舉足輕重的是美國發生了什麼事，而重要度次之的，則是正在重建工業或重新推行工業的歐洲與日本。

即便到了1950年代末期，世界上所有的新車還是有一半產自美國。在那段時期的開頭，有一個國家正在製造世界大部分的車輛，也製造大部分的鋼材，儘管居住那裡的人還不到全球人口的十六分之一。能找到

表3　世界年度人口成長，1951年至1960年（以及美國所占比例）

| 年分 | 世界人口<br>（十億人） | 年度成長<br>（％） | 世界每有多少人就有<br>一名美國人（人數） |
|---|---|---|---|
| 1951 | 2.6 | 1.7 | 16.6 |
| 1952 | 2.6 | 1.8 | 16.6 |
| 1953 | 2.7 | 1.8 | 16.6 |
| 1954 | 2.7 | 1.9 | 16.7 |
| 1955 | 2.8 | 1.9 | 16.7 |
| 1956 | 2.8 | 1.9 | 16.7 |
| 1957 | 2.9 | 2.0 | 16.7 |
| 1958 | 2.9 | 2.1 | 16.8 |
| 1959 | 3.0 | 1.9 | 16.8 |
| 1960 | 3.0 | 1.5 | 16.8 |

資料來源：Angus Maddison Estimates: http://www.ggdc.net/maddison/oriindex.htm，另見 Angus Maddison, *Contours of the World Economy, 1–2030 AD: Essays in Macro-Economic History* (Oxford: Oxford University Press, 2007).

石油的地方就會開挖鑽油井，身為先前全球汙染關鍵來源的煤炭，已不再那麼有宰制力。隨著汽油、柴油和噴射機引擎的普及，人們發現稍微「乾淨一點」卻排放更多碳進入大氣層的方法。同時，位於美國偏遠地帶的夏威夷島上，一種測量大氣的時間序列開始成形，而它日後會用來證明人類排放物和全球大氣層二氧化碳濃度之間的重要關聯。

　　以前在1950年代（那還是今日許多人的親身記憶），幾乎無人知道有什麼東西會即將出現。當時你可以只看圖14中結束在1960年的時間線，

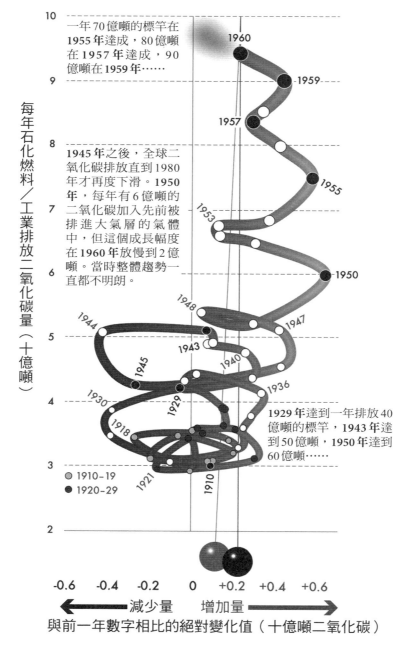

圖14　全球燃料／工業用途二氧化碳排放量，1910年～1960年。〔取自全球碳計畫，「2018全球碳預算補充數據」（1.0版），https://doi.org/10.18160/gcp-2018 的數據並經過調整。〕

甚至可以想像趨緩正要來臨，尤其如果你專注在1950年至1960年這段時期的話更能這樣想。然而，這種事並沒有發生。如果我們當時就知道這種汙染會造成什麼損害，要應付起來應該會簡單很多。很遺憾的是，我們讓工業等同於進步，讓更大量的生產等同於生活水準的提升。汽車被當成自由的象徵，而飛機則被視為冒險工具，人們崇尚更快、更遠的旅程。1959年9月，蘇聯的無人太空船「月球二號」（Luna 2）降落在月球表面，當人們獲知這個消息時敬畏不已。

## 車輛、加速和歸因

把越來越多二氧化碳排入大氣層，導致氣候變化，進而產生全球暖化的行為仍在加速中，但如果人類要好好活下去（或者理性地說，就算我們不得興盛，而只是想活下去的話），就不能繼續無止境地排放，這是「人類生活大部分面向如今都在趨緩」這個通則唯一的主要例外。我們尚未減緩碳排放，甚至連排放的成長率都無法降低。這個成長的增加率本身倒是開始減弱了，我們可以在圖15的時間線上，看到這個前途暗淡的故事可能出現第一個轉折，它顯示的是某個只會變得更明顯的東西。

根據這裡使用的估計，我們藉由工業和其他基於化石燃料的活動在地球大氣層中累積的二氧化碳總量，到1928年已經提高到1,280億公噸，1955年為2,560億公噸，1976年為5,120億公噸，2000年則達到1兆公噸，[13] 2015年間這個數字超越1.5兆公噸。這些數字聽起來頗令人震撼，但是如果測量每一次加倍之間的時間間隔有多長，這些數字還能告訴我們一些更有用的事。

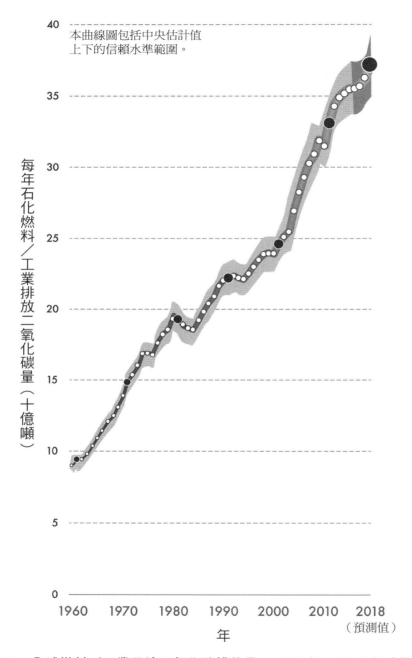

圖15　全球燃料／工業用途二氧化碳排放量，1960年～2018年（傳統曲線
圖）。〔以柯琳·勒·奎爾（Corinne Le Quéré）等人完成的《地球系統科學數據》
（*Earth System Science Data*）之〈2018年全球碳預算〉數據重新繪製，2018年12
月5日，取自2141至2194頁，https://www.earth-syst-sci-data.net/10/2141/2018/。〕

我們在一年間藉由全世界工業和化石燃料用途而加進大氣層的二氧化碳量，在1928年至1955年的二十七年間增加一倍。在接下來到1976年的二十一年中又增加一倍，然後在到2000年的二十三年間再增加一倍。加倍的速度總算要開始變慢了，儘管這顯然不會讓人感到寬慰。如果「翻倍時間」的統計數字沒有（總算）開始拉長到二十三年，今日的狀況就會更糟糕。間距拉長始於1976年，那幾年油價在短時間內一口氣漲到四倍多，這導致排放量的指數增加出現最微小的趨緩——排放的成長加速率出現趨緩，但全球排放量的成長並未趨緩。

許多人認為已經太遲了，我們每年都持續比前一年排放更多碳到大氣層裡，偶爾還會比前一年多出許多，這已經遠遠超過植物、森林及海洋等自然吸收過程能中和的程度。當我們這麼做的同時，現在也越來越確信地球未來只會越來越快速地加熱。我們現在認為大氣層中的碳含量和地球暖化之間的關係是線性的，在這樣的設想下，當一個數字上升時，另一個也會直接按比例上升——但我們還不知道會不會一直這樣。可能會出現某種未來才發揮作用的回饋循環，讓這條線向上或向下彎成曲線。然而在我的一生中，始終都是線性進展。

我們確實知道的是，如果不是過去把碳排放量翻倍、翻倍、再翻倍，如今就不會見到目前經歷的這種氣溫變化。那樣的翻倍必須仰賴不可思議的堅持不懈，要不顧一切地想生產更多的貨品才辦得到，或者至少我們之中的一小部分人得想這麼做才行。我們必須願意坐在一英里又一英里的車陣中，而其中的一小群人得想要頻繁地搭乘那麼多次飛機，才能讓空中塞滿往返四方的飛機。我們用負債、用借來的投資、用分期付款買下的車、用信用卡買的假期來推動一切。這一切背後的終極驅動

力就是貪婪，尤其是那種藉由投資自己的財富——借東西給其他人、提供人們飛往海外或買車的手段和錢，後來又花費鉅資遊說政治人物，避免興建公共運輸系統、避免鼓勵人們留在當地度假來卡好位子，最快變得最有錢的那種人的貪婪。

　　所以，我們怎麼有辦法把添進地球大氣層的人造二氧化碳加倍？怎麼有辦法在1955年至1976年間，藉由工業和燃料用途排放出那麼大量的二氧化碳？我們到底是怎麼把必須燃燒那麼多煤炭、石油、天然氣才能產出的東西的產量擴大成這樣，以至於在短短二十一年裡添加的排放量，就等於除去那二十一年以外過往人類（有記載和估計的）歷史合計的添加排放量？要得到這些問題的答案，我們必須查看生產線和油井的發展，但也要觀察用來把任何只要能賺錢就好的行為正當化的自由市場意識形態。

　　我們發現（過去以為是）大量的石油儲量，就能為更多電廠、工業、運輸提供燃料：多上那麼多，快到不能再快。機械化挖煤讓人得以用過去都不敢想像的高速，耗盡一條條在萬古中逐漸壓實成形的儲碳地質層。興建瓦斯槽、鋪設大型管線之後，煤氣（以及後來的天然氣）的輸送和儲存，就成為經濟合理且技術可行的事。從此，數百萬隔熱不良的房屋和辦公室就能以天然氣加熱，前提是天然氣供應依舊充足。

　　排放到大氣層的碳會如此急遽增加，幾乎完全要歸因於世界最富裕國家裡那些人的活動。第一個如此完善加熱的是我們的住家，首先讓一輛車，後來讓兩輛車那麼經常（然後現在那麼普遍地）停在上面的，是我們的私人車道（譯注：是指從自家車庫通往馬路的短短車道，意指車庫外開始多出一輛或兩輛車）；開始習以為常地期待擁有越來越多新東

西，並期待能丟棄尚未損壞舊東西的，也是我們；最先開始那麼大批一起飛到陽光充沛的地方度假的，也是我們，燃燒一切碳的並不是世界上窮苦人口的成長。

1961年，世界上生產的1,140萬輛車中，幾乎有一半是在美國生產的。整個1960年代，該國國內的產量增加55%，即使其他地方的產量開始以更快的速度成長。到了1971年，全球一年生產的車輛達到2,650萬輛，而那些1961年從生產線上組裝的第一批車輛，過了十年幾乎都還在某處的路上；持續使用這些車所製造的二氧化碳，遠多於當初生產過程產生的二氧化碳。

到了1971年，美國在全球車輛生產中占的比例已下滑到略多於三分之一，或者一年860萬輛，但年產量還是比十年前多200萬輛。1971年時德國生產380萬輛，比1961年多了一倍。日本生產370萬輛，跟1961年的總生產相比是十五倍。法國現在一年生產270萬輛，英國和義大利一年各自生產170萬輛，接著是俄羅斯，在1971年一年「僅僅」生產50萬輛。舉凡有人跟你說：「世界上有太多人而導致大氣層含碳加倍」，你大可讓對方知道，對汙染做出最多貢獻的國家列出來根本沒幾個。

當然，要為失控的二氧化碳負責的不只是車輛，建設高速公路也是，還有卡車及貨運量的成長，而提高肉類生產也會增加其他溫室氣體。此外，還包括和過往相比使用量多上太多的混凝土，生產1噸的水泥會產生1噸的二氧化碳，還有飛機及船隻。本來限量的奢侈品現在大量生產也是因素之一，還有流行、音樂、（用化石燃料製造的）黑膠唱片的成長；還有旅行團、自動咖啡機，和某些人想擁有熨褲機的想法。[14]在廣告對我們的反覆訴說下，上述這些貨品幾乎又全部被更新穎且想像中應該

更好的東西（而那又成為非得擁有的東西）所取代。此外，還包括新一類金融家的快速致富態度。一如往常地，包括可以負債；但是當我們發現定義錢的新方法，導致鈔票不再需要由黃金儲備支撐之後，現在的負債比以前要多上太多。美國在1973年正式廢除金本位制度，從那年10月開始，美元的浮動就徹底自由，讓負債爆炸性成長。教科書幾乎沒有警告我們接下來要發生什麼事，因為這種事以前從未發生──至少不曾像這樣發生。然而，最具時代象徵意義的還是汽車。在英國，首相柴契爾夫人於1986年表示，一個超過26歲還在搭公車的人就該算人生失敗──他應該開車才對。

　　到了1981年，全球的汽車產量再度上漲，但只是小幅上漲，來到全世界各地生產線一年產出2,740萬輛的數字。美國對車輛生產的貢獻（若不計車輛消耗的話），終於降了下來，1980年代初期，該國的產量不只是相對於別國顯得縮水，在絕對數字上也縮水了，來到一年630萬輛新車，明顯少於日本的700萬輛。德國的產量小幅下滑，但一年還是幾乎生產380萬輛車。同樣地，法國的產量也只是略微下滑到260萬輛。相較之下，俄羅斯的產量卻幾乎成長三倍，變成130萬輛；生產力次之的是義大利，但卻經歷一次26%的下滑，來到130萬輛生產量。但這實在比不上英國下滑45%，來到略少於100萬輛的情況，一年只比西班牙生產的數量多10萬輛，而該國生產量則在同一時間中成長89%。只是那樣的局部詳細數字對全球來說根本無足輕重；重要的是，那些都是富裕國家，所以到了1980年代還是它們在生產並消費全世界絕大部分的新車──並排放極大比例的碳進入更加汙染的大氣層中。

　　近幾個世紀排放到大氣層的人為碳，幾乎都是由美國、歐洲和日本

進行的活動造成的。碳可能是從中東油田抽取出來，可能有比以前多一些的人在非洲開車，但那些車輛也幾乎都是由富裕國家的人所製造，而駕駛全世界絕大多數汽車的也是這些國家的人。全球汙染的加速仍然是由購買力，而不是人數所主宰。居住在富裕國家的人口占全世界人口的比例正快速下滑，但隨著越來越多人開車，他們占的汙染比例還是在上升，許多家庭現在都有兩輛車。

到了1991年，全球年度汽車產量再度上升，來到一年3,530萬輛車。隨著生產越來越往海外轉移，美國占的比率下跌到總量的四分之一以下。日本仍排名第一，其次是美國，德國第三，法國第四，但西班牙現在排名第五，遠高於英國。南韓這名新競爭者擠進第九名，旁邊還有一個徹底遭受忽視的中國；後者在1991年僅登記生產81,000輛車，而讓自己首度擠進排名，在全球名次中排到第二十六。

再往前拉近十年，來到2001年。到了那時候，一年製造的新車有4,010萬輛，大部分都在日本，然後是德國，只有12%的汽車是第三名的美國製造的，第四名是法國，第五名則是南韓；巴西上升到第八名；墨西哥是第十三名，中國是第十四名，印度則是第十五名。終於，在汙染成長達到最高速率的很久以後，世界上總算有一些人口最多的國家進入工業生產和汙染的排名最底層。

再向前跳十年，到了2011年，一年生產的新車為5,200萬輛。其中五分之一是在中國生產，使中國成為目前最多產的國家，接著第二多是日本，再來是德國，而美國滑落到第四。南韓還是名列第五，但印度現在排名第六，而巴西位居第七。再向前跳五年，來到2016年，一年的新車來到5,660萬輛，而現在有將近四分之一的車來自中國，只有7%的車來

自美國,且只有3%的車來自英國。一直要到這段漫長期間的最末端,在最後的短短幾年中,才看到有哪個世界上人口最多的國家以車輛生產對全球二氧化碳汙染做出明顯貢獻,而且就算到了這時候,這些國家生產的車仍有太多是出口給人口較少的富裕國家。

圖15的全球化石燃料排放數字(歸因於工業、運輸、發電,以及保溫或烹飪等家用),是由對此進行估算的科學家在2018年12月5日時,以傳統圖表加上誤差帶的形式對世界發布。[15]最末端的上升塗上紅色而顯得特別急遽,儘管應該留意最後一年的數據是暫定的。該圖發布時連2018年都還沒過完。

我們很難看出,趨勢上升較少(甚至下滑)的那一刻及趨勢加速的其他時刻,會不會出現任何特定的模式;如果像圖15那樣呈現時間趨勢,就更難看出來了。[16]包含這張傳統圖表的完整文件及相關的資料集,都可以透過開放取用獲得。[17]本章這一部分到目前為止展示的所有趨勢,都是出自這份數據,這全都是同一份數據,只是以不同的方式來看。把圖15和圖16比對看看;後者也展示同樣數據,但是以本書慣用的方式畫出,並標明幾場關鍵的世界氣候變遷會議。

## 衰退、蕭條、工業和碳

全球二氧化碳汙染成長到一年371億噸的年代,就是我們這個年代。那個年代就算包含不了任一位本書讀者的一輩子,也幾乎包含大半輩子。一旦知道我們如何一步步提高生產和汙染,你會問的下一個問題就是:我們要怎麼快速讓它再度減少?要回答這個問題,你可以在最近期

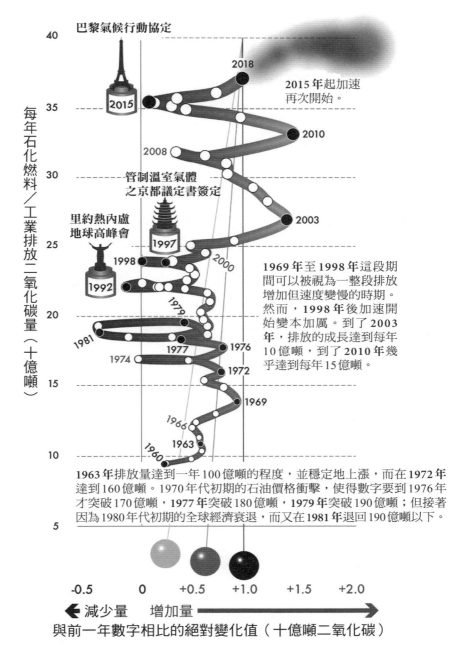

**每年石化燃料／工業排放二氧化碳量（十億噸）**

40 — 巴黎氣候行動協定

**2018**

2015年起加速
再次開始。

35 — **2015**

**2010**

2008 —

30 — 管制溫室氣體
之京都議定書簽定

里約熱內盧
地球高峰會

**2003**

25 — **1997**

1998 —

**1992**

1969 年至 1998 年這段期
間可以被視為一整段排放
增加但速度變慢的時期。
然而，1998 年後加速開
始變本加厲。到了 2003
年，排放的成長達到每年
10 億噸，到了 2010 年幾
乎達到每年 15 億噸。

2000

1979

20 —

1981

1977

**1976**

1974

**1972**

15 —

**1969**

1966

10 — 1963

1960

1963 年排放量達到一年 100 億噸的程度，並穩定地上漲，而在 1972 年
達到 160 億噸。1970 年代初期的石油價格衝擊，使得數字要到 1976 年
才突破 170 億噸，1977 年突破 180 億噸，1979 年突破 190 億噸；但接著
因為 1980 年代初期的全球經濟衰退，而又在 1981 年退回 190 億噸以下。

5 —

-0.5　　0　　+0.5　　+1.0　　+1.5　　+2.0

◀ 減少量　　增加量 ▶
與前一年數字相比的絕對變化值（十億噸二氧化碳）

**圖16　全球燃料／工業用途二氧化碳排放量，1960 年～2018 年（時間線）。**
〔取自全球碳計畫，「2018 年全球碳預算補充數據」（1.0 版），https://doi.
org/10.18160/gcp-2018 的數據並經過調整。〕

的全世界碳汙染總量變動中找到最好的一個提示。

如果有「條件一致」這種東西，圖16中1960年至2018年間因工業及其他化石燃料用途產生二氧化碳排放量在時間線上的波動，要用什麼解釋呢？1960年代，排放物總量年年都在成長。在這些年中，有一半的年分連增加量都比前一年多。到了1970年，二氧化碳排放達到驚人的一年150億公噸之高，而僅僅十年前也不過就100億公噸而已。接著一場趨緩隨之到來，而到了1974年的碳排放公噸數比前一年低，這是很多年來的第一次。到了1976年，看起來彷彿是生意又一如往常地回來了，但是接下來1980年代初期的經濟蕭條又引發工業及化石燃料排放的全球下滑。不只在1980年，1981年和1982年也是如此。

當時就對「碳排放成長可能會累積成大麻煩」略知一二的極少數人中，有一些人（如果這些估計數據當時就可以取得）可能會因為彷彿看見一個像是減速的東西，從1969年左右開始，並在1980年看起來很穩定，而鬆了一口氣。然而，1980年代晚期的統計數字會碾碎這樣的樂觀。1992年的排放量下滑或許能重新喚起樂觀，但那只是和1990年代初期的全球經濟衰退有關，而那場衰退很快就過了。全球上揚走勢於1998年發生的最後一次間斷，和前一年的油價上漲到略多於一桶40美元有關，然後油價又在緊接著的1999年下跌到第二次世界大戰剛結束以來的最低價格。

當油價上漲時，汽車公司就會減少產量，因此1998年全球只生產3,730萬輛新車——前一年有3,850萬輛。接著汽車產量又恢復了，1999年來到在3,880萬輛，2000年又達到4,070萬輛。這個紀錄到了2001年因為網際網路泡沫（及相關的小規模信用緊縮）而短暫下滑，同時排放量

表4　全世界汽車產量（百萬）及各國產量所占比例，1961年至2016年

| | 1961年 | 1971年 | 1981年 | 1991年 | 2001年 | 2011年 | 2016年 |
|---|---|---|---|---|---|---|---|
| 全球車數 | 11.4 | 26.5 | 27.4 | 35.3 | 40.1 | 52.0 | 56.6 |
| 中國 | 0% | 0% | 0% | 0% | 2% | 19% | 23% |
| 日本 | 2% | 14% | 25% | 28% | 20% | 14% | 14% |
| 德國 | 16% | 14% | 14% | 13% | 13% | 11% | 10% |
| 美國 | 48% | 32% | 23% | 15% | 12% | 6% | 7% |
| 印度 | 0% | 0% | 0% | 1% | 1% | 5% | 5% |
| 西班牙 | 0% | 2% | 3% | 6% | 6% | 4% | 4% |
| 南韓 | 0% | 0% | 0% | 3% | 6% | 6% | 4% |
| 墨西哥 | 0% | 1% | 1% | 2% | 2% | 3% | 4% |
| 巴西 | 1% | 1% | 1% | 2% | 4% | 4% | 3% |
| 英國 | 9% | 7% | 3% | 4% | 4% | 3% | 3% |
| 其他 | 23% | 29% | 28% | 27% | 30% | 26% | 23% |

資料來源：Bureau of Transportation Statistics, *World Motor Vehicle Production, Selected Countries* (Washington, DC: U.S. Department of Transportation, 2017)，2019年9月9日存取，https://www.bts.gov/content/world-motor-vehicle-production-selected-countries。

也短暫地停止；然而，汽車產量又在2002年恢復元氣，來到4,120萬輛，並於2013年達到4,170萬輛後再度放慢，但隨後立刻就因為全球經濟崩盤，而先在2008年大幅滑落，隨後到了2009年更是急遽下墜。最近期的產量再度恢復，直到2015年下滑，接著再度上揚。車輛生產在工業及其他化石燃料相關的所有排放量中只占極小一部分，但很有趣的是，它往往和整體排放趨勢同步興衰。

　　注意一下，在這麼短的時間內可以發生多大的變化。表4顯示，在僅

僅十五年內，中國是怎麼從幾乎不生產汽車，變成占全球車產量四分之一；顯示美國的市占率從戰後一路大幅損失到2011年，其後可能正在恢復穩定；也顯示英國的汽車工業從全球9%下滑到3%，1961年還明顯高過德國的一半，如今卻下跌到三分之一不到。此外，它可能顯示新車生產增加率出現整體趨緩。1960年代發生的成長率和絕對增加值還沒有被超越，但在快速暖化的世界裡，當前就算這樣也於事無補。

　　2018年10月8日，政府間氣候變化專門委員會（Intergovernmental Panel on Climate Change, IPCC）發布一份關於全球暖化的特別報告。[18] 這份報告確認，如果排放到大氣層的碳可以低於4,200億噸二氧化碳，就有66%的機會可以讓全球溫度的上升低於攝氏1.5度。按照目前的排放速率，這個數字會在2030年突破。如果排放速率像2015年以來那樣持續增加，就會更早突破這個界限。反過來說，如果現在採取行動，突破界限的日期就可以延緩。這個界限不太可能不被突破，儘管從2018年這份報告發布以來，先是一個，然後是幾百、幾千、全世界數萬名的學童都開始定期抗議——要求展開行動。或許我們現在不該像當初他們第一次以那種人數上街時那麼意外——畢竟損失最大的是他們。正如我在2019年秋天寫的，氣候和生態的相關抗議是少數沒有趨緩的事情——就跟全球地表溫度上升一樣。

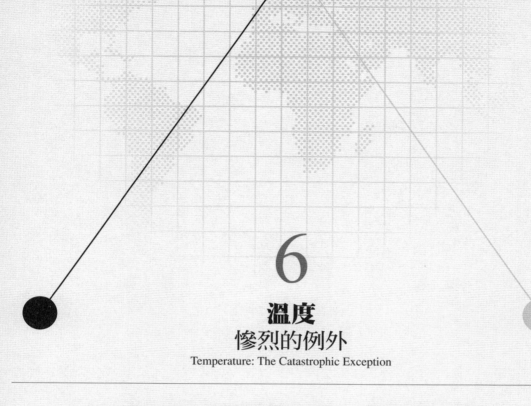

# 6

## 溫度
### 慘烈的例外
Temperature: The Catastrophic Exception

現在就算全世界成功削減溫室氣體排放，也無法避免北極出
現可能很有破壞力的攝氏 3 度至 5 度急遽升溫。

聯合國環境署（UN Environment Programme），奈洛比，2019 年 3 月 13 日

**SLOWDOWN**

幾乎一切都在趨緩，除了一件事以外：我們周遭的溫度上升。即便是二氧化碳排放，就算排放總量沒有減少，成長率（在大多數人自身記憶裡的某些年和某些地方）還是慢了下來。大部分我們覺得還在加速的東西，就算本身尚未真正減慢，（至少）加速也正在減緩。一如前幾章所呈現的，包括我們累積的有用情報；我們承擔的負債大小；我們購買的書本數量〔事實上，幾乎所有現在購買東西的（重）量，現在通常都比幾年前少〕；而且最重要的是，我們擁有的孩子數量。但溫度還在持續上升。

全球氣溫似乎和我們排入大氣層的量直接成正比，如果想要氣溫停止上升，就迫切需要來到排入不再高於自然排除的那個時間點——而且需要很快做到這一點。我們現在距離達到那一刻還很遠。然而，在你做出「別的事情都無足輕重，而且人類生活中的其他趨緩都不重要」的結論前，先想想我們在這麼短的時間內於溫度和氣候方面增進多麼大量的知識；想想我們在近期以前，還不了解哪件事到頭來才是真正最重要的實情。本章就是關於溫度與人類學習、思考、適應的實情。

要**真正地**學會事情，需要花上一整個世代。在你的一生中，大半都會相信在學校學到的事物。一切的知識就正好逮到人一生中最恰巧的時機，而能沉入腦海中，固著在那裡。你當然可以嘗試更新知識；可以看本書這類的書籍，但你最後會接受還是反對本書寫的大部分東西，不是只看書裡文字的可信度有多高，也一樣要看年輕時別人教你該相信什麼（就這一點來說，其他的書也一樣），我們的思路就是這樣定型的。

我們的思路大半在童年時就定型了。在人類大半的歷史中，趁人年紀還小就透過觀察和指引來教他，是非常有效率的。近幾個世代的一輩

子裡出現非常巨大的轉變。在那之前，一個人一生內不會有什麼大變化
——會有戰爭和其他災難，但進步幅度很小。儘管在大加速之前，我們
都未能讓大部分的孩子上學，但小時候從周遭大人學到的事情，在接下
來一生中通常都有用且正確。

　　推行全民學校教育是大加速的一部分，但即便那樣也跟不上改變的
速度；學校教孩子的，通常是在孩子日後人生中沒多久就將證明不是實
情的東西。（1980年代，我在英格蘭的學校時，他們教我冰河時期遲來
了。）不幸地，當所知事物急速改變時，「年長大人知道的消息就夠孩子
需要」的想法已經不管用了，會從根本改變事物的將是今日的孩子。有
趣的問題是，孩子會有多快就達成這個結果。

　　前一章只關注排放，而不是排放的效應。較久以前的早期歐洲工業
化過量排放確實會有累積效應，但這些由第一批工業活動排放的小量二
氧化碳，後來會被海洋吸收，並透過陸上植物持續進行的生命週期循環
而減輕。人為二氧化碳排放僅僅在近幾十年才急遽增加，但我們汙染大
氣的歷程當然長上許多。汙染增加的最嚴重效應，預期會在汙染量最初
開始上升的許久之後才到來。因此，當前大眾和政壇才會針對氣候變遷
展開這麼廣泛的爭辯，因為我們已經把那麼大量的碳排入大氣層，但到
最近數十年才發覺可能有非常嚴重的長期效應，同時也發現並沒有什麼
簡單的方法來快速回復已經造成的損害。

　　以前氣候變遷就曾改變政治。在遙遠的過去，短期氣候變化有時候
會導致數年歉收。連續好幾年的嚴重歉收常常起因於特大型火山爆發，
就像1883年喀拉卡托火山；也可能起因於其他一些非常罕見的自然事
件，好比說小行星撞擊地球，導致範圍廣大的森林大火。有人認為，短

期氣候變遷是觸發政治動盪，進而改變社會的關鍵導火線，其中最為人所知的政治動盪，就是法國大革命。[1] 人類引起的氣候變遷是否能在不遠的未來產生類似效果？

當麵包或米的價格上漲、食物供應的可靠度動搖、未來穩定狀態的承諾似乎不保——那時候信任就會消失，忠誠也會變節。當前各國政府之所以會對天候更難預測的快速暖化世界感到擔憂，部分是因為目前對現狀這種程度的威脅，有可能讓它們的前途脫軌。〔而許多政治人物（但絕非所有政治人物）真的很在乎這件事。〕然而，因為各種改變不會集中發生在幾年間，所以政治人物會比較關注其他更迫切要緊的事。此外，大部分的政治人物屬於學校沒教全球暖化的那個世代，全球暖化不是他們這輩子曾經察覺到的事。

過去不下雨時，別人會說我們觸怒了神。如果旱期持續，我們就會祈求新的神。後來時節不好時，我們會推翻那些說他們具有某種神授君權，所以能統治我們的國王、王后、沙皇和其他獨裁者。最近，當我們選出的領袖和他們的經濟學家說一切都會平安無事，但服侍新神的教士，也就是科學家說並非如此時，我們會開始提出質疑。好消息是，因為其他所有的事幾乎都在趨緩，所以我們應該較能專注在氣候變遷上。

## 溫度計的發明

人們過去認為溫度是主觀的，就跟幸福一樣。後來溫度計就發明出來了。我們第一次製造出準確的溫度計後，才進入有實際溫度紀錄的時期，但是也有替代方法可以量出過去兩千年的合理紀錄。要到非常近

期，人們才把很久以前的全球溫度和二氧化碳量準確連結起來。[2] 2007年的政府間氣候變化專門委員會第四次評估報告做出的結論是：「二十世紀後半的北半球平均溫度**可能**高於過去五百年中的任五十年平均值，也**很有可能**是至少過去一千三百年來的最高溫」（有標出重點）。[3] 史前氣候學的科學現在產生回推至五億年前的全球氣溫圖。但不過幾個世代以前，我們連溫度多少都還不知道！

　　加布里爾・華倫海特（Gabriel Fahrenheit）於1736年逝世，安德斯・攝爾修斯（Anders Celsius）則是在1744年過世。我們能準確得知溫度也不過兩百五十年，還要到1868年才開始為醫院病人做出可靠測量。開始在地球上許多地方測量溫度時，其實跟開始測量人體溫度時差不多。圖17就是在那個時間點上開始的，[4]它顯示由美國太空總署（U.S. National Aeronautics and Space Administration, NASA）發布，全球表面溫度每年平均變化的數據序列，並以五年為一期來撫平線條，好降低個別測量誤差和反常現象所帶來的效應。[5]

　　估計全球平均溫度有好幾種方法，和二氧化碳排放不同的是，沒有哪一種系統可以取得全球溫度絕對測量值。或許未來以衛星測量結合地表測量可以產生較好的測量結果，但目前以全球成千上萬個溫度計測量值來平均計算的平均全球溫度估計，仍是唯一的估計值。然而，現有的五花八門測量值全都產生一個非常類似的模式。如果不撫平的話，曲線在圖表上看起來會更不規則。[6]

　　我們差不多是同時開始用溫度計測量體溫（約攝氏37度）和地表的溫度（當時平均大約是攝氏15度），讓我們第一次了解到，人類的身體不過就是另一種動物的身體。我們曾經必須要在短短的時間內理解一大堆

東西，包括近期才了解到的，我們的經濟（現在是單一不可分割經濟網的一部分）從全球來看，是勢不可當地和一整串遍及全球的後果密切糾纏。地球的各個末稍，就跟我們身體的各個末稍一樣，往往比較冰冷且連接得不那麼緊密，但它們還是彼此依賴。

人類的歷史裡，一而再，再而三地有那麼些時刻，變化速度本身會增加，好比說植物被人馴化時、新宗教橫掃次大陸時，以及古老的瘟疫餘波使秩序從根本重整時，但從來沒有什麼比得上現在正經歷的事。最近，對事物浮現新理解及開啟新市場的速度都非常驚人。全球溫度計測量值激增的速度，小小聲地和這個現象相呼應；而且出於我們對理解周圍並嘗試（就算不是想控制，也是想）預測變化的著迷，我們已進行越來越多固定的溫度測量。

世界各地的人們在一天裡打開白色百葉箱（譯注：氣象測量箱）好幾次，閱讀裡面的溫度並加以記錄。這些所謂的史蒂文生式百葉箱是1860年代由湯瑪斯・史蒂文生（Thomas Stevenson）發明，他也是《金銀島》（*Treasure Island*）作者羅伯特・路易斯・史蒂文生的父親（Robert Louis Stevenson）。一開始，我們發現多年來氣溫沒有多大的變化，但接著有什麼改變了，一場加速正悄悄開始。

## 過去五個世代

全球溫度只有在過去五個世代內才明顯暖化。如果我們使用英國的出生紀錄來定義一個世代的長度（母親生產的平均年齡），就可以很方便地把過去五個世代的第一代，定義為從1901年至1928年間出生的人。[7]

他們誕生在一個陸地平均溫度只比第二代出生時低攝氏千分之四度的世界，基本上這個差別根本察覺不出來。在這種情況下，你甚至可以想像地球正在變冷，而一場冰河時期正極其緩慢地來臨。一個世代以後，還真的有不少人這樣想。

第二個世代（於1929年至1955年間出生）經歷的溫度，只比第三世代低攝氏千分之五度。我們會稱第三組人為「X世代」，因為別人都這麼稱呼：他們是出生於1956年至1981年間的世代。[8]我正好出生在X世代的中間。對我及其他任何同代人來說，世界都比父母那時來得溫暖，但就差那麼一點而已。

連續冰期和間冰期這類想法流傳開來，是在X世代出生的那些年間。當時人們才剛算出地球軌道和地球微微改變的角度怎麼導致連續間冰期出現。[9]我們目前正處於一個間冰期，而且若是其他所有條件相同的話，地球就應該越來越冷。但是接下來，正當這個知識在地球上開始普及時，事情有了變化：其他所有條件根本就**不**相同。

第四個世代是出生於1982年至2011年的Y世代，經歷的是比前面三個世代都要高三倍的溫度上升：攝氏千分之十五度（實在是太難察覺了）。接著第五代，也就是Z世代，在誕生僅僅頭五年裡又出現另一次三倍上漲，是第四個世代經歷的三倍大。可以預期到第五個世代的最後一批人出生，也就是2042年時，上漲的幅度會更高。然而，在策劃及撰寫本書時，有一個額外的數據點被加入下頁的圖17中，而加速又再度增加，儘管增加得非常少。

如果我們要評估變化，就得退開一步，用有別於平常的方式觀看時間。圖17顯示，上升趨勢直到相當晚近以前都有多難看出，但問題始終

是「接下來會讓我們最擔心的是什麼」，而不是「到目前為止發生了什麼事」。擔憂是關乎未來的事。我們對不久前的過去會擔心的，只有今日要如何詮釋它，至於遙遠的過去——不過就是歷史而已。然而，我們還是可以從「遙遠過去的人們選擇怎麼活命、自我組織、對待彼此」中獲益良多。

　　近年突然有許多人呼籲富裕國家減少消耗物品，儘管早在千年前就有「採取較簡單的生活」和「戒絕物質財富」這類懇求。英國經濟學家暨氣候顧問尼古拉‧史登（Nicolas Stern）對近期發現所做的解釋是，若要避免天災程度的氣候變遷，富裕國家從2015年開始就需要每年減少6%的物資生產和物資消耗。有人提議以禁止廣告來輔助達成目標，[10]但我們需要調整多少，還有多少改善已經開始進行了？我們必須面對的事實是，迫在眼前的全球大災難是前面近幾代人（大半是無意間犯下）的錯。但我們真的有多了解發生什麼事嗎？

　　10億公噸的溫室氣體（Greenhouse Gas, GHG）等同於2.11億輛車一年排放的量，10億公噸也是1億戶美國家庭每年加熱供電所釋放的總量，氣體的量大到幾乎無法測量。根據這些統計數字的來源，巨型零售公司沃爾瑪（Walmart）所言，該公司會強迫供應商在2030年把溫室氣體的排放量減少10億公噸，或是加州一年排放量的三倍。[11]根據沃爾瑪宣布這項承諾的海報所言，10億公噸的溫室氣體就等於600萬頭藍鯨的質量，或者1億頭雄非洲象的質量。

　　如果單看二氧化碳，平均每個美國人的消費及旅遊行為一年會排放大約17公噸二氧化碳。若以2017年美國人口約3.23億來計算，總排放量大約就是55億公噸。再多做一點算數，你就可以知道55億×6 = 3,300萬

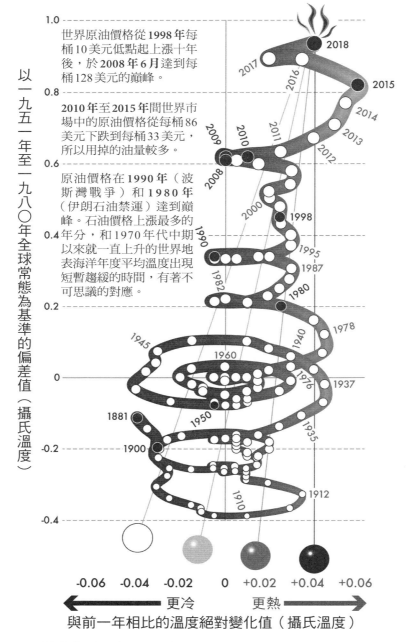

圖17　世界地表海洋年度平均溫度，1881年～2018年。（美國太空總署戈達德太空研究所，GISTEMP v4 2019，「以陸地及海洋數據為基礎之全球平均估計」，2019年9月19日存取，https://data.giss.nasa.gov/gistemp/graphs/graph_data/Global_Mean_Estimates_based_on_Land_and_Ocean_Data/graph.csv。）

頭藍鯨，也就是每個美國人一年開車、搭飛機、過量消費、調節家中溫度等，所造成的碳汙染等於十分之一頭藍鯨，或者說每個美國人每年製造幾乎兩頭非洲象。沃爾瑪的海報略過而沒有告訴我們的是，該公司本身（而不只是它的供應商）當前排放多少10億公噸的氣體。

表5顯示由2018年（現有數據最近年分）收益來排名的世界最大公司，它們都直接涉及生產石油或天然氣、製造使用汽油的車、興建備有特大號停車場、讓你可以把汽油車開進去的大超市（好比說沃爾瑪）並加以營運，或是「聯合航空（United Airlines）和達美航空（Delta Air Lines）的最大持股者，或西南航空（Southwest Airlines）和美國航空（American Airlines）的前三大持股者」〔好比說華倫・巴菲特（Warren Buffet）經營的波克夏海瑟威（Berkshire Hathaway）控股公司〕，而且持股還不限於此。[12]

# 2018年比平常高1度

圖17的時間線顯示一般普遍認為是地球大氣二氧化碳汙染持續上升所產生的效應，每年6月會在太平洋夏威夷島的一座高山上測量那種汙染。要估計地球平均溫度及溫度如何改變都會比這難上許多，因為溫度不會像氣體一樣平均擴散。溫度不只日夜差異極大，又受天氣影響，整年四季有所不同，而且每個地方、不同高度、在陸地上和空中都不一樣。有各種不同的方法可以估計近幾年或幾十年的平均溫度變了多少。這些不同的方法都會拿估計值去比對平均底線，但不同的方法會有不同的底線，隨時間過去，底線也會不同。如果你已經頭昏的話，你並不孤單。

表5　2018年世界十大公司，以收益排行

| 公司 | 產業別 | 收益（百萬美元） | 國家 |
|------|--------|------------------|------|
| 沃爾瑪 | 零售 | 514,430 | 美國 |
| 國家電網（State Grid） | 電力 | 363,125 | 中國 |
| 中國石化 | 石油天然氣 | 326,953 | 中國 |
| 中國石油集團 | 石油天然氣 | 326,008 | 中國 |
| 荷蘭皇家殼牌（Royal Dutch Shell） | 石油天然氣 | 311,870 | 荷蘭／英國 |
| 豐田（Toyota） | 汽車 | 265,172 | 日本 |
| 福斯（Volkswagen） | 汽車 | 260,028 | 德國 |
| BP〔舊稱英國石油（British Petroleum）〕 | 石油天然氣 | 244,582 | 英國 |
| 埃克森美孚（Exxon Mobil） | 石油天然氣 | 244,363 | 美國 |
| 波克夏海瑟威 | 金融 | 242,137 | 美國 |

資料來源："List of Largest Companies by Revenue," *Wikipedia*，2019年4月22日存取，https://en.wikipedia.org/wiki/List_of_largest_companies_by_revenue。

　　圖17至圖19及另一張傳統圖表（圖20）呈現由不同科學家團體算出的三種全球溫度變化估計值。他們主張的看法都一樣：地球正在快速暖化。他們各自主張的暖化量有所差異，對於氣溫上升和下降的確切時間點也有不同看法。會有這種差異的理由，有一小部分是因為每個案例中都使用不同的撫平技術，可能是原本的數據產生方所為，也可能是我為了產生較清晰的圖片而做。就本書脈絡來說，這些數字全都非常不尋常，因為它們全都表明近期出現加速狀態。

　　圖17裡，幾乎1990年之後的一切都在右邊，總是年年上升。增加這個行為本身也在增加、加速，也因此時間線越來越向右偏，因而氣候變遷是當前最大的憂慮。前面提到，這些圖表需要高品質數據。圖17和圖18的數據品質很高，但只能從位於陸地上孤立偏遠地帶的溫度計取得，而那些溫度計往往集中在比較富裕的國家。

　　在海上設置的氣象站較少，而在地球最寒冷地帶的就更少了。圖17中線條抖動不停的特質，可能大半是氣溫測量地的局部地區因素或短期時間內的因素，或者火山爆發。聖嬰現象（El Niño）對太平洋風態模式產生的效應、經濟蕭條的效應，或者世界大戰剛結束後的效應，都可以暫時緩和汙染產生量。要讓手上的測量值發揮最大效用，就必須權衡個別結果，來對世界整體平均溫度產生最接近的猜測。

　　計算全球平均溫度之後（見圖17），「原油價格隨時間的變化」和「全球溫度上升的快或慢」之間似乎就浮現一個可能相關性。[13]用來建構圖17的數據，是來自美國太空總署戈達德太空研究所（Goddard Institute for Space Studies, GISS）。這裡使用的數據，是這些組織產出的「年度陸地─海洋溫度指數」（Land-Ocean Temperature Index）的「局部加權回歸」（Locally Weighted Scatterplot Smoothing, LOWESS）五年平滑估計值。如果回頭去看資料來源，你會發現更多細節，也會看出這是一個只包含大洋（也就是那些全年無冰海洋）的平均值。這裡的重點是，這就是最常發布給世界的那套時間序列；在這裡只是同一數據以一種有別於傳統圖形的方式呈現在這條時間線上。

　　在此需要再度重申──尤其是向任何一個不耐煩而跳到中間，而不是從本書第一章開始看的人重申，圖17中被我稱為時間線的圖表，使用

了社會科學中非常罕見的技術：它同時同步地畫出「變化」及「變化本身的速度」兩者隨時間的改變。當年度溫度起伏為下滑時，時間線會向左擺，而當它上升時會向右擺；擺多遠則要看變化率而定。時間線任何一點的高度顯示的是那個時間的平均溫度。數據經過平滑處理，好更清楚展示整體變化。即便有鑑於此，時間序列資料的品質還是得高，才能讓這個技術生效；不然就會得到假的擺動。另外，本圖也一再使用某點的前一點和後一點的平均值，來進一步平滑處理線條，而不是在每個時間點上使用該點的確切數據，這就減少許多太急遽的曲折。

　　圖17凸顯全球陸地和大洋的平均溫度現在正比1950年至1980年平均值再高1度。事實上，在本書發行前，溫度應該早就超越那個點了。但時間線也顯示，兩次世界大戰及其他大事件可能緩和人類引發的氣候變遷，包括1970年代油價飆升，導致燃燒石油產量降低與新排放量較少（如前面所提，和更先前的排放曲線有關），有段時間也導致溫度上升沒有那麼快。1990年代早期和2008年兩度發生的經濟衰退，可能是導致那些年溫度沒有上升的原因——只能說或許。你看了這組圖形中的第一張之後，好像就很容易能猜到，但在試著講出實情之前，先看看接下來這兩張圖（圖18和圖19）。

　　有鑑於1980年代以前的全球溫度上升得有多慢，上升能被注意到就已經很不可思議了。有鑑於現在上升得這麼快，對這件事的關注程度僅僅如此也相當不可思議。或許這有點像是諺語裡那隻在鍋子裡慢慢加溫的青蛙，就像慢到讓牠無法察覺而來不及跳出去，因為太習慣別人告訴我們：世界正在微微地加溫，以至於在真的加熱到危險地步時，我們已經不那麼驚訝了。每次變遷都是這樣，發生沒多久，我們就習慣了。根

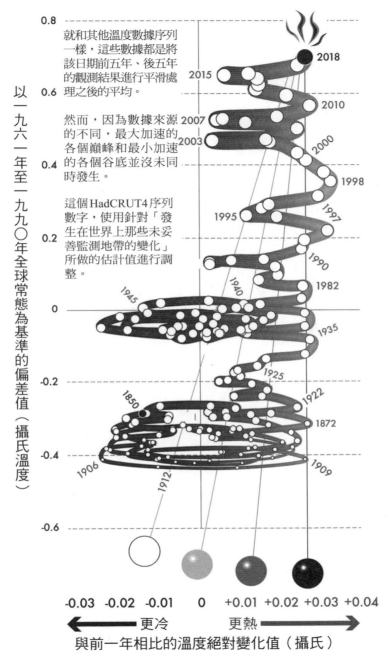

就和其他溫度數據序列一樣，這些數據都是將該日期前五年、後五年的觀測結果進行平滑處理之後的平均。

然而，因為數據來源的不同，最大加速的各個巔峰和最小加速的各個谷底並沒未同時發生。

這個HadCRUT4序列數字，使用針對「發生在世界上那些未妥善監測地帶的變化」所做的估計值進行調整。

以一九六一年至一九九〇年全球常態為基準的偏差值（攝氏溫度）

-0.03　-0.02　-0.01　　0　　+0.01　+0.02　+0.03　+0.04

◀━━ 更冷　　　更熱 ━━▶

與前一年相比的溫度絕對變化值（攝氏）

圖18　世界地表海洋年度平均溫度，1850年～2018年。〔數據調整自考譚（Kevin Cowtan）與威（Robert Way）的長期重建溫度序列（1850年至今）2.0版，2019年6月21日更新，並以HadCRUT4資料集修正偏差，該數據取自英國氣象局，http://www-users.york.ac.uk/~kdc3/papers/coverage2013/series.html。〕

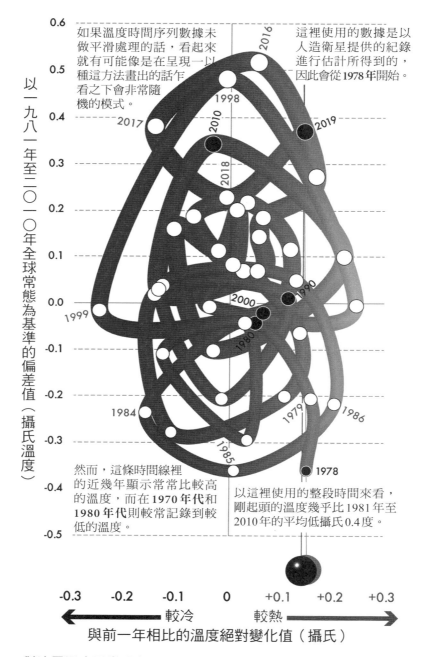

圖19 **對流層溫度反常現象**，1978年～2019年。（阿拉巴馬大學亨茨維爾分校，國家太空科技中心，UAH 6.0版衛星溫度資料集，全球氣溫報告第6版，低端對流層數據，2018年12月更新，https://www.nsstc.uah.edu/data/msu/v6.0/tlt/uahncdc_lt_6.0.txt。）

據美國太空總署的數據序列，全球溫度的下降最後一次達到能被人感知的程度，已經是1969年的事。後來1981年和1990年也有降溫，但那已不是可以感知的程度。

2011年之後的幾年需要特別提及，那些年真的很不可思議。進入這段時期沒多久，否定氣候變遷的人就開始變得安靜。2008年金融危機之後，世界仍陷入1930年代以來最大的經濟蕭條──事實上，它甚至比知名的大蕭條（Great Depression）還嚴重──然而，這起事件看起來對氣溫上升毫無影響，很顯然能說一點也不影響。我們是否在2008年達到一個階段，在那個階段裡，大氣層的溫室氣體含量（而且還有更多的二氧化碳正繼續排放到大氣中），已經高到連經濟衰退引發的排放量微幅波動，都不再對一年溫度上升量有什麼影響了呢？

到了2016年初，全球溫度看起來彷彿很快就要徹底失控。目前海平面大約比兩萬年前高出130公尺。自從1880年以來，海平面已經升高23公分，目前每十年就上升超過3公分。越來越多的極端氣候事件，把每一次海平面上升的嚴重性又加以放大。冰帽和冰河的全面融解都可能讓海平面再上升數十公尺。對大多數人來說，光1公尺就已經是嚴重災難。我們是否因為早就已經發生的改變，而進入非常危險的「正回饋」時期？至少，我們應該感到害怕才對。

接下來，總算還是有一點希望。2016年的溫度上升並不像2015年那麼快，或許我們還沒有進入人類的死亡螺旋？然而，除了人為二氧化碳與所有溫室氣體之外，還有相當多的事物會影響全球溫度，好比說森林砍伐、永凍土融冰，以及全球牲畜飼養，包括10億頭牛和10億頭羊，接著還有海洋進行的氣體吸收，以及深海某種程度上（但還不確定多大程

度）的散熱效果，再加上反射太陽能量的冰帽〔這個反射過程稱作「反照效應」（Albedo Effect）〕總體積縮小而產生的效果，你就可以開始再度轉為絕望。以上這些因素在更久遠的未來會有什麼作用，目前仍不確定，儘管已經為此寫了大量書籍和科學論文，全世界各地也有數量史無前例（但不再加速）、正在進行中的科學研究，但答案目前就是仍不確定。

　　當然，爭議還是很多。下一段時間線，圖18使用不同的數據序列。這一串是由英國約克大學（University of York）的凱文・考譚（Kevin Cowtan）和羅伯特・威（Robert Way）建構，是針對英國氣象局「哈德雷中心／氣候研究中心溫度第4版更新」（HadCRUT4，全稱為Hadley Centre/Climatic Research Unit Temperature）在1850年至2017年溫度紀錄的特別修正。[14]英國氣象局的溫度紀錄，是根據排除極區的數據所留下的紀錄，且僅僅覆蓋全球六分之五範圍。數據經修正後包含整個地球，其展示的紀錄和上一條時間線裡的紀錄非常相似——除了現在沒有任何跡象顯示2016年和2017年有任何減速。僅存的一絲希望就這樣不見了。

　　圖18的時間線比圖17早一點開始。它主張1850年至1922年這段期間有著小量的系統性變化，而第一次世界大戰或後來1918年至1919年間流感大流行造成的更嚴重短暫工業生產減少，兩者不管有什麼貢獻，對於更宏觀的結構來說真的都沒有多大影響。反而是到了1922年，才有明顯的改變，但如果你只看圖17的時間線，就不會做出這種結論。

　　如圖18的作者所指出的：「傳統上來說，氣候科學家是會長期觀察氣候——三十年或三十年以上。然而，媒體和大眾對短期趨勢的興趣，卻專注於過去十五、六年。短期趨勢比長期複雜太多，因為許多長期下

來會被抵銷的因素，在短期內卻會造成影響。要解讀十六年趨勢，就有必要把所有這些因素都計算，包括火山、太陽週期、遠東的顆粒狀排放物和海洋循環的改變。這份論文提出的偏誤只是整個拼圖中的一片，雖然是頗大的一片。」[15]

圖17和圖18都會冒出的一個問題是：1978年之後發生了什麼事？為什麼溫度似乎從那個時間點之後就真正失控了？如果回頭看圖16排放量的紀錄，可以看到1978年前面有一個增加是大到不尋常。接著溫度在1980年代初期經濟衰退期間短暫停頓後，繼續一升再升。近數十年來並沒有不尋常的大型火山爆發；太陽（黑子的）週期也沒有特別異常；東南亞是不時有巨大的森林火災可能造成特定影響，但除了我們現在已經習慣的海洋循環週期變化之外，並未發現海洋還有什麼特殊的巨大變化。

對此，我們可以相當確信的一件事情是，從1970年代晚期開始，許多人的行為大幅改變了。如果你把全球社會和經濟立基於一直增加的消費主義（幾乎每門生意的夢想），以及一直增加的負債（許多放貸者較喜歡稱為投資）上，且如果盡快致富被當成一個人最值得讚賞的行為，接著會發生什麼事？變得更有錢的最保險方式，就是藉由燃燒化石燃料，使用更多能源，製造更多的東西，尤其是車子這種又會噴湧出更多二氧化碳的東西，你幾乎就會以竭盡所能地以最高速度增加大氣層裡的溫室氣體。我們知道這會導致全球暖化，而前因後果之間的時間間隔實在不怎麼長。

這兩條時間線到了某一刻都會回頭跨越垂直軸，如果你現在還很年輕，就很有可能發生在你有生之年。我們必須期待的是，它在跨過垂直軸之前不要已經上升太高。因為時間線上升到哪裡，大半取決於我們，

而確保最後一場大加速能盡快結束，也是我們的責任。

## 氣候變遷懷疑論者

> 我們是第一個知道自己正在毀滅地球的世代，也是最後一
> 個還能做些什麼的世代。
>
> ——譚雅·斯蒂爾（Tanya Steele），世界自然基金會
> （World Wildlife Fund）執行長[16]

有些人極度懷疑「我們正在摧毀自己所仰賴的生態系統」這種主張，他們提倡使用其他（他們主張）並未顯示有這種無可爭辯之暖化的數據序列。本書使用的第三個，也是最後一個溫度估計資料集，是阿拉巴馬大學亨茨維爾分校（University of Alabama in Huntsville, UAH）溫度資料集的6.0版，呈現在圖19中，指出比前面兩個序列更大的波動是依據以衛星影像為資料來源所得到的全球每月氣溫估計。（要留意這個數據序列僅僅從1978年人造衛星第一次送回適當數據時才開始記錄。）

第三個數據序列看起來和前面幾個很不一樣——而用來建構這個序列的資料來源也相當不同，這裡使用來自美國國家海洋暨大氣總署（U.S. National Oceanic and Atmospheric Administration, NOAA）多顆衛星的資料，因為這些人造衛星攜帶測量輻射的儀器：專門測量大氣中氧氣的天然微波熱放射。阿拉巴馬大學（University of Alabama）的約翰·克里斯提（John Christy）和羅伊·史賓瑟（Roy Spencer）多次修訂計算後，產生目前的數據序列。這裡展示出來的計算是針對全球對流層低處年度平

均溫度（要留意它們並不像圖17和圖18那樣幾年地做平滑處理）。因為
人造衛星會慢慢地朝著地球靠近，導致它只能監控稍微小一點的地球表
面範圍，也因為新的人造衛星使用不同的儀器，也因為這兩個複雜問題
以外的諸多其他問題，所以數據必須做出修正。因為人們認為，能夠涵
蓋廣大地域面積的衛星數據比溫度計收集的數據來得更正確，所以它們
就沒有隨著時間做平滑處理。

　　時間線如果不是長期顯著趨勢，如果沒有幾年就撫平一些，如果數
據的品質很差，就會像圖19那樣一團亂。本章結尾的圖20用更傳統的方
式呈現一模一樣的數據，你或許可以做出一個結論，就是第三個數據序
列指出正在發生的事情，和圖17與圖18相比其實並沒有那麼大的差異。
這個數據只是抖動得更劇烈，但並未推翻現在廣為接納的結論，也就是
世界真的在暖化，而且大部分的加溫都發生在近期，而且（到目前為止）
完全沒有展現放慢的徵兆。

　　要留意到圖19呈現的一團亂中，較低的那幾年往往出現在1970年
代或1980年代，而比較晚近的幾年則在最頂端，在時間線中最溫暖的時
期；也要留意到，我們對比的基線換成非常晚近的1981年至2010年時
期，因為基線只能包含有衛星數據的年分。結果，1981年至2010年間平
均溫度高出基線的量（按照定義的話）是零。也要注意到全球溫度估計
發生在1997年至1999年間的不可思議起伏，那是實際狀況還是出錯？整
個地球真的在僅僅一年內幾乎增加攝氏0.5度，然後又在接下來十二個月
裡下滑一樣的量？利用人造衛星的原始資料，假設平均氣溫是複雜的代
理程序，值得注意的是，另一個研究團隊〔遙測系統（Remote Sensing
Systems）〕使用完全同樣的數據，卻計算出高上許多的溫度上升，與本

書前面幾條時間線所使用的地表溫度紀錄更加一致。然而，我在這裡使用阿拉巴馬大學的數字，並不是因為覺得它比較正確，而是因為這是氣候變遷懷疑論者常常習慣引用的數字。

　　過去十年的溫度上升，如今終結了這場爭辯。世界上知道這些議題的人，大部分在 2019 年初了解到，如果我們（這群只有一個地球的人）想要有機會避免增溫攝氏 1.5 度的話，從那時候算起就只有十二年的時間，把人為二氧化碳排放降低 50%。當時，政府間氣候變化專門委員會大可挑選不同數字的減碳目標，如果當時就這麼換了目標，人們就會變成很執著於其他長度的時期，而不是十二年，但傳達的訊息本身意義還是不變，我們排放的碳量和溫度上升之間的關聯現在已經呈現為線性關係。了解這件事及這件事的意義才是最重要的。

　　傳達的訊息是，如果我們現在，也就是 2019 年至 2020 年不開始著手的話，未來就必須以快上更多的速度集體遏止我們的排放，或者甚至用什麼辦法來達到負排放。到時候我們必須找到方法，讓送出大氣層的二氧化碳超過送進大氣層的二氧化碳。光是種樹很難輕易達到目標；它們成長太花時間，我們現在產生的碳又太多。但這一切並不代表，如果我們沒有在 2030 年左右達到排放量減半的目標就會注定完蛋。

　　就算全球平均氣溫上升超過攝氏 1.5 度，我們所知的世界也不會終結，但溫度再進一步增加，對地球和我們的傷害幾乎確定會非線性增加。我們不必等溫度上升到那個點才做出這樣的斷言，已經有足夠證據證明那種情況了。儘管 2018 年末設定的十二年目標拿來當口號既工整又好記，但這個年限其實只是講了就算，不能當成「有一個特定的最後期限，過了之後一切就都完了」，或是「在最後期限之前，我們可以不用那

麼擔心」。

　　有鑑於現在我們所知，以及情況正如此改變，我們得預期到了2100年，全球海平面平均高度會上升1到2公尺。聽起來或許不怎麼多，但對許多臨海都市來說會是毀滅性災難。因為暖化時海水會擴張，也因為極地冰融，我們現在知道，人為暖化最後一次上升時達到的溫度，可以確實預測較長期的海平面上升程度。現在人們認為，如果不把暖化限制在攝氏2度內，避開比這更高溫所造成的大部分冰帽融解，海平面上升就有可能達到（全球平均）10公尺。

　　包括熱浪和乾旱在內的許多極端天氣，已經變得比較頻繁。現在強烈颶風和龍捲風預料會更常出現；也因此較弱的颶風就會較不那麼經常出現。噴射氣流擺動的幅度可能會更廣，導致冬季暴風雪將比原本多上更多，強度則會變得極其劇烈；熱浪會更常出現，夏季洪水也是。但接下來幾年發表的科學分析應該會讓我們更了解狀況，現在確切知道的是，從1850年到2020年為止，世界會暖化將近攝氏1.1度，除了偶爾罕見的火山作用之外，所有多增加的暖化都是我們造成的。

　　我們把加速和失控聯想在一起是正確的。朝我們加速而來的箭或石塊是相當無法預測的危險，但面對全新的現象，卻發現自己沒有與生俱來的危機感，頂多就到「把當代的各種加速現象和過往的危機心智模型聯想在一起」的這種程度。

　　即便是氣候懷疑論者最擁護的數據，都顯示出全球暖化的明顯證據。圖20使用的數據和用來畫出圖19的一模一樣，同樣地，這裡的基準線僅顯示1981年至2010年的平均值。有時候傳統的方法會比較適合顯示包含高度變異性的數據，如果該被揭露的東西變得太明顯就更適合了。

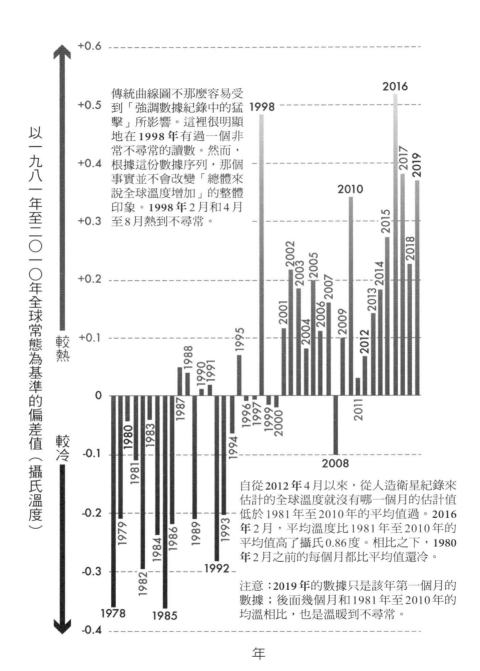

圖20　對流層溫度反常現象，1978年～2019年。（這裡使用的數據和圖19完全一樣，但是以傳統圖形顯示。）

你看圖20的傳統圖形，會比較容易把1998年的結果當成有誤而不予理會。事實上，你也可以看出1996年至2000年的平均值只比1995年高一點，比2001年低一點，但那可能只是巧合。我們不知道為什麼圖20中的某幾年數據會那樣猛然突出，我們知道的是，它並未改變天氣越來越熱的中期整體趨勢。

所以在本書的一半之後，接著就來看看在不遠的將來中，有多少人可能會被後來的溫度上升所影響，以及聯合國（United Nations, UN）推斷的未來八十年人口成長，和「全球人口及特定地帶人口在過去的2020年間之成長情況」相比起來是如何。不久以後，我們會有多少人口？而未來人口成長的趨緩，能在多大的程度上緩和我們至今在「制止當前導致加速、非常有害氣候變遷的少數人過度行為」上的失敗？

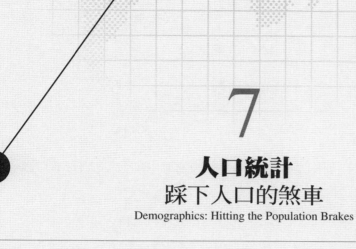

# 7

## 人口統計
### 踩下人口的煞車
Demographics: Hitting the Population Brakes

有越來越多專家學者認為聯合國錯了,我們不會在 2100 年達到 110 億人口。在本世紀中,人口會達到 80 億至 90 億之間的某個頂點,接著就開始減少。

———達雷爾·布里克(Darrell Bricker)與約翰·伊比特森(John Ibbitson),
2019 年 1 月 27 日

2019年初，開始有越來越多人察覺人口成長正在結束。民意調查公司易普索公共事務（Ipsos Public Affairs）營運長布里克（Darrell Bricker）和同僚伊比特森（John Ibbitson）出版備受稱讚的書籍《空蕩蕩的地球：全球人口下降的衝擊》（*Empty Planet: The Shock of Global Population Decline*）。誠如一位記者評論：「充滿吸引人的推測，文字能量就算偶爾減退，也依舊活潑有力。」[1]

布里克和伊比特森累積大量的證據，來支持他們的中心思想：聯合國的未來猜測就是錯得離譜。他們特地引用約爾根・拉納斯（Jørgen Randers）的話，這位挪威學者在1972年預測，到了2030年，世界人口將達到難以存續的150億人，但因近期生育率下滑太快，拉納斯現在改變了估計：「世界人口永遠達不到90億人……會在2040年達到80億的頂峰，接著就減少。」

居住在奧斯陸的氣候策略學教授拉納斯認為，出生率會下滑得比聯合國人口統計學者目前預測的快。拉納斯的想法並非不切實際，儘管他相信未來八十年的人口會比聯合國人口統計學者預測的少大約30億人，但是隨著二氧化碳排放在2040年達到巔峰，並導致2050年溫度將比近年常態溫度高出2度，「世界（仍然）會持續朝二十一世紀後半的氣候災難邁進」。[2]主張「不久的將來，人口成長將會更急遽地趨緩」，並不等於預測未來即將天下太平，這是因為汙染問題從來都不是人口的問題。

布里克和伊比特森專注於人口成長的減少，而不是更廣的層面，所以比他樂觀太多。他們表示，世界上最受尊崇的其中一位人口統計學者沃夫根・魯茲（Wolfgang Lutz），以及他在維也納國際應用系統分析研究所（Institute for Applied Systems Analysis）的同僚們，現在都認為全球人

口會在2050年趨於穩定，並因為人類的趨緩已在加速進行而開始下滑。2018年魯茲和同僚主張，他們現在會預測世界人口巔峰將在2070年過後不久到來。這意味著到了2100年，他們的預測人口會比聯合國預測人口少20億至30億。[3]

在一小群人口統計學家眼裡，「人口趨緩在好幾十年前開始」是早就很明顯的事，只是要到更晚近才較明顯能看出趨緩有多急。如果把全球所有人算在一起的話確實如此，但在某些國家，趨緩甚至不只是數十年前開始；如果特別要講「極低出生率」的話，那些國家的少數城市更是老早就開始了。全球出現最大變化的時間點，那個國際定軸點是發生在1968年前後。趨緩確實猛然迎面而來的證據是如此強大，以至於布里克和伊比特森能夠引用由桑吉夫・桑亞爾（Sanjeev Sanyal）撰寫的德意志銀行（Deutsche Bank）報告，該報告主張地球人口將會在2055年達到僅僅87億的高峰，並在2100年減少到80億。

目前那些比較急遽的人口趨緩情況預測，有不少都受到大量批評。[4]批評通常都瞄準一個假設，即趨緩就是會自動發生，不需要進一步的鼓勵，好比說「讓更多人能獲得品質優良的免費中等教育」的作用和效應，我會加上「讓更多人能免費獲得第三期教育」（譯注：中學後教育），這似乎是最有效的避孕方式——常有人主張是都市化，但並不是。對這些人口成長低標預測的最強力批評，或許是批評他們假設未來數十年都不會有世界大戰、大饑荒、瘟疫、新的災難，來打擊我們確立的社會秩序，而從長期來看，這些事件全部都可能具有相反的效應。「我們總會有辦法在2020年代、2030年代、2040年代、2050年代、2060年代避開一切此類災難」的這種想法，恐怕真的非常一廂情願。我那時候應該已

經死了，我的孩子會知道結果。但如果你對人從過往錯誤中學習的能力還有一點信心，對教育程度遠勝過往的全球人口所具備的能力還有一點信心，對越來越多女性獲得權力地位還有一點信心，你就可以抱持一些希望。

## 世界人口的趨緩

因為這個事實實在太重要，因此值得重申：全球人口的趨緩在一段時間以前就很明顯，而當前這個世紀裡的人口統計學家都很清楚這件事。我自己是有點晚才跟上：2013年我寫了一本名為《人口100億》（*Population lo Billion*）的書，出版社加上一個很戲劇性的副標──「正要到來的人口危機及如何存活」（The Coming Demographic Crisis and How to Survive It），而這十分偏離該書的主要論點──其實並沒有危機，我們能合理預期全球人口永遠達不到100億。當時我認為最有可能的情況是，我們會在2060年前後達到93億的最大人口，在2100年可能下滑到74億。我犯的錯就是把這個關鍵資訊放在第350頁，那種書沒有人會讀到350頁那麼後面，我應該要把這個消息放在封面才對。不過老實說，我有一點擔心自己這樣太冒險了，之前我是在2011年先把那批估計值刊載在一本晦澀難讀的統計學雜誌上。[5]統計學雜誌很適合拿來隱藏你不太敢保證的東西，免得到頭來發現那是錯的，反正根本沒有什麼人會閱讀。所以我的估計是，全球人口高峰會比德意志銀行研究者桑亞爾現在估計的高一點，但也會比現在許多人認為的還要更快下滑。

當大事發生後，我很高興自己把預測隱藏起來。就在《人口100

億》出版的那週，聯合國把2100年未來全球總人口估計從100億提高到110億。如果我在書籍封面真的寫「**74億——不必擔心**」看起來會有點蠢，但是總比主張聯合國的方法論很扎實來得好。2015年，聯合國出版一份訂正，表示全球人口會在2100年達到112億，接著在2017年又主張一模一樣的數字。看起來幾乎就像是該組織在這個猜測比賽上越來越上手，但結果證明不是，聯合國的人口統計學家就只是變得對自己更有信心而已。我和其他許多人在好幾年前就發現的同樣問題依舊存在：聯合國的人口統計學家忽略一場嬰兒潮，他們的模型並沒有納入「2011年至2019年的出生率會提高，因為他們是二次大戰後不久在世界各地出生眾多人的曾孫」這個事實——原本的那一波高峰就只是慢慢穿越世代繼續前進。聯合國也未能體認到是什麼因素讓非洲國家近年出生率如此之高（這一點在後面會詳加說明），或是世界仍在經歷一場關於女性權利與重視女性的巨大文化轉移。

　　你可能會以為人口統計學家對嬰兒潮瞭若指掌（不然就很熟悉文化轉移），但他們的國際模型卻不是那樣運作的。在此替聯合國人口統計學家說些公道話，世界上大部分地方的嬰兒潮都沒有好好受到監測。在印度巴基斯坦分治（1947年）和第二次國共內戰（1949年）時期，大量人口損失，但也誕生比平常多上更多的嬰兒。當情況看來不對及動亂發生時，人們都會生較多小孩；等情況轉好，人生的小孩就會少很多；當我們覺得真正安全時，還會生得更少。當你相信社會有辦法照顧你，就可以更樂得選擇不要生小孩，或是只生一個，因為你不需要養兒防老（或者當個別幼兒生存機率很低時，養很多兒防老）這種保險策略。而當婦女能夠自行決定要不要生和要生幾個小孩時，接著一切都會改變。

　　誰對誰錯以後很快就清楚了。然而，聯合國人口統計學家已經公布的趨緩，那種能讓他們當前預測「2100年112億人」成真的趨緩，顯然就已經夠劇烈了。本章的時間線使用聯合國預測的八十年後112億人，儘管我相信那是高估。我使用這個估計值，是因為它顯示的還是急遽趨緩狀態，也因為我認為這些是保守估計——未來人口成長可能估計值的最大上限。全世界人口成長在1940年代、1950年代和1960年代開始都非常龐大：成長率本身都在成長！但接下來很突然，也平滑到不可思議地，成長率開始放慢，簡直就像是有人踩下巨大煞車踏板一樣。

　　從1980年至今，全球人口成長率都穩定保持在每年增加8,000萬人左右。這個穩定成長是數個因素的組合，包括出生人數較少，以及很關鍵的是較少的死亡人數：那時候有成長主要是因為當時活著的人活得更久。接著因為預期壽命能增加的有限，從2020年起，全世界人口成長率就預期會下滑。聯合國認為會非常穩定下滑，從2030年的一年增加7,000萬人，到2040年一年增加6,000萬人，到2050年一年增加5,000萬人，到2060年一年增加4,000萬人，再到2070年的一年僅增加3,000萬人，接著趨緩本身的速度會放慢一點。為什麼？因為聯合國人口統計學家目前認為，全世界都會日漸趨向一家兩個小孩的常態。然而，這個關鍵假設沒有歷史基礎或科學基礎。我們為什麼不該篤定預期在不久的將來就會達到人口巔峰——最大人口112億人，最主要就是因為這個理由。一切都改變太多，以至於對當今世界各地的大多數婦女來說，做出不生孩子或只生一個孩子的選擇，和做出生兩個孩子的選擇相比，就算沒有比較容易，至少也一樣容易。

　　有時候人可以在最不可能的地方找到真知灼見。2019年2月，英國

報紙《每日郵報》（*Daily Mail*）刊載一篇標題聳動的文章〈以後世界會不會沒人？〉（Will the World RUN OUT of People?），有一位「保羅」留言，這一點無疑是真的，而且對任何一個手上有人口圖表和基礎數學認知的人來說，這都是長久以來始終很明顯的事。他說：「人口的負二階導數（也就是人口成長出現減少）根本顯而易見，最終必然來到負一階導數（也就是人口本身減少）」，並做出結論，「為何本該很有智慧的人們〔舉例來說，史蒂芬・霍金（Stephen Hawking）〕，從之前到現在都看不出這有多驚人。」[6]

霍金在那一年前提出警告：「我們如果要存活，人類就必須在接下來兩百年內離開地球。」[7]當然，人類這個物種並不能乾脆地分成聰明絕頂和極其愚蠢兩個陣營，大部分的人都相當平均，也都會偶爾犯蠢。但偶爾就有某個有時間、空間思考的人，幸運到足以在正確的時間上處於正確的地點，使我們在接下來的文章中把一些事歸功於他的卓越洞見。如果我們更聰明一點，就不必老是歸功於別人，我們就不會那麼快地崇拜少數傑出人士，不用主張其他人都嚴重缺乏洞見。

在《每日郵報》這篇文章底下留言的讀者，應該會是來自全球人口中素質和教育程度都在前十分之一的人。保羅後面的評論包括：「一旦人都消失了，世界就會變得更美好」；「人口過多正成為問題，但上帝會出手拯救地球。上帝無限的憐憫和智慧，會一如往常地以饑荒、戰爭和瘟疫來解決。要相信！」；「成吉思汗殺了那麼多人，而讓地球冷卻下來（人們是這麼相信的），或許他這樣做是對的？」；「我覺得是巴拉克・歐巴馬（Barack Obama）起的頭。我們完蛋了」；以及（其中最爛的一個）「只對了一部分，世界只會沒有白人而已」。

不用絕望，只是不用期待那些一輩子鑽研大霹靂（Big Bang）和黑洞的人，或者那一小群像塗鴉般在電子報文章留言區胡亂發表觀點的男人（很偶爾才有女人），會給出什麼了不起的人口統計學洞見，這兩組人都沒有長期將心思放在人口問題上，儘管偶爾有極少數像保羅這樣的人，會比其他人想得再謹慎一丁點。

如果你仔細看圖21，就會看到除了最近一百七十年以外的所有人口統計紀錄，都擠在圖形最底端的十一分之一裡。過了那個時間點後，我們一直處於成長。成長從1850年左右開始起步，當時大英帝國正要達到鼎盛，此刻英國人已經入侵現在聯合國193個會員國中的171個，儘管當時這些地方大部分都還不是真正的國家。[8]這些入侵造成毀壞，英國人並不是唯一致力做這種事的，也不是最早做這種事的，但他們的確是最有效率的。

如果你入侵一塊之前大半孤立或完全孤立的大陸，好比說澳洲或美洲，基本上你就是徹底擾亂社會的所有面向，就好像外星人帶著神奇的武器、極其危險的態度，還有最致命的人類未接觸病菌從天而降，入侵他們的世界。一開始，英國人入侵的地方人口急遽下滑。下滑得如此嚴重，以至於全球人口減少。仔細從1850年往前觀察十年，來看看這件事的證據。「瓜分非洲」發生在歐洲奴隸買賣興起的許久之後，而進行奴隸買賣則是為了讓無薪勞工進駐美洲大陸，跨大西洋奴隸買賣破壞了非洲。經歷一開始的震撼和毀滅後，整塊大陸上（及全世界遭到入侵與殖民的所有地方）經歷許多世紀才發展出來的社會架構和規範，那些在過往產出較穩定人口的規範，全都瓦解，接著加速就開始了。加速導致全世界人口大幅成長，從1850年代一直成長到1930年代。

　　就總人口來說，圖21顯示趨緩的全盛時期尚未到來，但我們知道趨緩已經開始，因為生育率已經下降了，而人口還在持續成長，只是因為人們活得更久。圖22凸顯在毀壞事件之後出現的成長，而那些事件包括入侵美洲跟殖民非洲。

　　始於1939年的第二次世界大戰，為人口成長率帶來短暫停頓。不只是許多人死亡，還有許多人避免生育，或者因為相隔兩地而無法生孩子。歐洲和北美洲的生育率都在1930年代急遽下滑；接著在不久後的戰事期間，生育率又筆直向下。但戰爭一結束，許多延後成家的夫妻很快就有了孩子。這一波嬰兒潮在戰後富裕國家間蔓延，但也出現在中國（在第二次國共內戰的動盪之後），以及印度（在印巴分治過程造成慘烈的死亡人數後）發生。發生在1960年代的第二波較小型嬰兒潮拉長加速時期，但1960年代晚期成長率開始下滑（圖中一個個開始靠近的圓圈顯示這一點）；而當第一批戰後嬰兒潮世代的孫子於1980年代出生，以及當這批人的曾孫（總算在近期）誕生時，最後一波的猛力加速也逐漸平息。如果你以對數尺度重新畫圖21，這個變動就會變得更明顯，正如圖22的時間線所展示的。

　　圖22其實使用雙對數尺度，不只是總人口化為對數，變化本身也化為對數。全球人口成長的三次主要中斷期變得很明顯：1500年至1600年、1820年至1850年，以及2020年以降的這幾次趨緩。頭兩次中斷期結束於人口爆炸，而人口爆炸的成因有一部分是那些年發生的大崩壞。

　　如果使用更頻繁計算的全球估計值，就會有更多中斷事件凸顯出來，好比說下列這些事件造成的中斷：西元165年的安東尼瘟疫；541年開始的查士丁尼瘟疫（當時全世界死了六分之一的人）；還有黑死病，

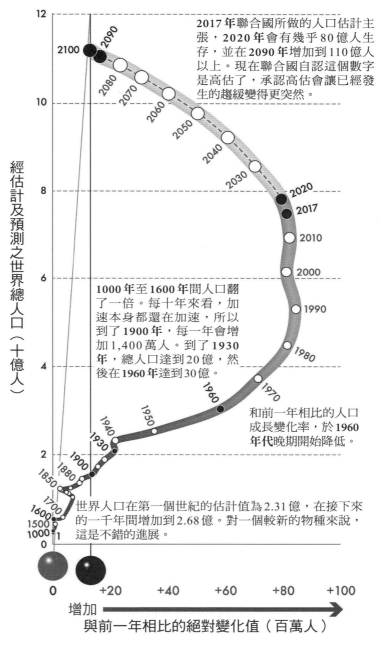

圖21　世界：總人口，1年～2100年。〔圖21至圖31使用的數據是來自2018年安格斯・麥迪森計畫資料庫，由格羅寧根大學（University of Groningen）所主持，https://www.rug.nl/ggdc/historicaldevelopment/maddison/releases/maddison-project-database-2018，利用聯合國經濟和社會事務部《聯合國世界人口展望：2017年修訂版》的數據更新，https://www.un.org/development/desa/publications/world-population-prospects-the-2017-revision.html。〕

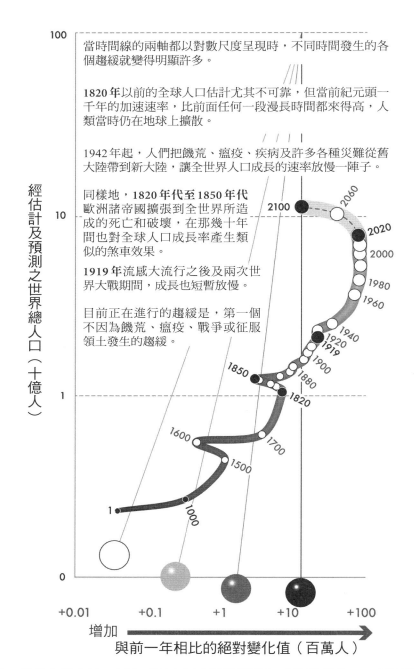

當時間線的兩軸都以對數尺度呈現時，不同時間發生的各個趨緩就變得明顯許多。

**1820 年**以前的全球人口估計尤其不可靠，但當前紀元頭一千年的加速速率，比前面任何一段漫長時間都來得高，人類當時仍在地球上擴散。

**1942 年**起，人們把饑荒、瘟疫、疾病及許多各種災難從舊大陸帶到新大陸，讓全世界人口成長的速率放慢一陣子。

同樣地，**1820 年代至 1850 年代**歐洲諸帝國擴張到全世界所造成的死亡和破壞，在那幾十年間也對全球人口成長率產生類似的煞車效果。

**1919 年**流感大流行之後及兩次世界大戰期間，成長也短暫放慢。

目前正在進行的趨緩是，第一個不因為饑荒、瘟疫、戰爭或征服領土發生的趨緩。

經估計及預測之世界總人口（十億人）

增加

與前一年相比的絕對變化值（百萬人）

**圖22　世界：總人口，1年～2100年（對數尺度）。**（數據來自2018年安格斯·麥迪森計畫，以及《2017年聯合國世界人口展望》。）

在1347年抵達歐洲後，消滅大約一半的人口。然而最清楚顯現的是，歐洲人將疾病帶到美洲造成的影響。這些疾病導致史上第一場持久的全球人口成長趨緩，從1500年持續到1600年，而且在圖22中實在再明顯不過。第二場趨緩則是在十九世紀初，因為歐洲人殖民世界大部分地帶而發生。地球人口上升的第三次大趨緩就發生於現在，有人說1968年開始有最微小的跡象，但將從2020年開始出現最大規模的下滑。

你可能會看著圖22，並做出結論，歷史會重蹈覆轍。當前的全球趨緩在2100年以後有可能再度反彈。到頭來搞不好霍金才是正確的，人類接下來會在兩百年內離開地球，並再度開始快速增加人口。然而，第三次大趨緩是我們選擇進行的趨緩，而不是被迫接受或不曉得為什麼就發生的趨緩，而且這次做選擇的絕大多數是女性。

一般來說，宇宙旅行是現代男孩的原型夢想。選擇不生小孩或只生1、2個，大半是女性的特權，只是說情況必須合宜，女人才有辦法實行這個選擇，現在的情況算好，只是在不同地方的情況不一。本章剩餘的部分將行遍全球，替不同國家和這些國家所在的大陸畫出同一種時間線圖形。

## 美國和中國的趨緩

說到錢的話，當今世界兩大強國就是美國和中國。如果把購買力平價（purchasing power parity）算入，中國估計會比美國還有生產力。這是根據世界銀行、國際貨幣基金和美國中央情報局（Central Intelligence Agency, CIA）產出的統計數字。但那份生產力及從生產力而來的收入，

在中國當然要分配給比美國多上太多的人，而且大致上來說跟美國的分配一樣不均（這一點就很有趣了）。[9]

　　這裡使用的人口估計合併兩個時間序列。第一個是由全世界一位最知名的經濟史學家安格斯・麥迪森（Angus Maddison, 1926－2010）所做。他的序列只包括1950年以前的少量年分，所以在這條時間線上就只會顯現那些年分。他產出人們最普遍使用的、以現代地理邊界為分界的過往人口估計值。麥迪森的堅持不懈和精準度，讓這份估計即便在他過世十年後，都還是至今能取得的最佳估計。本書微調麥迪森的估計，好讓數字能平順地融入第二個資料集，也就是聯合國2017年修訂的世界人口展望，範圍從1950年到2100年。

　　產出本章時間線的方法，就只是把麥迪森的數據在每個地理區按照一個常數因子做比例縮放，好讓他的1950年估計值可以調整到等同聯合國今日產出的估計值。這樣做的影響很微小，但可以確保那一年不會突然出現假性變化。聯合國的數據是寫作本書時最新的可得數據，但現在人們普遍認為這些數據低估我們可望在接下來八十年看到的人口變化。換句話說，這邊的時間線所展現的，很可能是一段不如未來實際狀況那麼急遽的趨緩。

　　今日美國這個範圍內的人口，在1500年達到200萬。那些人的祖先幾乎都是兩萬多年前抵達的移民，當初最可能是沿著一座今日淹沒在白令海峽底下的陸橋抵達美洲，[10]其他人很可能後來從別的地方抵達，但他們混血之後又向外擴張。今日美國範圍內最早的居民創造不涉及「從其他地方來此」的起源故事（這樣的故事在世上非常少）。今日美國人口幾乎一直都遠低於南邊溫暖地帶的人口，但格蘭河（Rio Grande）以北的美

國原住民還是極其緩慢地成長，而在哥倫布跨越大西洋，在今日美國以南的地方上岸的那個時間點，增加到200萬，也就是少於當時全人類總數量的0.5%。麥迪森和所有其他資料來源接著都描述反覆發生的大屠殺事件。在1600年，人口已下滑到150萬，1700年更下跌到只剩100萬。五月花號（Mayflower）於1620年在鱈魚角靠岸，但遠在那一天之前，疾病就已經從更遠的南方擴散開來，從頭幾次遭遇起就開始擴散。疾病從包括征服者（譯注：專指十五世紀至十七世紀間，到達並征服美洲新大陸及亞洲太平洋等地區的西班牙與葡萄牙軍人、探險家）在內的歐洲入侵者抵達的島嶼開始向外擴散，進入這些人從未入侵的其他地區。這些事件在圖23時間線上的頭幾個點幾乎都還看不太到。

大約從1700年以後，日後會稱作美國這個地帶的人口，就隨著越來越多來自舊大陸的船隻抵達而不斷成長，這些船隻帶來歐洲的殖民者及非洲的受奴役者，接著殖民者和奴隸都開始有了孩子。美國於1790年首度舉行人口普查，之後人口估計數字就可靠多了，儘管1870年以前都還沒有哪一次人口普查納入原住民！

從1790年以降的每個十年，除了美國南北戰爭以外，美國人口的增加量都比前一個十年多，直到1902年才破天荒地出現第一次極微量減速，接著一直加速到1905年。這些波動的主要驅動力是遠在其他大陸的事件。歐洲爆發第一次世界大戰期間，前來美國的移民變少了，同時幾乎有300萬美軍被送出國。流感大流行又使得減速程度提高，但接著部隊返國，又有更多的移民入境，人口成長便在1923年達到巔峰。1924年制定有利特定國家移民的種族主義配額制度，使得人口成長出現短暫停頓。

1930年代發生趨緩，起因包括經濟大蕭條和種族偏見，後者不只影

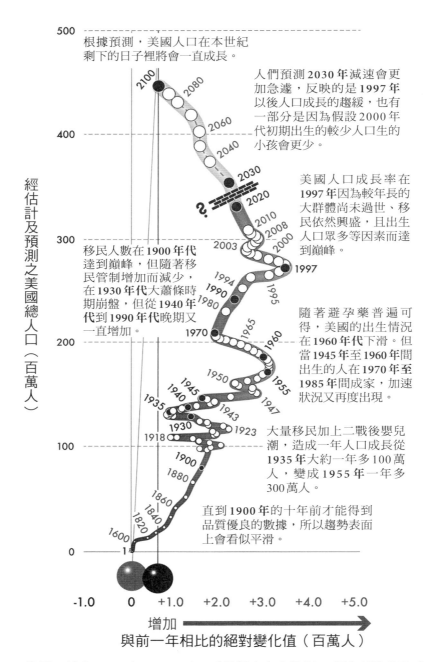

圖23　世界：總人口，1年～2100年。（數據來自安格斯·麥迪森計畫及《2017年聯合國世界人口展望》。）

響什麼人可以進入美國，也驅逐許多以前就來到美國，並把這裡當成家的人（尤其是墨西哥人）。但移民控管從未約束到移民的總人數；這種手段只是偏袒某些來源國，而改變移民大軍的外貌（當時也只是一開始有這種效果）。移民留下來的人數要看當地工作的可得性，以及其他地方的前途有多大指望而定。在美國，第二次世界大戰創造很多工作，而且在人口統計學上，那又是一個不像第一次世界大戰那麼創傷的事件。嬰兒潮從1946年開始，加速到1947年後，先稍微變得緩慢，然後向上反彈。這場嬰兒潮加上更多於1950年至1957年來到美國的移民，一同意味著成長率本身再度成長：這時候，加速非常劇烈──然後就一直如此。

美國從1957年至1970年的人口趨緩，反映的是歐洲和中國的重建。此時已沒有那麼多人拚命想逃出上述兩地，並橫跨大西洋或太平洋進入美國。拉丁美洲的相對穩定也代表北遷的人變少，部分也是因為南方的出生率正在下滑。那幾年美國經濟平等程度大幅提升，這代表本來打算丟給移民這種「不算數的人」去做的最低階收入工作少了很多。如果一個國家事實上很富裕（國內生產毛額高），但國內貧富嚴重不均且大量創造低薪工作，移入的移民幾乎一定會增加。

美國的貧富不均從1970年代中期開始一路不停加大。最富有1%人口的稅前收入，在1976年占全體收入的10.4%，但到了2012年已經倍增至20.8%。該國最富有1%人口的財富占比也以類似情況成長，從1978年的21.7%低到2012年的40.1%（之後貧富不均的程度也下降了）。[11]逐漸擴大的貧富不均吸引移民入境，但這段期間出生率不停下滑，減輕美國人口加速的速度。經濟上更不平等的國家有更高的出生率；隨著經濟不穩定的加遽，人們會生更多的孩子，或許是養兒防老的保險策略，但就連美

國猖獗的貧富不均都無法阻擋家庭規模變小和人口趨緩的趨勢。此外，從南美洲遷徙到美國的人，大部分都是來自那些生育率已經比美國還低的地方（以前為什麼會發生這種事，可以參見第八章圖46的注釋）。

美國史上最明顯趨緩之前的最後一波高峰，發生在1990年代。2006年，當我第一次可以拿到世界各地人群移動的高品質數據時，同僚和我就開始畫下數百張世界地圖，圖中描繪各國之間的差異，以及隨著時間而出現的變化，成為日後被稱作「世界地圖繪者計畫」（Worldmapper project）的一部分。那時候我們注意到，1990年至2017年間移入美國的人，大部分來自鄰近的墨西哥（1,270萬人），導致那段期間移民至美國的總人口，有略多於47%（2,240萬人）都來自中美洲和加勒比海；排在墨西哥後面的主要國家有中國、印度和菲律賓，以上三國各自為遷入人口總數貢獻200萬；還有六個國家貢獻100萬以上的移民給美國：波多黎各、越南、薩爾瓦多、古巴、南韓及多明尼加。[12] 美國龐大且持續成長的貧富差距從鄰近及附近的國家吸入人口，尤其是墨西哥。

面對這樣的加速，美國從政者表示讚許。非法移民改革和移民責任法案（Illegal Immigration Reform and Immigrant Responsibility Act, IIRIRA）於1996年9月簽署生效。「我不認為人們徹底領會到那些法律做了什麼事。」紐約大學（New York University）教師南西・莫拉維茲（Nancy Morawetz）在提及該法，以及1996年其他影響移民的法律時這麼說道。有一個效應很明顯：非法移民改革和移民責任法案生效後，美國的驅逐出境就從罕見現象變成較普遍的現象：「1996年以前，境內取締在移民執法中並沒有什麼重要分量，」社會學家道格拉斯・梅塞（Douglas Massey）和凱倫・普蘭（Karen Pren）提到，「後來，這些行動強化到自從經濟大

蕭條時期驅逐出境行動以後就沒有再達到的強度。」2016年，記者達拉・林德（Dara Lind，以報導移民見長）在描述這段極晚近歷史時解釋：「今日美國會有這麼多的未批准移民，一個主要的理由就是移民執法變多了。」[13]由於來回往返母國和美國時遇上許多困難，人們其實比較會待在美國，而獲得合法地位變得艱難太多。

在非法移民改革和移民責任法案這項特別惡劣的法規通過後，美國的人口成長確實就從加速變成減速，但那只是巧合。畢竟，以前美國也曾通過一些惡劣的移民法規。在非法移民改革和移民責任法案通過後維繫減速的，其實是越來越少的出生人口。

根據預測，美國人口有別於美洲大陸其他國家，到了2100年還是會增加。然而，檢驗其人口統計紀錄後，美國就實在稱不上是自由之地，等到唐納・川普（Donald Trump）時代遺毒在不遠的將來造成傷害時，移民恐怕也不會那麼想來了。我懷疑聯合國的預測在遇上美國時會特別過度樂觀，並認為該國人口其實會在本世紀的某一刻開始下滑。

中國和美國很不一樣，但這兩個國家的連結比人們認為的還要密切，特別因為中國到美國的移民是那麼悠久又龐大。起初1700年代，中國因為出生的人口成長速度遠低於美國，直到英國人為了替鴉片尋找「自由貿易」市場，而於1839年派砲艦前往香港為止。但我們必須從那個時代退開一步來看，這會是一個為期兩千年的階段，因為中國有別於美洲，早在兩千年前就已經人口稠密了。

中國的漢平帝在現在所謂的西元2年下令進行人口普查；[14]同一時期，羅馬人也正以二十年一次的頻率，對所有羅馬公民和臣民進行人口

普查。羅馬帝國的總人口略少於 5,700 萬；中國人口在第一個千禧年開始時為 6,000 萬，但在一個世紀後下滑到 5,000 萬左右。隋朝期間於西元 606 年做的一次估計，將中國人口計為 4,600 萬；在僅僅一個世紀後，也就是唐朝開國一世紀後，西元 705 年（聲名狼藉的女皇武則天在當年駕崩；如果你要求敘述嚴謹的話，她其實不是唐朝皇帝，而是大周短暫歲月裡的唯一皇帝）的人口經統計滑落至 3,700 萬。[15]

到了元朝統治期間的 1290 年，中國人口再度上升至 5,900 萬，並且終於在 1393 年明朝期間達到 6,000 萬。圖 24 的時間線顯示 1600 年至 1650 年間隨明朝滅亡發生的人口下滑，之後人口又開始成長。1749 年間有 1.77 億人受清朝統治，並在 1791 年達到 3.04 億人，並於 1811 年達到 3.59 億人。1850 年至 1864 年間先後發生第一次鴉片戰爭和太平天國之亂，導致人口下滑，可能多達 1 億人死亡。[16]儘管有著這樣的倒退，但人口還是重新開始成長，在中華人民共和國成立的四年後達到 5.93 億。如果把香港略多於 200 萬的人口加入，總數還會更高，儘管這裡沒有這麼做。

有別於麥迪森的序列估計中國人口從 1960 年的 6.67 億下滑到 1961 年的 6.6 億，聯合國的估計顯示，那年人口增加 1,000 萬。為了本章的一致性，這裡使用聯合國估計數字，但這筆估計隱瞞一筆巨大的死亡數，而該數字能反映中國在 1958 年至 1961 年間大饑荒的影響，聯合國數據上這個非常詭異的疏漏很值得討論。根據現在中國可得的數據及麥迪森的估計，如果 1953 年至 1957 年這段時期的出生率維持一樣，1958 年、1959 年、1960 年和 1961 年間應該有 9,200 萬個嬰兒出生，結果 1958 年至 1961 年間的總出生人數共計只有 6,100 萬。如果死亡率維持一樣，死亡人數應是 2,900 萬，而不是實際上大饑荒期間確實死亡的 4,400 萬人。出生人數

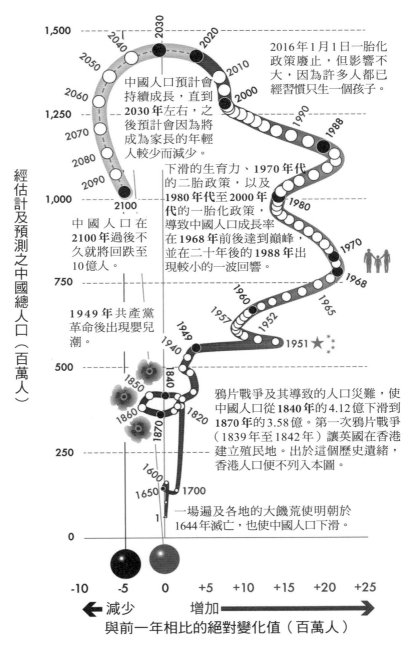

圖 24　中國：總人口，1 年 ～2100 年。（數據來自安格斯・麥迪森計畫及《2017年聯合國世界人口展望》。）

少了3,000萬，是因為太多婦女營養實在太差而無法生孩子，而死亡人數增加1,500萬；因此，人口比「如果1958年至1961年的事件沒有發生」的預期人口下滑了4,500萬。

中國大饑荒是由異常天氣和悲慘的人為過失所共同引發，但在聯合國的資料中，這場慘烈災難事件彷彿從未發生。當時，中國禁止醫生在死因上列出餓死。有鑑於我剛提到的數字如今在中國也已經廣為人知，聯合國若能更新數字會更好。

中國人口從大饑荒中回復後，於1964年達到7億，1969年達到8億，1974年達到7億，1981年達到10億。接著，本來就已經出現的生育率趨緩又在一胎化政策幫助下，進一步加快進程。結果，直到1987年人口才破11億；1992年達到12億，大半是因為人們活得更久，而不是出生人口增加；2003年達到13億，2016年達到14億。中國人口目前預計在2030年會來到14.4億的巔峰，接著會在2044年滑落到14億以下，2060年下跌到13億以下，2070年過後不久就會低於12億，2086年低於11億，然後在2104年左右滑落到10億以下——但前提是當前的預測到頭來準確。人口還有可能下滑得更快，因為一胎化政策放寬並未導致出生率上升。整個文化對家庭規模的態度，以一種現在很難反轉的方式改變了。

中國的人口成長從1968年以來就在趨緩，該國在僅僅十年後就將經歷人口絕對值的減少。中國經濟有別於美國，仍在快速成長，儘管後面幾章會提到中國經濟也不可避免地正在趨緩。此外，中國出生率目前的下滑速度，比聯合國或中國官方預測設想的速度都還要快上太多。

2018年中國有1520萬人出生，比2017年少了200萬，導致國家人口成長率在一年內就從0.53%下滑到0.38%。持續有人移入的城市，趨緩的

步調最快，持續進行國內遷徙也會在農業地帶造成更急邊的趨緩。位於中國人口稠密東半部的山東省（「只有」900萬人的）小城青島，2018年1月至11月間出生人口紀錄，和2017年同期相比，下滑21%。[17]青島是該省經濟最發達的城市，也是當前政府計畫之經濟繁榮路徑「一帶一路」的東側關鍵端點。進步意味著嬰兒會變少。

## 非洲和不列顛群島的趨緩

接著關注非洲大陸和不列顛群島；會放在一起，是因為過去不久前兩地的連結還相當緊密。就人口統計來說，中國的最佳對照就是整個非洲大陸，2020年非洲人口將成長到13.5億，代表仍會比中國的14.2億來得少。可是等到2020年過沒多久，隨著中國趨緩，也隨著大部分非洲國家預期將持續經歷人口加速，整個非洲大陸的人口預計將遠遠超越中國，這會是成千上萬年來住在非洲的人第一次比中國多。因為實在是太久以前，所以如果要估計兩地人口上一次相似是在何時，就只能藉由猜測。圖25時間線裡的近期數據品質不高，因為聯合國有許多非洲國家的數據都不可靠，這是這條時間線以整個非洲大陸為範圍的理由之一。

太多非洲國家的未來人口預測增加量，靠的都是開始看起來很有問題的人口統計模型。非洲包含許多全球當前生育率最高的國家，這是千真萬確的事。但假定「全非洲的生育率未來只會以平緩的速度趨緩」卻是值得懷疑的，因為它假定世界上其他地方未來發生的事對這塊大陸沒有什麼影響。

未來當世界其他地方大部分面臨人口短缺時，非洲很可能會有更多

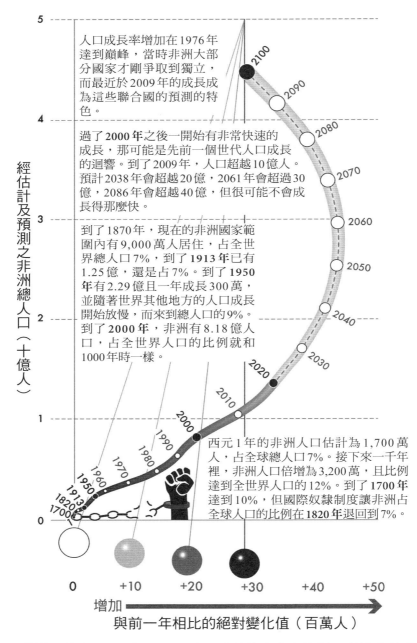

人口成長率增加在1976年達到巔峰，當時非洲大部分國家才剛爭取到獨立，而最近於2009年的成長成為這些聯合國的預測的特色。

過了**2000年**之後一開始有非常快速的成長，那可能是先前一個世代人口成長的迴響。到了2009年，人口超越10億人。預計2038年會超越20億，2061年會超過30億，2086年會超越40億，但很可能不會成長得那麼快。

到了1870年，現在的非洲國家範圍內有9,000萬人居住，占全世界總人口7%，到了**1913年**已有1.25億，還是占7%。到了**1950年**有2.29億且一年成長300萬，並隨著世界其他地方的人口成長開始放慢，而來到總人口的9%。到了**2000年**，非洲有8.18億人口，占全世界人口的比例就和1000年時一樣。

西元1年的非洲人口估計為1,700萬人，占全球總人口7%。接下來一千年裡，非洲人口倍增為3,200萬，且比例達到全世界人口的12%。到了**1700年**達到10%，但國際奴隸制度讓非洲占全球人口的比例在**1820年**退回到7%。

經估計及預測之非洲總人口（十億人）

增加

與前一年相比的絕對變化值（百萬人）

**圖25　非洲：總人口，1年～2100年。**（數據來自安格斯・麥迪森計畫以及《2017年聯合國世界人口展望》。）

人外移，以因應全球其他地方日益成長的年輕人口需求，這將讓整個非洲的人口成長加速速度進一步減低到比目前聯合國預測得還低。隨著非洲成年人外移增加，非洲境內出生的小孩將變少。此外，離開高出生率國家的移民，一輩子生育的孩子數量往往會比留在國內的人少。當然這也包含一個假定，認為將同輩群體的一部分人（以移民外移的方式）去除，也不會影響留在國內者的生育率下滑速度。可是，如果那些留下來的人生活條件也變好，中等教育和大學教育的受教情況進步，當初那麼多人離開的理由如今減少時，會變成怎樣呢？

全非洲各地的女性決定要生幾個孩子的選擇，以及「能夠」決定生幾個孩子的選擇，將會在二十一世紀的脈絡下改變。過去的加速和圖25顯示的形狀類似，並不代表歷史會像那條時間線（這裡是根據2017年聯合國估計）提示的那樣重蹈覆轍。如果你仔細觀察時間線，就會看到最晚近的2000年到2015年，非洲各地有著不尋常的人口高度成長，聯合國2017年會發表那樣的預測模型，就是以那個不尋常且非常晚近的高成長率為依據，推測未來的結果。

有越來越多的證據證明，最近幾年非洲處於反常狀態。2019年2月，發表在《美國國家科學院院刊》（*Proceedings of the National Academy of Sciences*）上的研究引起世界廣泛報導。研究者們「注意到非洲有幾個國家的生育率在2000年代初期停止下滑，於是開始研究。為了找出原因，他們從研究對象國每幾年就進行一次的調查取得數據，又特別關注1950年至1995年間的數據」。[18]研究者們發現，最有可能是因為1980年代許多非洲國家的國民（尤其是女孩）獲得適當教育的途徑遭到阻斷，導致年輕女性生下更多孩子，而讓先前較快速的趨緩在最近期（而且很可能是

暫時地）出現反常。那個較快的趨緩速度顯現在時間線的1980年至1995年。仔細觀看就會發現，在趨緩的速度應該開始稍微快一點的地方，出現一個中斷；那場趨緩本來應該還要更快，卻沒有如此。

過去二十年裡，非洲各地女孩接受教育的情況有非凡的進步，這些全都沒有算入聯合國的模型中。1980年代教育崩壞發生在有史以來非洲各國集體遭受的最嚴重經濟下滑中，會發生那次下滑，是肇因於國際貨幣基金和世界銀行推行的結構調整政策。如果你能抑制那些國際金融組織的破壞行為，就會為這個世界貢獻良多。如果無法遏止那些在社會意識上最天真經濟學家的行徑（而且必須要說，有些經濟學家可能天真到不行），如果無法遏止那些根據上述經濟學家著作來制定政策的人，僅僅幾十年後，就會導致人口加速成長。1980年代晚期到1990年代初期因結構調整政策而無法就學的女孩，變成一群平均起來較早生孩子且生子總數較多的女性。貧困、絕望和無知增加生育率，那些結構調整方案對非洲大陸造成的損害可說是慘烈至極。1980年代初期至1990年代晚期，非洲大部分國家的私人與政府收入總和都下滑了。[19]

非洲有一段深受國際干涉所害的漫長歷史。1500年至1600年間，非洲大陸總人口從4,700萬增加到了5,600百萬，下個世紀又攀升到6,100萬人，比同期中國人口的一半還少。到了1870年，非洲的總人口為9,100萬，只有同年中國人口的四分之一。把非洲發生的事和中國的情況拿來相比是有用處的，在統計該數字的三十多年前，中國開始被迫從英國進口鴉片，之後人口就一路下滑，而前英國首相威廉・格萊斯頓（William Gladstone）則是這麼描述開始的那場衝突：「一場從起頭就不公正的戰爭，一場過程精打細算來讓此國永久蒙羞的戰爭，我不知道也不熟悉。」[20]

非洲的陸地面積超過3,000萬平方公里，是今日中國範圍的三倍多，然而和中國相比，它的人口實在算是稀少。聯合國目前預測，非洲的人口會在2020年至2080年的六十年間增加三倍，達到和今日大幅都市化的中國同樣的人口密度；但這實在不可能發生，特別是因為全非洲的肥沃土地和中國差不多。[21]

在地中海北岸的歐洲一側，大部分的西班牙、希臘和義大利人現在都認為應該要有移民出境管制；換句話說，缺少留在家鄉的年輕人，造成他們希望限制獲准長期離開這三個歐陸國家的年輕公民人數。到現在為止，全歐洲也只有這三個歐陸國家，這三個最靠近非洲的國家，有多數人支持這樣的意見。[22]未來不久的某個時間點上，會有人指出，如果非洲國家的人較容易跨越地中海而來，「太多年輕人在地中海南岸，太少年輕人在北岸」的不平衡就會自行修正。

但南歐國家並不是最反對移民的國家。想看歐洲最反對移民的國家，就要看看英格蘭，而英格蘭對移民政策的支配就影響整個不列顛群島，在動筆當時，不列顛群島全都排除在沒有邊境關卡而能自由行動的申根區（Schengen Area）之外。愛爾蘭和聯合王國還是唯二永久退出申根公約的歐盟國家（譯注：目前英國已退出歐盟），儘管申根區也包括四個非歐盟（但仍屬歐洲自由貿易區的）國家。

有別於非洲各國，不列顛群島（主要包括英格蘭、愛爾蘭、威爾斯和蘇格蘭）在1500年至1600年經歷人口爆炸，該世紀內總人口成長超過三分之一。緊接著到1700年的下一個世紀內，儘管1665年至1666年倫敦大瘟疫殺死倫敦四分之一的人口，但總人口還是成長四分之一以上。

但接下來1700年至1800年間，人口成長了85%，而湯馬斯・羅伯特・馬爾薩斯（Thomas Robert Malthus）首度出版他那本對未控管的人口成長做出悲慘預測的論文，後來他還會大幅修訂第一版。如果馬爾薩斯活在另一個地方，或者活在不同的時代，又或是只要他有較不禁欲的本性，對事物的看法應該會很不一樣。然而，在接下來結束於1900年的那個世紀裡，不列顛群島的人口甚至成長得比之前更快，成長160%。1840年代愛爾蘭慘烈的饑荒，彷彿證實馬爾薩斯所警告的，人口成長會導致大量死亡。

　　愛爾蘭饑荒是自從十四世紀黑死病以來，不列顛群島歷史上最重大的人口事件，奪走的性命遠多於黑死病，因為1845年的人口多上許多。饑荒導致的人口大幅滑落，又因為太多人為了逃離飢餓而進一步惡化：前往美國的愛爾蘭移民快速增加，讓整個不列顛群島的人口出現為期一年的減少。如果你想看人口失控的地方是什麼樣子，就去看十九世紀的大不列顛島和愛爾蘭，當時這裡先後經歷毫無抑制的膨脹和慘烈的悲劇。

　　1840年代以後，不列顛群島就不再有大饑荒了。這場饑荒剛開始是自然事件，但最後會有那麼多人死亡和那麼多的人口移出，卻是因為一群英格蘭政客決定不將食物送往愛爾蘭。英格蘭政治階層的特點就是妄自尊大，以及相信自己天生道德優越，而全球各地都能感受到這種優越感的影響，包括將運送鴉片至中國一事正當化為「自由貿易」、率先擁護跨大西洋奴隸制，以及在「自家門裡」把任憑愛爾蘭人慢慢痛苦死亡當作「天擇」。

　　另一件慘事可能也湊了一腳，當時稱作「漂泊狂」（Dromomania）──「無法控制的強烈遊蕩欲望」，又或許是無法控制的、想要盡一切可

能，試圖找到更美好生活的強烈欲望，還有其他人是被迫遷居。英格蘭法院在1776年以前就把犯人放逐到美國殖民地，到1868年都還在把犯人放逐到澳洲流放地。從不列顛群島各處移出的人口都以指數方式成長，然而即便如此，1852年至1990年間的人口成長還是緩慢加速；在這段期間的第一部分，每年都淨增加15萬人——也就是當前牛津的人口。維多利亞女王逝世的1901年，人口成長到達一年淨增加38萬人的巔峰。

1901年是一個瘋狂的時刻。作家愛蜜莉・布坎南（Emily Buchanan）於二十世紀的初始時刻，在一篇談論愛德華・摩根・福斯特（Edward Morgan Forster）和人文主義起源的文章中，針對這個太多事情變化得太快、太多（先是不列顛群島，但很快所有地方都這樣）的世界所造成的影響，提供一個很有價值的洞見：

世紀交替時分，是瘋狂前進和農村快速開發的時分。維多利亞女王剛死去，啟動我們對進步的當代癖好，而機器開始主宰工業與文化。就如福斯特在《綠苑春濃》（Howards End，譯注：另有譯名《此情可問天》）所寫的：「一個月一個月過去，道路上汽油味越來越濃，越來越難橫跨，而人們越來越難聽到彼此說話，呼吸到更少空氣，看到更少天空。」一種「持續變動」的狀態掌控跨足新舊之間的社會；一間與福斯特同代的米契爾與肯楊電影公司（Mitchell and Kenyon）拍攝的社會報導影片，則以驚人的清晰度捕捉這種緊繃。其中最深刻的，莫過於一部1902年布拉福市（Bradford）的影片，片中軌道電車和馬匹、馬車共用街道。如果你仔細看，熟悉品牌的廣告展露二十

一世紀資本主義的第一陣巨響，但人們卻羞赧拘謹，完完全全就是維多利亞時代的模樣。最清楚呈現這一點的，就是他們對攝影機那種毫不掩飾、通常很滑稽的反應。在那時候，用人力曲柄轉動的攝影機會是先進到難以想像的光景，也因此會有一大群快樂的孩子沿街追著拍片者，而大人則會用一種驚懼，幾乎有如盧德主義者（譯注：十九世紀英國民間對抗工業革命、工業化的社會運動者）的好奇心直直地盯著它。他們著迷般的不自在，本身就令人著迷。[23]

在米契爾與肯楊電影公司以影片捕捉到這種入迷不自在的沒幾年後，機械化戰爭就會到來。但即便在第一次世界大戰前，就已經有過兩段趨緩期：1880年至1885年的普通趨緩，以及1910年至1913年非常顯著的一次趨緩。1877年，社會改革者暨避孕推動者安妮・貝贊特（Annie Besant）與查爾斯・布萊德洛（Charles Bradlaugh）的受審，讓保險套開始普及，進而導致出生率下滑，且從此再也回不到原本高度。此外，1910年至1913年間，愛爾蘭人以更快的速度移民到美國，並一路加速到第一次世界大戰，導致人口比之前稍快一點下滑。前面圖23的美國時間線，可以在1910年至1913年看到對應愛爾蘭人移出的人口湧入。

比較近的過往較為清楚，是因為我們比較熟悉。對不列顛群島來說，第二次世界大戰（此時該地已分成聯合王國與愛爾蘭共和國）的破壞程度比第一次稍微小了那麼一點。1945年戰爭結束後出現一波嬰兒潮，但1945年之前誕生的嬰兒太少，導致1960年代的年輕成人太少，因此英國政府積極鼓勵加勒比海和印度次大陸的民眾移民到英國。但不列

顛人（在自私的政客與報紙鼓舞下）對前殖民地（前大英帝國）移民的到來表示不滿，使得一項移民控制法案於1965年通過，此後還有眾多法案隨之而來。矛盾的是，因為那些已在國內的移民不敢離開，其中許多人便拚命趁著長輩還能行動時把他們帶來，所以1965年的法案實際上反而增加移民人口。

　　儘管政府試圖控制移民，反而讓移民實際增加，但「人口增加量」的基本向下趨勢還是占了上風，而人口成長到了1980年代初期經濟衰退時就出現暴跌；在近代歷史一波古怪回響，加上最後一陣猛力顛簸前進下，人口成長再度隨著鼓勵移民而上揚，在2003年之後特別明顯。英國再度邀請移民前來，這一次則是搶在西歐各國之前，允許歐盟的東歐加盟國公民入境、居住及工作。[24] 再把愛爾蘭出現的一次經濟繁榮加上的話，照理來說2003年至2008年應該出現不列顛群島空前龐大的人口加速——實際上卻隨著2008年經濟崩盤而驟然結束。都有了圖26展現的動盪過去，為什麼聯合國人口統計學家預測的未來還會那麼穩定，實在是一個謎。

## 印度和日本的趨緩

　　包含今日印度、巴基斯坦及孟加拉在內的印度次大陸人口軌跡，和小小的不列顛群島相比，顯得特別平順。會有這種狀態，一方面是因為空想，因為早期數據較不可靠而不會顯示於此；一方面就只是因為，你把一個大上太多的地方做平均計算就會有較平滑的結果。根據各種不同估計，印度次大陸的人口在一萬兩千年前可能有10萬人，六千年前有100

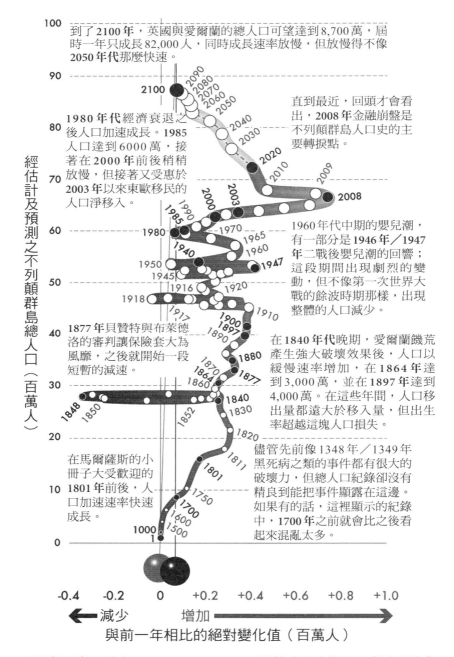

經估計及預測之不列顛群島總人口（百萬人）

**100** 到了 2100 年，英國與愛爾蘭的總人口可望達到 8,700 萬，屆時一年只成長 82,000 人，同時成長速率放慢，但放慢得不像 2050 年代那麼快速。

直到最近，回頭才會看出，2008 年金融崩盤是不列顛群島人口史的主要轉捩點。

**80** 1980 年代經濟衰退之後人口加速成長。1985 人口達到 6000 萬，接著在 2000 年前後稍稍放慢，但接著又受惠於 2003 年以來東歐移民的人口淨移入。

1960 年代中期的嬰兒潮，有一部分是 1946 年／1947 年二戰後嬰兒潮的回響；這段期間出現劇烈的變動，但不像第一次世界大戰的餘波時期那樣，出現整體的人口減少。

1877 年貝贊特與布萊德洛的審判讓保險套大為風靡，之後就開始一段短暫的減速。

在 1840 年代晚期，愛爾蘭饑荒產生強大破壞效果後，人口以緩慢速率增加，在 1864 年達到 3,000 萬，並在 1897 年達到 4,000 萬。在這些年間，人口移出量都遠大於移入量，但出生率超越這塊人口損失。

在馬爾薩斯的小冊子大受歡迎的 1801 年前後，人口加速速率快速成長。

儘管先前像 1348 年／1349 年黑死病之類的事件都有很大的破壞力，但總人口紀錄卻沒有精良到能把事件顯露在這邊。如果有的話，這裡顯示的紀錄中，1700 年之前就會比之後看起來混亂太多。

-0.4　-0.2　0　+0.2　+0.4　+0.6　+0.8　+1.0

◄── 減少　　增加 ──►

與前一年相比的絕對變化值（百萬人）

**圖26　不列顛群島：總人口，1 年～2100 年。**（數據來自安格斯・麥迪森計畫及《2017 年聯合國世界人口展望》。）

萬人，而四千年前則有600萬人。

　　隨著城市、灌溉和文明的全面出現，人口再度上升，在兩千年前左右在大約7,500萬，除了偶爾出現瘟疫和入侵造成輕微擾動外，直到一千年前都還維持那個數字，之後就緩緩上升，在1600年達到1.35億人；而在那年，英國東印度公司（British East India Company）獲得伊莉莎白一世（Queen Elizabeth I）的皇家特許狀。在這種干涉（一開始平和，但後來很殘暴）產生效應後，由於先前控制成長的規範逐漸遭到破壞，人口開始不停上揚。到了1820年，印度次大陸的人口達到略多於2億人，接著加速真正起飛，如圖27所示。

　　因為能取得的總人口準確數據實在太少，讓圖27未能呈現1769年至1770年造成1,000萬人死亡的孟加拉大饑荒、1783年至1784年造成1,100萬人死亡的查利沙（譯注：Chalisa，意指四十，因為旃陀羅曆為1840年）饑荒，以及1791年至1792年的骷髏頭大饑荒，這一次又有數百萬人死亡，遺體未能火化或埋葬。時間線也沒有顯示1866年奧里薩邦（Orissa）饑荒死亡的100萬人、1869年拉什潘塔（Raj Punta）饑荒死亡的150萬人、在1876年至1879年間南印度饑荒死亡的600萬至1,000萬人、1896年起於本德爾罕（Bundelkhand）的饑荒中死亡的100萬人、1899年印度西部與中部饑荒中失去生命的100萬人，或是在1943年至1944年間孟加拉饑荒中悲慘死亡的150萬人。一如愛爾蘭饑荒，英國的統治行為在「確保饑荒救濟不足」上──以及在「確保讓饑荒得以如此致命的背景環境從一開始就十分根深柢固」一事上，都發揮了關鍵作用。

　　第一次世界大戰前，印度的人口加速較慢，1881年至1891年間只成長略多於10%。然而1921年後，印度的人口成長變得更高，並一路持

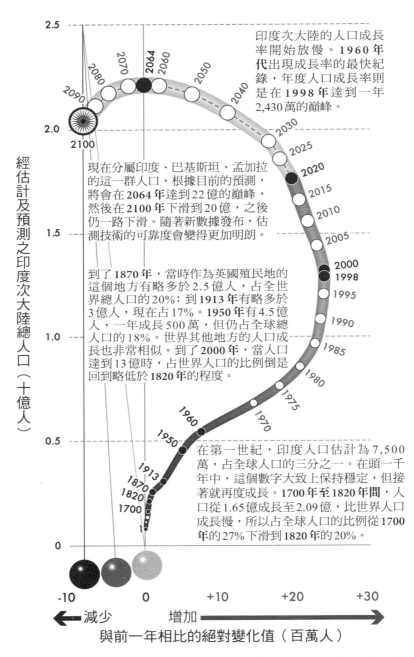

縱軸：經估計及預測之印度次大陸總人口（十億人）

2.5
2.0
1.5
1.0
0.5
0

2080
2090
2070
2064
2060
2100
2050
2040
2030
2025
2020
2015
2010
2005
2000
1998
1995
1990
1985
1980
1975
1970
1960
1950
1913
1870
1820
1700
1

印度次大陸的人口成長率開始放慢。**1960 年代**出現成長率的最快紀錄，年度人口成長率則是在 **1998 年**達到一年 2,430 萬的巔峰。

現在分屬印度、巴基斯坦、孟加拉的這一群人口，根據目前的預測，將會在 **2064 年**達到 22 億的巔峰，然後在 **2100 年**下滑到 20 億，之後仍一路下滑。隨著新數據發布，估測技術的可靠度會變得更加明朗。

到了 **1870 年**，當時作為英國殖民地的這個地方有略多於 2.5 億人，占全世界總人口的 20%；到 **1913 年**有略多於 3 億人，現在占 17%。**1950 年**有 4.5 億人，一年成長 500 萬，但仍占全球總人口的 18%。世界其他地方的人口成長也非常相似。到了 **2000 年**，當人口達到 13 億時，占世界人口的比例倒是回到略低於 1820 年的程度。

在第一世紀，印度人口估計為 7,500 萬，占全球人口的三分之一。在頭一千年中，這個數字大致上保持穩定，但接著就再度成長。**1700 年至 1820 年間**，人口從 1.65 億成長至 2.09 億，比世界人口成長慢，所以占全球人口的比例從 1700 年的 27% 下滑到 1820 年的 20%。

-10        0        +10        +20        +30

← 減少　　增加 →

橫軸：與前一年相比的絕對變化值（百萬人）

**圖27　印度次大陸：總人口，1 年～2100 年。**（數據來自安格斯·麥迪森計畫及《2017 年聯合國世界人口展望》。）

續到今日，可能未來數十年也將如此。生育率維持高檔的同時，新生兒也開始有免疫力，公共衛生設施也開始推行，導致加速本身的速度能加快。1947年英國規劃一團亂的印巴分治，可能造成多達200萬人在緊接其後的暴力行為中死亡。然而就像戰爭一樣，分治造成的崩壞也會導致嬰兒潮。

　　印度獨立後，新生兒存活率提高，使這個新國家的人口從1951年起每十年都成長20%以上，一直成長到2001年至2011年，也就是有精確計算紀錄的最晚近十年，才減緩到略低於20%。巴基斯坦的人口也以同樣的大幅度成長，但在2001年至2011年間放慢到20.1%的成長率，而且據估計近幾年都在減速。最重要的是，孟加拉降低得最快，該國在2001年至2011年間人口只成長16.9%，而那樣的成長大半是因為有壽命更長的人口，而不是因為有更多新生兒；這段期間裡，因為出生人數減少，該國的人口成長率也年年下滑。

　　整個印度次大陸的人口成長加速期終結於1995年，當時僅一年內就增加了2,400萬人。趨緩早就已經開始，始於二十五年前的印度，但目前預測那場趨緩會很慢：2020年人口成長會滑落到一年增加2,000萬人以下，2043年增加人口會少於1,000萬，接著在2063年達到零成長，也就是印度次大陸的巔峰人口（或者根據聯合國2019年估計，將在2059年達成）。之後，根據2017年聯合國預測，人口會從2094年開始一年減少超過700萬人，當時總人口仍然超過20億人，而10億人口則是在1987年達成。然而，我們有很充分的理由認為趨緩會更快，畢竟最近期的生育率下滑，就是聯合國2017年和2019年的預測在「最可能」結果上，高估未來人口的最明顯徵兆。但其他國家的歷程也能反映真實情況，我們可以

從其他國家不遙遠的過往中得知很多事——只要好好觀察。

　　日本也像印度一樣曾深受饑荒所苦,但那些饑荒沒有納入這裡呈現的紀錄,因為現有的數據品質沒有好到能在這些時間線中納入那些饑荒。1640年至1643年寬永大饑荒的死者最多10萬人;1732年的享保饑荒,死亡人數根據不同資料估計,從12,000人到100萬人不等。

　　1782年至1788年的天明大饑荒幾乎讓日本減少100萬人口,部分是因為饑饉使人虛弱而更容易受疾病影響。1833年至1887年的天寶大饑荒,在日本某些地方造成3%到4%的人口死亡。但如圖28的時間線所示,在沒有饑荒的大部分歲月裡,日本的人口都是穩定成長,然後加速,在1500年至1700年間增加一倍,達到至少2,700萬人。之後成長非常緩慢,尤其是在後來由幕府統治的江戶時代,期間全日本共同防堵外來的影響。1822年霍亂傳染到日本,可能造成人口減少之後,1825年幕府頒布官方命令,所有缺乏妥當貿易許可的外國船隻——換句話說,任何不是荷蘭東印度公司(Dutch East India Company)的船隻,都將「以大砲」驅逐(譯注:異國船打拂令)。1822年的人口減少在這裡使用的數據中很明顯,但很難找到任何補強證據證明霍亂流行真有那麼嚴重。我們常常忘記,自己對過往的確信就跟對未來的確信一樣少。

　　直到1868年明治維新以後,日本人口的加速才恢復。1891年濃尾地震導致大火肆虐和大量死亡,其後出現趨緩。[25]第一次世界大戰期間,日本武裝部隊把流行性感冒傳入東京,而他們在戰前的動員幫忙啟動一次較小的趨緩(因為較少人出生)。第二次世界大戰開始時出現類似的趨緩,接著在美國於1945年丟下兩顆原子彈後,發生1822年以來首見

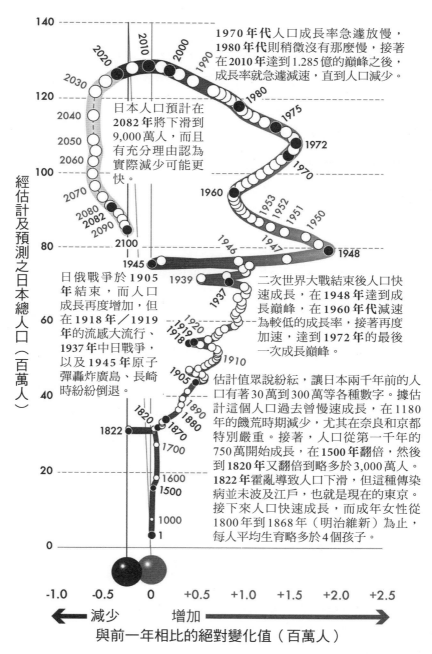

圖28　日本：總人口，1年～2100年。（數據來自安格斯・麥迪森計畫及《2017年聯合國世界人口展望》。）

的人口下滑。之後出現一波嬰兒潮，在1948年巔峰時，光是那一年就增加200萬人口，但因為做平滑處理的關係，在時間線上看起來就沒有那麼明顯。生育率過了巔峰，就快速下降來到低點，導致1960年日本人口淨增加數只有89萬人。接著出生率（一年內誕生的嬰兒數）而不是生育率（婦女生育小孩的總數平均）再度上揚（除了1966年外），在數量最龐大的二戰嬰兒潮之子開始生小孩的1972年，人口增加量短暫攀升到150萬。[26]

　　1972年以後，日本的出生率一落再落，一開始很快下滑，接著稍慢一些，一直持續到該國達到人口最大值的2009年／2010年。每名成年女性平均生育的孩子數在1975年降到2以下，1993年降到1.5以下，2003年更下跌到1.3以下，今日東京的數字是1.09，而且還在下滑。2018年12月，《日本時報》報導：「數據顯示，人口下滑的速度在出生率下滑中加快，意味著政府越來越難達到『將總生育率2025會計年度結束時提高至1.8』的目標。」[27] 設定在某個會計年度結束前增加生育率的目標，非常切實地說明政策制定者把人看成有價物品的習慣。但如果不改變政策來支持移民增加，日本人口就有可能在2065年岌岌可危地下滑到1億，然後在2099年低於8,500萬。

　　日本女性從1970年代初期以後能取得的，印度次大陸女性今日幾乎也都能取得：不只是避孕用具和人工流產，還有教育、男性的更加尊重，以及意識到子女現在幾乎一定能在自己死後繼續存活並長大成人。約莫五十年前日本出現的東西，沒有理由不能出現在世界上目前有高生育率的其他地方（而且應該很快出現才對）。1970年代，日本人口有四分之一是15歲以下的孩子；今日，印度人口有四分之一是孩子。

# 全歐亞大陸的趨緩

歐亞大陸的其他地方呢？亞洲和歐洲之間的邊界是無意義的一條線，因為它們不是兩塊分離的大陸。所以接著來關注歐亞大陸去除不列顛群島、印度次大陸、中國或日本的部分：換句話說，本章目前尚未涵蓋、這塊超級大陸的大部分地帶。圖29的時間線顯示的是現在很熟悉的樣貌，一開始看起來幾乎沒有顯著的人口變化，但這只是因為人口變化率太低，低到就算我們確實有好到能畫圖的數據，也要用雙對數尺度才能看見劇烈變化。

1820年之後，歐亞大陸其餘地帶的人口成長開始小規模加速。戰爭和流感造成1918年的負成長，終結這場加速。然而到了1920年又恢復加速，但再度被第二次世界大戰打斷，之後有一波嬰兒潮、一波死亡率下降，以及一場整體的大幅上升，讓1965年的10億總人口到了2025年預估將達到20億，日後在2060年會達到巔峰，而到了2100年，人口應該已經下滑了四十年，並再度回歸20億。一如往常地，聯合國2017年的預測並未展現出目前日本正經歷的急速趨緩，而它預測會發生的情況，也比「應該最有可能發生，也確實是人們最近這些年體驗到的狀況」更加平滑且緩慢。過去的先例主張，如果一場趨緩不是因為戰爭、饑荒或瘟疫造成，就會加速進行。

圖29中時間線有一個下降是2000年，而那又呼應較早之前1975年左右的嬰兒人數暴跌，而1975年本身又是第二次世界大戰後第一場大型嬰兒潮的回響。但值得注意的是，在過去的二十一個世紀裡，歐亞大陸內的人口相對分布有多麼一致。在西元的第一年裡，以目前的國家邊界來

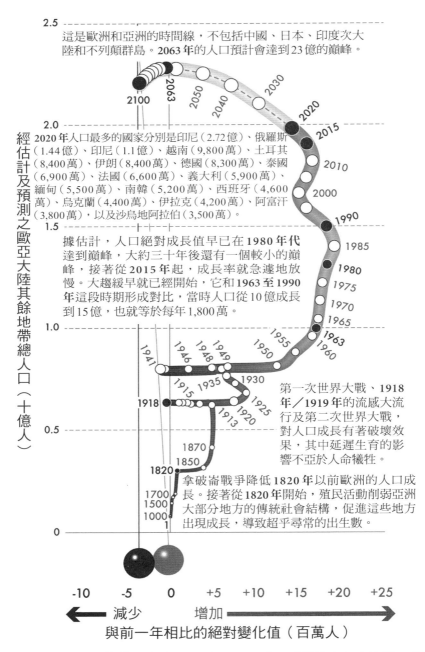

這是歐洲和亞洲的時間線，不包括中國、日本、印度次大陸和不列顛群島。2063 年的人口預計會達到 23 億的巔峰。

經估計及預測之歐亞大陸其餘地帶總人口（十億人）

2020 年人口最多的國家分別是印尼（2.72 億）、俄羅斯（1.44 億）、印尼（1.1 億）、越南（9,800 萬）、土耳其（8,400 萬）、伊朗（8,400 萬）、德國（8,300 萬）、泰國（6,900 萬）、法國（6,600 萬）、義大利（5,900 萬）、緬甸（5,500 萬）、南韓（5,200 萬）、西班牙（4,600 萬）、烏克蘭（4,400 萬）、伊拉克（4,200 萬）、阿富汗（3,800 萬），以及沙烏地阿拉伯（3,500 萬）。

據估計，人口絕對成長值早已在 1980 年代達到巔峰，大約三十年後還有一個較小的巔峰，接著從 2015 年起，成長率就急遽地放慢。大趨緩早就已經開始，它和 1963 至 1990 年這段時期形成對比，當時人口從 10 億成長到 15 億，也就等於每年 1,800 萬。

第一次世界大戰、1918 年／1919 年的流感大流行及第二次世界大戰，對人口成長有著破壞效果，其中延遲生育的影響不亞於人命犧牲。

拿破崙戰爭降低 1820 年以前歐洲的人口成長。接著從 1820 年開始，殖民活動削弱亞洲大部分地方的傳統社會結構，促進這些地方出現成長，導致超乎尋常的出生數。

-10  -5  0  +5  +10  +15  +20  +25

← 減少　　增加 →

與前一年相比的絕對變化值（百萬人）

圖29　歐亞大陸其餘地帶：總人口，1 年～2100 年。（數據來自安格斯‧麥迪森計畫及《2017年聯合國世界人口展望》。）

算，人口最多的十個國家分別是俄羅斯（750萬）、義大利（700萬）、土耳其（610萬）、法國（500萬）、西班牙（450萬）、伊朗（400萬）、德國（300萬）、印尼（280萬）、菲律賓（240萬）及希臘（200萬）。1820年波蘭和南韓剛剛加入前十名，而伊朗和希臘跌出排行榜。到了2020年，印尼會排名第一（2.72億人），伊朗將會重回前十，一起進榜的還有越南、泰國和緬甸三名新秀，分別取代西班牙、波蘭和南韓。這些是改變沒錯，但不是最急遽的改變。

　　簡而言之，今日歐亞大陸的人們大致上都住在同一個地方，沿著同一座河谷，就跟兩千年前一樣。巨大的差別不是人跑到哪裡，而是兩千年前每有一個人類活著，現在相對地就有三十個人活著，總體預測變化明顯地小於過往的變化。在「歐亞大陸其餘地方」上，今天每有十個人活著，到了2100年就會有11個人活著，等於未來的八十年裡只會有10%的增加。屆時人口前十名國家的預測列於表6。

　　到了2100年，印尼將會擁有美國在2009年達到的人口，而菲律賓則會跟1999年的巴西人口一樣多，伊拉克會比今日巴基斯坦的人少，而俄羅斯則會回到在1963年的人口。所以，就算接下來八十年的人口成長如同聯合國2017年預測的那樣發生了，你之前在擔心的到底是什麼？

　　（當我們擔心人口成長時）擔心的不是成長，而是死亡。我們擔心太多人會導致饑荒──那是因為我們尚未認識到，饑荒從來不是因為人太多造成，而是政治造成。我們擔心人口成長會導致大規模遷徙──因為缺乏集體想像力，無法看出未來將十分需要移民，我們應該擔心移民太少，而不是移民太多。我們覺得「太多人」會導致戰爭，但發動戰爭的只是非常少數的一小群人，很不幸的是，阻止戰爭得耗上很大的人力，

而且通常會犧牲許多人的性命。我們擔心大量的人類會導致新疾病擴散，卻完全忘記古早以前人還那麼少時，疾病有多麼致命。

我們對恐懼有一種民間共同記憶。據估計，黑死病在1350年前後的幾年內殺死三分之一到60%的歐洲總人口，這場鼠疫可能把全世界總人口從大約4.5億降到至少1億。全球人口花了兩個世紀才恢復到先前程度，而鼠疫則是一再復發。

表6　2100年預期人口最多的歐亞大陸國家（不包括印度、
　　　巴基斯坦、孟加拉、中國、不列顛群島及日本）

| 人口（百萬） | 國家 |
| --- | --- |
| 306 | 印尼 |
| 173 | 菲律賓 |
| 156 | 伊拉克 |
| 124 | 俄羅斯 |
| 107 | 越南 |
| 85 | 土耳其 |
| 74 | 法國 |
| 72 | 伊朗 |
| 71 | 德國 |
| 70 | 阿富汗 |

資料來源：UN Department of Economic and Social Affairs, *UN World Population Prospects: The 2017 Revision*, https://www.un.org/development/desa/publications/world-population-prospects-the-2017-revision.html.

　　表6的預測會是錯的，如果有第三次世界大戰或另一場大規模流行病，表6就將錯得離譜。如果這類事情沒有發生，表6還是有可能錯得非常離譜。但最有可能的情況是，因為伊拉克和阿富汗再也不會成長到擠進全球前十名，導致這張表出錯。因為表上這些國家裡，有一些的人口會更快速減少，有些國家則不再有同樣的邊界，或是邊界將徹底不復存在而徒留其名，使得這張表出錯。德國和法國，或者跟其他歐陸國家的邊界，可能在不久後的某天，就變得跟今日英國麥西亞（Mercia）和威塞克斯（Wessex）的邊界一樣無關緊要（譯注：英國七國時代的兩個王國，如今全在聯合王國境內）。

## 大洋洲和美洲的趨緩

　　地球上最後兩個尚未談到的大區域，就是大洋洲和美洲（不包括本章開頭談過的美國）。

　　大洋洲在被征服前，估計有50萬人，且從西元1年到1770年詹姆斯・庫克（James Cook）船長一行人登陸植物學灣（Botany Bay）為止，都非常穩定地保持極緩慢成長。在那場慘烈相逢（及另外數百場發生在許多太平洋小島上的類似相逢）之後，約有五分之一的人口死亡，讓大洋洲總人口在1820年減少到53萬9,000人，甚至之後還繼續下滑。如果這個故事聽起來越來越像在老調重彈，是因為實際上就是如此。

　　英國人不管登陸到哪裡，都造成浩劫，他們攜帶的細菌削弱了接下來會打敗的人。接著，他們和其他殖民者強加施行的社會秩序，將會毀滅成千上萬小小島嶼上每個穩定的社會制度，那些合稱為澳洲、新幾內

亞和紐西蘭的少數較大島嶼也難以倖免，最終造成人口大加速。

　　到了1840年，隨著自願或強迫前往大洋洲的歐洲移民行動開始加速，移入移民就超過疾病、飢餓和直接迫害造成的死亡人數。到了1852年，大洋洲的人口已經翻倍來到100萬，又因1851年開始的淘金熱進一步加速，到了1864年，人口已有200萬；1877年到達300萬，而淘金熱已經頻繁到無法一一列出；到了1885年，已有400萬人住在這個區域，大部分在澳洲，而1893年已有500萬人。因此在1829年至1885年的僅僅五十六年中，人口增加到原本的十倍。如果你還想看失控加速是什麼樣子，這就是又一個例子；然而這段時期在圖30的時間線上很難凸顯出來，因為當時總人口還是太少。

　　第一次和第二次世界大戰大多在地球另一面進行，但是這兩場戰爭也一樣損傷大洋洲的人口。人們在遠方土地上戰鬥，許多人死亡，很多徵召入伍是在沒有徵兵制度的情況下完成的：舉例來說，澳洲在1942年才頒布徵兵制。戰後，更多移入者來到後又出現一波嬰兒潮，而這些移民主要來自大不列顛，但也有來自中國和戰後殘破的歐洲。嬰兒潮消失後，1989年達到加速的巔峰。在遙遠的歐洲，柏林圍牆倒下，鐵幕也消失了。2008年，澳洲總理陸克文（Kevin Rudd）宣布關閉馬努斯島（Manus Island）上及太平洋小國諾魯境內具爭議的移民拘留設施，並宣布未來難民將轉至聖誕島（Christmas Island）處理。[28] 但加速狀態在那年結束並不是因為這個理由；難民的人數根本就少到不會產生影響。加速會停止，是因為嬰兒潮的餘波來到尾聲。

　　到了2100年，如果聯合國預測正確，大洋洲依然只會占世界人口的極小比例：約7,200萬人，也就是屆時地球上每155人才有1個住在大洋

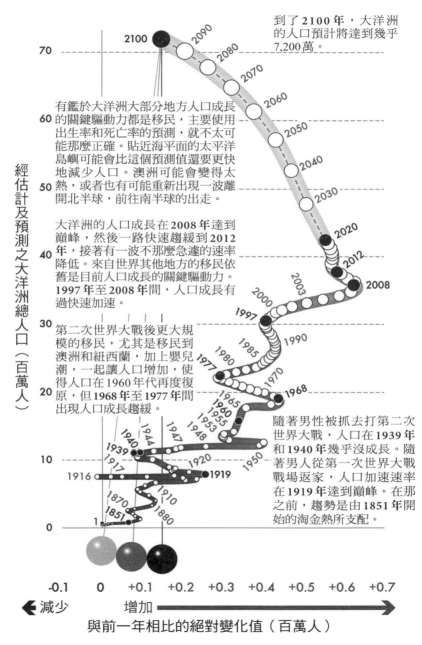

到了 2100 年，大洋洲的人口預計將達到幾乎 7,200 萬。

有鑑於大洋洲大部分地方人口成長的關鍵驅動力都是移民，主要使用出生率和死亡率的預測，就不太可能那麼正確。貼近海平面的太平洋島嶼可能會比這個預測值還要更快地減少人口。澳洲可能會變得太熱，或者也有可能重新出現一波離開北半球，前往南半球的出走。

大洋洲的人口成長在 2008 年達到巔峰，然後一路快速趨緩到 2012 年，接著有一波不那麼急遽的速率降低。來自世界其他地方的移民依舊是目前人口成長的關鍵驅動力。1997 年至 2008 年間，人口成長有過快速加速。

第二次世界大戰後更大規模的移民，尤其是移民到澳洲和紐西蘭，加上嬰兒潮，一起讓人口增加，使得人口在 1960 年代再度復原，但 1968 年至 1977 年間出現人口成長趨緩。

隨著男性被抓去打第二次世界大戰，人口在 1939 年和 1940 年幾乎沒成長。隨著男人從第一次世界大戰戰場返家，人口加速速率在 1919 年達到巔峰。在那之前，趨勢是由 1851 年開始的淘金熱所支配。

經估計及預測之大洋洲總人口（百萬人）

與前一年相比的絕對變化值（百萬人）

◀ 減少　　增加

圖 30　大洋洲：總人口，1 年～2100 年。（數據來自安格斯・麥迪森計畫及《2017 年聯合國世界人口展望》。）

洲。但未來可能會非常不同,大洋洲最貼近海平面的島嶼將在2100年淹沒,但聯合國也沒有算,它預測人們仍會活在那些地區——照理來說,當時已在水底下,而那些較大島嶼上幾近空無一人的廣大地帶還是空蕩蕩,彷彿聯合國是預期那些曾在澳洲跟紐西蘭推動那麼多種族主義移民法案的歧視會永遠持續、永遠不受控制;也彷彿聯合國是公然預期西巴布亞(West Papua)永遠不會獲得自由,不會為當地帶來穩定,並終結暴力。

最後,美洲怎樣呢?把(還在加速的)美國從總人口中去除的話,一個非常不同的樣貌就浮現了,那是一種你現在應該很熟悉的樣貌。圖31的時間線明顯出現巨大的問號形趨緩。然而,我們無法從時間線清楚看到的是,最早降臨於美洲的大災難。兩千年前的570萬人口到1000年提高到1160萬,並在1500年達到1780萬,到了1600年卻下滑了一半多,來到890萬。那種規模的改變需要在短短一百年內,接連七次,讓人口減少10%。這全都發生在改變一切的那一年——1492年,克里斯多福‧哥倫布(Christophorus Columbus)在藍色的海洋上航行沒過多久之後。西班牙人和葡萄牙人接管,並開始從非洲帶奴隸來後,只讓美洲人口緩慢復原,1700年人口上升到1,230萬人。但就這麼一回,英國人——不在加勒比海諸島上,而是在現在的加拿大,以及前身是英屬宏都拉斯的貝里斯,徹底在故事中缺席,因為我們已經把日後成為美國的英國十三殖民地排除在圖31之外。

到了1800年,美洲其餘地帶的人口經過三百年總算回復到前哥倫布時代水準。1820年人口成長到2,290萬,1880年翻倍到5,200萬,在1930

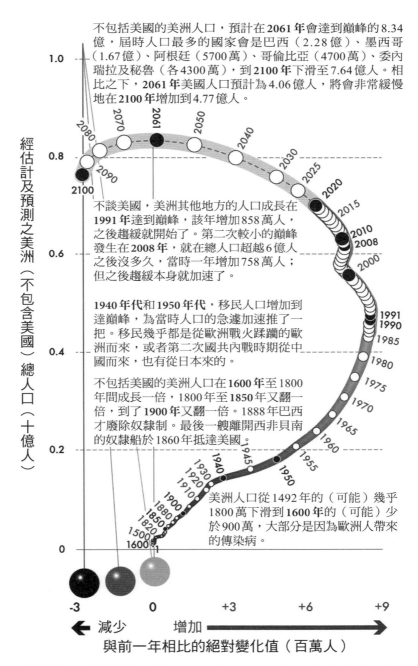

不包括美國的美洲人口，預計在**2061年**會達到巔峰的8.34
億，屆時人口最多的國家會是巴西（2.28億）、墨西哥
（1.67億）、阿根廷（5700萬）、哥倫比亞（4700萬）、委內
瑞拉及秘魯（各4300萬），到**2100年**下滑至7.64億人。相
比之下，**2061年**美國人口預計為4.06億人，將會非常緩慢
地在**2100年**增加到4.77億人。

不談美國，美洲其他地方的人口成長在
**1991年**達到巔峰，該年增加858萬人，
之後趨緩就開始了。第二次較小的巔峰
發生在**2008年**，就在總人口超越6億人
之後沒多久，當時一年增加758萬人；
但之後趨緩本身就加速了。

**1940年代**和**1950年代**，移民人口增加到
達巔峰，為當時人口的急遽加速推了一
把。移民幾乎都是從歐洲戰火蹂躪的歐
洲而來，或者第二次國共內戰時期從中
國而來，也有從日本來的。

不包括美國的美洲人口在**1600年**至1800
年間成長一倍，1800年至**1850年**又翻一
倍，到了**1900年**又翻一倍。1888年巴西
才廢除奴隸制。最後一艘離開西非貝南
的奴隸船於1860年抵達美國。

美洲人口從1492年的（可能）幾乎
1800萬下滑到**1600年**的（可能）少
於900萬，大部分是因為歐洲人帶來
的傳染病。

經估計及預測之美洲（不包含美國）總人口（十億人）

減少　增加
與前一年相比的絕對變化值（百萬人）

**圖31　美洲（不包含美國）：總人口，1年～2100年。**西元1年人口大約是600
萬，1000年為1,200萬，1500年為1,800萬，這些數據在本圖上很難看清楚，因
為1600年人口便下滑至900萬。（數據來自安格斯・麥迪森計畫及《2017年聯合
國世界人口展望》。）

年達到1.21億，之後隨著重創歐美、中國、日本的經濟蕭條驅使一波波新移民前來，比上述還大的加速再度展開。圖31時間線在1940年至1980年處的凹曲線，是一個加速正在減緩的完美範例，1960年人口加倍到2.42億，而到1991年又翻倍到4.84億。後者也是加速到達巔峰的一年。此地人口的預期巔峰則是2060年，不包括美國在內的美洲會有8.34億人，接著就和其他地方一樣，人口最終會下滑。這有可能比預期來得更早、更快，除非某種意想不到的災難來襲，包括那些因為諸多理由而要歸咎於蠢人或短視者的大災難，否則我們是該如此預期。但是為什麼到了未來，我們全體還要笨成那樣？我們越來越清楚，戰爭是邪惡的、人應該有人權、饑荒能夠徹底避免、疾病要治療也要預防，而且更重要的是，女性有權選擇要不要生育，以及何時生育。

最後，世界上有四個地區尚未討論：空中的人口，目前仍在增加並於2018年達到130萬人，或者20萬架飛機；船上的人口，數量從未計算；南極洲的人口；還有太空中的人口。[29]以南極洲為家的人在冬季略少於1,000人，夏季則是略少於4,000人。國際太空站（International Space Station）在2009年的人口巔峰時刻有13人。[30]我們未來不會藉由遷移到外太空來逃避人口定時炸彈，不只是因為沒有近到去了會有效益的地方，所以不可能實現，也是因為——根本**就**沒有人口定時炸彈，從來都沒有人口定時炸彈這種東西。值得再說一次，本章的預測是聯合國2017年發表「最有可能的」估計，而當聯合國於2019年6月更新數字後，這些估計值幾乎全部都稍稍縮水一些。我們有充分理由可以懷疑，世界人口的實際趨緩將比第一版官方下修的數字還要快上許多。

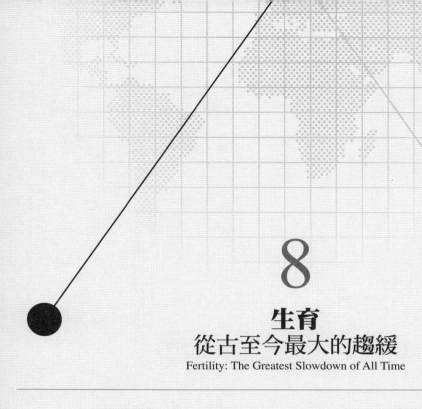

# 8

## 生育
### 從古至今最大的趨緩
Fertility: The Greatest Slowdown of All Time

時光流逝，同一群人變老，科學家進行下一波數據收集，關
於那群人的發現大量湧現。

———海倫・皮爾森（Helen Pearson），2016 年

醫學和流行病學越來越常利用成千上萬，甚至千百萬人的群體，取得世代變遷的相關事實。英國醫師團隊（British Doctors' Cohort，1950年代時成立）就曾藉此得到始料未及的研究結果，也就是由菸草導致的多種疾病。今日，我們並沒有做出這麼驚人的重大發現。實情和我們感覺到的世界狀態及全球政治正好相反，事物並非以前所未有的高速在改變。儘管科學論文持續如洪流泛濫，但我們對自身的認識已經不會再有什麼大幅進展。這些在大學工作的人常常覺得，我們是不得不說自己在偉大的發現後又做出偉大的發現，在貧富較不均的國家中尤其如此，因為那裡的大學必須把自己弄得很特別才能推銷出去，那裡的研究者和科學期刊也得如此。要賣一本書，你要能說書裡的訊息是新的，但最快速發現新事物的時代已經過去了。

我們仍活在特別有趣且不尋常的時代，而那完全就是因為太多事情現在並沒有變化得那麼快。儘管趨緩出現時通常都被當成禍害，但其實不需要這樣。那可以是反思時刻，除了是薪資成長、創新速度的趨緩，也是資源消耗不再以指數擴大的趨緩。最重要的，那是人的趨緩，尤其是有孩子的人得以趨緩。我們正在目睹的，幾乎就是若要幸福地存活，就有必要進行的趨緩。活在資本主義開始終結的開始，或者至少是活在資本主義近期運作方式的尾聲，看來似乎是我們的福氣，我們處在長久成長的尾聲。然而，我們根本還沒有認清趨緩是什麼樣的東西，更別說開始歡迎它的到來。

全世界只有過去五個世代（下頁表7可見過去三十五個世代）經歷徹底深陷猖獗資本主義風暴的生活；在那種生活中，私人收益所向無敵，而每個世代的信念、生存機會，還有生活水準都經歷一場海嘯般的變

## 表7　三十五個世代（根據英國君主和英國生命表）

| 代表君主 | 出生－逝世 | 代 | 起始年 | 結束年 | 長度（年） |
|---|---|---|---|---|---|
| 愛德蒙一世 | 921–946 | 1 | 900 | 934 | 34 |
| 埃塞爾雷德 | 968–1016 | 2 | 935 | 969 | 34 |
| 懺悔者愛德華 | 1003–1066 | 3 | 970 | 1004 | 34 |
| 威廉一世 | 1028–1087 | 4 | 1005 | 1036 | 31 |
| 威廉二世 | 1056–1100 | 5 | 1037 | 1067 | 30 |
| 亨利一世 | 1068–1135 | 6 | 1068 | 1101 | 33 |
| 亨利二世 | 1133–1189 | 7 | 1102 | 1135 | 33 |
| 理查一世 | 1157–1199 | 8 | 1136 | 1166 | 30 |
| 約翰 | 1166–1216 | 9 | 1167 | 1200 | 33 |
| 亨利三世 | 1207–1272 | A | 1201 | 1234 | 33 |
| 愛德華一世 | 1239–1307 | B | 1235 | 1270 | 35 |
| 愛德華二世 | 1284–1327 | C | 1271 | 1305 | 34 |
| 愛德華三世 | 1312–1377 | D | 1306 | 1341 | 35 |
| 亨利四世 | 1367–1413 | E | 1342 | 1376 | 34 |
| 亨利五世 | 1386–1422 | F | 1377 | 1411 | 34 |
| 理查三世 | 1452–1485 | G | 1412 | 1446 | 34 |
| 亨利七世 | 1457–1509 | H | 1447 | 1480 | 33 |
| 亨利八世 | 1491–1547 | I | 1481 | 1514 | 33 |
| 伊莉莎白一世 | 1533–1603 | J | 1515 | 1548 | 33 |
| 詹姆士六世 | 1566–1625 | K | 1549 | 1582 | 33 |
| 查理一世 | 1600–1649 | L | 1583 | 1616 | 33 |
| 查理二世 | 1630–1685 | M | 1617 | 1650 | 33 |
| 喬治一世 | 1660–1727 | N | 1651 | 1682 | 31 |
| 喬治二世 | 1683–1760 | O | 1683 | 1718 | 35 |
| 喬治三世 | 1738–1820 | P | 1719 | 1754 | 35 |
| 喬治四世 | 1762–1830 | Q | 1755 | 1787 | 32 |
| 維多利亞 | 1819–1901 | R | 1788 | 1819 | 31 |
| 愛德華七世 | 1841–1910 | S | 1820 | 1845 | 25 |
| 喬治五世 | 1865–1936 | T | 1846 | 1875 | 29 |
| 喬治六世 | 1895–1952 | U | 1876 | 1900 | 24 |
| **伊莉莎白二世** | **1926–** | **V** | **1901** | **1928** | **27** |
| *查爾斯* | *1948–* | *W* | *1929* | *1955* | *26* |
| *黛安娜* | *1961–1997* | *X* | *1956* | *1981* | *25* |
| *威廉* | *1982–* | *Y* | *1982* | *2011* | *29* |
| *喬治* | *2013–* | *Z* | *2012* | *2042* | *30* |

資料來源：作者使用英國生命表和歷史紀錄計算而成。

遷。在那一刻之前，世界上大部分的人都過著與父母雷同的生活，通常都做著一樣或類似的工作、經營著類似的生活風格、有著同樣的信仰，並面對非常類似的風險。在人類歷史的大半時光裡，當收益縮水使人們得放棄一個地方，或是賺大錢的新方法突然出現而把村莊變成城鎮時，所有的村莊、城鎮和國家不也是突然轉變為非常不一樣的東西。

　　我們已經太習慣變化，而把它當成常態。想想牛津郡（Oxfordshire）的村莊，在1950年代沒有供應電力或天然氣，當時的居民也大半是農人，但是如今通往倫敦的高速公路在這個地方不遠處就有出口，當地現在一棟大房子就比七十年前整座村莊加起來還貴；想想那個曾經以生產汽車和音樂舉世聞名，現在卻因廢棄空地和自來水含鉛而惡名昭彰的美國城市（譯注：指底特律）；想想隨便哪個一世紀（或隨便多久）以前還不是國家的國家——那種地方構成世界的大半部分。

　　當社會海嘯平息，當改變的速度減緩，當大事底定，當服裝時尚、工作、生活和學習的方式將更固定之後，我們的孩子和他們的下一代，就可能再次舒舒服服地回到跟你父母差不多的生活節奏。年輕人和老人的工作及假期體驗可能會再度十分接近，彼此也會擁有類似的看法和期待。我們離這個未來還有一段距離，但看來似乎正朝著那個未來前進。

　　我們最年輕的成人世代——Y世代一生中出現的科技變化，已經比先前幾個世代體驗的少多了。對他們來說，並沒有人創造新類型的網際網路、沒有新能源、沒有新形態的交通運輸，也沒有新的軍武（幸好就目前所知是沒有）。然而，我們現在太習慣科技變化的理所當然，以至於幾乎無法接受技術趨緩這個單純的事實。但過去十年發行的大部分新產品，技術面多半就只是錦上添花。隨著世界各地社會變得更加富裕，每

個增進我們生活品質的小小改變都越來越不重要。現在技術進展很明顯出現報酬遞減，再過不久，這種狀況會普通到連講出來都嫌無聊。[1]

在趨緩發生前，最突如其來的變化，就是人類減少面臨極端匱乏和慘烈困境，這和地球上被我們害到滅絕或瀕臨滅絕的其他無數物種面臨的情況有著明顯對比。隨著趨緩持續進展，讓物質生活更加輕鬆，隨著人越來越不會因新科技玩具而分心，就會更注意到我們造成的傷害。我們不只看到附帶損害和外部成本，也看到我們精神世界和情感世界所受的內部傷害。我們變柔和了，我們的階級和社會關係也變得較為柔和。壓抑的東西變少了，我們現在不那麼暴力了，我們的層級稍微沒有那麼分明。我們遠比過往更加意識到自己傷害或毀壞的一切。

階級和等級制度基本上就是出自於匱乏。經濟成長有一個伴隨著近期社會海嘯而來的關鍵益處，就是精神上的緩和。[2]我們能測量出程度的每個近期世代，和前一個世代相比，都逐漸更為寬容、更有關懷力、較不殘酷——因為本來就做得到。[3]儘管如此，我們並沒有變得更快樂，或者少焦慮一些。活著不要那麼焦慮，是更根本之幸福的一部分。但不幸的是，我們距離那種狀態還很遠，也還沒有學會如何控制貪婪的人。至少我們現在體認到，他們的財富是貪婪的結果，而不是能力或權利的成果，也不是天分或天生價值的結果。

最重要的是，能幫助我們以有別於過往人類的方式來看待彼此的，是自己在寥寥數個世代中的變化，從預期會目睹眾多後代死於童年（就算不到大部分，至少也人數眾多）的物種，變成如今終於可以幸福地思考穩定性，並決定只生少數幾個孩子或不生孩子的物種。圖32的時間線顯示全球總生育率（全世界平均下來，一名成年女性預期會生育的孩

子數，目前以年為單位計算，但未來因為趨緩將帶來遠比現在細微的改變，屆時可能要用不同的方式測量）[4]減速的步調有多快。

總生育是假定目前在各個特定年齡的生育率都維持原狀，一名成年女性會生育的平均孩子數。舉例來說，1960年初，當時34歲的女王伊莉莎白二世（Queen Elizabeth II），正懷著次子安德魯（Andrew），長子查爾斯（Charles）當時12歲；女兒安妮（Anne）10歲；1964年她38歲時，還會繼續生下第三個兒子愛德華（Edward）。她的總生育會是4，比1960年全球平均的5只少了一個孩子。英國皇室和其他眾人其實沒有那麼大的差異，至少在談生育時是如此。

圖32顯示直落而下的全球總生育率是一種趨緩的特徵。全球總生育率從一開始1960年代初期緩慢上升，於1964年（愛德華王子出生的那年）來到二戰以來的高峰5.07，然後1976年下滑到4，1992年是3，2010年是2.5，目前則快速朝向全球每位成年女性平均低於2.4個小孩的數字前進。我們以為全球各地的生育率差距極大，但就是因為趨緩在某些地方開始得早一點，在其他地方晚一點，現在很明顯的就是全球趨緩。

等一下會看到，現在世界各地趨緩的歷程幾乎都差不多，從中國到美國、瓜地馬拉到南韓、巴西到東帝汶都一樣。我們往往過度強調地域差異，因為差異看起來最有意思。然而，本章圖表所顯示的下滑樣貌全部實在太類似，以至於製圖者克斯汀・麥克勒（Kirsten McClure）要在每個地方加上不同的送子鳥來區別：全世界的時間線是鸛、美國是白頭海鵰、中國是丹頂鶴、尼日是鴕鳥、東帝汶是小葵花鳳頭鸚鵡、瓜地馬拉是魁札爾鳥、海地是伊斯帕尼奧拉咬鵑、法國是公雞、英國是知更鳥、南韓是朝鮮喜鵲、葡萄牙是巴塞盧什雞、巴西則是大嘴鳥。我會提這個

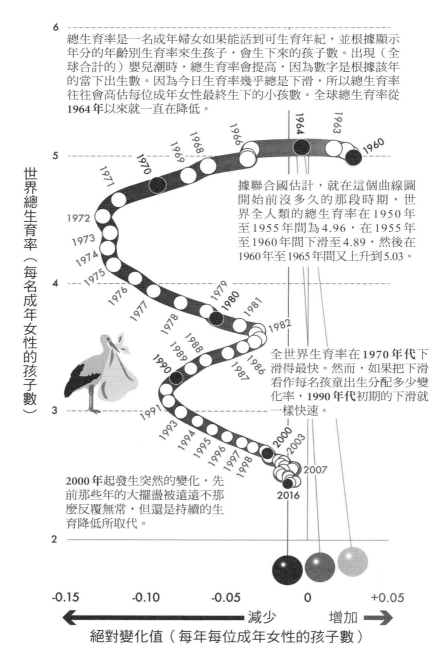

總生育率是一名成年婦女如果能活到可生育年紀，並根據顯示年分的年齡別生育率來生孩子，會生下來的孩子數。出現（全球合計的）嬰兒潮時，總生育率會提高，因為數字是根據該年的當下出生數。因為今日生育率幾乎總是下滑，所以總生育率往往會高估每位成年女性最終生下的小孩數。全球總生育率從**1964 年**以來就一直在降低。

據聯合國估計，就在這個曲線圖開始前沒多久的那段時期，世界全人類的總生育率在 1950 年至 1955 年間為 4.96，在 1955 年至 1960 年間下滑至 4.89，然後在 1960 年至 1965 年間又上升到 5.03。

全世界生育率在 **1970 年代**下滑得最快。然而，如果把下滑看作每名孩童出生分配多少變化率，**1990 年代**初期的下滑就一樣快速。

**2000 年**起發生突然的變化，先前那些年的大擺盪被遠遠不那麼反覆無常，但還是持續的生育降低所取代。

世界總生育率（每名成年女性的孩子數）

減少　　增加

絕對變化值（每年每位成年女性的孩子數）

圖32　**世界：總生育率**，1960 年～2016 年。（世界銀行公開數據，生育率，根據《2017 年聯合國世界人口展望》及其他來源做出估計，https://data.world bank.org/indicator/sp.dyn.tfrt.in。）

只是怕你漏看，不過也不是每個人都喜歡鳥就是了。

　　舉例來說，伊莉莎白女王的母親——伊莉莎白・安潔拉・瑪格麗特・鮑斯—里昂（Elizabeth Angela Marguerite Bowes-Lyon），就特別喜歡馬。她生於1900年，在相當漫長的人生中（於2002年過世），見證了不同凡響的變化。城市變化到誰都認不出來。王太后生於倫敦，但確切地點並不清楚——因為可能是在前往醫院的救護馬車上。1901年全世界最大的都市倫敦，是以極度貧窮為特色。該城市悲慘的生活條件，幾年前才被富人查爾斯・布斯（Charles Booth）標記在地圖上而被察覺，而他當初開始做這件事，其實是要證明貧窮不那麼普遍——但後來發現的狀況讓他震驚不已。5 1901年，大部分倫敦人的生活條件，至少都跟父母親那時一樣糟。上一代的人中有許多是近期才從鄉村或海外來的移民（就算不是多數，至少也有很多）。僅僅在1800年至1900年的一個世紀裡，倫敦的人口就從100萬人增加到650萬人。過度擁擠導致生活條件幾乎比今日世界上任一處貧民窟都還差；人們和害蟲、汙水比鄰而居。嬰兒死亡率達到新高峰，在1905年又長又熱的夏天留下史上最高紀錄。新生兒實在死得太多，以至於城市需要固定移入者的原因已經不只是為了成長，而是為了讓城裡的成年人口維持數量。

　　十八世紀晚期，法國哲學家尚—雅克・盧梭（Jean-Jacques Rousseau）寫道，人類若要存續，世界上每個成年女性都必須生產四個孩子，當時孩子死於疾病的比率就是這樣。不要說全世界，甚至連在生育下滑一開始就變本加厲的法國也是如此。盧梭的看法可能是受到一種事物變遷感激發，6當時的城市遠比鄉村危險太多，因為疾病要在集中的人口中散播遠比鄉村容易太多。必須生四個嬰兒才能讓自己有兩個小孩繼續繁衍，

這到二十世紀初都還說得通,一直要到那時候,隨著公共衛生進展,加上人類發展出病菌致病論,並接受論點,嬰兒死亡率才開始下滑。今日,出生在中國城市比出生在中國鄉村來得安全,中國都市嬰兒出生第一年面臨的死亡風險,比美國許多地方還低(就算不是多數地方,至少也是許多地方)。

公共衛生保健的進步,讓人可以少生幾個小孩。然而,有人會鼓勵一些成年女性繼續生多小孩。威廉・卑弗列治(William Beveridge,他日後大幅影響英國建立福利國家制度)在1930年代寫道,他建議中產階級的英國成年女性——而且很重要的,**只**針對中產階級的英國女性,為了人類著想,應該要生四個孩子。[7]卑弗列治這位社會改革家就和當時的眾多改革家一樣,年輕時也支持優生學。值得慶幸的是,我們現在了解到,沒有哪位顯赫菁英會生出基因能力特優而注定要領導眾人的下一代。優生學這種大變遷時代的症候,也隨時代興起衰落。

一個世紀前,世界變化是如此快速,以至於人們一旦不必生那麼多的小孩,就開始一場**誰**應被該生下來的爭辯。1920年代,紐約成長為世界上第一大城市。一直要到那個「頹廢」十年,富有的紐約人才贊成固定使用越來越普遍的電梯,而高樓上的豪華公寓(penthouse)這種概念也在那時被創造出來。[8]我們太容易忘記現代世界是多麼**晚近**才成形,我們都忘了,不過一個世紀以前,就算在那些最生氣蓬勃的世界經濟中心(連世界經濟都是才剛剛形成的體系)裡,街道還是怎樣地塞滿馬匹和馬糞。不管在城市或鄉下,大部分的人還是會走路去工作、購物、做任何事,常常一走就好幾英里。我們輕輕鬆鬆就能批評過去白人(尤其是中

產階級）自以為在生物學上優於他人的可惡觀感，卻忘記他們一生經歷的巨大混亂，無怪乎他們會困惑不已。但今日就沒有這種藉口了，我們現在都知道優生學不只是錯誤，而且邪惡。

圖33是圖32裡一塊區域的放大。需要放大這塊區域是因為，若以較長時期來考量尺度，就看不出最晚近的變化。乍看之下，數字較細的時間線似乎呈現加速正在回頭減低，但請以圖32的更全面脈絡來看：我們在最近期所看到的，就更顯得是當前全球生育趨勢中跌跌撞撞的轉捩點。1998年至2006年間，你可能會相信生育率正再度朝成長邁進，但事後來看，那只是短暫八年的反常，是一道來自過去的回音，但現在已停止迴盪。

如果把全球視為一體，1998年至2016年這段期間的生育率都在下滑，但2001年至2003年，接著2004年至2006年間，生育率似乎滑落得越來越慢。然而2014年後，躊躇而行的趨勢已不再明顯；生育的下滑再度加速。一旦得到統計數字，我們就會知道2017年至2020年間下滑持續加速到什麼程度，以及到了不遠的未來時，生育還會持續滑落多少。這將決定聯合國的全球總人口估計值要改寫多少，也會決定聯合國人口統計學家對於「暗中發揮作用的進程可能是什麼」的看法，會不會出現任何改變。

圖33的時間線一旦達到2，或者達到其實比那還前面一點點的地方，人口總數就會前所未有地停止成長，主要原因還是較少人出生，比較不是更多人死亡所造成。從2.4移動到2需要的時間和社會變遷量，都可以大略等同於「從每位成年女性生下略多過2.7個小孩到略多於2.4個小孩」需要的長度，在圖33中顯示為二十年。因為並非所有孩童都會活到自己

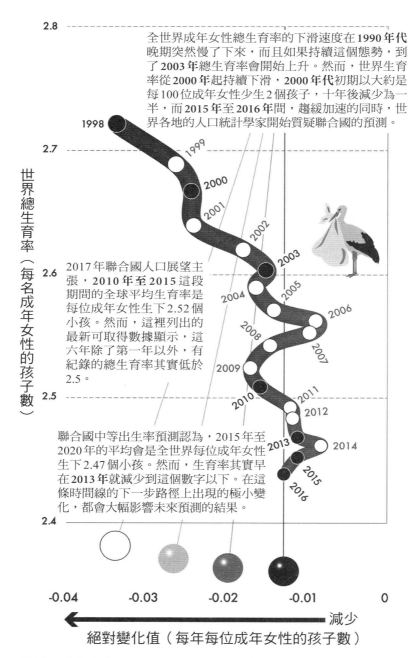

全世界成年女性總生育率的下滑速度在**1990年代**晚期突然慢了下來，而且如果持續這個態勢，到了**2003年**總生育率會開始上升。然而，世界生育率從**2000年**起持續下滑，**2000年代**初期以大約是每100位成年女性少生2個孩子，十年後減少為一半，而**2015年**至**2016年**間，趨緩加速的同時，世界各地的人口統計學家開始質疑聯合國的預測。

2.8

1998

2.7

1999

2000

2001

2002

2003

2005

2004

2006

2.6

2017年聯合國人口展望主張，**2010年**至**2015**這段期間的全球平均生育率是每位成年女性生下2.52個小孩。然而，這裡列出的最新可取得數據顯示，這六年除了第一年以外，有紀錄的總生育率其實低於2.5。

2008

2007

2009

2011

2010

2012

2.5

聯合國中等出生率預測認為，**2015年**至**2020年**的平均會是全世界每位成年女性生下2.47個小孩。然而，生育率其實早在**2013年**就減少到這個數字以下。在這條時間線的下一步路徑上出現的極小變化，都會大幅影響未來預測的結果。

2013

2014

2015

2016

2.4

世界總生育率（每名成年女性的孩子數）

-0.04　　-0.03　　-0.02　　-0.01　　0

減少

絕對變化值（每年每位成年女性的孩子數）

圖33　世界：總生育率，1998年～2016年。（世界銀行公開數據，生育率，根據《2017年聯合國世界人口展望》及其他來源做出估計，https://data.world bank.org/indicator/sp.dyn.tfrt.in。）

能夠育兒的年齡結束，或者連成年都活不到，所以達到穩定狀態的時間
點會比較靠近2.1，而不那麼靠近2。然而，那可能無關緊要，因為本書
所描述從全球各地最近期可取得的報告中得到的近期事件，都顯示生育
的下滑不會停留在2，而是會持續向下越過這個數字。以後會發生什麼
事，我們無從得知。要記住，在近期以前，我們都還不知道生育可以滑
落得那麼多、那麼快──而且是全球都下滑。既然存在這種出乎意料的
明顯變化，我們對未來走向的看法，就不該自信滿滿。

　　大部分人認為資本主義的歷史比實際上還要更長。人們從1850年代
開始使用**資本主義**（capitalism）這個詞彙，當時是用來描述發生在最早
期工業化及新型態商業貿易，展開全力進攻的少數地方之不尋常事件。
英國（尤其是倫敦）是資本主義的其中一個搖籃；此外，還有阿姆斯特
丹、威尼斯和里斯本。

　　不過在1850年代，大部分的人（甚至住在那幾個資本主義搖籃裡
的人）都不是在商行、港口、工廠或礦場工作。大多數人還沒有被資本
主義者、被那些身上錢越來越多（換句話說，資本越來越多）的人所深
刻染指。但少數人從工業、開採和貿易獲得龐大新利益，而能有更多閒
暇時間。這些人不論人數多少，都是第一群有時間思考的人，而今日已
有數百萬人（但還沒有到數十億人）能有這種時間，他們是第一批想著
「當時才能開始想像的東西」的人。在1850年代，我們甚至還不知道自己
是一個物種。

　　殖民和之後的工業化所帶來的貿易成長，又導致規模大上更多的旅
行活動。人們現在可以從全球各地收集動植物樣本，並把這些物種之間
的關係加以拼湊。許多人參與這個認識過程，但是今日我們只記得眾人

之上的那一位：達爾文。所有趨緩中最急遽的趨緩，也就是 1960 年代以降的生育普遍趨緩，僅僅發生在達爾文撰寫論文的一個世紀後。太多事情發生得太快，使我們仍處在仔細考量的過程中。至於舊想法，即便我們已能清楚看出它們誤入歧途，卻還是要花費一段時間才會消亡。新的想法仍在成形中，尤其是可以解釋趨緩的想法，以及可以解釋人類現在渴求什麼、想要變成什麼的那些想法。

## 趨緩的發生會綿延數個世代，而不是數十年

> 天擇靠著變異和遺傳而生效，而人類從第一次採用農耕至今只經過兩百四十個世代，而農耕廣為流傳至今恐怕還不到一百六十個世代。
>
> ——詹姆斯・C・史考特（James C. Scott），2017 年 [9]

人類學家暨政治科學家史考特寫下上述那段話時，是在推測人類已經被馴養了。我們是不是已經像刻意挑選繁殖的動物和穀物一樣，是經過挑選繁殖的結果？他推測，更容易馴服、更迎合群體、更卑躬屈膝的人較可能在定居社群中生存。但他提出警告，僅僅兩百四十個世代或一百六十個世代都太少了，不會產生多大的演化效果。本質上來說，大多數人在基因上仍和我們採集捕獵的祖先非常相像。所以，如果幾十個世代少到無法讓我們改變天生本質，就想想自從達爾文《物種起源》出版以來出生的七個世代，尤其是後面這五個在 1901 年之後出生的世代。這最後五個世代中的第一代，1901 年至 1928 年間（包含 1928 年）出生的

人，很可能會被一生中在面前展開的事物搞得眼花撩亂。王太后喜歡琴酒，也跟喜歡馬一樣出名，所以她恐怕未能把這一切徹底看清，但她那一代的人經歷最巨大的社會變遷，尤其老年目睹的事情，變化更是劇烈。

圖34顯示近代美國生育的下滑，範圍為1960年至2016年間。1960年代之前，每位成年女性平均生下接近4個小孩，其後生育數字滑落到1965年的低於3個，再到1969年的2.5個（短期乍看之下彷彿總生育率會再度上升），再到1972年的2個，然後1983年下滑到1.799個。這裡顯示的最新數字，也就是2016年的數字，幾乎又回到該點，而且還在持續下滑。2017年至2020年這段期間，就算不是年年創新低，至少也會有一年將達到史上最低紀錄，然後過了這段期間，接下來每一年都還會再創新低。

「年輕一代是怎麼了？」輪到老一代的人時都會這樣問。達爾文對世代非常著迷。這個詞彙在他的論文集中出現超過兩千次。[10] 如同第一章解釋的，遠在本章最關注的五個世代的第一代出生前，達爾文就描述「各種生活於自然狀態下的動物，在接連兩到三季內處於有利環境時，驚人快速增加的眾多記錄案例」。他是在談其他生物，但這正好也可以拿來談我們。此外，儘管對外部觀察者來說，當動物數量增加時，時節似乎就是有利的，但動物卻不會知道，自己為何突然變得像是比原本大上太多群體的一部分。

很明顯的是，有利人類的時節現在已經過了──不過是以非常有利的方式過去。全世界人口會大幅擴張，大半是因為某些事件對傳統生育控制制度造成不可改變的毀滅，但也是因為之後死亡率開始下滑。最終，當知道自己的孩子幾乎一定能在你死後繼續存活、社會將會在你老病時照顧，而你現在也可以開始更輕易地控制自己要幾個孩子，（平均上

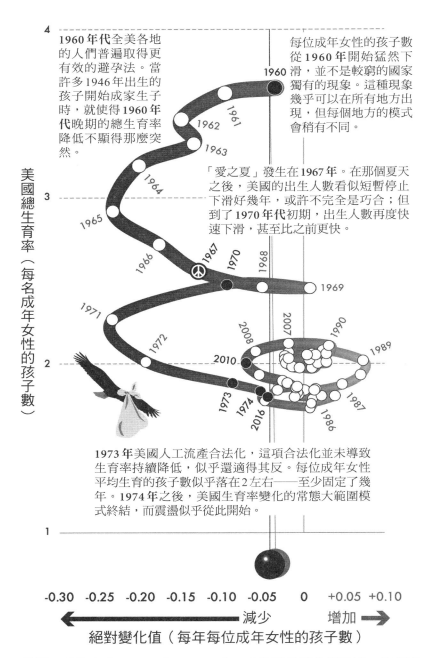

圖34　美國：總生育率，1960年～2016年。（世界銀行公開數據，生育率，根據《2017年聯合國世界人口展望》及其他來源做出估計，https://data.world bank.org/indicator/sp.dyn.tfrt.in。）

來說）你就會少生很多孩子。

　　事後來看，這五個世代中1901年後出生的第一代所經歷的時光，就是有利的時節。我們通常會覺得那段日子是以全球大戰為特色的慘烈時光，卻忘了在背景中悄悄發生的事。那些時節實在是太有利於人類，以至於全球人口加倍又加倍。但這對當時人類的影響是，談起那時不會充滿讚嘆，反而打從一開始就把人口成長當成苦果。那時我們的知識和經驗都天翻地覆，還伴隨著越來越強烈的擔憂感，擔心接下來會有什麼事發生在全人類的身上。當巨大改變剛發生，而我們還處於加速狀態時，未來就變得特別不確定。

　　1901年以前，對世界上大多數人來說，接下來會發生什麼其實一目瞭然，下一代將會過著跟之前幾代差不多的生活。他們會用馬犁地。（第一台曳引機遲至1901年才發明。）[11]世代間的改變（和接下來要發生的事相比）全都很微小。土地漸漸地被圈起。局部地帶發生的圈地行動，對遭到驅逐的個別家庭來說，變化感覺起來既突然又慘烈。但就國家尺度來看，更不用說從全球規模來看，在遙遠的過去裡，變化是以龜速進行。人們慢慢採納新的農耕技術。那時候（至少在西方國家的那時候），對未來的擔憂大部分是個人主義的擔憂。你自己想上天堂或永遠耗在地獄裡焚燒？當時沒有什麼對國家未來的整體擔憂，更別說對世界整體的擔憂，只有君主才在劃分國家。整個世界實在大上太多，不需要我們的擔心，那是上帝的領域。

　　當全世界人口先是開始翻倍，接著於1820年至1926年間又加快速度再度翻倍，轉變的前兆從此降臨。那樣的翻倍並未大幅影響大部分地方大部分人口的生活，甚至連住在那些當時認為變化最快速的地方（好比

說英國和美國）的大部分人，都沒有受到多少影響。我們這一批相當晚近的祖先，絕大多數都過著農村生活。

　　全球人口在一百零六年間翻倍導致的結果，是只有少數地方快速成長，而全世界也只有少數人經歷到這種成長，因為就平均來說，這場翻倍是每年增加少於0.7%所造成的結果。以全球來看，「到了1926年，世界人口翻倍到達20億人」這件事，是在大部分有人居住的地方都沒出現什麼空前效應之下發生的。但在僅僅半個世紀內再度翻倍，而在1974年達到40億人，然後又只用半個世紀翻倍，而於2024年左右來到80億人，你就改變「身為人類一分子」的意義。

　　圖35顯示美國從1973至2016年這段短暫時期內的總生育率時間線。為什麼這些生育率數字在推行各種新規範之後、在被向上或向下甩出本來的位置之前，看起來就像是反覆地停在幾個時間點上（時間線的「打結處」），是值得研究思考的地方。當然，時間線只是在顯示一個合計人口統計數字，也就是總生育率。但那條時間線代表個人的抉擇、集體的機遇，代表影響幾億人的諸多外部因素，也代表影響其中許多人一輩子最重要事件（也就是他們生的小孩數）的外部因素。

　　圖35可以看到1970年代的低點，不再是由嬰兒潮的影響所造成，因為我們並不是在計算新生兒的總出生數，而是女性生育的比率或頻率。生育率看起來在1977年前後穩定於1.8以下，接著這個比率又於1980年後試圖停留在略高於每位成年女性1.8個小孩的地方。在1980年代雷根傳奇的「美國晨間」（morning in America，譯注：是指雷根競選總統時的電視廣告開場）時代，這個數字再度提高到2以上，貧窮率和經濟不安定都在那段時期爆發，而貧富差距則是一馬當先，這都得怪那些把他送進白

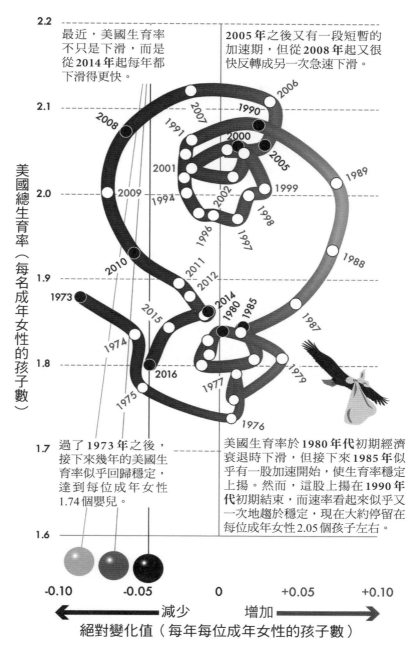

圖35　美國：總生育率，1973年～2016年。（世界銀行公開數據，生育率，根據《2017年聯合國世界人口展望》及其他來源做出估計，https://data.world bank. org/indicator/sp.dyn.tfrt.in。）

宮的人所做的政治抉擇。

圖35的時間線從1990年到2005年的軌跡看起來彷彿再度落定，回到每位美國成年女性2.1個孩子——上次看到這個生育率是一整個世代以前，要回到1970年代初期，但接下來有某件事把它快速往下拉。那件事是全球事件；是此時美國境外發生的事情所導致的。當時移入美國的移民是來自那些當時通常生較少小孩的地方，而當他們抵達美國後生的孩子甚至更少。地球現在鮮少有哪個地方，看起來能用力抵抗全球趨緩的趨勢。2007年起，美國的總生育就年年下滑，越來越快朝下移動。

## 趨緩是回歸更穩定的世代

只有在1820年至1926年，也就是全球人口第一次翻倍的漫長緩慢時期裡的最後二十五年，改善兒童健康才在整體人口成長的原因中成為重要因素。在此之前，是和貿易增加及都市化有關的社會混亂讓人們生更多小孩，儘管生下來的也不一定是比較健康的小孩。1901年左右，一切的情況又快速改變了，特別是因為前面幾十年中發現的病菌致病論，而羅伯特・柯霍（Robert Koch）還因此在1905年獲得諾貝爾獎。

史上第一個諾貝爾獎是在四年前的1901年頒發的，有一部分是因為人們開始用不同的方式看待自己。成就幾乎一直都是集體努力成果，但我們卻進入每年都有少數人被讚美為萬中選一（別忘了，優生學當時還非常風行）的時代。那是另一件當我們放慢腳步後可能會立刻改變的事，未來可望看到人們越來越常把獎項頒發給團體，而不是單一個人。

世代的長度通常被認為是二十五年左右。然而，因為初經平均在大

約13歲發生，而更年期則是51歲左右，所以在現代生育控制法出現前，三十二年（兩者的中間）可能會是較好的估計數字。使用該估計數字及其他數據完成的表7，顯示可能可以描述過往世上三十五代人的方法，其中包含生在每個世代內的君王（或君王繼承人），給熟悉英國史的人一些脈絡。要注意到，某些較早世代的長度（其中用到一些猜測）有稍微修正，好讓君王們更工整地放在裡面。從1707年以後，這些君王就是不列顛君王，而不只是英格蘭君王，從1876年到1948年，他們還兼任印度君王或女王。1901年以後的世代，就是以數據品質較高的出生數及母親生育孩子（包括所有小孩，不是只算第一胎）時的實際平均年齡資料為基礎。使用那些數據時，選擇1901年當作一個新世代的開始，就決定接下來幾個世代的起始日期。

　　儘管表7給的世代清單是本書說了算——而且非常英國自我中心，但它還是可以輕易地應用在世界上的其他地方。圖36顯示近期中國總生育率的時間線。V世代，也就是1901年至1928年間出生於中國的成年女性，應該會在1914年至1979年間生下孩子，其中大部分的人應該會在1940年代和1950年代生產。平均來說，她們每個人都是6個以上孩子的母親，這個數字比當時全球平均多了1個，比英國女王伊莉莎白二世多2個，她們的高生育率造就圖36時間線的開頭。然而，和自己母輩祖母輩相比都急遽趨緩的第一批人，卻是出生於1929年至1955年間，多半在1970年代生下小孩的W世代；她們每人平均生下4個小孩（沒多久就變成3個）。她們的女兒是出生於1956年至1981年間的X世代，多半是1960年代和1970年代的孩子。她們平均比美國的同輩人少生很多孩子；大部分只生1個，不生和生2個孩子的人數差不多。順帶一提，這裡的X

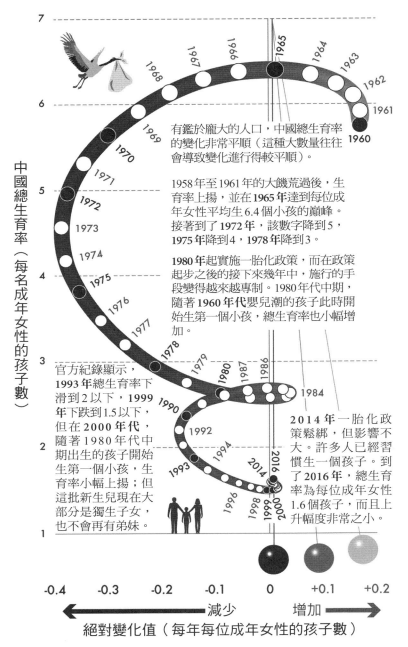

中國總生育率（每名成年女性的孩子數）

有鑑於龐大的人口，中國總生育率的變化非常平順（這種大數量往往會導致變化進行得較平順）。

1958年至1961年的大饑荒過後，生育率上揚，並在 **1965 年**達到每位成年女性平均生 6.4 個小孩的巔峰。接著到了 **1972 年**，該數字降到 5，**1975 年**降到 4，**1978 年**降到 3。

**1980 年**起實施一胎化政策，而在政策起步之後的接下來幾年中，施行的手段變得越來越專制。1980 年代中期，隨著 **1960 年代**嬰兒潮的孩子此時開始生第一個小孩，總生育率也小幅增加。

官方紀錄顯示，**1993 年**總生育率下滑到 2 以下，**1999 年**下跌到 1.5 以下，但在 **2000 年代**，隨著 1980 年代中期出生的孩子開始生第一個小孩，生育率小幅上揚；但這批新生兒現在大部分是獨生子女，也不會再有弟妹。

**2014 年**一胎化政策鬆綁，但影響不大。許多人已經習慣生一個孩子。到了 **2016 年**，總生育率為每位成年女性 1.6 個孩子，而且上升幅度非常之小。

-0.4　-0.3　-0.2　-0.1　0　+0.1　+0.2

← 減少　增加 →

絕對變化值（每年每位成年女性的孩子數）

**圖 36　中國：總生育率，1960 年～2016 年。**（世界銀行公開數據，生育率，根據《2017 年聯合國世界人口展望》及其他來源做出估計，https://data.world bank. org/indicator/sp.dyn.tfrt.in。）

世代開始得比一般從1960年代算起的所謂X世代要早一些，結束得也晚一些。那是因為本書中的世代反映根據當時出生紀錄得出、實際人口統計下的世代長度；他們不是根據特定世代的文化思想所定義，而和實際上的世代相比，這種文化世代通常都定義在較狹小的時間範圍內。

若是妳打算只生一個孩子，不太可能早早就生，但也不太可能等到還能生育的最後幾年。不用趕時間，妳可以好好規劃。過去，每個世代都相隔大約三十二年，因為許多成年女性一直生小孩生到不能生為止（或是缺乏可靠的生育控制，就生小孩生到不需要生為止），也因為宗教和其他戒律不鼓勵非常年輕的女性生小孩。本章所定義的世代，就只是用來說明變化有多大，不能把它們當成什麼絕對不得變動的範圍，而用英國王室也沒有什麼不可替代的特殊意義。如果表7還有空位，我也會列上每個世代裡掌權的中國皇帝，但現在已經沒有中國皇帝了，所以英國王室至少還能拿來為這一連串直至今日的數字標示代表面孔，而派上一點用處。

最近五個世代是我們最熟悉的。V世代是出生於1901年和1928年間的任何人，同時包括伊莉莎白二世和末代皇帝溥儀，後者在成立中華民國的1912年革命（譯注：1911年武昌起義成功，溥儀於1912年2月退位）尾聲被迫退位。伊莉莎白的長子查爾斯於1948年出生，為嬰兒潮世代的一員，在此稱作W世代，包括所有第二次國共內戰時出生於中國的孩子。整個X世代期間沒有誕生英國君王，所以在此列出已故的黛安娜‧史賓莎（Diana Spencer，譯注：中文多稱黛安娜王妃），查爾斯的第一任妻子。「千禧世代」就是Y世代，而黛安娜的長子，在千禧年時來到18歲的威廉（William），便是那個世代最年長的其中一員。Z世代才剛要開

始。剛開始，過去這五個世代越變越不像更前面的那幾代，但現在這五個世代中最年輕的一代卻變得和彼此更相似了。

回到本書一用再用的那個貼切比喻：想像你一輩子都待在一列從未放慢的列車上，而你的父母和他們的父母都是這樣。最近五個世代的人類從一開始就一直都活在一列失控的列車上，始終期待著無法想像的改變。列車跑得實在太快、太久，以至於乘客不知道穩定的生活會是什麼樣子。如果連在跟英格蘭一樣穩定——1066年以來（除了光榮革命以外）就沒有被入侵，幾個世紀以來又一直由差不多同一個王族掌權的地方，上面這番描述都可說是的確如此，就不難看出，在那些經歷多次革命、入侵、基本信仰徹底顛覆而動盪的地方，更可以說情況就是這樣。

本書先前提過，但這裡再次強調，1901年以前，對世界上多數人來說，年復一年其實沒有多大的變化。每個世代都跟祖先活得差不多。舉例來說，1066年活在英格蘭的大多數人不會被威廉征服者（William the Conqueror）加冕為國王一事所影響。二十年後，他們可能已經注意到有人為了普查領主的領地而來數牛隻，但普查並未把他們算進去：那場針對英格蘭及威爾斯的「大調查」〔文字紀錄被我們稱作「末日審判書」（Domesday Book）〕，並不是人口普查。同一時間在中國，遼道宗在位時，儘管中國上層階級動盪不安，但對大部分人來說，他們過的生活跟父母、兒女的都差不多。今日，類似的穩定狀態已經快要到來，但現在大部分人都有其價值——他們有重要之處，而且我們不再覺得國王或皇帝至高無上，就只是把他們當作過往時代和過往時間的好用標記而已。

今日，這列列車正在慢下來。這當然會滿嚇人，一直變化是我們的「常態」，我們從未碰過改變速度慢到跟走路一樣的情況；沒碰過（平均）

工資停止上長、人口停滯；沒碰過流行風潮變化的速度比十年前慢上太多，且遠遠不那麼激烈。十九世紀和二十世紀初期的小說其實很普遍會提到價錢（好比說主角可能花在一個麵包上的幾便士），但今日的小說就鮮少提到價格，因為儘管現在通貨膨脹很低，但到非常晚近時都還在歷史新高，所以任何提到價格的小說很快都會過時。甚至連「某個東西很快就過時」都是新鮮想法，是一種預期會持續有巨大變化才會產生的想法。住房供給；教學方法；你在用的廚房、汽車、小玩意兒；假日的型態——此刻一切都能過時，新的也能轉眼過時。

　　時下持續期望下一個世代跟前一個世代大不相同，而我們把那稱作進步。但人是什麼時候最愛用**時下**（nowadays）這個詞彙？這個詞彙是古英文，但人們在1920年代最常寫下；若從1860年開始算，1920年代的使用量增加到十四倍。[12] 當列車慢下來時，我們把趨緩看作停滯——未能進展。但為什麼我們要把停滯當成壞事？那就只是比較平靜的一段時期，就算不是沒有變化，也是一段事物變化得比以前慢上太多的時光。就人類歷史的大半歲月來說，停滯才是常態，目前它正再度成為常態。

　　你必須拉近才能看到停滯的樣子。對準圖36的最近期拉近後形成圖37，但那段時間在圖36中完全看不出明顯趨勢，因為看起來沒有什麼變化——即使當然還是有變化，而且就算變化很微小，也很有結構條理。中國的生育率再度開始緩慢成長，但接著在2002年後趨緩；然後從2015年起，正要開始再度少量地放慢。實際上，中國現在處於穩定狀態。

## 趨緩如今正在各處發生

　　不只在中國，在美國及英國，每一個最近的世代都目睹國內的人口統計數字天翻地覆；社會海嘯席捲整個地球。對某些世代來說，最巨大的變化是最近期的變化，其中他們的孫輩在年輕時經歷的變化最為急遽。對其他世代而言，自己早年生活中趨緩的速度是最快的。V世代新生兒是在以英國維多利亞女王逝世為始，以華爾街崩盤為終的那段期間出生（1901年至1928年），這個世代經歷最為動盪的變化，包括兩次世界大戰及最快速的──真正堪稱驚人的人口成長。1926年，我們迎來第一名誕生在20億人口世界裡的人。

　　幾年前，也就是1922年，在西北非的中心地帶，法國人入侵非洲大陸上英國人未掌控地帶的大半，然後過了許久之後，有一個法國殖民地從數個古老王國〔包括前加奈姆─博爾努帝國（Kanem-Bornu Empire）的一部分〕中誕生，而流貫其中的尼日河未來將賦予國名。2010年，歷經數十年的軍方干政，打壓異議後，第七個也是最近一個尼日共和國建立了。這裡會列入尼日，是因為有鑑於該國目前保有世界所有國家中最高的總生育率紀錄，有可能會是最後一個能眼見趨緩的地方。

　　1901年，不管是在尼日、英國或世界上任何地方，最普遍的職業都是農業勞動，或稱農夫。直到1908年發明四輪曳引機，1901年才有三輪工業用曳引機，而這幾種工具過了數十年也都還沒有引進尼日。2018年，尼日政府宣布該國獲得130台曳引機，並和中國公司合作增加灌溉土地面積。[13] 1901年，身在（日後稱作）尼日的女人、孩童和男人都用手撿拾作物，就跟以前父母、祖父母一樣。其中有許多人是游牧人；有些

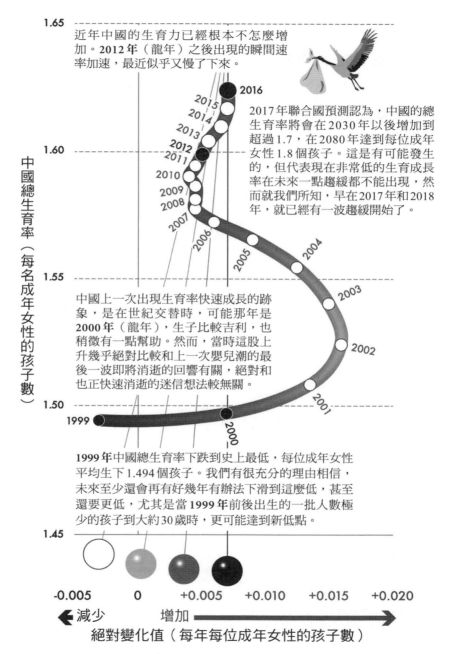

近年中國的生育力已經根本不怎麼增加。2012 年（龍年）之後出現的瞬間速率加速，最近似乎又慢了下來。

2017年聯合國預測認為，中國的總生育率將會在 2030 年以後增加到超過 1.7，在 2080 年達到每位成年女性 1.8 個孩子。這是有可能發生的，但代表現在非常低的生育成長率在未來一點趨緩都不能出現，然而就我們所知，早在 2017 年和 2018 年，就已經有一波趨緩開始了。

中國上一次出現生育率快速成長的跡象，是在世紀交替時，可能那年是 2000 年（龍年），生子比較吉利，也稍微有一點幫助。然而，當時這股上升幾乎絕對比較和上一次嬰兒潮的最後一波即將消逝的回響有關，絕對和也正快速消逝的迷信想法較無關。

1999 年中國總生育率下跌到史上最低，每位成年女性平均生下 1.494 個孩子。我們有很充分的理由相信，未來至少還會再有好幾年有辦法下滑到這麼低，甚至還要更低，尤其是當 1999 年前後出生的一批人數極少的孩子到大約 30 歲時，更可能達到新低點。

中國總生育率（每名成年女性的孩子數）

◀ 減少　增加 ➡

絕對變化值（每年每位成年女性的孩子數）

圖37　中國：總生育率，1999 年～2016 年。（世界銀行公開數據，生育率，根據《2017 年聯合國世界人口展望》及其他來源做出估計，https://data.world bank.org/indicator/sp.dyn.tfrt.in。）

人是採集獵捕者。尼日的V世代後來見識最多變化：他們小時候見過、戰爭時期見過，日後等技術進展期來臨，又眼見眾多變化。1960年從法國爭取到獨立（之後又成立一連串被軍政府中斷的共和國）的，就是這個世代。儘管一開始尼日的生活方式（如農業）變化緩慢，但終究還是會改變到認不出來。

　　現在，我們常把V世代所處的時代〔從愛德華時代的英國到爵士時代（Jazz Age）的美國〕描繪成萎靡不振的時代，但對大部分的普遍人等來說，無論怎麼講那個時代都可以，就是不能說萎靡不振。從1901年到1928的每一年，英格蘭和威爾斯都會有超過100萬人幾乎整年都待在地底下的煤礦坑裡，但接下來礦工人數出現大幅滑落，會使我們經歷空前絕後的變化率。許多人都在最惡劣的條件下工作。在這場轉變開始前，成年女性和孩童不得在英國礦場工作，但稱此為進步是不對的，較適當的說法是動盪。在一場英國的大罷工和一個位於尼日的殖民地成立後，V世代的誕生畫下句點。在那段日子裡，年紀大一點的英國孩童仍在工廠工作。英國女性最普遍的工作是幫傭。尼日孩童持續在地表上工作，但煤礦與鈾礦即將出現在他們面前。

　　從全世界來看，V世代的第一個人出生時，1,000人裡約有1人死於戰爭，那個數字在V世代成年時，增加到1,000人裡接近2人，而他們的孩子成年時也是如此。但對他們孫輩的X世代來說，死亡人數較接近1萬人裡有1人；而（目前為止）他們的曾孫（Y世代）則是10萬人裡只有2人——雖然尼日的數字還是比這大上許多。但願Z世代的這個數字隨著趨勢持續快速向下，而在未來再度降低。[14]如果這些數據確鑿，在這五個世代的生命中，因為正當合法暴力而死的人就減少一百倍。

　　某些地方的暴力依舊比其他地方更尋常。美國、法國、英國這些富裕國家持續發動它們通常只稱作「軍事干涉」的國際戰爭，並使用炸彈和無人機避免自家士兵死傷。尼日發生的戰爭多半是內戰，包括1960年代的許多政變行動，導致該國在1960年代初期享有的生育初步趨緩，而後整個逆轉。1974年（在旱災和饑荒後的）軍事政變後，隨著原本就孱弱的社會穩定狀態徹底消失，總生育增加到每位成年女性平均7.8個孩子以上。尼日會擁有（尚有疑慮的）世界生育率最高國家的殊榮，是因為過去的社會進展實在太貧乏了，企圖控制礦產資源（包括鈾礦）的外國干預，在這個歷程中發揮的作用一點也不小。但就如圖38所示，即便在尼日，生育率現在也正在放慢，那樣的趨緩在最近幾年也變得越來越顯著。

　　過去五個世代的成員活過人類經歷中最長的較和平時期。對世界上大多數富裕國家來說，只有過去五個世代的第一代在成年期間親身經歷戰爭，儘管在某些情況下，他們的政府發動海外戰爭並加以支持。尼日大部分的孩童正好相反；他們都曾眼見戰爭在周遭發生，一如父母那樣：1990年代有圖阿雷格（Tuareg）叛亂，後來還有第二次圖阿雷格叛亂，本世紀剛開始沒多久，便有馬格里布（Maghreb）暴動，近年則有博科聖地（Boko Haram）暴動。尼日的總生育率若要持續以越來越快的速度變慢，當地就需要和平——只靠有限的繁榮、再來130台曳引機，或者更多的中國建造灌溉設施都是不夠的。

　　若想看到改變的速度加速，就必須轉向W世代（1929年至1955年間出生），這是包含1946年至1950年大嬰兒潮的世代。全世界各地的出生率都上升：英國當時處於一段所謂「度小月的英國人」（austerity Britain）的時期，出生率直到1955年之前都沒有下滑，接著也只有短暫下滑。

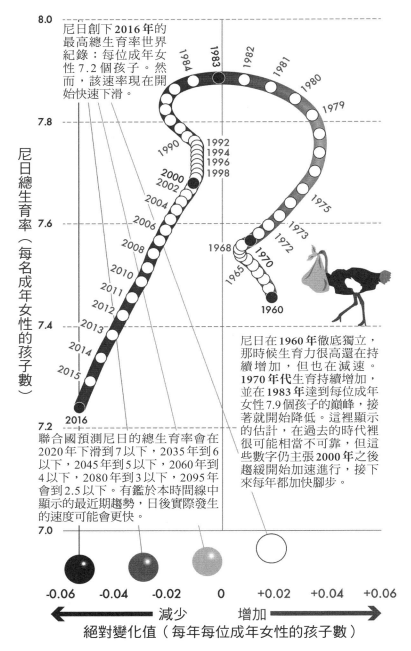

尼日創下 **2016 年**的最高總生育率世界紀錄：每位成年女性 7.2 個孩子。然而，該速率現在開始快速下滑。

聯合國預測尼日的總生育率會在 2020 年下滑到 7 以下，2035 年到 6 以下，2045 年到 5 以下，2060 年到 4 以下，2080 年到 3 以下，2095 年會到 2.5 以下。有鑑於本時間線中顯示的最近期趨勢，日後實際發生的速度可能會更快。

尼日在 **1960 年**徹底獨立，那時候生育力很高還在持續增加，但也在減速。**1970 年代**生育持續增加，並在 **1983 年**達到每位成年女性 7.9 個孩子的巔峰，接著就開始降低。這裡顯示的估計，在過去的時代裡很可能相當不可靠，但這些數字仍主張 **2000 年**之後趨緩開始加速進行，接下來每年都加快腳步。

尼日總生育率（每名成年女性的孩子數）

8.0
7.8
7.6
7.4
7.2
7.0

-0.06  -0.04  -0.02  0  +0.02  +0.04  +0.06

◀ 減少    增加 ▶

絕對變化值（每年每位成年女性的孩子數）

圖38　尼日：**總生育率，1960 年～2016 年**。（世界銀行公開數據，生育率，根據《2017 年聯合國世界人口展望》及其他來源做出估計，https://data.world bank. org/indicator/sp.dyn.tfrt.in。）

其他眾多國家的出生下滑較晚發生。在東帝汶（以非常高的出生率而聞名），1960年代和1970年代的出生率都沒有停止下滑，即便那段期間是世界幾乎遍地趨緩的時代。但接下來戰爭帶起一波生育上升；圖39描繪的就是這段歷程。然而，今日每個地方都出現趨緩，甚至連東帝汶也隨著印尼結束占領，加上超過10萬人死於衝突相關原因，同樣出現趨緩。然而，這裡還是有著全亞洲最高的總生育率。

W世代在歐洲、北美、日本各地以史無前例的數量誕生，也有史無前例的人數存活下來得以生兒育女；這個世代也有著最大數量的在世兄弟姊妹、在世姪甥輩。這個世代的最後一年發生出生下滑，不只發生在英國，也發生在美國。[15]如果真能徹底劃分一個世代，對這兩個國家來說，W世代代表的時間劃分起來就非常準確有效，但就是因為準確有效，所以才不選這兩個國家。W世代的時間範圍是由「1901年之後出生的人自己最常在何時生小孩」，以及「他們的孫輩何時出生」所決定，這個時間範圍也讓你知道父母和祖父母最可能在什麼時候誕生。

尼日和英國處於同樣的經度上，但緯度往南多了30度。東帝汶和美國的距離從美國正中央往東西兩頭計算都一樣遠——真的可以說是在地球的另一頭；然而，在戰爭造成嚴重崩壞之前，這裡的生育也在下滑，就跟英國、美國一樣。東帝汶的W世代本來應能享有和平並日漸興旺，然而這群人有一段時間（相當長一段時間）注定過著比父母輩還糟的生活。

那些富裕國家W世代的一生和父母輩天差地遠，以至於兩個世代如果對彼此能產生一點了解，就堪稱人類適應能力的重大證明。W世代包括嬉皮及全球工業化勞動群眾這兩種極端，這是第一個把成千上萬成年人串連在一起進行生產工作的世代，製造出從汽車到加工食品的一切。

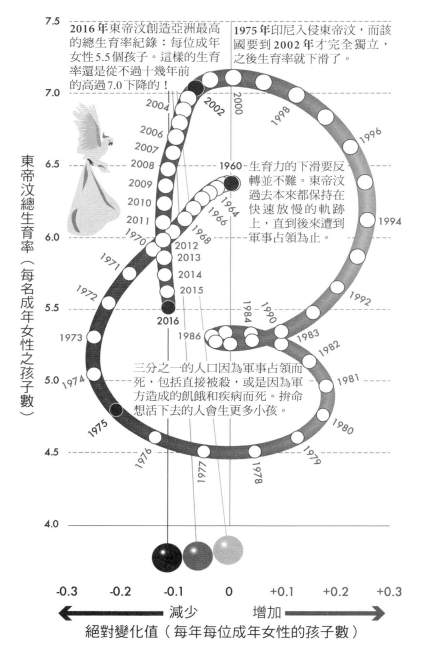

圖39 東帝汶：總生育率，1960年～2016年。（世界銀行公開數據，生育率，根據《2017年聯合國世界人口展望》及其他來源做出估計，https://data.worldbank.org/indicator/sp.dyn.tfrt.in。）

　　說到高科技的話，W世代就是核能世代。大多數人都是在核彈第一次──幸好到目前為止也是唯一一次用於人類和城鎮（當時美國在廣島和長崎分別投下「胖子」和「小男孩」）之前出生的。但到了那個世代成年後，人類已經生產出成千上萬的核彈。等到裁軍開始後，全世界的核彈庫存至少減少六倍。當W世代最老的成員盤算要退休時，全球核試驗禁令意味著幾乎不會再有核武試驗或核武開發。如果目前趨勢持續，等到這個世代最年輕也最長壽的一批人過世時，全世界可能幾乎沒有核武。這並非不可能，從1980年代以來，測試核武的國家就快速減少。16

　　人口要穩定，關鍵是避免戰爭。戰爭會引起嬰兒潮，還會加以持續。東帝汶就是處於這種過程中，在世上最有說服力的範例之一，但即便在那裡，當和平總算在2002年來到後，生育率就開始暴跌。但人們要能放慢步調，需要的不只是免受暴力威脅的自由；也需要經濟安定，穩定供應買得起的食物，居家安全、教育改善、健康照顧，以及相信孩子很有機會存活的信心。在東帝汶，這些都已經有所改善，只是改善才沒多久，因而導致圖39展現的時間線。

　　如今東帝汶正邁向其他地方早就普遍的狀態，世界上許多W世代的人在其中最年長和最年輕的一批人出生之間，經歷食物價格減半。舉例來說，在紐西蘭，一條麵包在1929年過後過沒多久的價錢是將近8分錢。17但在1955年之前沒幾年，一條麵包扣除物價因素，價格比1929年的一半還低，食物變得便宜許多。在紐西蘭，麵包的價格再也沒有那麼快地滑落；事實上，隨著國際穀物價格上漲，最近食物價格反而上漲，但它應該再也不會像以前那樣大幅漲跌。

　　W世代（1929年至1955年出生）的童年期間，世界各地食物更加充

足，食物價格隨之下跌。伴隨戰爭而來，但到1950年代都尚未從英國等國消失的定額配給制，留下有所匱乏的印象。然而，即便是那個制度下的孩童配給量，都還讓孩童吃得比配給制之前的平均量更多。當時人們前所未見地將孩童視為未來希望，有一部分是因為人們實在太堅信未來會不一樣。

科幻小說——企圖想像未來的大眾文化，之所以會在W世代童年期間越來越受歡迎，是因為現實的變化那麼大，讓一切突然看來都可能成真。H・G・威爾斯（H. G. Wells）寫下《世界大戰》（*The War of the Worlds*）時是1898年，就在默片時代的起頭，也就在這五個世代的第一批人出生沒多久之前。該要記得的是，要到1930年代初，「有聲電影」才成為全球現象。《世界大戰》後來改編為知名（且惡名昭彰）的廣播劇並於1938年播出，並在1953年（正好就是身處這些有利時節的第二代最後一批人來到世上時）首度以彩色影片登上大銀幕。

人們根除疾病；人們創造電腦；人們成立大學；就學年分獲得延長；預期壽命在增加；人能夠活到老年，而且退休養老儲金更加普遍，其中還包括政府提供給老年人的普及預備金。然而，這些年間充滿倉促忙亂。[18] 1975年東帝汶才從葡萄牙獨立，1975年12月（在澳洲、英國和美國的支援下）就被印尼入侵。千萬不要以為進步是理所當然。

## 以X世代為始的趨緩

經歷社會大變遷的五個世代中的第三代，是從生於1956年的人開始算起，那年也發生蘇伊士運河危機，美國的世界首要強權地位在此時終

於得以展現（至少在歐洲這邊展現了）。如果你是美國人或加拿大人，可能要查一下蘇伊士運河危機是什麼，因為對你的國家來說，那其實是較不重要的事件！為了本書的目的，X世代被設定為出生於1956年至1981年間。其他資料通常會使用較短的期間，並有著稍微不一樣的起始點和終結點；但其他世代定義全都無法恰好嵌入表7定義的長期世代序列，而那一序列是根據世代之間實際時間長度所定的。

　　X世代和前面所有世代的差異最明顯，多少因為這個理由，使得X世代在其他世代獲得字母綽號之前，就率先榮獲X這個暱稱。該世代能獲得這個名稱，要歸功於加拿大作家道格拉斯・柯普蘭（Douglas Coupland）在1987年左右，也就是在這個世代最後一批成員（就其定義來說，幾乎都是）被跟他們非常不一樣的上一世代「W世代」生下不久後開始採用這個名稱。他們之中的少數人幸運地擁有「開明」的父母，但大部分的人都認為上一代是老古板。這個世代都在第一次性經驗之後很久才成年，根據菲利浦・拉爾金（Philip Larkin）的那首詩作《奇蹟年》（*Annus Mirabilis*）所言，那一年就是1963年，〔譯注：《奇蹟年》的第一句是：「性交起始於1963（而那對我來說相當晚）」〕，這個世代與眾不同。

　　典型的X世代成員有很年輕的W世代父母，且其V世代祖父母也相當年輕（從那之後，人們生下第一個小孩的平均年齡就開始增加）。在英國，當X世代的祖父母正試著逐漸接受大英帝國地位下滑，且父母多半正享受著（男性）充分就業，以及社會上對女性快速進步的態度時，他們則是在盯著陰極射線管電視。他們的孩子將會看平面螢幕，而他們的孫子很可能會使用Google眼鏡或電子隱形眼鏡，但是之後科技進一步展開的空間會開始減少。跳過眼睛直接把畫面送進腦中，到頭來可能只對

盲人非常有用，而且值得慶幸的是，未來盲人也會變少。

　　有時候一切似乎都在改變，但一切也都無法永遠變化。性、藥物、搖滾樂、學校、工作、住家、健康、信仰、觀點、經驗，還有旅行——你無法要下一個世代的這些東西永遠比上一個世代變得更多。我們現在說音樂沒有以前的好聽，事實上可能只是音樂不再像 X 世代年輕時變化得那麼快。X 世代的青春歲月在政治方面特別活躍，包括對自己越來越能意識到的世界其他地方，給予越來越多的關注。對美國人來說，最明顯的一個地方就叫越南，不過更靠近自家的這種地方則是瓜地馬拉。

　　瓜地馬拉的情況會顯示在本章的下一條時間線上（圖40），是因為該國目前為出生率最高的美洲國家；這種現象同樣是外力干涉的結果。永遠不要責怪高生育率國家的生育率怎麼會那麼高，如果你碰巧生在對該國做出干預的國家就更不該如此。然而，我們關注的地方不會因此有太大差別：這幾年世界各地的情況，往往比我們當下以為的還要相像。

　　就在第一批 X 世代出生後不久，美國在瓜地馬拉煽動一場由中央情報局策劃的政變。美國當時是世界第一強國，相信自己正與蘇聯進行一場將以核彈毀滅地球而至死方休的戰鬥中。諷刺的是，美國人卻不怎麼留意中共崛起。前面已經提過，1972 年尼克森總統那場知名的中國訪問之旅，還有對「言之過早」這句話的誤會。美國太忙著干預自認為的美洲各處戰略飛地，也忙著干預世界上大多數地方，而未能察覺中國開始以一種和過往國家重振雄風的方式非常不同的方法崛起。

　　瓜地馬拉境內那場美國煽動的內戰於 1960 年開始，並持續幾乎四十年。目前世界上生育率最高的那批國家會落到這地步，全都是因為這類事件。如果不是美國，也可能是其他世界強權在世界各地製造動亂，

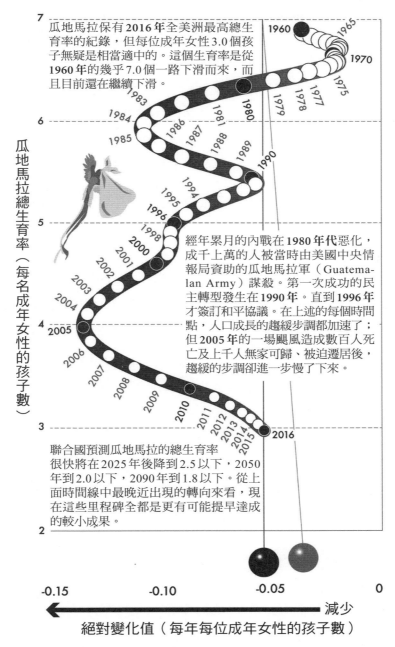

圖40　瓜地馬拉：總生育率，1960 年～2016 年。（世界銀行公開數據，生育率，根據《2017 年聯合國世界人口展望》及其他來源做出估計，https://data.worldbank.org/indicator/sp.dyn.tfrt.in。）

尤其是針對那些有礦產資源或石油的國家。瓜地馬拉有鈾礦、鎳礦、石油，以及其他礦產。然而，即便有那麼一場（橫跨整個1960年代、1970年代、1980年代及1990年代初期的）戰爭，更別說明明1990年代後期就已經開始恢復和平，但瓜地馬拉的總生育率卻還是從1970年後幾乎一直大幅下滑。當每位成年女性當前的平均生育低於3個小孩時，一度曾是美洲最多產地帶之一的瓜地馬拉也明顯改變了。整個美洲大陸上的人口現在確實開始趨緩。

我們先快轉到在X世代生的孩子，Y世代於1982年起始，（一旦所有統計數字收齊後）2011年最可能當作它的終結點。如果接下來幾年許多較年長的成年女性非常晚生孩子，這個世代的總期間長度還會稍微長一些。Y世代最年長的成員（包括英國王子威廉在內），是出生於中國人口首度達到10億的那一年，而該國也是率先達到這個標竿的國家。這個世代是第一個看見趨緩變本加厲的世代，所以這些年輕人並沒有像他們自認為地和父母世代截然不同。他們的行為通常比父母世代更端正：酒喝得少，藥嗑得少，鬧事也少。如果詢問的話，大部分的人通常會說他們不會為國家上戰場。他們的父母只有少數人曾是嬉皮；他們的祖父母接受徵兵且確實上過戰場；但Y世代就不一樣了，即便跟上個世代差異沒有那麼大。因為現在趨緩確實在進行，那些Y世代成員會是第一批本質和行為上會稍微較像父母的人，至少到我們還知道的2020年為止是這樣。他們到了老年可能會非常不一樣；我們只能等著看。

三十年前，也就是1990年時，全球資訊網（World Wide Web）正開始紡織這片網的頭幾條線。僅僅九年後，詹姆斯・葛雷易克（James

Gleick）就出版《毫秒必爭──全面加速的時代》（*Faster: The Accelera-tion of Just about Everything*），指出從金融到我們人際關係的一切事物全都在加速。我們的錢會週轉得更快，我們會有更多性伴侶，而最受這些影響的會是 Y 世代，也就是後來會被稱作千禧世代的這個世代。

　　不過，葛雷易克和眾多預測即將加速的人都弄錯了。到頭來，我們的人際關係其實是變得更薄弱，在那些率先適應新技術的地方尤其如此。1970 年，日本 50 歲的男人每 60 個才有 1 個未婚。到了 2015 年，每 4 個日本男人及每 7 個日本女人就有 1 人沒有配偶。[19] 在 2016 年，約有 42% 的 35 歲以下日本男性，以及 44% 的同齡日本女性「坦承自己沒有性經驗」。[20] 1990 年，葛雷易克不可能會知道技術和生活方式的趨緩正像早先的人口趨緩那樣開始；但事後來看，它很顯然發生了。從許多方面來說，葛雷易克就跟每個人一樣，也絕對跟我一樣；當他覺得自己在書寫未來時，反映的其實是過往。[21]

　　對 Y 世代來說，電腦、電話、汽車、飛機和整體技術的變化都較少。當我打下這行字時，正讀著一篇報導，談論一款螢幕能彎曲的可摺疊智慧型手機用起來實在不怎麼樣。現在我們覺得新穎的東西，實在太常和以前的東西沒有基本上的差別：不像以前的新穎那麼新，甚至不像以前的新穎那麼有用。從螢幕上的型錄訂購東西，和使用紙本型錄並沒有那麼大的差別，而在影像螢幕上看到通話對象，並不像當初用電話與人即時對話那樣突飛猛進。這也是會等久一點再生孩子的世代，他們生下第一個孩子時的平均年齡，就跟曾祖父母生下排行中間的孩子差不多。

　　當然，世界上少數地方的 Y 世代，可能會比這裡給出的年齡還要晚幾年誕生。有些地方，好比說日本就領先時代，而其他地方似乎落在時

代之後。後者就包括海地，是今日美洲總生育率第二高的國家。就我們知道的範圍來說，海地從1960年到1986年的出生率都不斷在震盪。圖41的圓圈在那幾年裡實在排得太工整，以至於這些圓圈的準確位置，幾乎正好等同於用來估計的數學模型產出的估計結果。

如果你想主張世界上還是有地方不被進步所染指，就必須解釋海地從1986年以來的突然變化；當年每位成年女性平均有6個小孩是很尋常的事，6個小孩中有些是最年輕的Y世代，但到了2016年，也不過一個世代後，海地Z世代的第一批成員大多數都只有2個手足，而不是5個。

這齣小小劇中劇的最後一代是Z世代，第一批成員是在2012年出生，而最後一批可能晚至2042年出生。此時我們便來到幾乎純推測的範圍（必定得如此），但仍是基於其他人所做的預測，而且非常值得觀察。未來可能的英國國王——生於2013年的劍橋喬治・亞歷山大・路易王子（Prince George Alexander Louis of Cambridge），就是出生在這個世代。喬治的兄弟姊妹，就跟今日一個海地孩童應該會有的手足人數一樣多。他的兄弟姊妹數是2〔路易（Louis）和夏綠蒂（Charlotte）〕。他最出名的曾祖母（每個人至少有4位曾祖母）是伊莉莎白女王（譯注：伊莉莎白二世），是V世代中較年輕的成員之一（1926年生）；其中一位祖父查爾斯是1948年生，正好就在W世代的中間；祖母黛安娜則是在1961年出生，是X世代的一員；而他的父母都是出生於1982年，也就是Y世代的開頭。Z世代的家庭平均規模將會最小，這個世代將會是人類有史以來有最多獨生子女的世代，像喬治這樣有兩個或更多兄弟姊妹的孩子會更少見。

Z世代也可能是這個序列中第一個過著和父母根本沒差多少生活的世代——不會賺比較多錢，不會擁有較多的財富、較大的房子、較快較

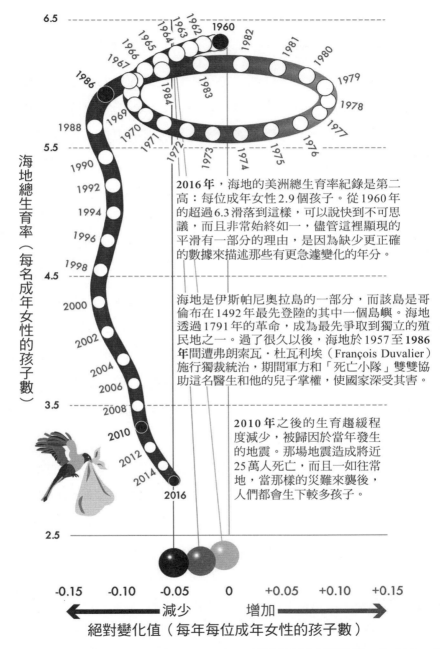

6.5
6.0
5.5
5.0
4.5
4.0
3.5
2.5

1960 1982 1981 1980 1979 1978 1977 1976 1975 1974 1973 1972 1971 1970 1969 1983 1984 1986 1967 1966 1965 1964 1963 1962

1988 1990 1992 1994 1996 1998 2000 2002 2004 2006 2008 2010 2012 2014 2016

海地總生育率（每名成年女性的孩子數）

**2016年**，海地的美洲總生育率紀錄是第二高：每位成年女性2.9個孩子。從1960年的超過6.3滑落到這樣，可以說快到不可思議，而且非常始終如一，儘管這裡顯現的平滑有一部分的理由，是因為缺少更正確的數據來描述那些有更急遽變化的年分。

海地是伊斯帕尼奧拉島的一部分，而該島是哥倫布在1492年最先登陸的其中一個島嶼。海地透過1791年的革命，成為最先爭取到獨立的殖民地之一。過了很久以後，海地於1957至**1986年**間遭弗朗索瓦·杜瓦利埃（François Duvalier）施行獨裁統治，期間軍方和「死亡小隊」雙雙協助這名醫生和他的兒子掌權，使國家深受其害。

**2010年**之後的生育趨緩程度減少，被歸因於當年發生的地震。那場地震造成將近25萬人死亡，而且一如往常地，當那樣的災難來襲後，人們都會生下較多孩子。

-0.15   -0.10   -0.05   0   +0.05   +0.10   +0.15
◄━━━ 減少　　增加 ━━━►
絕對變化值（每年每位成年女性的孩子數）

圖41　海地：總生育率，1960年～2016年。（世界銀行公開數據，生育率，根據《2017年聯合國世界人口展望》及其他來源做出估計，https://data.world bank.org/indicator/sp.dyn.tfrt.in。）

炫的車、比較異國的假日，也不會擁有睜開眼睛每一刻都充滿越來越多
活動的人生。一般都說，我們如今在現有時間內做的事情越來越多，因
為「加速」就意味著我們在較短時間內做較多的事。[22]但Z世代不需要這
樣，他們工作、玩樂、生活不需要徹底地比以前更快、更努力，他們也
辦不到。

　　我們應該在海地這種地方預期Z世代的人生會最不一樣，那邊還有太
多事物需要改變，基礎公共設施供應仍不普遍，預期壽命、識字能力、
健康和福利全都有待大幅進步。但到了其他地方，儘管我們常常一心渴
望大變革，但其實有高出太多的機率會只看見微小變化。美國將不會
「再度偉大」，但美國人也許很快就會察覺，該國不久前的過去也沒有那
麼偉大，一如趨緩有助於讓英國人開始察覺到，自己位居中心的那個帝
國恰好就與穩定無緣，是一個不穩定的地方。[23]Z世代是有史以來第一個
將目睹人類總人口自然下滑的世代，到了那個人口普查的老招也不會有
多大技術進展的時刻，我們搞不好連人口下滑發生在哪個確切月分都可
以略知一二。

　　當我們思考Z世代時，只能談論「自己認為從預測可得知的事」：現
在有什麼趨勢已經穩固，以及如果發生什麼事情會造成未來脫軌──氣
候變遷、戰爭、饑荒、瘟疫、疾病，也就是日後天啟時會騎著四匹馬而
來的幾位常客。1982年電影《銀翼殺手》（*Blade Runner*）想像一個反烏
托邦，一座社會一分為二的城市，而城市最主要的意象是東亞風。會使
用這種意象，是因為當時美國有一種對日本經濟崛起的集體恐懼。如果
意象走的是想像中的未來中國風，就太有先見之明了。這部電影在2017
年的續集上映後大獲好評，但該片卻陷入開始疲乏的既定形象。南韓現

在被拿來當作稍微比較政治正確的異國情調。原本的電影改編菲利普・K・狄克（Philip K. Dick）在1968年出版的小說《仿生人會夢想擁有電動羊嗎？》（*Do Androids Dream of Electric Sheep?*）。當時有許多類似的小說。為本書做出結論的第十二章，開頭會提起另一本1968年反烏托邦科幻小說《立於尚吉巴》（*Stand on Zanzibar*），並提出為何這本書也是同一時間寫作的看法。

在我們活著的這個時代，原本只會出現在1960年代虛構作品中的日漸不平等，如今已常被當成無法避免的事；在這個時代，科幻小說的「新」想法，通常都只是把加速尾聲時期出版的作品重新改寫。這是處於第二種衍生項目出現變化的那一刻，也就是處在成長率本身從增加變成減少，或者在本書時間線上顯示為擺錘開始朝反方向擺動的時間點上。

我們會覺得即將發生的災難很吸引人，是因為符合自己當前最喜歡（但應該不正確）的理論，也就是不久後的未來會和不久前的過往非常不一樣。它符合我們「每個世代都會有大變化」的熟悉經驗，但我們需要知道這樣的變化已經放慢；我們已經不用擔心，因為變化還在發生，所以災難必將來臨。災難有可能來臨，但不是必定來臨，而且眼前的變化完全沒有以過往曾經的那種高速在發生。穩定狀態往往不會導致災難。各種災難——戰爭死亡、流感肆虐、眾人挨餓，以及最後一次大饑荒，都在資本主義過渡期的巔峰年間，在過去五個世代的一生中達到頂點（例如中國在1958年至1961年的大饑荒，就比先前任一次印度的恐怖大饑荒，或1980年代的東非饑荒都來得嚴重）。只有全球溫度上升還在加速，而其頂點可能會比其他變化都晚數十年才到達。

法國當代的生育在1963年達到頂峰，也是英國「性交起始」的那

年。[24] 圖 42 顯示從當年每位成年女性 2.9 個孩子降到《銀翼殺手》首度上映那年少於 1.9 個的急遽減速（若要穩定的話，那年會需要 2.1 個孩子）。法國當權者嘗試各種提高生育的措施，卻只讓總生育率在少數幾年裡稍微提高到 2 以上。在過去幾年內，數字懸在 1.96 的平衡點上，而有鑑於當前世界絕大多數其他地方的趨勢，法國的數字幾乎可以確定很快就會在比這低一點的地方停住。年輕成年人少養一點孩子，會讓示威活動較好舉辦，因為你不用把嬰兒帶去抗議。當代的大規模抗議始於 1968 年的法國。如果你隨時可能要換尿布，就不太容易發動示威。今日氣候變遷抗議的先驅，就是 1968 年對一切錯誤提出的諸多抗議——又以法國的抗議最堪稱先驅。

時候到來時，猛爆性消費會衰退；屆時人們會察覺到財富不會產生幸福，了解到大部分的廣告是來產生嫉妒用的；那時候大多數人的生活會因為組織合作更完善而有所進步，不是因為競爭更多；那時我們會了解，讓人愉快的東西大部分都是免費或差不多免費的——全球資訊網興起後更快就徹底如此。愛、友誼和關懷先於資本主義在，也會比這個制度存續得更久。資本主義是一個過渡階段，而不是一個穩定狀態，1968 年的抗議者就只是比時代先知先覺而已。

沒有意識到正在急遽趨緩的人，2018 年還在撰寫那些標題像是《拯救地球……別生孩子》（*Save the Earth … Don't Give Birth*）之類的書籍。[25] 其他人則是抱怨，他們所謂的「有影響力『環保』作家暨專欄作者喬治‧蒙比歐特（George Monbiot）面對人口問題時那種『嚴重損害大眾對人口問題理解』的負面態度」。[26] 但趨緩並非每次都能輕易察覺。蒙比歐特是最早在人口數字中察覺到這一點的環保主義者。趨緩發生得不疾

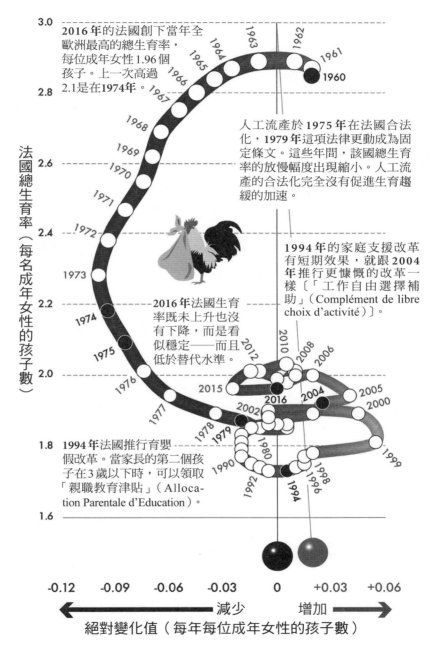

3.0 ─ **2016年**的法國創下當年全歐洲最高的總生育率，每位成年女性1.96個孩子。上一次高過2.1是在**1974年**。

2.8

人工流產於**1975年**在法國合法化，**1979年**這項法律更動成為固定條文。這些年間，該國總生育率的放慢幅度出現縮小。人工流產的合法化完全沒有促進生育趨緩的加速。

2.6

**法國總生育率（每名成年女性的孩子數）**

2.4

**1994年**的家庭支援改革有短期效果，就跟**2004年**推行更慷慨的改革一樣〔「工作自由選擇補助」（Complément de libre choix d'activité）〕。

2.2 ─ **2016年**法國生育率既未上升也沒有下降，而是看似穩定──而且低於替代水準。

2.0

1.8 ─ **1994年**法國推行育嬰假改革。當家長的第二個孩子在3歲以下時，可以領取「親職教育津貼」（Allocation Parentale d'Education）。

1.6

| -0.12 | -0.09 | -0.06 | -0.03 | 0 | +0.03 | +0.06 |

◀── **減少**　　**增加** ──▶

**絕對變化值（每年每位成年女性的孩子數）**

**圖42　法國：總生育率，1960年～2016年。**（世界銀行公開數據，生育率，根據《2017年聯合國世界人口展望》及其他來源做出估計，https://data.world bank. org/indicator/sp.dyn.tfrt.in。）

不徐，在某些案例中花上好幾個世代的歷程。我們已經習慣尋找新奇、刺激、不一樣的事物，習慣期望社會持續快速地進步變化。

有利於人類擴張的時節、急遽的技術變化，以及我們生活所在地於地理學上的一次急速重組，三者全都將來到尾聲。就人口而言，沒有什麼好害怕的，反而氣候崩潰才確實是非常需要害怕的事。但除了這項必須即刻處理的迫切問題外，還會有更多更緩慢的變化，和剛剛發生的變化相比，沒有那麼急遽的變化。有利的時節無法持續太久，而它們也絕非對所有人普遍有益──其實有害的可多了。然而就它們的定義而言，如果那些事都沒有發生，絕大多數的人今天都不可能活著。

以人類的例子來說，人口大幅增加也關係到「身為人是什麼感覺」的轉變有關。我們遷居都市，在上層階級裡納入一些女性，個子變高許多，稍微沒有那麼種族主義，比較整潔一些，教育程度高一些，但恐怕也變得更貪婪──如果我們要在新的人口下好好活著，舉凡是對那種貪婪的堅持讚賞態度，都必須趕快改變。就算不久之後，我們的人口總數會變少，擁有的物產財產也不可能一再增加。過去，人們會用「有些人比其他人更有價值，所以必須獲得更多獎勵」的優生學想法替貪婪辯護，但人們也已正確看出優生學的邪惡本質，貪婪不可能是好事。

## 趨緩是普遍現象

一場地理事件開啟一連串最終讓資本主義轉型出現的變化，就是1492年舊世界和新世界的相連，但對世界上絕大多數人來說，他們要到1901年才開始感受到本事件最重要的意涵。統治者來來去去，戰火

四處蔓延，但對世界上大部分地方的大多數人來說，日子就跟過往一樣繼續。甚至在最早工業化的英國，也要到那個世紀交替的時分，大部分人一輩子最重要的事才出現巨大改變：他們的孩子在自己死後還會活下去。一旦確定孩子會存活，為什麼要生下超過兩個？一旦你了解自己的基因沒有那麼特別，跟兄弟姊妹或表、堂兄弟姊妹都沒有那麼不同，為什麼有非生不可的壓力？你就算不是親生父母，也大可關心其他人類。圖43顯示英國近期的生育時間線，趨勢到現在應該已經很熟悉了。

在眾多趨勢中，可以挑出來證明「選定1901年為轉而更快加速的起始年，以及大轉變世代的第一代人開始出生的起始年」有其適當性的，就是嬰兒死亡率。那年在美國，每10萬個嬰兒出生，死亡的嬰兒就比前一年——也就是1900年**少了**2,000個，嬰兒死亡率快速下滑可能是空前絕後。[27] 1900年在英國，每10萬個嬰兒出生就有13,000人死去，1960年時下滑到2,000人，1990年到790人，2000年到560人，2010年到430人，2014年到390人，2015年則是到370人，但在2016年再度上升，來到380人，並於2017年達到390人。[28] 然而，一旦能停止削減健康服務（尤其是英國的孕產服務），且中止該國目前慘烈但短期的貧窮率〔當2017年選出的政府（譯注：德蕾莎‧梅伊（Theresa May）及鮑里斯‧強森（Boris Johnson）擔任首相的英國政府），以及這個從2010年開始掌權的政權（譯注：保守黨（Conservative Party）下台〕，嬰兒死亡率應該很快會再度下滑。[29]

如果是另一組不一樣、屬於一個比這窮太多的國家的嬰兒死亡率資料集，就會看到嬰兒死亡率較晚出現關鍵變化。在英國，這個進展開始得早一點，約在1870年，儘管嬰兒死亡率在數十年後不僅停止下滑，還

小幅上揚，要到1905年後才又快速向下。從那年以後，不論世界上哪個地方，一旦嬰兒死亡率開始有所改進，幾乎就一定會一直改進。世界上所有地方的嬰兒死亡率和兒童死亡率都暴跌了，而最富裕國家的暴跌則是在1901年前後開始。現在原因已經人人皆知，包括衛生設施和衛生情況的急速進步，還有對女性及貧困者的態度轉變。[30]

　　1890年，全英國與威爾斯20歲至24歲的女性有一半已婚。一個世紀後，那個比例已低於五分之一，最普遍的結婚年齡是30歲以上。這是大改變的多種面向之一，[31]但完全比不上「眼見你的新生孩子5歲就死亡的風險」在幾年內從四分之一降到五分之一，然後在他們的孩子當父母時變成十分之一，到他們孫輩時變成五十分之一，後來甚至變得更低許多，風險小到現在全世界絕大部分的人都不會太擔心這個問題。

　　認定某個「一切都變了」的時間點，始終是說了就算。在英國，1901年1月因為維多利亞女王過世，而被稱作「一個時代的結束」。在這邊，選擇1901年作為重要的轉捩點有一定程度的正當性，因為那是全美嬰兒死亡率第一次大幅滑落的時刻。在此之前，一代又一代的人活在更糟（有時候還越來越糟）的生命機會中──遠遜於剛剛工業化的城市，比鄉村好一些。1901年之後，轉變就真的發生了。一開始先是因為許多嬰兒平安長大成人，導致人口加速，然後隨著大人發覺小孩能夠存活而減速。那是一個不得不結束的轉變，尤其在兒童死亡率上更是明顯，因為一旦達到幾乎再也沒有孩童會在5歲前夭折的地步，就**不可能**再看到什麼顯著的進步。在世界上最富裕的那些國家裡，人類現在就很接近那個地步，不過在美國還沒有，尤其如果你是黑人窮人的就更是如此。

　　為什麼是用世代而不是十年為單位呢？世代是我們詮釋「轉變包含

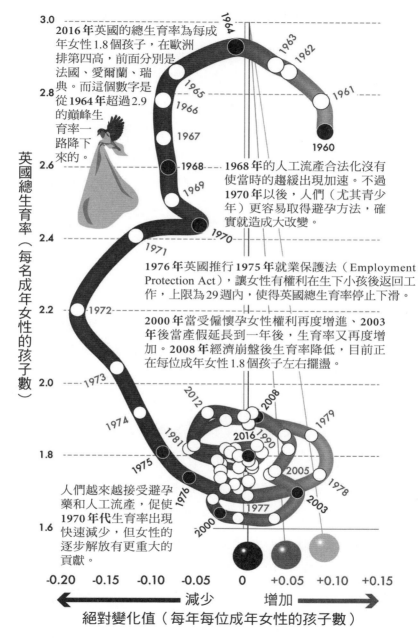

3.0

2016年英國的總生育率為每成年女性1.8個孩子，在歐洲排第四高，前面分別是法國、愛爾蘭、瑞典。而這個數字是從1964年超過2.9的巔峰生育率一路降下來的。

1968年的人工流產合法化沒有使當時的趨緩出現加速。不過1970年以後，人們（尤其青少年）更容易取得避孕方法，確實就造成大改變。

1976年英國推行1975年就業保護法（Employment Protection Act），讓女性有權利在生下小孩後返回工作，上限為29週內，使得英國總生育率停止下滑。

2000年當受僱懷孕女性權利再度增進、2003年後當產假延長到一年後，生育率又再度增加。2008年經濟崩盤後生育率降低，目前正在每位成年女性1.8個孩子左右擺盪。

人們越來越接受避孕藥和人工流產，促使1970年代生育率出現快速減少，但女性的逐步解放有更重大的貢獻。

-0.20    -0.15    -0.10    -0.05    0    +0.05    +0.10    +0.15

減少    增加

絕對變化值（每年每位成年女性的孩子數）

圖43　英國：總生育率，1960年～2016年。（世界銀行公開數據，生育率，根據《2017年聯合國世界人口展望》及其他來源做出估計，https://data.world bank.org/indicator/sp.dyn.tfrt.in。）

的那種變化之傳統方法。十年拿來做一個時間分段，不只太短也太武斷了。我們是拿自己的生活和父母及祖父母的生活相比，而不是和1990年代或1940年代的人做比較。本章關注五個世代的理由非常簡單，因為那是我們從1901年以來見過的世代數，從當時起，對多數人來說，「身為人類是什麼感覺」的經驗變化得實在太突然。前面的表7顯示，在假定前面有三十一個較穩定又較尋常的世代脈絡下，最晚近的五個世代各自是在（或未來會在）哪段時期出生。

　　儘管表7的時期看起來是說了就算，但一個世代中絕大多數的父母都是上個世代的孩子，而他們的孩子也幾乎都會（或將會）全部出生在下一個世代內。為了要估計日期，我使用女性生育孩子的平均年齡，但那也不是太精確。如果你出生於1981年，不需要悔恨自己是X世代的最後一批人；大可從內到外都稍微較像Y世代，但你就不太可能跟較年長的W世代或較年輕的Z世代有著類似的經驗和態度，這一點在今日世界的任何地方都千真萬確。

　　圖44顯示南韓從1960年以來的出生率趨勢，一路滑落的情況實在令人吃驚。世上最快速的生育下滑，並沒有發生在我們一度誤稱為「已開發經濟體」或「已開發國家」的地方。世界並沒有在不同地方、不同時間運作那麼多個別的轉變模式，一個全球模式就可以展現相當多種變形。南韓的外部介入出現得較早，發生在1950年至1954年的韓戰，之後南韓就一直保有社會穩定和持續上揚的經濟繁榮。

　　前面的表7可以讓你確認自己所屬的世代。生於南韓的一名W世代（1929年至1955年）女性成年後最有可能生下5或6個孩子，他們全都屬於X世代。如果他們是該世代最年輕的一批人，就可能只會生下3到4

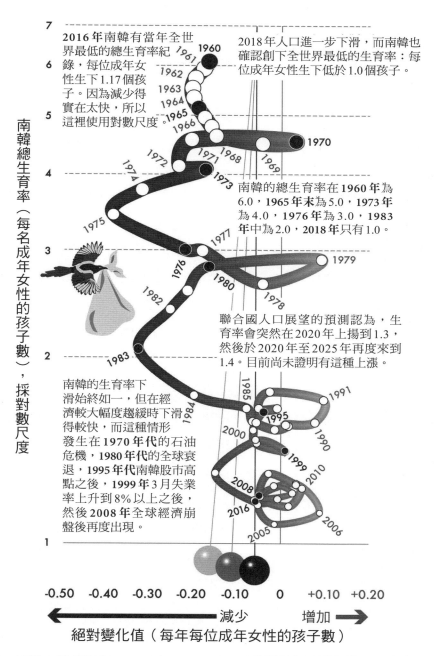

圖44　**南韓：總生育率，1960年～2016年。**（世界銀行公開數據，生育率，根據《2017年聯合國世界人口展望》及其他來源做出估計，https://data.worldbank.org/indicator/sp.dyn.tfrt.in。）

個孩子。即便在單一世代內，平均生育經驗都會隨著出生年分而大幅改變，那就是南韓在1960年代至1970年代的變化速度。

生在南韓的X世代（1956年至1981年）孩子，等到長大成人時，已經不太可能會有3個以上的孩子；而他們越晚出生，就越有可能生2個、1個孩子或不生。Y世代（1982年至2011年）的南韓孩子通常只有1個孩子；沒有孩子的會比生2個孩子的多。根據2019年報導指出，南韓農業地帶現在正召集70歲左右未受教育的祖母就讀小學，因為當地沒有小孩可以填滿教室了。[32]

你所在的群體越年輕，生下小孩的時候就越晚，也越不可能覺得生命中有過什麼大變化。那不只是因為你能用來比對世界的年歲較少；也是因為你沒有遇到大變化，而生命中最重要的事物，現在大部分都**沒有**變化得像前面幾個世代那麼快。

本章使用的各世代在時間長度上有些微不同，因為最後五個世代的頭三代期間一直進行轉變，所以一開始人們越來越早生孩子，其中1970年代早期的分娩年紀最早。但接下來，全世界的女性越來越可能會更晚生下第一個孩子，儘管沒有晚到像前面幾個世代的許多女性生下最後一個孩子那麼晚。這些世代區隔很管用，因為能方便恰當地把人劃分成有過同樣經驗（或未來可望會有同樣經驗）的群體，讓我們能專注觀察那些經驗曾經有多麼不同。最近，那些尋常事物已經徹底地不再以高速變化。一旦生育朝著「絕大多數女性不生、生1個、生2個小孩」的情況下滑，除了小幅向上攀升之外，就很難有什麼進一步改變的餘地——這種狀況就是在遙遠未來的某一刻想要確保穩定性時，最終會需要的條件。

來看看圖45所示葡萄牙近期經歷的生育下滑。這邊的時間線和南韓

並沒有多大差異。1960年至1975年間發生小小的轉變，之後到1999年為止，則是一次大上許多的轉變，接著直到2016年，又是一次較小的轉變。在每個時間點——1960年、1975年、1999年和2016年上，會有短短一年或幾年的時間，總生育率沒有下滑，然後再度急遽下滑。

從中期來看，葡萄牙人口不是減少、以移入人口來取代損失，就是生育率在某個時間點上再度小幅上揚。最有可能的情況是，處於上述三者的混合狀態。正如圖45中以文字強調的，這段時期生育只會在巨大社會動盪中提高，或者在其後餘波中上揚。

一個觀察趨勢的方式是，把世界細分成區域。1960年，世界上有9%的人住在非洲、14%的人住在美洲、22%的人住在中國、15%的人住在印度、26%的人住在除上述兩地以外的西歐亞大陸（印度和中國的西邊跟北邊）；另外，如果把「東亞／太平洋地區」定義為印度和中國以東、以南的亞洲地帶（其中人口最多的國家，在1960年代分別為日本、印尼、孟加拉、越南、泰國、菲律賓和南韓），這裡便有14%的人口。

到了2017年，世界變成有17%的人住在非洲、13%的人住在美洲、只有18%的人住在中國、18%的人住在印度、只有19%的人住在除上述兩地以外的西歐亞大陸（印度和中國的西邊跟北邊），另有15%的人住在東亞／太平洋地區，今日這六個地區占全球人口的比例大致相等。

表8顯示從1960年至2017年間，每個十年裡成年女性生育孩子平均數的變化，包括全球數字變化，以及前述定義的、大略相同比例的世界六大區域的數字變化。要注意到，最後十年並沒有相當完整，而最後一個世代的第一批成員才剛出生。表上列出每個十年內生下多數孩子的世代。最近十年每年都列出，之後的表格則是列出變動絕對值。

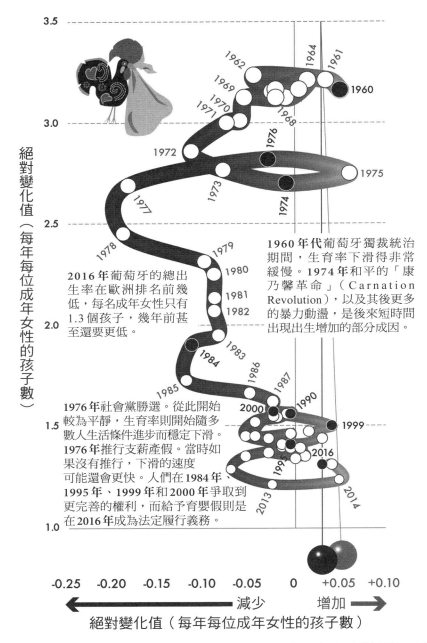

図中文字：

3.5

3.0

2.5

2.0

1.5

1.0

絕對變化值（每年每位成年女性的孩子數）

1960年代葡萄牙獨裁統治期間，生育率下滑得非常緩慢。1974年和平的「康乃馨革命」（Carnation Revolution），以及其後更多的暴力動盪，是後來短時間出現出生增加的部分成因。

2016年葡萄牙的總出生率在歐洲排名前幾低，每名成年女性只有1.3個孩子，幾年前甚至還要更低。

1976年社會黨勝選。從此開始較為平靜，生育率則開始隨多數人生活條件進步而穩定下滑。1976年推行支薪產假。當時如果沒有推行，下滑的速度可能還會更快。人們在1984年、1995年、1999年和2000年爭取到更完善的權利，而給予育嬰假則是在2016年成為法定履行義務。

-0.25 -0.20 -0.15 -0.10 -0.05 0 +0.05 +0.10

減少　增加

絕對變化值（每年每位成年女性的孩子數）

圖45　葡萄牙：總生育率，1960年～2016年。（世界銀行公開數據，生育率，根據《2017年聯合國世界人口展望》及其他來源做出估計，https://data.worldbank.org/indicator/sp.dyn.tfrt.in。）

　　非洲這個大陸處於例外，論及生育下滑，當地女性發生的變化比世界其他地方都來得更多。如果要選出第二個例外之地，就是西歐亞大陸。在那裡，1980年代和1990年代的生育下滑幅度比1960年代和1970年代更大。然而，生育率早在1960年代初期就下滑到每位成年女性只有略多於3個小孩。

表8a　1960年至2017年全世界及各大洲每名成年女性平均出生的孩子數，標記世代為生育之母親，計算每十年出生之新生兒

| 世代 | 非洲 | 美洲 | 中國 | 西歐亞 | 印度 | 東亞／太平洋 | 全世界 |
|---|---|---|---|---|---|---|---|
| W：1960年代 | 6.8 | 4.5 | 6.2 | 3.4 | 5.8 | 5.1 | 5.1 |
| W：1970年代 | 6.7 | 3.6 | 4.0 | 3.1 | 5.2 | 4.6 | 4.3 |
| X：1980年代 | 6.4 | 3.0 | 2.6 | 3.0 | 4.5 | 3.6 | 3.6 |
| X：1990年代 | 5.6 | 2.6 | 1.8 | 2.5 | 3.7 | 2.8 | 3.0 |
| X/Y 2000年代 | 5.1 | 2.3 | 1.5 | 2.2 | 3.0 | 2.3 | 2.7 |
| Y：2010年代 | 4.7 | 2.0 | 1.6 | 2.2 | 2.4 | 2.1 | 2.5 |
| **2010年代的逐年人數細目** | | | | | | | |
| 2010年 | 4.9 | 2.1 | 1.6 | 2.3 | 2.6 | 2.2 | 2.6 |
| 2011年 | 4.9 | 2.1 | 1.6 | 2.2 | 2.5 | 2.2 | 2.5 |
| 2012年 | 4.8 | 2.0 | 1.6 | 2.3 | 2.5 | 2.2 | 2.5 |
| 2013年 | 4.8 | 2.0 | 1.6 | 2.2 | 2.4 | 2.1 | 2.5 |
| 2014年 | 4.7 | 2.0 | 1.6 | 2.2 | 2.4 | 2.1 | 2.5 |
| 2015年 | 4.7 | 2.0 | 1.6 | 2.2 | 2.4 | 2.1 | 2.5 |
| 2016年 | 4.6 | 2.0 | 1.6 | 2.2 | 2.3 | 2.1 | 2.5 |
| 2017年 | 4.5 | 1.9 | 1.6 | 2.2 | 2.3 | 2.1 | 2.4 |

相較之下，美洲最快速下滑是在1960年代和1970年代之間，每位成年女性平均少了幾乎1個小孩。同一時間，在中國下滑的程度是每位成年女性少了2個多的小孩。在印度，1980年代出現最快速的變化，而在東亞／太平洋地區的生育，則是在整個1970年代一路到1980年代出現最快下

表8b　平均孩童數與上一個十年相比之變化

| 世代 | 非洲 | 美洲 | 中國 | 西歐亞 | 印度 | 東亞／太平洋 | 全世界 |
|---|---|---|---|---|---|---|---|
| 1960年代～1970年代 | −0.04 | −0.92 | −2.12 | −0.25 | −0.59 | −0.52 | −0.78 |
| 1970年代～1980年代 | −0.34 | −0.60 | −1.43 | −0.12 | −0.73 | −0.97 | −0.67 |
| 1980年代～1990年代 | −0.75 | −0.43 | −0.82 | −0.47 | −0.81 | −0.84 | −0.63 |
| 1990年代～2000年代 | −0.52 | −0.33 | −0.23 | −0.27 | −0.70 | −0.45 | −0.34 |
| 2000年代～2010年代 | −0.38 | −0.24 | +0.06 | −0.01 | −0.57 | −0.20 | −0.15 |
| 2010年代的逐年人數細目 | | | | | | | |
| 2010～2011 | −0.04 | −0.03 | +0.00 | −0.02 | −0.07 | −0.02 | −0.02 |
| 2011～2012 | −0.04 | −0.02 | +0.01 | +0.01 | −0.06 | −0.01 | −0.01 |
| 2012～2013 | −0.05 | −0.02 | +0.00 | −0.02 | −0.05 | −0.02 | −0.02 |
| 2013～2014 | −0.06 | −0.01 | +0.01 | +0.00 | −0.04 | −0.02 | −0.01 |
| 2014～2015 | −0.06 | −0.02 | +0.01 | −0.01 | −0.03 | −0.01 | −0.01 |
| 2015～2016 | −0.06 | −0.02 | +0.01 | −0.01 | −0.03 | −0.02 | −0.02 |
| 2016～2017 | −0.06 | −0.03 | +0.01 | −0.02 | −0.02 | −0.02 | −0.02 |

資料來源：World Bank, "World Development Indicators, Fertility Rate, Total (Births per Woman)"，2019年4月24日存取，https://data.worldbank.org/indicator/SP.DYN.TFRT.IN。

滑。以全世界來看，1960年代生育下滑得比1970年代快，而1970年代又比1980年代快，接著也是如此。最快速、最劇烈的變化已經現身，然後消失了。

把全區域的數字都標成圖表，會產生平淡無味的時間線，因為急速而有趣的變化會被平均——不同時間、不同國家會有層出不窮的狀況。然而，這裡的表格顯示整體的生育率降低趨勢是普遍狀態。最近十年每一年的數據也顯示，生育趨緩的速度絕對沒有一絲一毫地減速。非得要說有什麼差別的話，就是整個非洲從2012年起就在加速，美洲各地是在2014年，而最近最快速的地方則是西歐亞大陸和東亞／太平洋。印度並未加速，但總生育率現在只有每位成年女性2.3個孩子，在中國則是上揚，但幅度只有一年一百分之一個孩子，目前達到每位成年女性1.6個孩子。以全世界來看，全球生育率才剛下跌到每位成年女性2.4個孩子，而這樣的下滑整體來說是在加速，我們現在真的是活在趨緩之中。

就以美洲人口最多的巴西作結，圖46的時間線第一眼看起來幾乎就好像有人正試著在尾端打結。世界已經變了，巴西已經變了，美洲也已經變了，我們現在正活過某種全新狀態。

## 人口成長的終結

如果從長期來看，近期的全世界生育下滑就不只是短期的好轉跡象；應該會導致人們長期地認識到一切都已經徹底改變了。最後一批出生在全球生育率還處於加速時期的孩子，就是第一批目前預期壽命會比過往都長的成年人。人類可以健康快樂活著的時間有極限，而我們想把

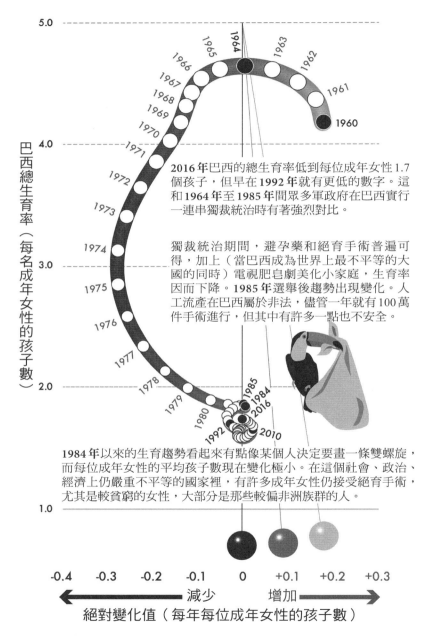

縦軸: 巴西總生育率（每名成年女性的孩子數）

5.0
4.0
3.0
2.0
1.0

1964
1965
1966
1963
1967
1962
1968
1961
1969
1960
1970
1971
1972
1973
1974
1975
1976
1977
1978
1985
1979
1984
1980
2016
1992
2010

2016年巴西的總生育率低到每位成年女性1.7個孩子，但早在1992年就有更低的數字。這和1964年至1985年間眾多軍政府在巴西實行一連串獨裁統治時有著強烈對比。

獨裁統治期間，避孕藥和絕育手術普遍可得，加上（當巴西成為世界上最不平等的大國的同時）電視肥皂劇美化小家庭，生育率因而下降。1985年選舉後趨勢出現變化。人工流產在巴西屬於非法，儘管一年就有100萬件手術進行，但其中有許多一點也不安全。

1984年以來的生育趨勢看起來有點像某個人決定要畫一條雙螺旋，而每位成年女性的平均孩子數現在變化極小。在這個社會、政治、經濟上仍嚴重不平等的國家裡，有許多成年女性仍接受絕育手術，尤其是較貧窮的女性，大部分是那些較偏非洲族群的人。

-0.4  -0.3  -0.2  -0.1  0  +0.1  +0.2  +0.3

◄ 減少    增加 ►

絕對變化值（每年每位成年女性的孩子數）

圖46　巴西：總生育率，1960年～2016年。（世界銀行公開數據，生育率，根據《2017年聯合國世界人口展望》及其他來源做出估計，https://data.worldbank.org/indicator/sp.dyn.tfrt.in。）

這個極限越推越長的執念本身，則是令人慶幸地在減弱。一小群來自富裕國家的人口統計學家，過去曾著迷於人類未來可能會活多久。今日，世界各大陸區域間的差異正在消失。前面描述的六大區域，今日各自住著大約同等比例的全球人口。（長遠來看）最重要的不是你活多久，而是你有多少時間花費在所愛的人、事、物。

我們現在正經歷一段最近被《刺胳針》（*Lancet*）的研究者稱作「了不起的轉變」的時間。他們在 2018 年底發表的文章中寫道，最近的數據顯示，生育率下滑的加速代表將近一半的國家現在都面臨「嬰兒荒」──意思是沒有足夠的孩子來維持人口規模。研究者表示這個發現「相當令人驚訝」。當「祖父母比孫子女多」時，社會將面臨嚴重的後果。[33]

我們趨緩的關鍵方法是什麼？首先最重要的是，我們生的小孩少了。幾乎全世界各地都正出現這種情況，而本章很希望能釐清這樣的變化曾有多巨大。本書前面曾提及這部分，但還是花了一整章的篇幅徹底解釋生育下滑的規模及普遍性，特別又因為最近我們生小孩的速度變化是最吸引人的。近年來，趨緩進行的速度一直在增加。就是因為這樣，所以我們今日可以信心滿滿地探討趨緩。在許多人口非常多的地方，好比說中國和巴西，當今的常態已經達到每位成年女性一輩子生下的小孩明顯低於 2 個。

從加速到減速的轉變發生在 1968 年左右，但接著過了一個世代，大約在 2000 年前後，全球又出現第二次出生減速，這兩件事顯然有連結，但第二件事卻不只是第一件事的後果而已。趨緩本身正以超乎我們預期的快速在進行──速度甚至超越我們認為可能的上限。現在越來越多地方的政府，都在努力嘗試提升生育率（但是幾乎都失敗）。

非洲大部分國家的生育率在1970年代開始變慢，而世界上所有其他地方的生育率早就開始變慢了。到了當前這個世紀的頭十年，世界上有一半的地方生育率已經達到每對夫妻2.3個孩子或更低，在占六分之一人口的中國或占三十六分之一人口的巴西甚至還要更低。接著在2010年左右，數字又再度下滑。

最重要的是，我們的生育很快就會達到全世界每對夫妻生下2個小孩：這對大部分人來說已經是現實，而世界上主要城市的生育率甚至會下滑得更快、更長期。過了一個世代或兩、三個世代後，生育率很可能（一度）滑落到每對夫妻2個小孩以下，之後我們就不得而知了。

# 9

## 經濟
### 生活的穩定標準
Economics: Stabilizing Standards of Living

神奇的是，在 2009 年之前，英格蘭銀行（Bank of England）從來沒有以低於 2% 的短期利率借錢給銀行，那樣的利率曾低到足以擺平拿破崙戰爭、兩次世界大戰及經濟大蕭條。然而，十年來利率已經接近零。一直有這問題的不只有這間銀行，聯準會（Federal Reserve System）打算把聯邦基金的利率提高到 2.5%，但就是辦不到。歐洲中央銀行（European Central Bank）的利率仍然接近零，跟日本銀行一樣，後者從 1995 年以來利率就逼近零了。

——馬丁‧沃夫（Martin Wolf），2019 年 5 月 7 日

英格蘭是工業革命的震央，等到後來有利人口擴張的時節出現，也會在發生轉變時至關重要。到了 2005 年，住在英國的人目前及過往歷史上的活動所排放的碳量，以每人平均來算，會比地球上所有其他地方的人都還多。[1]過了那年之後，那個紀錄就被其他國家超越。英國過去從全世界各地將利益輸送回國內，如果沒有這個帝國，它以前就不可能擁有明顯一直在擴張的龐大壟斷市場，販售以碳為動力的工業產品。人們認為英格蘭是資本主義第一個穩固扎根且勢不可當的地方──或者至少在沒有大動亂的情況下勢不可當。現在能想像世界末日的人，比能想像資本主義末日的人還多。

1867 年，卡爾・馬克思（Karl Marx）寫道：「到現在為止，（資本主義生產方式的）典型地點是英格蘭。」[2]英格蘭不是資本主義起初開始的地方，或許起始點是阿姆斯特丹、威尼斯或里斯本──但資本主義行為在英格蘭第一次成為最明顯能改變世界各地數百萬（最終達到幾十億）人生活的一股力量。

這個大轉變很快就在倫敦找到最安全的家，卻在很久以後又跳過大西洋，在那裡誕生孿生子：紐約。倫敦和紐約從那時候開始就被當作共同合作的一對雙星系統，彼此環繞著形成二十世紀的世界經濟中心。[3]然而，它們經濟軌道中的能量現在已經衰退了。

我們正活在持續進行的轉變中。這種轉變可能不會突然在未來哪個時間點就停下來，但它確實是在變慢，直到最近才越來越明顯。儘管全球中心已經快要轉移到太平洋的另一端，但我們不該現在就期待北京或哪一個或一對城市變成下一個中心。所有的轉變最終都會達到終點。我們現在應該預期今後金融、生產、政治力量會開始擴散，並在未來某一

刻分散到全球。

　　資本主義是一種轉變過程，它不是生產模式，模式意味著一定程度的穩定。資本主義之下（或共產主義對資本主義的反應）沒有穩定性——在人口、經濟、社會上都沒有。資本主義是一段從「人們代代過著類似生活的穩定社會體制」，轉變為「某個我們尚未到達，但應該也很穩定的其他體制」的中間時期。把資本主義這種轉變本質揭露出來的，就是它的變化速度，還有它的不穩定性。有鑑於變化實在太多，如今已可清楚知道資本主義不是一條穩健之路，經濟在其中不會以特定的重複方式運作。

　　資本主義靠的是持續創造多上更多的新產品，以及對新市場施行社會工程，來引發新的需求。過去一個世紀裡，人們透過廣告爆量而極其有效地達到上述目標。資本主義為求生存，需要越來越大的需求和永無止境的改變——為進步而進步。為了要持續購買並販售下一件極品，你必須持續創造新東西，以及有興趣取得新東西的市場。就其本質來看，資本主義無法永遠持續，它憑什麼該持續呢？

　　想想你近代祖先的消耗方式，想想他們的宗教信仰；他們如何穿著；他們穿著的素材從何而來；他們如何移動、多常移動；他們享受什麼娛樂；他們吃什麼。當你退開一步想想變化的速度時，才會察覺到把資本主義當成安定的時代是多麼大的錯誤。

　　要了解為什麼資本主義是一種改變、一種混亂，而不是一代盛世，只需要看看直到近日，資本主義底下的生活是多麼快速地持續遭到改變。要在英格蘭和威爾斯做這種觀察，你可以利用過去十年一度的人口普查數據，計算煤礦礦工人數。你會發現在1921年，也就是上一章強調

的最近五個世代的第一代裡，有124萬人在地底當礦工。到了第二代的尾聲時（1951年），數字已經減少一半多，變成59萬，接著到了第三代（1971年）時又再度減半到23萬，然後在下一世代又少了一半多，這樣到了第五代幾乎一定是微不足道。[4]

2019年5月，英國民眾試圖連續一百一十四個小時在不使用煤炭發電的情況下生活、遊樂、工作，這是1882年第一個燃煤公共發電站──愛迪生電氣照明站（Edison Electric Light Station）於倫敦啟用以來最長的連續時數。到了2019年5月7日，英國撐過整整一千個不用燃煤發電的小時。[5]接著愛爾蘭創下六百小時不用燃煤發電的紀錄，創下紀錄的時間大約在2019年5月10日左右，這是全愛爾蘭輸電網設立以來的最長紀錄。[6]許多其他國家早已棄用煤炭，或是從未用過。

最近幾十年的典型並不是穩定的生產體制，而是從根本、涵蓋一切的人類轉變。在有生之年的記憶中，我們從根本地一而再，再而三地改變主要工業能源、改變大多數人做的工作，甚至連我們怎麼在家中取暖，以及和人說話的方式都改變了。從歷史上來看，這樣的快速變化是脫離常軌，是在物種史中十分少有的轉變。

報紙雜誌現在慶賀無碳期間有多長，證明我們變得有多麼欣賞邁向更穩定狀態的改變，至於「能夠達成這一點，不只是因為改變發電能源，也是因為有不尋常的溫暖天氣」這個事實，就沒有那麼鼓舞人心了。

## 巔峰成長

國內生產毛額（Gross Domestic Product, GDP）是一個古怪的概念，

這個數值僅僅從第二次世界大戰才開始測量，其定義一直都在修修補補。然而，有了國際間的共識後，GDP越來越能進行比較，而且變得不因時而異。它最簡單的定義是，某一特定時期在某一特定地區內所有完成的貨品和提供的勞務之總值。本書前面有用到麥迪森的歷史上世界人口數字，而他最出名的成果就是建構一系列的GDP估計數字，並把該數字推及過往與全球。自從麥迪森於2010年過世後，他的估計數字就由繼承工作的同僚更新，這裡使用的就是這份估計數字。[7]

　　圖47裡的時間線顯示全世界人均GDP的絕對成長值，從我們曾經測量或估計的最早數字，一路到寫作本書時可取得的最近年數字。正如眼前畫出來的，2006年看起來像成長最快的年分，接著是2010年，而後2017年兩次逐步降低的巔峰。然而，若從相對來看，史上最快的單一年成長是1964年，當時全世界人均GDP成長4.15%。在時間線上，這被顯示為一次全世界每人平均230美元的增加，而且看起來沒有那麼大——但如果從數字的起源斜斜地畫一條線到1964年的點（所有的點代表同樣的相對增加），你就會看到，沒有其他點在這條線的更右側。

　　1972年，全世界每人的GDP成長262美元，但這只代表3.75%的增加；2006年每人大幅成長470美元，但那只是3.38%。自從1964年以後，全球GDP就再也不像那年成長得那麼快。它在2008年下滑，然後在接下來的十年裡，只有三年有超過一年2%的成長。2006年至2018年的趨勢展現全球趨緩。本書第十一章的圖60利用對數尺度讓這種情況看起來更清晰；但在圖47也看得出來，因為現在趨勢已經太明顯，不必轉換到對數空間就已經很明顯了。

　　我們現在知道資源不能越用越多——尤其是用化石燃料生產能源。

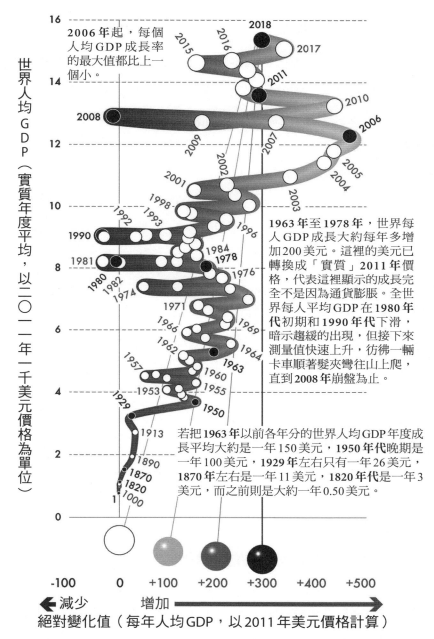

圖47　世界人均GDP，1年～2018年。（數據調整自2018年安格斯‧麥迪森計畫資料庫，由格羅寧根大學主持，利用世界銀行及國際貨幣基金之數據更新，https://www.rug.nl/ggdc/historicaldevelopment/maddison/releases/maddison-project-database-2018。）

僅僅一個世代以前，我們都還不知道這件事。未來我們不會看到開採煤礦的人數大幅滑落，因為今天還在做這一行的人已經很少了，今日在開採煤礦的是巨型機器。現在產量最高是中國，接著是印度，然後是美國，第四「高產量」的國家是澳洲：有23%的煤礦出口給日本、18%給中國，全都是用來推動發電廠。

目前中國開採的煤礦占全球一年產量的45%，但（不同於美國的是）中國人民和中國政府很清楚，他們轉換至其他能源的時間有限。隨著我們開始知道要減少開採，全世界所有礦業工作很快也將變得比現在還低迷。目前即便全球人口仍在上升，煤礦開採卻還是在下滑。[8]儘管採礦工作曾創造出團結感，但大部分的採礦工作還是很糟糕的，沒有這些工作對我們全體來說都是好事；不過即使如此，這樣的改變不代表一切都安好。今天世界上絕大多數人的性命，即便是（且尤其是）在最富裕的那些國家，都還受不安穩和不確定所苦，就像工人組成工會之前的礦業。

很多事情改進了，但我們還是被貧窮、貪婪和無知所包圍──而這些全都是轉變期的特徵。在先前大部分的穩定期中，大規模的貧窮、貪婪和無知都不是普遍狀態，人們拚了老命才能勉強度日──才能滿足基本開支。貪婪的人被避免貪婪失控的習俗、規範和宗教所約束；無知之所以**不常見**，是因為絕大多數人**都知道**他們做那些工作、過那種生活所該知道的那些事（就跟我們現在一樣）。我們常常會覺得過去的人都誤入歧途，都在相信我們今日嘲笑的諸神和迷信。未來人們回顧我們此時生活中過量的宗教、日常工作和逐漸進展的科學信念，以及這些事物在過去五個世代中的快速畸變，恐怕會十分困惑地提問：我們怎麼會都看不出加速時代和轉變時代無法永遠持續？我們怎麼沒有更快體會到氣候緊

急狀態的迫切性？所以說，我們才是最無知的那群人。

　　有人認為，在遙遠的過去，在轉變開始之前，在資本主義之前，世界較沒有那麼不安穩。就他們需要知道的事情而言，大多數人沒有那麼無知。他們的職業通常都跟父母一樣，而職業訓練會理所當然地發生。行事舉止該如何，宗教權威都有好好讓他們知道。大部分人都有剛好吃到飯，不至於太胖或太瘦。大部分社會似乎都曾經比較放鬆；個人過去通常都較有自主權，尤其是採集、捕獵社會的成員，特別享有大量的閒暇時間。那些貪婪的人會被宗教權威的裁決，或是甚至透過新宗教的創立（而在久遠的將來）逼他認罪受罰，但是因為貪婪在那些新宗教源起的時間、地點就成長得太龐大，所以這些新宗教通常一開始就會變得太受歡迎，最終成為世界宗教。[9]

　　我們實在太習慣於成長，以至於當成長稍微變慢（正如現在世界各地發生的情況）時，報紙頭條撰稿人就會立即敲響警鐘。2019年4月，《金融時報》（*Financial Times*）報導全球經濟正進入同步趨緩，而且「調查結果在過去六個月內注意到普遍令人失望的經濟指標，且在美國、中國及歐洲顯示類似面貌」。[10]當然，趨緩是否令人失望，要看你認為哪一種事情可能會發生。如果你認為經濟成長除了衰退的少數幾年外，都可以也應該要年年提升，你將會覺得今日的同步趨緩就跟猛力踩下火車煞車發出的尖銳聲響一樣嚇人。

　　資本主義很有可能會氣若游絲地走到尾聲，而不是戛然而止。幾乎每個地方的封建制度，都是在商人開始抵達並落腳、利用資本投資，且利用軍團強制施行制度之後來到尾聲。所以在世界上某些地方，資本主義同樣有可能已經被「使用收稅的錢來投資，並利用法治來矯正有錢人

的行為態度」的政府排擠在外。一開始，我們不會覺得有像過去經歷的變化那麼大，可能只會跟自己說，某些地方有一個比較保護貿易的福利國家，也沒有那麼和企業息息相關，儘管有較多合作的地方往往有較高的創造力；我們或許可以說，這些地方比較有支持女性權利的傳統，即使這也是拚命才爭取到的傳統。雖然我們也可以說這些趨勢在某些特定的文化中長得稍微較為茁壯，但接著可能也會留意到，一般來說，發生這些改變的地區正在擴大。

　　線索很有可能來自於觀察生育趨緩程度最大的地方，或者人均碳排放減少得最快的地方，或者真正曾出現教育最大規模擴展的地方——不是那種販售假大學文憑的市場化搖錢樹，有點像過去支付贖罪金來赦免罪過那樣花錢買的大學文憑，就較有可能是假文憑。就讀由營利驅動的大學不是真的學習，就好像那些有罪的人付錢贖罪並不是真的悔改一樣。一旦直接涉及金錢，教育就開始朝著欺騙年輕人跟家長相信他們上學是在學有用的東西，然後用非常高的分數獎勵他們，好向他們證明他們做得有多好的方向邁進。

　　2018年8月，傑瑞米・葛蘭漢（Jeremy Grantham）這位美國某間10億美元以上資產管理公司的共同創辦人，把他對未來的一些想法寫在一篇名為〈對付氣候變遷：我們生命的競賽〉（Dealing with Climate Change: The Race of Our Lives）的報告中。觀察葛蘭漢的觀點滿有趣的，因為他特別見多識廣，尤其是因為他資助那麼多的全球暖化研究。儘管如此，他還是做出以下這類主張：「我們主要的不利之處在於，經過數十萬年發展後，人類變成只求今日，或許再加上明日的存活與溫飽，而不對付這類長期緩慢問題的物種。」[11]

　　若要談論人類歷經發展後變得會去實現什麼，葛蘭漢實在錯得離譜。在過去六萬年中，我們建立一大堆永續社會，澳洲有些社會可能極其穩定地持續五萬年之久。[12]人類很早以前就學會處理緩慢進展的問題，我們是到了快速進展的近代，才開始那麼容易就認不清過往的永續性，才會將目前的災難歸咎於想像中人類個體的內建缺陷，而不是歸咎於我們（在少數人的強烈貪婪推動下）集體不經意間就放任不管的事物。在我們生活的時代裡，那些似乎靠著買賣資產而賺取很大一筆錢的人，可以輕易就相信自己既然累積了財富，就代表善於治理別人，不然就代表善於指揮政策。在君權神授的年代裡，也有人對自己有著類似的看法。

　　在〈重新思考我們人生的競賽〉（The Race of Our Lives Revisited）中，葛蘭漢針對「和令人讚嘆的少數人成果相比之下，個別人類的易犯錯性」提出傲慢的主張：「我們永遠都不該低估科技，但也永遠不要低估人類真正搞砸事情的能力。」他接著繼續主張：「根據計算，豐收年只剩下三十年至七十年，而這要看你所在的位置而定。」但他有察覺到，有些由少數石油大亨的利益掌握最大影響力的國家，確實具有一些內在的常見問題。葛蘭漢說到「販賣懷疑者」及某些他特別不同意的人時，主張「那些販賣懷疑者中的一個——麻省理工學院教授理查・林岑（Richard Lindzen），其實是無縫接軌地從捍衛菸草（他在電視訪問中一直吞雲吐霧而出名），轉移到否定大部分的氣候變遷問題……這在中國、印度、德國和阿根廷都不會發生，這是英語系的產油國——美國、英國、澳洲才獨有的，這些地方化石燃料利益的力量，同時用來影響政治和公眾輿論。」[13]看到圖48中美國目前GDP成長趨勢所顯現的趨緩模樣，葛蘭漢應該會滿振奮的。

　　仔細看看圖48，然後問問自己，哪一年的相對增加實際上最大。絕對變化在1998年和1999年最大，所以有鑑於這裡計算變化的方法，那段時期跟前後年相比就最為突出。然而，如果你要考量相對增加，答案就是1965年，當時美國的GDP成長5.15%，第二高的巔峰則是在將近二十年後的1984年到來（4.59%）。美國上一次GDP成長超過2%是在2005年，當時只成長了2.19%。儘管人類能夠持續獲得「更高科技」，但也正學著減少生產和耗費。我們永遠都不該**高估**技術的重要性，也不應該**低估**人類開始設法活在穩定狀態的能力。在人類生存的幾乎所有時光中，絕大多數人都是活在穩定的社群內，而我們就是這樣才得以存活，今日只是暫時的脫軌。

　　你可能會好奇，世界第二大經濟體——中國會怎樣呢？就人口來說，中國是世界上最大的國家，該國人民在過去七十年中，始終都以最劇烈的方法，在不把市場當上帝崇拜的情況下解決困境，但又吃盡苦頭（見圖24）。世界上最富裕地帶的許多人，仍然難以相信中國現在可以在這麼多不同的地方如此成功。美國國內對中國GDP數字曾經長期抱持懷疑態度，但現在這種懷疑論已經煙消雲散。[14]事實上，有一間美國頂尖公司正使用中國當作財務困境的藉口。以下這一整段引用該公司執行長提姆・庫克（Tim Cook）的話，非常值得細讀。文中討論的產品是許多消費者有生以來擁有過最高科技的產品，但這些產品能做的事情，其實沒有重要到你必須一直配備最新版本：

　　　　雖然我們已經預料主要新興市場會面臨一些挑戰，但卻未能預見經濟放緩的重大程度，尤其大中華地區的放緩。事實上，

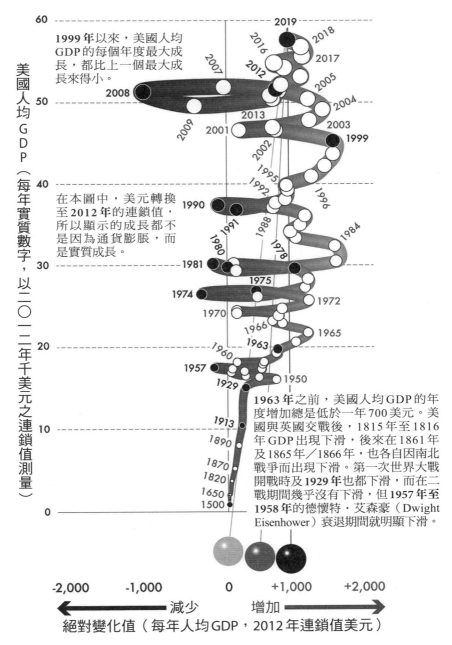

圖48　美國人均GDP，1500年～2019年。（數據調整自2018年安格斯・麥迪森計畫資料庫，由格羅寧根大學主持，利用美國經濟分析局1950年至2019年國內生產毛額估計值更新，取自聖路易聯邦準備銀行，2019年5月15日存取，https://fred.stlouisfed.org/series/A939RX0Q048SBEA。）

我們大部分低於（未來利潤估計）指引的營收，以及和去年相比超過100%的全球營收減少，都發生在大中華地區的iPhone、Mac和iPad。

中國經濟於2018年下半年開始放緩。政府報告的第三季GDP成長是過去二十五年的第二低。我們認為中國的經濟環境，已進一步受到對美貿易緊張升溫的影響。當外部不穩形勢加重影響金融市場時，效應似乎也延伸至消費者，導致我們在中國的零售店和通路合作夥伴的交易往來都隨著季節推移而下降。而市場數據顯示，大中華區智慧型手機市場的萎縮特別明顯。[15]

趨緩剛開始總令人震撼。趨緩的後果令我們震撼，我們忍不住要問：發生了什麼事？為什麼貿易戰又開始了？在爭論的到底是什麼事？而當我們的政治人物和企業領袖不再能跟「他們的人」保證下一個世代會比上一個世代過得更好時，將發生什麼事？你會不會很快就尋找別國人來歸咎？這麼做之後就很難維持共同戰線。有些商人會突然批評自家的政治人物——在上面提到的例子中，就是責怪川普——藉以嘗試解釋為什麼自家政府的方法沒有幫助。只是要在庫克的文字中看出這一點，你就要察覺字裡行間的含義。

2019年全世界收益第十一高暨全美第四大的蘋果（Apple）公司執行長得如此顧慮美中關係，這一點很能闡明真相。上一任執行長以前擔心的是，在中國生產是不是最好的選擇，以及可能會有什麼風險；庫克現在則是越來越擔心這個未來能持續讓他販賣產品的國家，擔心中國可能生產的競爭產品，又格外擔心中國趨緩的GDP成長。

　　圖49的時間線顯示，中國從兩個非常晚近且幾乎一模一樣的人均最大成長後反彈，而這兩次成長分別發生在2010年和2017年（兩次都是以絕對值計算）。中國的相對人均GDP成長率近期有三次最大值，都發生得比較早，分別是1984年的13.4%、1992年的13.0%、2006年的14.8%。自從2010年以來，每年都低於10%，而且通常遠低於這個數字。中國最近的生育加速下降，和最近的經濟趨緩有關。我們現在很清楚知道，中國人口很快就將以什麼模樣下滑，但是對於「中國人均GDP有多大把握是會往哪邊走」也一無所知，在開始再度回復到「更穩定朝左邊代表零成長的軸前進」這種態勢之前，可能還會上下顛簸好幾次。我們現在因為事情很久以前就開始，而確切知道的事情是，人數——尤其是很快就會為中國創造大部分GDP貢獻的年輕人人數，已經正在下滑。

## 生活水準

　　GDP不會測量幸福或飲用水多乾淨，不會測量安全感或人們的生活品質，甚至連大多數人普遍的收入範圍也不會測量。你生產販賣越多的武器，所在國家的GDP就會更高；你提供的醫療保健服務越好，GDP可能就越低，因為那些醫療照護人員本來可以製造武器出售而獲得大筆收益。你可以像英國首相戈登・布朗（Gordon Brown）曾經試過的，改進GDP算法，把醫療保健服務算成有生產力；但如果你真的想知道什麼才是最重要的，就不要從生產力這種抽象基準來思考，從中等生活水準來思考會比較好。

　　早在GDP成長趨緩的許久之前，生活水準就已經開始下滑，率先觀

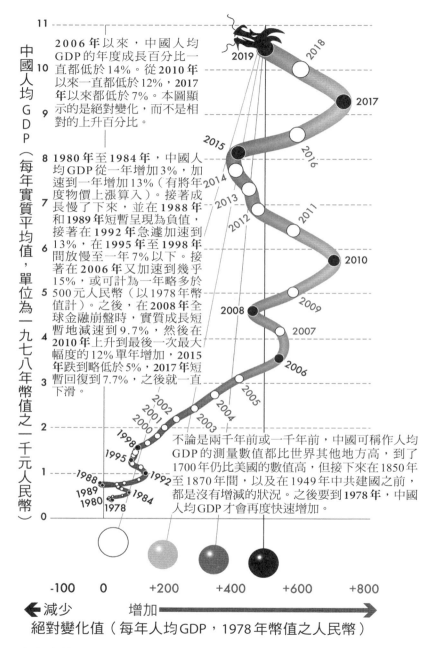

中國人均GDP（每年實質平均值，單位為一九七八年幣值之一千元人民幣）

**2006年以來**，中國人均GDP的年度成長百分比一直都低於14%。從**2010年**以來一直都低於12%，**2017年**以來都低於7%。本圖顯示的是絕對變化，而不是相對的上升百分比。

**1980年**至**1984年**，中國人均GDP從一年增加3%，加速到一年增加13%（有將年度物價上漲算入）。接著成長慢了下來，並在**1988年**和**1989年**短暫呈現為負值，接著在**1992年**急邃加速到13%，在**1995年**至**1998年**間放慢至一年7%以下。接著在**2006年**又加速到幾乎15%，或可計為一年略多於500元人民幣（以1978年幣值計）。之後，在**2008年**全球金融崩盤時，實質成長短暫地減速到9.7%，然後在**2010年**上升到最後一次最大幅度的12%單年增加，**2015年**跌到略低於5%，**2017年**短暫回復到7.7%，之後就一直下滑。

不論是兩千年前或一千年前，中國可稱作人均GDP的測量數值都比世界其他地方高，到了1700年仍比美國的數值高，但接下來在1850年至1870年間，以及在1949年中共建國之前，都是沒有增減的狀況。之後要到**1978年**，中國人均GDP才會再度快速增加。

-100　　0　　+200　　+400　　+600　　+800

◀ 減少　　增加 ➡

絕對變化值（每年人均GDP，1978年幣值之人民幣）

圖49　**中國人均GDP，1978年～2019年。**（數據調整自中國國家統計局，《中國統計年鑑2018》，經通貨膨脹調整，http://www.stats.gov.cn/tjsj/ndsj/2018/indexeh.htm。）

察到這種現象的其中一個地方就是英國。簡單來說，對英國大部分人而言，1974年至1976年這段時期比現在好。2004年，提姆·傑克森（Tim Jackson）為新經濟學基金會（New Economics Foundation）寫了一篇報告，名為《追求進步：在測量經濟成長之外》（*Chasing Progress: Beyond Measuring Economic Growth*）。他發現，隨著我們變得更善於測量生活品質，英國的社會進步在過去五十年間（從1954年起）就越來越與經濟成長明顯脫鉤，而且在過去三十年裡（從1974年起）完全在原地踏步。1974年曾有過男性全體就業的情況，貧富不均的情況也非常輕微，而絕大多數的人可以在年輕時就成家，不用向私人業主支付高額房租就能獲得房子居住，還可以度假。今日，英國幾乎一半的孩子都沒有年度假期，而最富裕的五分之一小孩平均一年有七次海外假期。

　　傑克森使用先前已拋棄GDP這種粗糙測量的經濟學家著作，作為自己的研究基礎，他主張創造國內發展指標（Measure of Domestic Progress），算法像GDP，但有一些關鍵調整。在傑克森的測量中，必定要花在緩和「生產的社會成本」和「汙染的環境成本」的費用，不再算成生產力，因此稱作防禦支出的軍火工業遭到移除，而較長期環境損害和自然資本貶值的成本則被納入。修正後，審慎投資會獲得較高評分，而正的貿易餘額則被算為正面評分，在家烹飪、清潔等的家務價值也被納入，此外，「所得分配的改變也被計入，反映了『口袋裡多1英鎊對窮人的意義大於對富人的意義』這件事」。[16]

　　根據傑克森的估計，英國的MDP於1976年達到巔峰，並在1980年的經濟衰退中達到最低點，之後就再也沒有回到1976年的最大值。2004年，生態學家蒙比歐特用這段評論回應發明MDP一事：「我們的生活品

質在1976年達到巔峰……我們活在人類史上最幸福、最健康也最平和的時代,而那將不會長存。」[17]到目前為止,他的悲觀想法並沒有完全得證。2004年世界享有的和平存續至今,儘管世界上最富裕的幾個國家駕駛著10億美元的戰機飛越伊拉克、敘利亞和葉門,讓它們國防工業裡最昂貴的產品亮相,讓和平頻繁遭到帝國主義戰爭打斷。[18]

　　世界各地的健康狀況都在進步,而蒙比歐特口中很快將不再如此的警告,可能太悲觀了。但幸福並不是當下的進步,也不是整體的安康,環境惡化確實仍在持續著。然而,正如傑克森在第一份報告提出的十年後(在2017年6月英國大選之前,出現許多跟他類似的報告之後)評論的:「英國政治變得有些奇怪,我不是在說引起分裂的脫歐困局,或者仇外風氣興起令人害怕,而是一個跨黨派的廣泛共識,認為過去半個世紀的經濟模型失效了。我是指一種(幾乎)無所不在的、存在於2017大選各種五花八門宣言中的呼籲,呼籲要開始打造——為每個人打造『一個有用的經濟』。」[19]一個在2004年曾經只是小眾觀點的事物,到了2017年卻成為主流。

　　2019年4月,安德魯・奧斯沃德(Andrew Oswald)和眾多同事一同發行一篇論文的預印本,試圖解釋為什麼富裕國家的中年人有那麼多的苦惱。他們發現,在富裕國家裡,稱作中年(50歲左右)的時間,變成比那些更年長或更年輕的人更不成比例的可能自殺時間,那個年紀左右的人還有更多也有睡眠困難。現在富裕國家的人最有可能依賴酒精、花時間思考自殺、開始覺得生命不值得活、「發現很難專注,會忘記事情,覺得在職場被人擊倒,因為嚴重頭痛妨礙身體健康而苦」時,就是50歲。[20]那實在是病痛的大集合,從最嚴重的疾病到你可能覺得幾乎無關緊

要的病都包含在內（但你要有非常難以入睡的經驗，才可能覺得上述有些病痛算是無關緊要）。[21]

　　奧斯沃德和同事無法查明為什麼會發展出這種趨勢，但他們確實指出：「仍不排除一種可能性，這是當代生活某些特殊面向的副產品，或者它有可能是被……某幾種深刻細微且目前未知的世代效果或時期效果所驅動。」有一種效果可能就是世代與時期效果，就是曾經在最棒的時候、在充滿期望的1970年代度過童年，但接著得活過日後大幅失望的年代，在美國和英國尤其如此；儘管奧斯沃德和同事也指出：「中年模式不僅僅起因於養育幼兒；也不是只在一、兩個特定國家發現這種現象。」然而，如果他們大部分的數據來源是那些地方，現在就值得觀察一個特定國家，也就是美國，來看看以該地如何評價人們作為測量尺度，所呈現的近期模式。

　　工資是社會告訴你，你在當代世界價值多少的方式。若有一個工資數字是比這賺得多的人數跟比這賺得少的人數一樣，這個工資水準就是「工資中位數」。圖50顯示美國一個目前人數正在減少的特權團體——全職工作者的每週收入中位數時間線。儘管人們很少稱全職工作者為特權人士，但全職工作卻遠比兼職待遇更好且安穩許多。只要有一份有薪工作，你在任何社會就會自動被擺放到最弱勢的人們之上；至少可以說，如果我們持續給一些人遠高於其他人的報酬，而不把所需之物分給眾人，或不鼓勵眾人選擇從事最有用的工作，反而要他們去做讓雇主賺最多錢的工作，情況就會一直如此。

　　對美國勞工來說，1970年代初期是最好的時代。所得不均處於（史上）最低點，而每週實際工資則是處在最高點。然而，如果用定值美元

測量（這樣的話，1美元就「能購買什麼」而言，在不同時間仍有一樣價值），美國的工資中位數在1970年代末暴跌，如圖50闡明的。美國勞工工資的平均值越來越糟。對中位數的全職雇員來說，實質所得在1979年和1980年分別有過一年4%和一年3%以上的下滑。雷根以「美國晨間」來宣告他任職的開始——但最終證明，那對多數人來說是冰冷而淒涼的早晨。

　　美國全職工資中位數在1981年暴跌到略多於310美元的低點，接下來的復甦無足輕重：1980年代晚期實質上揚至一週不到330美元，大約每天多3美元。一半的全職工作者及多數的美國人，一天帶回家生活的錢少於47美元。接著在1980年代後期，上述那些小小的增加又消失了。1990年代初期的復甦甚至更無關緊要，1990年代晚期的復甦總算再度拿到多出來的一天3美元。二十年的技術增進導致大規模失業、持續不斷的資遣、不安、工會的崩解、社群的崩解、家庭的崩解，還有人群的崩解，美國的預期壽命停滯不前。

　　今日美國工資中位數再度極其微幅上揚。1999年至2019年間，又獲得一次一日3美元的生活水準提升——但那花了二十年，也就是一年增加15美分。（1983年的）3美元可以買什麼？最近的美國全職勞工，如今就是活在這個似曾相識宇宙中的第二代，但一切都跟以前不一樣了。這些年間，貧富差距已經嚴重擴大。活在中位數之下的一半美國全職勞工過得更糟，而那些逐漸增加的兼職勞工或零時（譯注：不是臨時）契約工大軍幾乎全都過得更糟。只有在中位數之上的少數人，真正體驗到自己的報酬（譯注：雇員獲得的金錢和其他福利的總和）／匯款／獎金／薪水出現實際成長（有錢人很少稱其為工資）。收入明顯成長的人數實在

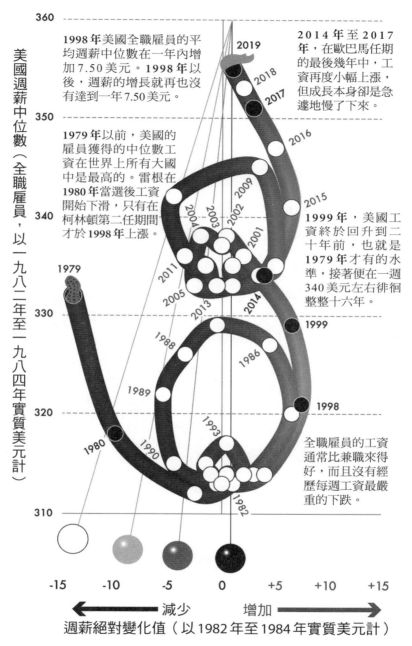

美國週薪中位數（全職雇員，以一九八二年至一九八四年實質美元計）

**1998年**美國全職雇員的平均週薪中位數在一年內增加**7.50**美元。**1998年**以後，週薪的增長就再也沒有達到一年**7.50**美元。

**2014年至2017年**，在歐巴馬任期的最後幾年中，工資再度小幅上漲，但成長本身卻是急遽地慢了下來。

**1979年**以前，美國的雇員獲得的中位數工資在世界上所有大國中是最高的。雷根在**1980年**當選後工資開始下滑，只有在柯林頓第二任期間才於**1998年**上漲。

**1999年**，美國工資終於回升到二十年前，也就是**1979年**才有的水準，接著便在一週**340**美元左右徘徊整整十六年。

全職雇員的工資通常比兼職來得好，而且沒有經歷每週工資最嚴重的下跌。

360
350
340
330
320
310

2019
2018
2017
2016
2015
2009
2003
2004
2002
2001
2011
2005
2013
2014
1999
1988
1986
1989
1998
1990
1993
1979
1980
1982

-15　　-10　　-5　　0　　+5　　+10　　+15

◀━━━━ 減少　　增加 ━━━━▶

週薪絕對變化值（以1982年至1984年實質美元計）

**圖50　美國全職雇員實質週薪中位數，1979年～2019年。**〔數據調整自美國勞工統計局，《全職受僱：一般實職週薪中位數；工資及領薪者；十六年及以上》（以1982年至1984年消費者物價指數調整後之美元計），取自聖路易聯邦準備銀行，2019年5月19日存取，https://fred.stlouisfed.org/series/LEU0252881600A。〕

太少，少到堪稱微不足道（這種微不足道，是姑且不論他們現在所消耗的、在全美收入中占的特大一份比例）。[22]

　　人們害怕趨緩，因為認為當前的情況就是理所當然。在美國，因為別人說經濟沒有成長會讓大多數人受苦，所以他們就相信了。穩定等同於貧窮，但完完全全不是非得這樣不可，原因不只是「美國過去有一段時期從整體來看擁有的比現在少很多，但那時候有更多人過得好很多」。你就算放眼當下，也可以看看那些趨緩來得最突然，但人們適應最良好的地方。如果你覺得對大部分美國人來說日本太難拿來比較，可以看看歐洲現在正在發生什麼事。

　　在美國以外的地方，自動化、需求縮減，還有資源分享的改革新政，常常都是以非常不同的方式處理。在芬蘭，使用「三方協定勞工市場合作」確保中年的工資中位數勞工不會落在其他人之後，而是會實質享有他們勞動的成果。[23]三方協定合作在丹麥很普遍，儘管有人譴責它有時候太慢了。[24]在德國和瑞典，「社會夥伴……到了2016年，至少已參與八個有關數位化和勞動市場議題的大型三方委員會」。如果你不知道什麼是三方委員會（tripartite commission），你很有可能活在英國或美國，那是雇主組織、工會和一國政府之間的契約協定。

　　在富裕國家之外，情況有時比今日美國還要糟糕許多。2019年2月，馬來西亞報紙《新海峽時報》（New Straits Times）報導，有數億人儘管保有一份或多份工作，卻依舊非常貧窮。它引用一份全球報告，該報告做出的結論是：「全球去年受僱的33億人中，有一大部分苦於『缺乏人生發展所需的物質富有、經濟安全、機會平等』（而且）……有整整7億人儘管受，卻過著嚴重赤貧或一般貧窮的生活。」[25]《新海峽時報》對讀

者表示，全世界勞工中有61%，也就是20億人處於非正式受僱，只有很少的社會保障或合約保障，甚至完全沒有。這些人居住就業的國家已經很常採納美國的實際做法，所以這些國家可能跟著美國，一起成為最後一批轉為更安穩的狀態的國家；但未來這些國家也很有可能更快做出必要的轉向。就改善人民生活水準來說，美國目前是世界上最不先進的富裕國家。相比之下，在世界上某些其他地方，大加速發生在非常久遠以前，趨向穩定的轉變早就開始了，想想阿姆斯特丹。

## 金錢假象

太多事情都在趨緩，以至於很難知道要把什麼列入任何清單。今天，許多富裕國家國民的最大支出是住房，貧窮國家的話是食物，在兩者之間的國家裡，人們預算中最昂貴的東西，在不久之前還是汽車（有一段時間富裕國家也是）。我們常常把住家當成是（除了幾次重挫外都）一直會增值的資產，但這並不是普世皆然的道理，放諸世界各地及各個時代都未必如此──這種現象只是近幾個世代少數人的經驗。

圖51顯示世界最知名的房價指數時間線：也就是阿姆斯特丹一條特別富裕街道上的住家，從1628年到1973年的平均實質價格紀錄。如果這個數字持續更新到現在，看起來也不會和這裡顯示的差異太大。實質來算，也就是和工資與薪水相比，長期房價整體來說是穩定的。它們的價值可以低到比最高價值低四·八倍：在紳士運河（Herengracht）住宅的例子中，相對於1724年的高峰，1814年達到低點。有兩百五十多年的時間，阿姆斯特丹的房價都低於高峰，但大部分時候房價會在一個穩定價

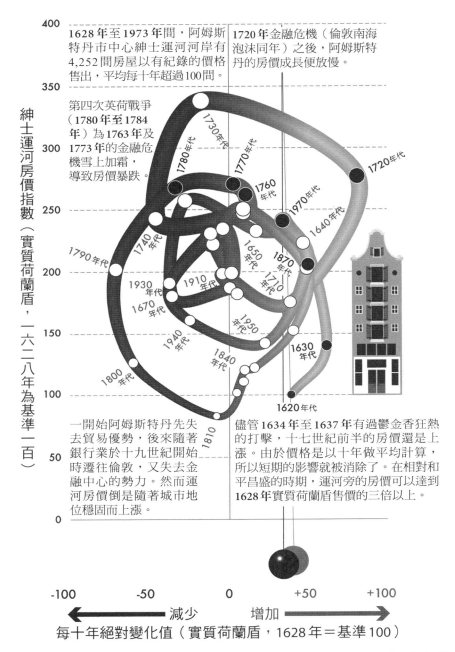

400

350

300

250

200

150

100

50

0

紳士運河房價指數（實質荷蘭盾，一六二八年為基準一百）

1628 年至 1973 年間，阿姆斯特丹市中心紳士運河河岸有 4,252 間房屋以有紀錄的價格售出，平均每十年超過 100 間。

1720 年金融危機（倫敦南海泡沫同年）之後，阿姆斯特丹的房價成長便放慢。

第四次英荷戰爭（1780 年至 1784 年）為 1763 年及 1773 年的金融危機雪上加霜，導致房價暴跌。

1730年代
1780年代
1770年代
1720年代
1760年代
1970年代
1640年代
1740年代
1790年代
1650年代
1870年代
1710年代
1930年代
1910年代
1670年代
1950年代
1940年代
1840年代
1800年代
1810年代
1630年代
1620年代

一開始阿姆斯特丹先失去貿易優勢，後來隨著銀行業於十九世紀開始時遷往倫敦，又失去金融中心的勢力。然而運河房價倒是隨著城市地位穩固而上漲。

儘管 1634 年至 1637 年有過鬱金香狂熱的打擊，十七世紀前半的房價還是上漲。由於價格是以十年做平均計算，所以短期的影響就被消除了。在相對和平昌盛的時期，運河旁的房價可以達到 1628 年實質荷蘭盾售價的三倍以上。

-100    -50    0    +50    +100

← 減少    增加 →

每十年絕對變化值（實質荷蘭盾，1628 年＝基準 100）

圖 51　荷蘭紳士運河房價指數，1628 年～1973 年。這裡顯示的房價是經通貨膨脹調整後的 1628 年平均房價作為基準的百分比數字，稱作「實值荷蘭盾」是要有別於未經調整的名目價格指數〔數據調整自皮爾特・艾霍霍茨（Piet Eichholtz），〈長期房價指數：紳士運河指數，1628 年至 1973 年〉，《不動產經濟學》（*Real Estate Economics*）第 25 卷第 2 期（1997 年）：175 至 192 頁，https://papers.ssrn.com/sol3/papers.cfm?abstract_id=598。〕

值的上下來回。然而要看出這一點，就必須回顧幾個世代的歷程，而不只是回顧數十年前。

多虧全英房屋抵押貸款協會（Nationwide Building Society）從1952年以來收集的英國數據，我們不難發現，X世代一批人出生的那年，英國平均一間住家標價僅略低於2,000英鎊（未經通膨調整價格）並賣出。[26]那一年是1956年。到了1982年，也就是第一批Y世代（千禧世代）誕生的那年，價格已經漲到24,000英鎊，而到了Z世代的第一年（2012年）則是達到16萬4,000英鎊。

絕對數字的躍升看起來很大，但相對上漲速度在這段期間確實變慢了——慢了幾乎一半。對生下第一批Z世代的父母來說，這時候的房價和Y世代嬰兒的父母面對的房價相比，僅僅高了六倍——相較之下，前一個世代是十二倍。對活過這些時代的人來說，價格上漲的速度感覺並沒有變慢，尤其是因為收入沒用一樣快地上漲。儘管如此，住家價格的上漲確實是在變慢。關鍵的短期因素是兩次住宅市場崩盤，一次在1989年，另一次在2008年。如果我在這裡有空間納入英國的時間線，你就會看到兩次崩盤的線條都是繞圈進入負值區域。（我把那些時間線放入本書網站上圖51的試算表，該表就包括本書印不下的其他眾多時間線——請見www.dannydorling.org。）

我們往往太執著於最近期的房價，或者說至少我們之中那些年長到有抵押購屋，或是有錢到有好幾棟房屋的人會太執著。英國新住宅的價值已從2016年第三季的巔峰價21萬9,881英鎊（由全英房屋抵押貸款協會統計員計算驚人的精準數字，達到以英鎊為單位的最近似值）滑落，在2017年開頭時下跌到21萬6,824英鎊。經季度調整的全英國平均房價

在2018年7月來到21萬7,010英鎊的高峰，然後於2019年4月達到僅21萬4,920英鎊。但我們先退開一步，忽視這些數字虛假的正確性，然後關注長期情況。

長期觀察英國，突然就浮現截然不同的近期過往模樣。1989年的房價崩盤現在看起來就大上許多，跟2008年崩盤成指數增加一樣。如果這些年的時間線有列入這張圖，你就會看到兩個迴圈大小類似，但到現在你已經看夠多這種曲線了，應該能自行想像。突然間，就能更清楚地看出價格上漲的巔峰是一連串隨著時間下降的高點。通貨膨脹並不只是1970年代的特色，它在其後數十年裡都持續伴隨我們身旁，但隨著整體通貨膨脹慢下來，每一次房價高峰的規模也就逐步縮減。

2014年，一位替《金融時報》撰文的記者試圖解釋這一切對英國人們而言代表的意義，以及整體來說這種金錢假象代表什麼。他的解釋不免有些曲折：「在1975年數據起始和（好比說）1983年之間，房價並未整體增加，儘管就名目價格而言，它們在1978年和1980年間上漲50%，但即使房子只是和以前價值一樣的貨品和服務，屋主還是有可能覺得自己發大財，那種感覺若是運用在通貨膨脹上揚時期的收入上，就稱作金錢假象。即便通貨膨脹在同一時間正摧毀著那筆工資的購買力，人們還是可以因為工資上漲感覺（至少一陣子）良好。但對某個擁有房屋的人，若是從『抵押支付在他們快速成長的工資中占的比例快速縮小』這種意義來說，他們確實變有錢了。」[27]

1972年英國房價上漲11%，1979年8%，1988年6%，2014年達到3%，而在2018年7月則上漲到了2.5%。但到了2019年4月，所謂高峰只是一年上漲0.9%。大部分的上漲高峰都比前一個高峰來得低，而整體的

變化率也隨時間變得越來越小。如果之前的趨勢要持續，也就是房價隨時間上漲的過程呈現長期不規則的趨緩，其中在某些時間點對應趨緩而出現小而短暫地向上反彈，英國的平均房價最終就會接近每間100萬英鎊，或者至少不比這個數字多上多少。如果英國經濟趨緩得更加快速，房價巔峰還可以落在低上更多的價值。房價不會永遠上漲，沒有任何東西能這樣。

　　一個使用絕對值的曲線圖意味著，將有價格失控及越來越嚴重的崩盤來臨；相較之下，顯示相對變化且使用對數尺度的曲線圖，則意味著有更大幅度的規律性，並指出過去的價格滑落和跟最近兩次實質房價下跌時期相比，至少還是同樣成指數增加。1972年至1974年的價格上漲減速比1979年至1981年還要劇烈，而1980年代早期的價格趨緩則是可以和1988年至1990年的下跌相比。接著從2007年到2009年在英國的那些房價下跌，則是比最近期的下跌更嚴重（至今所見，最近期是從2016年開始），但和過去以相對的（對數）尺度來相比，跌幅較小。美國也出現類似的模式。

　　所以，接下來會發生什麼事？我們就是不知道，但可以針對「有可能發生什麼事」來建立某種總體界線。舉例來說，1970年代早期發生的房價突然加速，現在就極不可能發生。當時所有東西的價格都在快速上揚：不只是房子，連工資也一樣。相較之下，有鑑於長期趨勢的整體方向，以及從1990年代和上一個十年的房價下跌來看，不久的將來會發生的房價下跌並不會太誇張。長期的趨勢是趨近價格穩定，往「每季變化微不足道」的方向回頭而去。

　　近幾十年來房價都上漲這麼多，怎麼還有辦法說上漲正在放慢？至

少可以從兩個方面來看這件事。首先，在2017年、2018年和2019年，英國房市很明確地已經趨緩了，不管圖形是怎麼畫的。更重要的是，就算有任何上漲，和長期比較也都非常緩慢。英國和美國的房價上漲的比例，從1970年代以來，每個十年和上一個十年相比幾乎都**更小**。只把住宅當作投資來看的話，它的資本增值正在下滑。很快地，我們甚至有可能開始把房子當成家——而不是有錢人的退休投資。

在繼續往下談論房價這個主題之前，先關注一下某個稍微不太一樣的東西——黃金。在圖52中，金價時間線並未以通貨膨脹調整，所以價錢就是一漲再漲。但每個時期的增加，總是突然被一場崩盤突然打斷，通常之後會有一段為期數年的價格穩定時期，期間價格似乎在一個固定點周圍遊走，之後又開始向上攀升，今天全球金價的游移點是在每盎司1,250美元上下。

金價很有趣，是因為人們把黃金當成避風港，有一點像房地產。每當時局不安穩，錢就會流向黃金，因為人們假設黃金會保值（而且你可以試著把黃金藏起來，不讓稅務單位發現。）然而，除了用於珠寶和少數的電子零件外，黃金的價值主要都是在於，人們相信其他人會持續支持黃金作為與「投機買賣其他資產」的相對保護手段。一旦人們越來越普遍接受趨緩的現實，就有必要自問：為什麼要甘冒風險，讓那麼多財富以黃金這種形式——這種內在價值（基本上作為一種地位象徵）已大不如前的資產來持有？

在1956年和1982年間，金價上漲一〇·七倍，比同一期間英國名目房價的十二倍漲幅略少一些。1982年至2012年間金價漲了四·四倍，和英國房價的六·八倍漲幅就有一段距離。根據另一個數據來源，這裡是

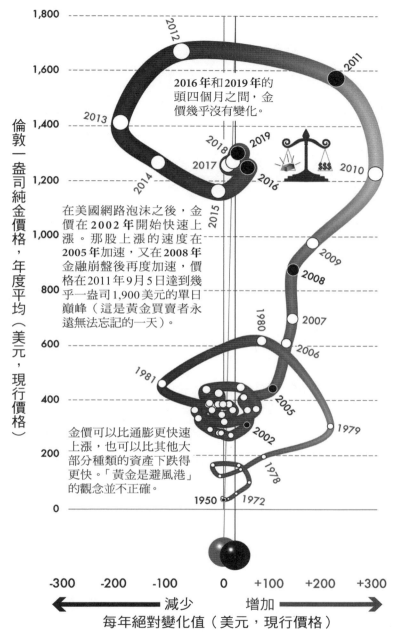

図52　金價以美元計，1950年～2019年。〔數據調整自《金融時報》（1968年4月號至1974年3月號）；山謬・蒙坦古公司（1974年4月號至1980年12月號）；《金融時報》（1981年1月號至1998年12月號）；倫敦金銀市場協會（1999年1月號至現在）。見《歷史金價——1833年到現在》，2019年9月9日存取，https://nma.org/wp-content/uploads/2016/09/historic_gold_prices_1833_pres.pdf。〕

指英格蘭銀行的綜合房價指數，V世代成員出生（1901年至1928年）期間的房價上漲67%；從1929年至1955年，也就是W世代年間，房價漲了169%，翻漲兩倍以上；但接下來在X世代第一個出生年到最後一個出生年間（1956年至1981年），房價上漲1152%，也就是漲了大約十二倍。之後就實質來說，房價一直保持穩定，或者極其緩慢地上漲，偶爾還會下滑。像那樣那麼快的上漲還可能再發生嗎？隨著房價成長和整體通貨膨脹在X世代的出生年間達到頂峰，如果後來真的發生，我們應該會非常訝異。

　　為什麼英國房價及全球金價在1956年至1981年間會上漲得那麼快？首先，這跟供需無關，這段期間住宅供應的增加速度遠比住宅需求來得快。到了1981年人口普查時，即便是居住條件最差的十分之一人口，平均也還擁有一戶房間數等同人數的屋子。在1951年和1981年的普查之間，也就是所謂戰後住家潮的期間，除了住宅方面外，許多其他的指標也都出現最佳的進步。[28] 類似地，全世界也開採出越來越多的黃金。到了2010年，一年開採的黃金已經超過2,000公噸；到了2018年，那個數字攀升到一年超過3,000公噸。[29]

　　消費者會猜想，金價和房價其實都不是由供需所決定或改變的。1988年，經濟學家卡爾・凱斯（Karl Case）和羅伯特・J・席勒（Robert J. Shiller）送出2,030份調查問卷，給近期在美國四個城市購買住宅的人，詢問他們認為近期決定自己居住地區房價變化的因素。「886名受訪者中沒有一個人引述任何有關未來供需趨勢的數字證據，也沒有提到任何一則未來供需的專業預測。」[30] 當時兩位經濟學家做出的結論是：「人們對於基本原則的客觀證據，缺乏興趣到了古怪的地步。」但兩位學者如

果察覺到買家其實知道供需不是決定價格的基本因素，他們就會顯得更有洞見——當美國的住宅供應在整個 X 世代的童年期間都成長得那麼快時，供需怎麼會是基本決定因素？

在跟同事凱斯送出那些問卷調查的二十五年後，席勒獲得諾貝爾經濟學獎。所以如果不是供需決定房價，那會是什麼？消費者覺得重要的，只不過是猜測思考。住宅經濟學家沒有答案，他們假定過去限量提供抵押貸款會打壓價格，但事後來看，卻看到價格其實在那些年上漲得更快。為了讓他們的模型看起來有效，他們必須加入「瘋狂」計量，主張「在這些活動強化或稱為『瘋狂』的時代，激增的需求回饋到更高的價格，然後正如在 1971 年至 1973 年、1978 年至 1979 年，以及 1986 年至 1989 年那樣，接下來房價就大幅提高」。[31] 換句話說，他們在說的就是，每次價格上升時都發生某些奇怪且無法預測的事。買家和賣家突然開始猜測價格會一再上漲，而且有段時期真的如此。但經濟學家們的模型卻無法預測這樣瘋狂的上漲，也預測不到瘋狂時期什麼時候會開始減退。

事後看來，有什麼能解釋每次價格上漲的原因？不管那是什麼，都得發生在價格開始上漲前，發生在 1970 年、1977 年、1982 年、1986 年、1996 年和 2010 年，那些上漲量少但準備要大幅增加時。到了 1977 年，有一位日後會成為英格蘭銀行行長的年輕人指出，房屋租金就跟以前一樣規律，甚至包括有家具的、私人出租的房產在內。[32] 那麼，為什麼人們在那陣子會準備好付更多錢購買住宅？

1988 年調查到的消費者是正確的：關鍵的答案就是猜測。1970 年，英國大選由右翼的保守黨獲勝，保守黨傾向於照顧屋主、年長購屋者及地主，那些起初看似會在房價上漲時獲益的群體。1977 年，人們認為工

黨（1974年勝選的左翼政黨）領導的政府會決定再度舉行選舉，但卻等到了1979年。同樣地，1982年和1986年是保守黨勝選前的年分，而1996年是「新工黨」〔舊工黨的一國保守主義（譯注：英國保守黨的一種務實的政治形式）版〕首度勝選的前一年。接著，2010年選舉產生保守黨和自由民主黨的聯合政府之後，房價又稍稍復甦。

　　觀察過美國房價趨勢的經濟學家，通常都把1970年代的激增歸因於實質利率下滑，而把1980年代的激增歸因於稅制改變，但到頭來證明，這兩次都是因為民主黨與共和黨政治人物及指派的官員做出抉擇，導致政府政策轉換。不僅如此，前面提到的標準解釋，都不能用來說明那種只能歸因於猜測的美國局部房價激增：「投資自用住宅的投資者，在估計住屋未來的資本利得時，並不具備理性預期，只會推斷過去。」[33]

　　觀察史上最長時房價序列（圖51顯示阿姆斯特丹中心地帶在三百五十五年來紀錄）的經濟學家發現，如果在一次激增或滑落之後有「修回平衡」，過程往往可以長達數十年，而且取得的平衡可以坐落在跟上一次平衡截然不同的位置；這就產生一個問題——如果真有平衡存在，真正的意義會是什麼。[34]

# 股票和股份的猜測

　　主流經濟學家近年遭逢很大的壓力，他們連房價這麼基本的價值變動都無法預測，甚至連事實發生後都無法建立模型。或許要做到這一點確實很不可能，但那些經濟學家也是一幫頑固分子。舉例來說，就像學者馬修・卓南（Matthew Drennan）指出的：「主流經濟學家緊緊依附一

套不把所得分配計入影響的消費理論，並因此不足以徹底了解經濟大衰退。」[35]

　　在最近這一場從2008年開始，且可能因為至今仍處在極緩慢成長的長期效應中而持續進行的衰退之前，曾經還有許多次經濟衰退。到目前為止，在本書的許多地方都提過網際網路泡沫化。要看出這樣一個泡泡可能怎麼成長，就想像一下現在是1996年耶誕節前的那一週，而你正坐在紐約的一間辦公室裡，手上有客戶的錢可以投資──富有到不行的客戶十分在乎錢。你想要在接下來一年內保住自己的工作，或許也想讓自己領到紅利，你的工作就是在「錢要放到哪裡」這件事上擔任客戶的顧問，然後你也做到了，就撇去手上麻煩的一小百分比。在頂級昂貴、米色外殼的彩色多頻曲面VGA格式映像管螢幕上，你獲得圖53中那條時間線的一種版本，顯示包含許多資訊科技公司指數的那斯達克（BASDAQ）綜合股市指數的演變。[36]所以，你會怎麼做？

　　如今邁入老年的你已經知道，隨著投機的金錢在國界之間移動，在房市和許多其他投資之間流進、流出，現在要了解投機買賣變得越來越難。金錢正追趕著利潤，追趕著它所能得到的最高利潤。有最多錢的人們比其他人都想要更多的獲利：在他們的眼裡，一年僅2%或4%的成長實在難以接受，他們想看到財富一年至少成長10%，而且是實質成長，同時他們有錢買得起「最佳建議」，那理當就是你。2018年，由於用越來越急切的態度尋找越來越大的利潤，到了趨緩年代更明顯是徒勞之舉，有些經濟學家便呼籲明智審慎地運用資本管制，限制流入、流出國家的金錢。[37]資本管制對那些崇拜利潤的人來說是異端邪說，但對於1996年的你而言，上述任何一件事就算知道也沒用。

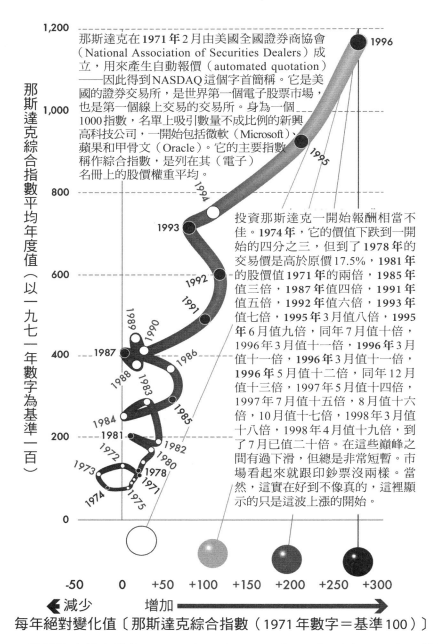

那斯達克在**1971年**2月由美國全國證券商協會（National Association of Securities Dealers）成立，用來產生自動報價（automated quotation）——因此得到NASDAQ這個字首簡稱。它是美國的證券交易所，是世界第一個電子股票市場，也是第一個線上交易的交易所。身為一個1000指數，名單上吸引數量不成比例的新興高科技公司，一開始包括微軟（Microsoft）、蘋果和甲骨文（Oracle）。它的主要指數稱作綜合指數，是列在其（電子）名冊上的股價權重平均。

投資那斯達克一開始報酬相當不佳。**1974年**，它的價值下跌到一開始的四分之三，但到了**1978年**的交易價是高於原價17.5%，**1981年**的股價值1971年的兩倍，**1985年**值三倍，**1987年**值四倍，**1991年**值五倍，**1992年**值六倍，**1993年**值七倍，**1995年**3月值八倍，**1995年**6月值九倍，同年7月值十倍，**1996年**3月值十一倍，**1996年**3月值十一倍，**1996年**3月值十一倍，**1996年**5月值十二倍，同年12月值十三倍，**1997年**5月值十四倍，**1997年**7月值十五倍，8月值十六倍，10月值十七倍，**1998年**3月值十八倍，**1998年**4月值十九倍，到了7月已值二十倍。在這些巔峰之間有過下滑，但總是非常短暫。市場看起來就跟印鈔票沒兩樣。當然，這實在好到不像真的，這裡顯示的只是這波上漲的開始。

那斯達克綜合指數平均年度值（以一九七一年數字為基準一百）

1,200　1,000　800　600　400　200　0

1996　1995　1994　1993　1992　1991　1989　1990　1987　1986　1988　1983　1985　1984　1981　1982　1980　1972　1978　1973　1971　1974　1975

-50　0　+50　+100　+150　+200　+250　+300

◀減少　增加 ▶

每年絕對變化值〔那斯達克綜合指數（1971年數字＝基準100）〕

**圖53　那斯達克綜合指數**，1971年2月～1996年12月，以**1971年**價格為基準呈現百分比。〔數據調整自那斯達克OMX集團，「那斯達克綜合指數」（NASDAQCOM），取自聖路易聯邦準備銀行，2019年5月12日存取，https://fred.stlouisfed.org/series/NASDAQCOM。〕

　　所以你就這樣坐在桌前，身處在幾乎四分之一個世紀前的美國。要想像這種情境，你必須忘記我們最近學到的事。你就業時，限制投機買賣的鄭重呼籲連第一聲都還沒有傳出，而中國距離被美國當成潛在經濟對手的那一刻也還很遠。

　　遠在2018年到來的許久之前，就已經有人反覆呼籲國家要加強控管投機買賣，尤其是在中國相關案例上；當時有人預測該國許多大城市的房價崩盤會在2017年和2018年發生。[38] 2017年有人發表一份城市清單，鼓勵政府介入以免當地泡沫崩壞：北京、瀋陽、成都、武漢、西安、深圳及重慶。[39]中國政府確實介入了，解釋「房子是用來住的，不是拿來投機的」，但全世界的投資者到了2019年還在鼓勵中國政府不要讓房市泡沫膨脹過大。[40]這是當前局面的一小部分，但讓我們再次回到過去。

　　1996年12月，安坐在紐約豪華辦公室的你仍對此一無所悉。你有耶誕禮物得買，有老闆得討好，有全家假期可以期待，而且你還年輕，但卻沒有水晶球讓你看到未來。你無法想像未來一個聯合國機構必須這麼解釋：「2017年全球工資成長不只比2016年低，而且是滑落到2008年以來的最低成長率，維持在遠低於全球金融危機前獲得的水準。全球工資的實質成長（也就是經通貨膨脹調整）從2016年的2.4%下跌到2017年的僅僅1.8%。如果將大量人口及工資快速成長都大幅影響全球平均的中國排除在計算之外，全球工資實質成長就是從2016年的1.8%下跌到2017年的1.1%」。[41]

　　終其一生，你就只知道成長，而且通常是加速成長，偶爾才有打斷成長的價格下滑，讓少數呆子跟短線投資者中招。你是出生在1960年代開始的次一波嬰兒潮一員，不知道1990年重複出現一次壓低版的「嬰兒

巔峰數」，因為統計數字尚未發布，更別說有人研究了。當時是1996年，而你相信電腦可以做到各種神奇功能，也相信客戶若是投資最新科技，就可以準備大發利市。你對自己說這保證萬無一失，因為就是他們的投資在推動革新進步向前邁進。不只如此，還相信你的高薪不過就是自己長時間埋首辦公桌，以及自認天縱英明所應得的公平市場報酬。你已經聽說明年，也就是1997年，液晶顯示器會是下一個大熱門；而你相信永遠會有下一個大熱門。

　　你也知道股價在短期內可以進行所謂的隨機漫步，沒有內線情報（而且使用這種情報是不合法的）的人無法知道將會發生什麼事。然而，你得以經手客戶10億美元以上的錢。你有一個非常簡單的策略：「打造一個巨大的、槓桿比例適當的市場中性股票資產，接著有計畫地在早上增大、在下午縮小，日復一日。」[42] 儘管你的指數大半是基於那斯達克指數，但卻稍稍改進少數成分來反映你的才能。不過不能改太多，因為在內心深處，你對自己的才能評價其實沒有那麼高，但你要找理由解釋「人家付給你的錢比你父母一輩子領過的都多太多」時，又會自我膨脹。而且因為價格整體在上漲，所以你也一帆風順。

　　事實上，就算平均每日僅僅向上浮動0.04%——就如你所知的，非常合乎大部分公開交易股票的典型晨間價差，當這樣的上漲接著以複利計算二十五年，你投資的價值在1996年至2019年間會有十一倍的增加，這會高過市場本身最成功狀態下所能賺到的普通獲利。[43] 你的客戶最終會收到大半獲利，前提是你投資的總額大到足以讓手續費夠小，小到不會抹除自己的特殊額外利潤——而那些利潤只比其他所有交易人加起來的利潤略多一點，但他們每天能用於投資的錢都會少一點。

　　你覺得自己好運；比以前多投入一點錢到那斯達克，你將在午餐時間就歡慶耶誕。而最終證明你確實運氣好，1996年耶誕節是購買那些高科技股票的完美時機。正如圖54的時間線所示，之後價格真正起飛了，全世界有史以來最快速的股價加速，發生在接下來的三十六個月裡。事實上，1996年耶誕夜時，你在單價大約1,287.63美元時買進數十億單位。

　　到了1999年12月時，僅僅三年後，你的顧客資產每單位已經價值4,069.31美元，你自己的那一份則在三年中增加超過三倍。你變得非常有錢，至於其他人，你都不知道的那些人，則是在同一段時間變得貧窮許多。你完全不知道他們變窮是自己交易行動的直接後果，你賺的錢當然就是以其他人為代價，而你實際上並沒有做出有那麼大價值的事；但你相信市場是有效率的，而「涓滴效應」會解決貧困問題。[44]

　　當然，後來災難就會降臨。但你很久以前就開始多方經營，你用贏來的錢購買一些地產，在1997年買了一點，然後在1998年和1999年又多買了一些。租金收入不錯，資本增值甚至更好。你撐過2000年和2001年的網際網路泡沫化，儘管你的薪水和紅利再也不會那麼快上揚。你在2003年至2007年的小熱潮中表現謹慎，因此跟交易公司成為合夥夥伴。

　　你的「每天早上在全世界交易中大買，在（每個地方的）市場關門前一刻賣出」招牌把戲似乎一直奏效。然而，一旦撐過2008年的崩盤，一切似乎就稍微不那麼重要了。更年輕的交易者比你更能承受壓力，即便2008年過後沒多久，市場也開始不斷攀升。2015年一度有過恐慌，但只是曇花一現，而2019年夏天又出現一次。但那些有錢到不可思議的人還是拚命地想花錢，他們還是向你尋求建議，所以那些老客戶家裡如今長大繼承一大筆錢的小孩也來找你。你讓他們更有錢，不僅如此，你現

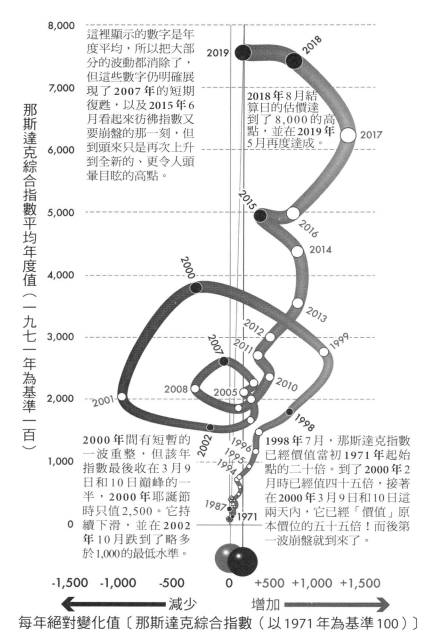

図54　那斯達克綜合指數，1971年2月～2019年5月，以1971年價格為基準
呈現百分比。（數據調整自那斯達克OMX集團，「那斯達克綜合指數」，取自
聖路易聯邦準備銀行，2019年5月12日存取，https://fred.stlouisfed.org/series/
NASDAQCOM。）

在還成為他們之中的一員。接著有一天，這場詐騙停止運作了。

到了2020年代的某個時刻，市場的信心會開始下滑——不是短期信心，而是長期信心。發生某種從根本上不一樣的事，某個你認不出形狀大小的東西。你從未看過這情況。這次真的不一樣了，客戶要求的越來越多，並希望少冒風險。你試著僱用「出類拔萃的人」，但開始無法達到要求。有充分自尊的年輕人，沒剩幾個還會崇拜利潤之神，也不會再相信這位神的小妹，也就是涓滴女神。你私人出租物業所在的國家威脅要制定出租控管，而總統川普已在2019年就改變課稅碼，所以你無法再用紐約付出的所有較高稅額來抵銷聯邦稅納稅義務。你盤算要搬到佛羅里達——但人生苦短，得皮膚癌的風險卻太高。

回顧那條時間線，你從四分之一多個世紀前的1996年耶誕夜後，一路如此成功又刺激無比的那條時間線。然後你突然發覺，那些股份幾乎不帶有價值，就只是幾十年來沒有發明任何真正新鮮事物的一整串公司裡的智慧財產權，全都不過是短暫盲目的諸多高科技公司的一場幻想。諸多公司曾靠著天真無知的年輕人與狡詐貪婪的老年人而發大財，能夠存活的公司不過就是因為要支付的稅賦一直很少，那都是一些你出生時根本還不存在的公司。

你突然了解到，對你和世界上那些少數十分有錢的其他人來說，當趨緩迎面而來時，沒有什麼是安全的，對你這個小團體而言沒有什麼是穩固的。你不明白，如果政治也隨著趨緩而改變會發生什麼事？你早早退休、變賣財產，然後搬到佛羅里達。你在網路新聞底下留奇怪的評論。當你來到晚年時，開始察覺到，過往一直相信是正確的事，其實錯得有多麼離譜。

# 10
## 趨緩時代的地緣政治學
### Geopolitics: In an Age of Slowdown

你知道我們失去空間感。我們說「空間被湮滅了」，但我們湮滅的不是空間，而是關於它的感覺。

————愛德華·摩根·福斯特（Edward Morgan Forster），1909 年

**SLOWDOWN**

你只有到晚年才能開始察覺到眾多信念中的錯誤，因為一旦更成熟了，才有辦法正確地懷疑信念。然而，（就算不到多數人，至少也能說）許多人從不這麼做；他們一輩子只相信差不多的說法，我就是那樣的多數人。確實有少數人從根本改變了見解，如果他們轉而思考的那套想法傳給年輕人——那些正要塑造自己對世界第一套觀點的人，長期可能就會有巨大的政治效應。

想法往往沿著地理散布。然而，當電報於1837年出現、電話在福斯特的時代出現，以及網際網路在1974年出現時，空間被如此快速地縮小，以至於某些人認為它有可能會被消滅。[1]相反地，隨著我們的連結機器散布各地，想法開始更加快速地跳躍空間。然而，儘管有這種條件，不同社會氛圍下的政治活動所產生的巨大地理差異，仍然會給予我們很大的希望，讓我們覺得自己可以是眼光敏銳而穩健踏實的思想者。另一個世界可能存在，因為另一個世界已經在那裡，就在地球上的某處。某些特地地帶可以找到另一個世界：那些在趨緩中「領先」的國家，也有人在特定的大腦中找到另一個世界。

特定地方的人們正逐漸意識到他們可以集體行動，而那種在哲學家暨小說家艾茵・蘭德（Ayn Rand）的作品中被捧上天的自私年代，在最大加速那幾年中欣欣向榮的自私年代，已經結束了。蘭德（1905－1982）是糟糕的小說家，也是她命名為**客觀主義**（Objectivism）的那場運動——利己主義的邪教的女祭司。她認為，為普遍善而努力是愚蠢的行為。總是會有少數像蘭德這樣自私的個人，而趨緩時代的地緣政治學若要成功，就必須戰勝她的信徒。即便她是許多極右派政客和自由派企業菁英心目中的英雌，你卻可能從未聽過她——這個情況其實就是希望的徵

兆，也證明我們集體勝過我們之中的自私者。[2]

　　人們第一次觀察到當代利己主義的興起，是在十七世紀的阿姆斯特丹，在住家達到史上最高價（見圖51）的碼頭貨場，在那裡「除了我之外，每個人都參與貿易，因此每個人都太專注自己的利潤，讓我可以一輩子活在這裡，而不被任何人注意到」。1631年，勒內・笛卡兒（René Descartes）如此寫道。[3] 在這封包含上述字句、寫給讓─路易・蓋茲・德・巴爾札克（Jean- Louis Guez de Balzac）的信件中，笛卡兒的語氣其實聽起來相當雀躍。儘管沒有被人注意到這點很適合笛卡兒，但這多半不適合大部分的人，大多數人需要一點認同。政治上來說，我們跟人們說他們不重要的方法是忽視他們；而當我們付很少錢，或完全不付錢給他們（也就是奴隸制）時，可以說最有效地做到這一點。

　　趨緩的地緣政治學將會是關乎過往遭到忽視者的政治學，會是謙卑者的政治學，因為沒有大加速，少數人想踐踏多數會難上太多。十八世紀，加速程度最為神奇的地方似乎是巴黎，也是那個持續移動的自私中心離開阿姆斯特丹之後的下一個停留處。1721年，在巴黎的法國人無時無刻不在趕時間，「因為（有人說）他們有重要生意要做」[4]。在巴黎，這些人只有死了才會休息。許多人確實就死在那場始於1791年海地被奴役者起義，並終結於1793年巴黎的革命中。

　　許多人橫渡英吉利海峽逃離法國，接著會是倫敦興建世界最大的碼頭，這是一個到了1830年代會激發人們震撼與敬畏的地點。接下來隨著時代廣場於1904年啟用，紐約會接下重任，儘管該廣場是以一家報紙命名，而不是以時代本身命名。今日，人口和財富成長最快的地方是北京，但這裡並不像前幾任一樣自私，只是許多西方學者尚未徹底認清這

個變化。[5]

　　從2017年夏天起，世界頂尖金融中心的排名是倫敦、紐約、新加坡、香港及東京，[6]最後三個現在圍繞著中國——以北京為中心。排名是精細或粗略並不重要，最重要的是局勢。根本沒有什麼人會調查排名是怎麼排出來的，幾乎每個人都是直接接受別人排列的順序。不到兩年後，2019年（同一個組織產出的）排序又不太一樣——紐約、倫敦、香港、新加坡，還有上海，[7]這展現的實在不是一個穩定的世界秩序，但從這個秩序可以看出正在放慢，並穩固於特定模樣。倫敦正在下滑，是史上最快速的下滑，僅僅在兩年內就從第一名降到第二名，中國正在上升（但也在放慢），紐約正在動搖，東京被上海取代。整體來說，權力正在向外擴散，而不只是改為集中他處。

## 民主和進步

　　地緣政治學既關乎空間，也關乎時間，我們目前比過去任何一刻都更了解自己遙遠的過去。人類可以有什麼樣貌？不久前，在肯亞圖爾卡納湖（Lake Turkana）附近研究的美國考古團隊發現一批墳墓，並做出結論，認為五千年前有一大群人類曾在沒有明顯社會階層的情況下共同分擔工作量——而且一代接著一代成功度過好幾個世紀。[8]

　　四千年前，後來被稱作印度河谷文明（Indus Valley Civilization）的人們，在沒有明顯社會階層的情況下興建城市。其中一座城市是哈拉帕（Harappa），有著規劃良好的寬敞公用街道；各種公共或私人的水井、排水設施和浴場；以及公用蓄水池。1920年代以前，這段歷史完全不為人

所知。[9]我還在求學時，老師都教導第一個打造這類設施的是羅馬人，但他們只是歐洲首創，複製兩千年前世界別處早已達到的成果。

　　最近人們把以公民集會為基礎的共和，回溯到今日敘利亞、伊拉克和伊朗境內與印度河谷文明同時發生的社會。在印度，人們認為這種民主被發跡於吠陀時期初期，當時「由公民集會治理的共和政體變得普遍」。[10]這樣的想法被最常在外遊走的年輕人所吸納，便隨著他們湧入腓尼基城市，包括比布魯斯（Byblos）及西頓（Sidon），接著慢慢傳到雅典。我們往往只記得、只去重建最靠近歐洲的文明歷史，好比說雅典的歷史。

　　從前維基百科曾記載：「已知由人民投票選出國王的最古老民主政體王國〔印度語稱為佳那拉亞（Ganarajya）可以追溯至西元前599年古印度的弗栗特國（Vajji）毘舍離（Vaishali）城，那裡是耆那教第二十四位，也是最後一位蒂爾丹嘉拉（Tirthankara），筏馱摩那（Mahavira）的誕生之地。」但那段陳述現在經編輯而遭刪除，被更長、更曲折的描述取代。這可能是因為躲在維基百科編輯筆名之下的學者或行家，隨著別的事情多半慢了下來，而在今日對過往的事情爭執得更激烈，每一方都想出點力形塑不同的未來，而拚命想把過去修飾成其他樣子。[11]

　　所有人平等的想法並不是在單一地方「開始」的，而是從起頭就很明顯。澳洲的早期民主制可能是最長期未受干擾的例子，橫跨眾多世代，可以一路回溯至夢時光（dreamtime）。但即便在英國，在（今日肯亞）圖爾卡納湖的社會主義者一度興盛的兩千年後，德文郡（Devon）的古代石屋格局仍暗示著，距今三千年前沒有什麼社會階層且鮮少戰爭，因為如果沒有菁英的話，誰會命令你們自相殘殺？[12]

　　在中國北方平原，人們認為有超過一百個世代的人一直以穩定又永續的方式，維持高人口密度，過著幾乎差不多的生活，而那種社會若要存在，菁英就要受到控制，失控的菁英會導致戰爭。[13]總是有少數人似乎始終忍不住要巴結菁英，還主張如果只讓少數「知道怎樣對我們才最好」的人掌權，天下就會太平。2018年史迪芬·平克（Steven Pinker）撰寫《再啟蒙的年代：為理性、科學、人文主義和進步辯護》（*Enlightenment Now: The Case for Reason, Science, Humanism, and Progress*）一書，他主張人類從未像今日過得這麼好。比爾·蓋茲（Bill Gates）立即宣稱該本著作是他「最新的一生最愛書籍」。[14]

　　其實不難看出平克的說法錯誤何在裡，今日平克以外的許多人都知道我們消耗過多。他們知道，只有有錢人會因為平克的想法而獲益，好比說假裝（甚至真心相信）那套涓滴經濟行得通。平克對GDP這種老派經濟測量數字有著特殊喜好，但就如傑瑞米·蘭特（Jeremy Lent）批評平克主張時所闡明的，各種世界真實進步率（Genuine Progress Rate, GPR）的測量數字都在1976年達到巔峰，而且「之後就穩定下滑」。蘭特解釋：「平克藉由把一切描繪成黑白分明，描繪出摩尼教風格的善之資本主義者對抗惡之共產主義者景觀，而從視野中抹滅過去幾十年來由各領域進步思想者勤勉建構，一個充滿希望的複雜精細未來模型。這些新鮮觀點避開了平克那套傳統左右對決的錯誤二分法，反而去探索有沒有可能用一個有機會讓世界更公平、更永續，且讓人類更繁盛的全球經濟體系，取代毀滅性的全球經濟體系。簡單來說，就是一個用於二十一世紀的持續進展模型。」[15]

# 更高、更乾淨、更聰明

當然，有證據顯示許多事物正在改善，從嬰兒死亡率到識字情況都是，但事物會改善，常常只是因為它們一開始變差，或者並非必要（好比說能閱讀的東西不多的時代，閱讀就並非必要能力）。一個好例子就是人類的身高，在我們採集、捕獵時最高（但要老實說的話，多半是採集時才高），接著當我們要農耕時，身高就變矮了。能採集的東西太少，我們就耕作，接著人們一旦要開墾農園（在葡萄牙語中稱作 *fazenda*）時，身高甚至還會變得更矮。在興建 *feitorias* ——後來（十六世紀荷蘭人和英國人興建這種東西時）被稱作「工廠」（factories）的貿易站，這方面，葡萄牙人的反應也很快。[16]這種貿易站接著在英國發展為各種不同類型的工廠，而在英國的工廠生活促成人類史上最矮的身高。[17]

後來，隨著美國和西歐各工廠的條件從1870年代一路進步到1970年代，人類平均身高開始回復到祖先的已知身高，這段時期的平均身高長高11公分，或者說每十年多於1公分，北歐和中歐國家在1911年至1955年間記錄到身高的最大增幅。公共衛生的進步超越戰爭和經濟蕭條導致的損害，但更重要的是，當時人們持續獲得更多權利，且持續打造民主政體。發現這一點的研究者做出的結論是，許多其他因素也一樣重要。舉例來說：「較小的家庭規模是讓孩童養育工作有如此進步的關鍵因素。因此生育的轉變，也就是從十九世紀晚期開始的出生率急遽下滑，可能曾經很重要。對這裡研究的國家來說，向下的趨勢在1900年代與1930年代之間特別強烈。」[18]那段時期也是這些國家的女性爭取到投票權的時期。有鑑於生育率現在在世界各地滑落得都如此之快，我們可以穩當地

預測，未來地球上會有普遍較高的人類，但這種增長也會趨緩——因為身高增高已經正在趨緩，也因為我們身高還是有著生物極限。

　　對身處當前富裕國家的人們來說，身高的最大增長全都發生在很晚近的過去。近期最慢的增長發生在北歐，在丹麥、芬蘭、荷蘭、挪威和瑞典，從1955年至1980年，每十年只長高了0.99公分，因為那些地方的身高最大幅增長在以前就發生了。[19]全球身高曲線圖（圖55）顯示，成年人平均身高現在正在下降，因為人們的混合變化得太迅速。在這裡長話短說（我先為很爛的雙關語笑話致歉），世界上平均身高較高國家的人們，曾經比較長期有過較少的小孩；而平均身高較矮國家的人們曾經生較多的嬰兒。平均來說，所有的嬰兒後來都變得比父母高，但隨著混合的變化，全世界所有人的平均高度下滑了。隨著混合趨於穩定，全球平均身高可望再度加速提高——但只會短暫進行，我們不會變成巨人。

　　要看出人類的一切都正在改變，不只會在平均身高先突然加速而後放慢的過程中看到，現在已經有太多跡象顯示，當前的轉變正邁向結束。在變化程度開始越來越小的日常物體中，都能看到這些跡象。在過去五個世代裡，水槽、洗衣機、淋浴設備、浴缸都曾急遽變革，但它們現在外觀變得越來越固定。儘管新版本或許稍微節能一點，但我們不會再看到重要程度宛如先出現隨開即有的冷水，然後出現隨開即有的熱水、洗衣服從軋布滾輪脫水機變成直立脫水槽，或者從不洗澡、錫製澡盆到電熱淋浴器一般的轉變。簡單有如把自己弄乾淨之類事務的日常現實面貌正開始再次固定，就好像以前從井裡汲水那樣，一代代都維持固定面貌——直到1901年左右開啟最快速的加速時代為止。

　　現在不會有人主張要發明不用自來水的新型態淋浴，或者某種全新

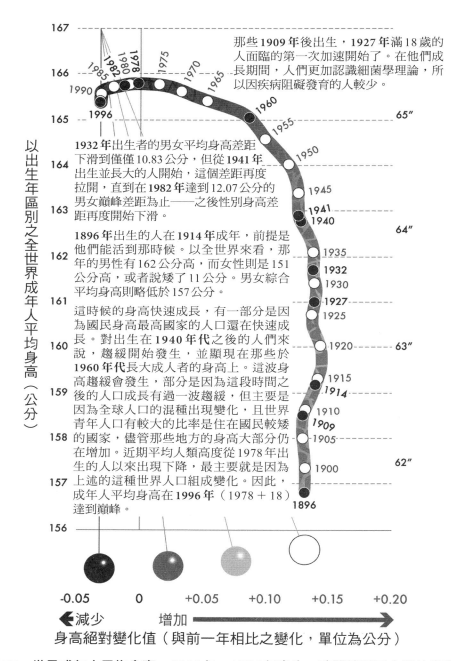

那些 **1909 年**後出生，**1927 年**滿 18 歲的人面臨的第一次加速開始了。在他們成長期間，人們更加認識細菌學理論，所以因疾病阻礙發育的人較少。

**1932 年**出生者的男女平均身高差距下滑到僅僅 10.83 公分，但從 **1941 年**出生並長大的人開始，這個差距再度拉開，直到在 **1982 年**達到 12.07 公分的男女巔峰差距為止——之後性別身高差距再度開始下滑。

**1896 年**出生的人在 **1914 年**成年，前提是他們能活到那時候。以全世界來看，那年的男性有 162 公分高，而女性則是 151 公分高，或者說矮了 11 公分。男女綜合平均身高則略低於 157 公分。

這時候的身高快速成長，有一部分是因為國民身高最高國家的人口還在快速成長。對出生在 **1940 年代**之後的人們來說，趨緩開始發生，並顯現在那些於 **1960 年代**長大成人者的身高上。這波身高趨緩會發生，部分是因為這段時間之後的人口成長有過一波趨緩，但主要是因為全球人口的混種出現變化，且世界青年人口有較大的比率是住在國民較矮的國家，儘管那些地方的身高大部分仍在增加。近期平均人類高度從 1978 年出生的人以來出現下降，最主要就是因為上述的這種世界人口組成變化。因此，成年人平均身高在 **1996 年**（1978 + 18）達到巔峰。

以出生年區別之全世界成年人平均身高（公分）

← 減少　　增加 →

身高絕對變化值（與前一年相比之變化，單位為公分）

**圖 55　世界成年人平均身高，1896 年～1996 年出生。時間線顯示人們的出生年和 18 歲平均身高，左側為公分，右側為英寸。**〔數據調整自馬吉德・艾札提（Majid Ezzati）等人，「成年人類身高之一世紀趨勢」*NCD-RisC*，2016 年 7 月 26 日，http://www.ncdrisc.org/data-downloads-height.html。〕

的馬桶（但的確有少數人主張回歸蹲式排便，因為那樣可能比較健康）。事實上，技術進步現在是如此之慢，以至於普通家用設備的一點修改都可以宣稱是劃時代進展，就好像2007年詹姆斯‧戴森（James Dyson）因為發明無袋式吸塵器就被封爵。回顧1901年，美國和英國都各有一些人發明稍微不同版本的原版吸塵器，卻沒有一個人因此封爵，甚至連讚美都沒有，因為那時候這類進步實在太快了，快到在你知道有這項發明之前，就已經有另一項發明了。[20]今日我們必須非常用力地搜索，才能找到革新案例。這不是因為我們的創新能力變差，而是因為容易取得的成果都被摘光了，幾乎都是在過去五個世代裡摘下的。

這些輕鬆取得的成果，把許多人從工廠勞動中解放出來，讓我們能以簡單太多的方式清理住家、衣物及自己。這些輕鬆取得的成果讓下一代及接下來多個世代都能再度長高——直到長高這件事在每個國家裡也放慢（而且不只是全球平均在放慢）。

如果你懷疑我所描述的，最近科技進展極其微小的情況，就想想全世界各地直到1913年才發明的汙水處理廠，目前從廢水中取出淨水的流程。在發明出來的第二年——1914年，威廉‧洛克特（William Lockett）和愛德華‧阿爾登（Edward Ardern）在《工業化學協會期刊》（*Journal of the Society of Industrial Chemistry*）上，發表「活性汙泥」這種方法的詳細內容。這種方法在英國曼徹斯特的達維休姆（Davyhulme）廢水處理廠首度啟用，那是在V世代的童年期間。[21]為非常大量人口提供妥善下水道設施是很晚近的發展，要到過去五個世代的第一代有生之年才開始。現在人們已經不太靠著新發明帶來真正的進步，而是藉由把如今顯舊的發明所帶來的好處，散播給更多人和國家。

　　從全球來看，每個世代都比上一代高出許多的現象，是在1900年之前沒多久開始的，但若是把世界視為一體，對那些在1960年代後不久就出生的人而言，這個現象似乎突然就結束了。在世界上一些最富裕的地方，當這種進展第一次普及時，我們的身高每十年會長高大約2公分。[22]在我們身上，也能在身高以外的地方看見這種轉變速度，在身高開始竄升後沒多久，我們似乎也變得更聰明了。

　　身高出現的增長也同樣出現在智力的測量數字上，只是跟身高不同的是，目前尚未有曲線拉平的情況。在加速期間，智力每十年提高大約三點。[23]要注意，所謂智力就只是在智力測驗中表現好的能力，而智力增加不一定代表我們的情緒能力和智慧能力變強，就只是代表，我們處理紙筆數學運算、分析思考、空間辨識和短期記憶之類的事情更訓練有素，但做起曾祖父母輩非常擅長的許多工作時，我們的能力很有可能更差。

　　這種上揚一開始並未平均向外散播。平均身高和平均智力都是在較富裕的國家先上揚且上揚得更快，那些國家中較富裕的社會群體尤其如此，看起來似乎有種沿社會階級而下，並橫跨空間的階層效應。從使用海洛因（先是由上層階級「享用」），到住家大小和舒適度等一切，都可以找到類似模式。一開始受益的是有錢人，受益情況也包括往往成為第一批避開有害行為（好比說抽菸、吃太多或用藥過度）的人，也常常成為第一批取得有益物品的人，像是玻璃窗、自來水、廁所或通風保暖都較好的住家。當大學不再只是畢業擔任書記員的地方之後，第一批有機會進去的也是有錢人（圖56）。

　　一般來說，全世界高等教育的提升，累積的方式非常類似先前中等

教育的上揚。然而，在某些經濟目前趨緩更劇烈的地方，好比說美國，最近期的大學畢業生人數增加的同時，也出現負債大幅上升。正如雅利安・德・格亞爾東（Ariane de Gayardon）和同事最近指出的：「每年從所有聯邦貸款資源借出的總額，在1995年至2010年間變成三倍，接著在2010年開始變慢，反映聯邦補助貸款資格相關政策的改變……自2014年至2015年起，攻讀授予學士學位之學院的大學借款人，每年為了大學入學平均借貸約7,500美元。」[24] 在美國，大學生借款總人數和平均負債都增加了（見第三章圖6）。然而，隨著借款的金額增加，以及大學生人數也增加，我們在地球上某些最富裕的國家，目睹人們對於下一個世代會發生什麼事」出現越來越多的偏執妄想，因為教育被當成軍武競賽：「一位美國頂尖科學家預測，在接下來十年內，進行體外人工受精的夫妻，就可以選擇要不要挑出『最聰明』的胚胎。」[25]

　　能做出胎兒的「正確智力預測器」已經是非常可笑的想法，更別說「未來十年」了。只要你能知道某個胎兒的父母收入，你對胎兒未來智力測量值的預測，就可能比觀測胎兒基因準確很多。我猜想，如果讓你拿到兩個胚胎的基因組，你大可假裝很有學問地猜測兩個胚胎中哪一個會有較高的智力，但答對的機率幾乎就跟答錯的機率一樣高。還有一個問題是，或許你是在針對智力選擇，但卻無從得知自己還選出什麼。我們對人類遺傳學的了解沒有充分到可以得知，當你在玩弄特定目標性狀時，可能還會玩到什麼其他東西。

　　回到我們有多高或可以長多高的問題，儘管身高具有很強的遺傳因素，但平均身高之前隨時間變化卻不是遺傳變化的結果，而是文化和社會因素導致。智力隨時間變化也是如此，因此如果發現以學齡前教育成

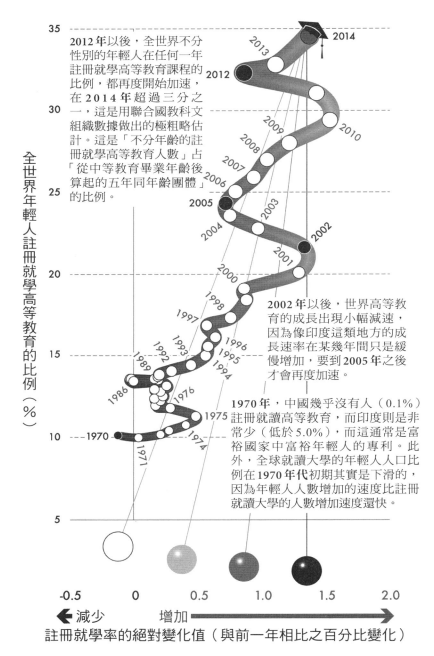

圖56　全世界註冊就讀高等教育情況，1970年～2014年。（數據調整自世界銀行、聯合國教科文組織統計學院，「世界銀行教育統計」，2019年6月15日存取，https://data.worldbank.org/data-catalog/ed-stats。）

Within the figure:

全世界年輕人註冊就學高等教育的比例（%）

2012年以後，全世界不分性別的年輕人在任何一年註冊就學高等教育課程的比例，都再度開始加速，在2014年超過三分之一，這是用聯合國教科文組織數據做出的極粗略估計。這是「不分年齡的註冊就學高等教育人數」占「從中等教育畢業年齡後算起的五年同年齡團體」的比例。

2002年以後，世界高等教育的成長出現小幅減速，因為像印度這類地方的成長速率在某幾年間只是緩慢增加，要到2005年之後才會再度加速。

1970年，中國幾乎沒有人（0.1%）註冊就讀高等教育，而印度則是非常少（低於5.0%），而這通常是富裕國家中富裕年輕人的專利。此外，全球就讀大學的年輕人人口比例在1970年代初期其實是下滑的，因為年輕人人數增加的速度比註冊就讀大學的人數增加速度還快。

減少　增加
註冊就學率的絕對變化值（與前一年相比之百分比變化）

就（及家長的社會經濟或教育地位），來預測個人未來教育成就的準確度，就跟他們（透過多基因評分來概括）的所有遺傳數據一樣準確，也就不令人意外了。[26] 舉例來說，觀察差不多一樣的數據，我們也會發現，一個孩子在學校表現得好不好，是否享受學校生活至少也和上述這些因素一樣重要。[27] 對絕大多數人來說，這樣的觀察結果顯而意見，但對那些認為教育成敗的關鍵因素在於遺傳的人而言，就不是如此了。巧合的是，這群人通常也會相信他們的「成功」可以歸因於自己高人一等的基因，而不是他們的特權。

## 速度、性別政治及時代精神

不過十年前，閱讀《高速社會：社會加速、權力和現代性》（*High-Speed Society: Social Acceleration, Power, and Modernity*）這類書名的書籍，還不是什麼不尋常之舉。這本書一開始先是（在第2頁）呈現來自電影和電視的第一個加速相關證據，並主張「電影、廣告，甚至紀錄片的鏡頭長度都（減少到）只剩至少五十分之一」。[28] 近期對那些數據進行的更多分析，得以做出結論，認為電影平均每個鏡頭的長度從1930年的12秒減少到2010年的2.5秒，但較老的電影往往把較多角色包含在一個鏡頭裡，因此拍片的人必須讓觀眾有更多的時間對這場景留下印象，每多放一個角色，就會使一個鏡頭的長度增加1.5秒。[29] 到了《高速社會：社會加速、權力與現代性》作者群寫到第7頁時，會開始討論一個更遙遠的過往時期，主張「大部分的作者同意，1880年至1920年間出現一段顯著的加速時期」。事實上，那很可能就是最顯著的時期，而那本理當要談加速

的書籍，實際上卻有助於確認我們現在正在趨緩。[30]

　　我們做事情花費的時間出現改變，大部分可以歸因於步驟改變。運動紀錄會打破，起因於更多人獲得贊助，給予他們時間做訓練，加上開發出新訓練技術和運動設備，以及使用導致過去奧運中某些特定國家運動員達到某些驚人新紀錄的幾種強化藥物。最後一項因素是，我們現在處於藥檢更普遍的時代，而速度確實已經放慢下來。

　　人類一直都必須是快速思考者，而且在遙遠過往的危險自然世界中可能更是如此；到了最近，快速思考在危險的工業環境中也不可或缺。然而，並沒有演化上的理由（或證據）表示我們變成越來越快速的思考者。

　　你或許會說我根本沒有掌握要點，而且忘了我們現在正把比過往多上更多的東西塞進生命中。唯一能做到上述這一點的方法，就是以更快的速度生活。你可能會說，今日移動的速度可以比騎馬、搭乘馬車的時代快上太多，然而我們行進於兩地之間所花的時間可能跟過去一樣多；就只是兩地之間的距離增加了。我們只是狹義上行進更多：沒錯，是行進較長的距離，但並沒有花費人生中較高的比例在行進上——所以儘管我們今日確實行進得更遠也更快，卻不是**前所未有地**遙遠或快速。

　　當少數東西真的從根本改變時，那種改變通常不是緩緩的，而是在一陣突然的世代躍進中到來。想想性別政治。如果我們真的在加速，為什麼我們並沒有擁有越來越多的性伴侶、更多婚姻、更多外遇？[31] 來看看第二次世界大戰以來的英格蘭和威爾斯，1947年，一年約有40萬夫妻結婚。接下來幾年，因戰爭被迫延後結婚的人終於成婚，使得該總數稍稍下滑。接下來大約有十五年的數字都在一年35萬上下來回，直到1947

年受孕而在1948年出生，該群體中第一批結婚者的第一批新生兒來到16歲，而能在1964年結婚為止。他們之外再加上1945年、1946年和1947年被生下來，而在1964年分別為19歲、18歲和17歲的這一大批嬰兒，年輕新娘、新郎的供應就有了上升開端。

在1960年代中期那段令人陶醉的日子裡，結婚對數加速成長了。一開始這個上升是因為處於適婚年齡者的人數成長，但那種上升很快就放慢了。等到1960年代末期人工流產合法化，再加上普遍使用避孕藥，結婚對數的成長就開始急遽減速。最大的下滑是在1972年至1973年，而到了1976年，青少年聽起性手槍（Sex Pistols）樂團〔唱著〈英國無政府狀態〉（Anarchy in the UK）〕時，又跌回一年35萬結婚對數，但這個數字現在是取自多上許多的年輕夫妻加剛離婚夫妻。1977年，數字再度下滑，正巧那時性手槍推出〈天佑女王〉（God Save the Queen）〔「這個法西斯政權」（譯注：第二句歌詞）〕。每年結婚人口的比例越來越低，不過每年結婚的人數倒是差不多。接著1990年發生了一件事，圖57裡時間線揭示的某件事十分顯著。到了1994年，落到一年只有30萬結婚對數，但2001年總數下滑到只有25萬，所以到底是什麼改變了？

我們可能永遠都不太清楚。那些在1970年代早期延後結婚的人，生的小孩較少；因此大約二十年後，結婚的人就變少了。1990年代開始時有一場小小的經濟衰退。但最重要的是，婚姻突然變成一個選項，而不是一種預期。同志不再需要假裝——或者至少不用像許多人那樣經常的、長時間假裝。同時，人們變得更能接受有孩子的未婚伴侶。女性初婚的平均年齡從1971年大約23歲提高到2015年的31歲，男性則是從25歲到33歲（而不僅計初婚的所有結婚平均年齡則分別變成36歲和38

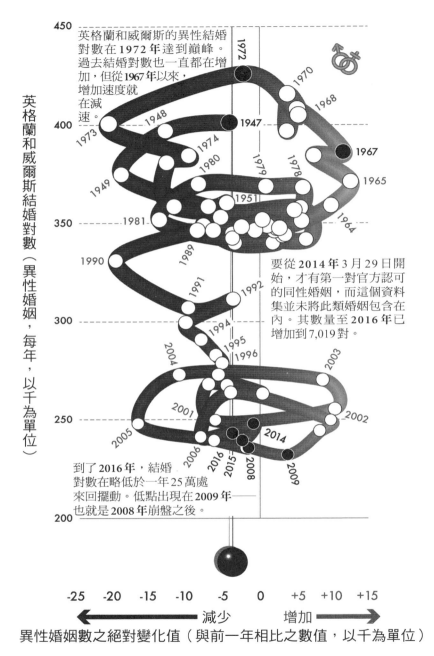

圖57 英格蘭與威爾斯異性結婚對數，1947年～2016年。（數據調整自英國國家統計局，「英格蘭與威爾斯婚姻：2016」，2019年3月28日，以及先前發布之數據，https://www.ons.gov.uk/peoplepopulationandcommunity/births deathsandmarriages/marriagecohabitationandcivilpartnerships/bulletins/marriagesineng landandwalesprovisional/2016。）

歲）。這裡要說的是，1990年有什麼改變了，導致別的東西——結婚對數的下滑加速了。那種加速發生的情況，如今同樣也已經安定。

## 未來的地方

有些地方在文化上往往領先其他地方一點。英國第一個婚姻對數下降的地方是倫敦，在1991年人口普查發布後，很明顯能先看到倫敦各地出現這種現象。在美國，以紐約為舞台的電視劇《欲望城市》（*Sex and the City*）於1998年首播。有些地方就走在趨勢的前頭：那種真的很大的地方。《危險關係》（*Les liaisons dangereuses*，1782年）本來搞不好更辛辣；威瑪共和國的柏林有1930年代的卡巴萊（cabaret）；而爵士時代的紐約還要更大膽；但這些全都只是小眾獨享。[32]到了1991年的倫敦，1985年的電影《我的美麗洗衣店》（*My Beautiful Launderette*）已經變得過時了。一開始，趨勢並不明顯——那些地方的人們在做的事情並不尋常，接著突然間其他地方都跟上剛成為新常態的事物。

有些趨勢並不難預言，世界上很快就會有40億女性，而她們的教育水準平均將比男性高。全世界各地的大學畢業生已經是女性占多數。地球上的女性人數很快就會在人類史上首度超越男性（快到搞不好已經發生了）。出生的男性較多，但女性活得較久，在日本有6歲多的差距。[33]等到分娩過程中死亡的女性變得更少，地球就會開始往女性占多數的行星邁進。我們距離那一刻非常近，或許到了人們發覺女兒比兒子更有價值（特別是在低生育率的地方），而終結性擇人工流產的那一天，就可以正式確認改變已經發生。如果要談論政治出現轉型，以及人們真正認定

暴力是錯誤行為，下一位甘地（Gandhi）很可能不是男性，而是一位名叫童貝里的16歲女孩，或者全世界成千上萬正在進行抗議的年輕人之一。

我們不知道，有些人說把花朵插進槍管的效果不過如此——但他們又怎麼知道？[34]政治的速度是否在趨緩？為什麼人類似乎有一百三十年都沒有確認或發明出新的重大「主義」？社會主義和無政府主義至少都有那麼久遠了。**女性主義**（feminism）這個詞彙在1880年代首度使用，那十年裡有太多新的詞彙。**失業**（unemployment）這個詞彙在1888年還很新潮，儘管1887年11月13日第一場血腥星期日那天，在特拉法加廣場上聚集的就是失業人口。

有鑑於1880年代以來就很難發明任何實實在在的新「主義」，這會讓你想知道，是不是其實有少數幾個想法正慢慢異變為一個可能較行得通的綜合主義，而人們正圍繞著那些想法打轉。我們沒有新的一套想法，舉例來說，社會主義已經軟化，或者至少變得那麼清楚；資本主義也一樣，已經不像以前有一陣子那麼殘暴；帝國主義、殖民主義——我們還在使用這些詞彙，但現在這些詞彙描述的是比原版弱化許多的回音；法西斯主義也一樣，都很邪惡，但到目前為止危害人命還不是那麼有效率。還有什麼新主義嗎？柴契爾主義、川普主義或習（近平）主義？

學者謹慎注意著我們是否正在倒退。2019年，安娜・魯曼（Anna Lührmann）和史塔芬・林德堡（Staffan Lindberg）回顧「專制化」的歷史，國家在這種過程中再度回歸專制制度，由通常幾近掌握絕對權力的單一個人統治。他們完成1900年至2017年的時間序列，在109個國家中找到217個專制化案例。世界上只有少數69個國家在這段期間不受影響，魯曼與林德堡做出的結論是，有33個國家到了2017年還是可以歸類

為專制國家。但他們也沒有找到證據，證明專制化興起到令人擔憂的地步，這個比率反而正在慢慢下滑，變化的速度也在放慢。作者如此做結論道：「第三波的專制化確實正在展開，它主要是在合法幌子底下，以逐漸挫敗民主政體的方式影響民主政體。雖然這是一個必須擔心的理由，但本文呈現的歷史觀點卻顯示，沒有必要驚慌：目前的下滑相當輕微，而民主國家在全球占的比例仍接近歷史高點。一如1992年宣布『歷史之終結』為時過早，現在宣布『民主之終結』也為時過早。」[35]

　　就某些方面來說，今日歐洲的政治很荒謬。就好像人們試著證明馬克思說「歷史重複了自身」是正確的；他提到拿破崙一世（Napoleon I）和他的姪子路易・拿破崙〔Louis Napoleon，拿破崙三世（Napoleon III）〕時表示，「第一次是悲劇，第二次就是鬧劇。」2019年5月，要求驅逐丹麥所有穆斯林的丹麥極右翼政黨——強硬路線（Stram Kurs），向選民推出堪稱史上最滑稽的一群候選人。其中一人就真如字面上所說的，是一名「尿尿藝術家」（譯注：piss-artist 意指會把事情搞砸的人，詳見書末注釋36說明）[36]。強硬路線只獲得1.8%的選票，因此沒有在丹麥議會（Folketing）獲得任何席次。正如南非政治學者希坦拜爾・姆貝特（Sithembile Mbete）觀察到的，民粹主義是一種戲劇效果。[37]

　　今日太常被提出來當作全球民粹主義興起案例的，不只有南非、巴西、土耳其和俄羅斯。隨著川普降臨，美國也開始常被率先提及（而且川普本人當然喜歡被別人提到）。然而，正如魯曼與林德堡所指出的，民粹主義正在式微。當試著想出我們（集體來說）真正相信的是什麼，就會讓某些地方傾向比其他地方早一步削弱個人主義、自私、盲從和民粹，其中兩個這樣的地方，就是今日的倫敦和紐約。

　　圖58關注紐約州在1932年至2016年總統選舉的投票，這裡顯示的測量值是每次選舉中民主黨勝過共和黨的程度。1932年，所有總統選舉投票者有57.4%投給民主黨候選人小羅斯福（Franklin Roosevelt），但紐約州只有54.1%的人這麼做。紐約州的多數選民都在紐約市。然而，改變即將發生。到了1936年，紐約客投給民主黨的比例跟美國整體幾乎一樣，他們慢慢地把民主黨看成是他們的政黨，但直到1960年約翰·甘迺迪（John Kennedy）當選，紐約才第一次出現民主黨穩固的優勢紀錄。

　　民主黨這個政黨是在南方各州起家，原本反對成立聯邦政府，還支持蓄奴制度。然而在小羅斯福的帶領下，該黨立場轉向進步主義，支持工會和公民權，還成為更反對種族主義者。平均來說，紐約客在這時候開始對民主黨產生好感，而民主黨的反對者也在此時開始自稱保守派——希望保存心目中美好往日的模樣。當時紐約什麼都是新的。

　　自從經濟大蕭條以來，紐約支持共和黨總統的次數只有六次——1948年、1952年、1956年、1972年、1980年及1984年，對民主黨的支持則呈現螺旋向上，上升的始終多於下滑。尼克森掌權時下滑一些；但1976年吉米·卡特（Jimmy Carter）就任後再度上升。在雷根掌權的八年裡，紐約客整體來說變得越來越確定自己支持民主黨。小布希執政期間，他們對民主黨的支持小幅倒退，但接著在歐巴馬第二次競選時上升到新高，當時有63.4%的紐約客投給民主黨，而全國選擇（或者能夠）投票的選民只有50.9%這麼投。

　　民主黨長期和近期在紐約的優勢，都有倫敦反保守黨勢力的興起（圖59）與其相映。當美國開始發覺自己不再像以前一樣偉大且霸權正在結束時，觀察紐約客未來會怎麼反應，應該會很有意思。畢竟，連

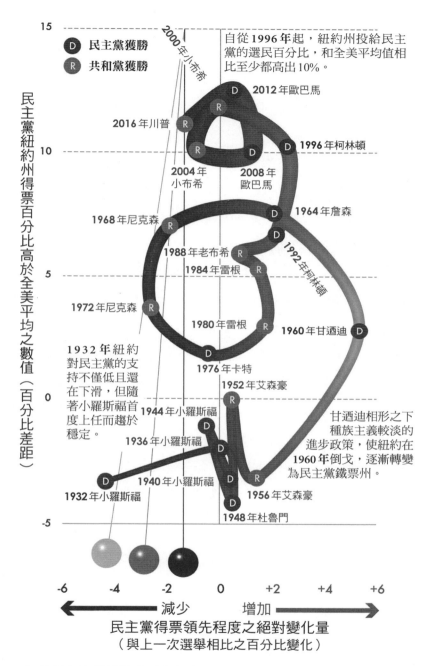

圖58　紐約州民主黨總統大選之領先，1932年～2016年。〔數據調整自狄恩・雷西（Dean Lacy）與札徹利・D・馬可維奇（Zahcary D. Markovich），「為何各州都不再變天？美國選舉變動性的興衰」（工作底稿，2016年），https://cpb-us-e1.wpmucdn.com/sites.dartmouth.edu/dist/9/280/files/2016/10/Volatility.Simple.v8.pdf；以及私人通訊。〕

英國人現在都還會重提他們國家是老大的日子！2018年，保羅‧博蒙特（Paul Beaumont）這麼評論：「當英國人認識到自己一度『統治過世界』時，歐盟的折衷做法就難以與其匹敵：合作很容易表現成從屬。英國脫歐因此可以被理解為，藉由邁向以懷舊版的過去為基礎的未來，激烈地試圖阻止英國衰落。」[38]英國人在學校學到英國曾統治世界的過去；而他們越老，學到的內容就越有可能會說，統治過世界是一件了不起的事。為何多半是較年長的英國人，尤其是較年長的中產階級英國人，會在2016年公投投票選擇脫離歐盟，最有說服力的解釋就是，在他們小時候學校就是這樣教的。[39]

和國家生活水準方面的實際表現相比，人民感知的國力排名，會因國家而不同，也會隨時間而異。美國通常被列為世界第一強權，儘管從許多基準來看，好比說經濟創新和教育成就，它已經不再是第一；如果挑選更多基準來看（特別是從民眾健康相關的基準），該國排名現在正在急遽下滑。相比之下，人們近期形容俄羅斯是「目前正超乎預期，而對自身地位不滿足的強權」——一個當地菁英覺得自己沒有被外面世界充分認真看待的地方。[40]英國也同樣是掌權者認為別人應該更給予尊重的地方。但英國不像俄羅斯，它沒剩多少石油，因此沒有什麼能跟人討價還價。

正如伊利‧扎列茨基（Eli Zaretsky）最近解釋的：「在英格蘭——脫歐背後推動力的所在地，我們正在處理一群備受優待，甚至是得天獨厚者的心理狀態。當『上帝決意要開始某個新的偉大時期。』……崇拜英勇失敗的背後機制，就是回歸自戀。」[41]然而，英國的中心是倫敦，而倫敦在政治上正變得越來越不一樣——很類似紐約市在政治上大步走在美國

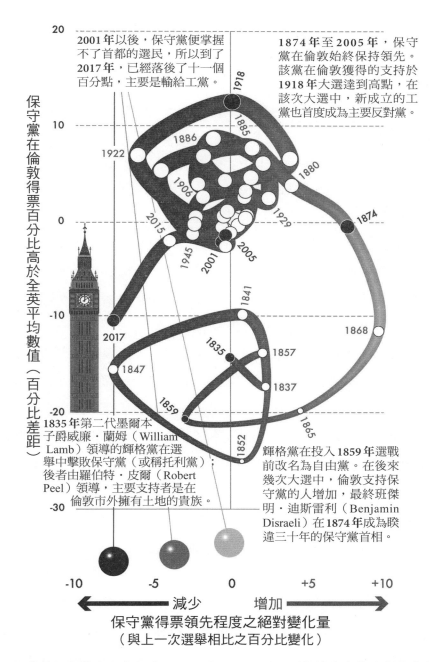

縦軸標籤：保守黨在倫敦得票百分比高於全英平均數值（百分比差距）

20

10

0

-10

-20

-30

2001 年以後，保守黨便掌握不了首都的選民，所以到了 2017 年，已經落後了十一個百分點，主要是輸給工黨。

1874 年至 2005 年，保守黨在倫敦始終保持領先。該黨在倫敦獲得的支持於 1918 年大選達到高點，在該次大選中，新成立的工黨也首度成為主要反對黨。

1918
1885
1886
1922
1880
1906
1874
2015
1929
1945
2001
2005
2017
1841
1835
1857
1847
1837
1868
1859
1865
1852

1835 年第二代墨爾本子爵威廉・蘭姆（William Lamb）領導的輝格黨在選舉中擊敗保守黨（或稱托利黨）；後者由羅伯特・皮爾（Robert Peel）領導，主要支持者是在倫敦市外擁有土地的貴族。

輝格黨在投入 1859 年選戰前改名為自由黨。在後來幾次大選中，倫敦支持保守黨的人增加，最終班傑明・迪斯雷利（Benjamin Disraeli）在 1874 年成為睽違三十年的保守黨首相。

-10    -5    0    +5    +10

← 減少    增加 →

保守黨得票領先程度之絕對變化量
（與上一次選舉相比之百分比變化）

圖59　倫敦保守黨大選之領先，1835 年～2017 年。（數據來自作者從許多紀錄建構的資料集，最近期的來自英國選舉委員會。參見 https://beta.ukdataservice.ac.uk/datacatalogue/studies/study?id=3061。）

其他地方前方的樣子。紐約市長比爾・白思豪（Bill de Blasio）曾讓警察使用穿戴式攝影機，吩咐他們少舉發抽大麻，試圖對百萬富翁多徵稅，並譴責貧富不均。

當政治變遷以數年、數十年、數世紀的尺度來研究時，我們就開始看見趨緩。趨緩並不是新的烏托邦——而穩定不代表沒有變化。始終都有變化，但不需要一直出現爆炸性變化，也無法常常出現爆炸性變化。就以貧窮為例，想想中世紀的嚴重赤貧，以及當時的教育缺乏，穩定產生的貧窮感相對之下減輕，不確定性也較低——穩定的社會可以設法更妥善應付當下條件，這種社會因此能提供更多安全感。但美國，尤其是英國，在2019年都距離穩定非常遠。

倫敦人充分了解整個國家正在發生什麼事，英國最貧窮的地區多半位於倫敦，包括貧窮兒童比例排名最前面的六個地方管轄區。[42]英國孩童正以學校和區域為單位受到越來越明確的區隔，但區隔彼此的條件並不是宗教或種族，而是富人、窮人或逐漸消失的中產群體。北愛爾蘭的學校裡，學生幾乎是純天主教徒或純新教徒的學校數量，在1997年至2012年間從827所減少到493所。[43]但即使我們覺得這類長期存在的分歧不算大，英國的社會和經濟區隔還是正在拉大。

牽涉到政治的話，我們往往會全神貫注於短期事件而不是長期趨勢。2019年5月初，《觀察家報》（Observer）表示，根據所作的民調，「上個月才成立的脫歐黨，現在非常可能達成一場驚人的勝利，而能讓奈傑・法拉吉〔Nigel Farage，脫歐黨（Brexit Party）黨魁〕用來支持他主張的『英國必須不經協議就立刻離開歐盟』論點，這是國會議員擔心的」。[44]結果，2018年由凱薩琳・布萊克洛克（Catherine Blaiklock）

創立時還是私人商業公司的脫歐黨，在那個月的歐洲議會（European Parliament）選舉中表現不錯。然而，如果跟它的挺脫歐盟軍〔保守黨、英國獨立黨（UK Independence Party, UKIP），還有北愛爾蘭的統一諸黨（Unionist Parties in Northern Ireland），它們全部都比歐洲各主流保守黨還要更偏右〕一起算，脫歐陣營合計在歐洲議會失去11席，也就是在有73席的英國席次中重重損失15%的總代表。[45]新進入歐洲議會的29席英國脫歐黨成員發現自己身處停滯之地，在議會中找不能合作的盟友：一開始他們是悲劇，現在就是鬧劇了。

　　關於政治事件的即時評論很快就會過時。當你讀到這裡時，傑瑞米‧柯賓（Jeremy Corbyn）確定不再是英國工黨黨魁。如果你住在英國以外的地方，可能從未聽過這個人。如果沒聽過，就想像一下伯尼‧桑德斯（Bernie Sanders）成為美國民主黨總統候選人是怎樣。2017年，英國那些支持柯賓（他出乎意料的勝選，讓保守黨失去多數執政）的政治進步派側翼是這麼說的：「面對現實吧！我們都曾經很爽，但看看正在轉移的奧弗頓之窗（Overton window，譯注：指某段時間內大多數人在政治上可以接受的政策範圍，但也會隨著時間移動）顯示，我們當時陷入幻覺，而以為新的可能性正在實現。這意味著政治力量的願景所產生的興奮，可以用來快速生成急遽變化所需的社會力量。如果不行的話，我們就慘了。所以酸性柯賓主義〔Acid Corbynism，譯注：英國作家馬克‧費雪（Mark Fisher）曾提出酸性共產主義（Acid Communism）這種想法，意指一種開放性實驗共產主義，以自發的、自我轉化提高意識的方式尋求超脫於資本主義界限的社會及政治可能性，而這裡的酸性柯賓主義則是想把當前勞工左翼政治連結到這種烏托邦實驗主義上〕必須有一種入

門藥物的作用，不然就會整個消失。」[46]那段評論指出了變化，投票和輿論有著更長期的演變。如果使用時間線研究民意調查，很明顯就會發現，可以短期操控選民突然大批支持極右翼，但是如果不繼續煽動，這樣的支持很快就會消退。

　　倫敦，或者至少一大批的倫敦人，對近期英國工黨，尤其是黨魁柯賓話語中的激進主義興起，有什麼反應？在英國的運氣很好──因為我們至少可以回頭從1835年起關注投票趨勢，在這裡則是觀察國會改選。1835年的倫敦反保守黨〔後來成為自由黨（Liberals）的〕輝格黨（Whigs）在倫敦的得票比例高於全國。1865年，帕默斯頓勛爵（Lord Palmerston）在全國替自由黨勝選後，倫敦開始倒向托利黨（Tory）的地主利益。帕默斯頓在眾多稱號之外，還有一個就是好鬥的領導者。如圖59所示，倫敦從時起就一直比較挺托利黨，至少直到2015年柯賓成為工黨黨魁之前都是這樣。之後，倫敦人很明顯地再次變得激進。激進化的開端則是略早一些，早在2000年肯‧李文斯頓（Ken Livingstone）一反當時工黨領導階層的意願，成為第一個激進派倫敦市長就開始了。

# 一個物種的轉變

　　　　人類世（Anthropocene）並不是我們這個世界的毀滅，只是開始而已。集體來說，我們有潛力創造出比現在好很多的地球，所以讓我們開始討論自己要的更好未來，少討論不要的未來。這是要明確地表達價值，討論和彼此及地球上其他生命公平分享我們唯一擁有的行星，我們所打造的行星會反映自己是

什麼樣子。

——厄爾・艾利斯（Erle Ellis），2018 年[47]

　　並不是一切都隨著趨緩而變慢，有關資本主義轉型來到尾聲的證據正在累積，可以說政治趨勢就符合該理論——是否如此，就要看你的觀點而定。你必須退開來，從更宏觀的角度看，而不是被日常無關瑣事所蒙蔽。人類這個物種已經從根本地改變了，我們自我組織的方式、溝通的方式、相信的事物、彼此聯繫的方式、知道的事情，全都已經改變了。我們在實體上也改變了，如果你把年輕人傳送回曾祖父母的時代，他們的身高很可能遠遠凌駕於祖先之上，不管他們生在哪裡，現在幾乎都是這樣。然而，儘管知道還會有更多變化來臨，即使我們還不知道塵埃落定的狀態會是什麼樣子，但卻可以知道，在人類生活的許多基本面向上，最快速的變化已經過去了。舉例來說，我們以後再也不會看到全世界的嬰兒死亡率像不久前下滑得那麼快——因為嬰兒死亡率不可能變成負。

　　隨著教育普及，每一代人也變得比父母親的智力更佳；每個下一代都有更多的物質商品、行動距離遠上許多，儘管近期我們做起這件事，常常是越來越不平等，但一切都在結束，因為我們頂多只能長到那麼高，個人各別學習的量頂多那麼多，再多旅行也只能圍繞著我們這顆（現在相當小的）行星，對越來越嚴重的貧富不均也只能忍受幾十年。貧富差距正在緩和的國家，比正在變得嚴重的國家多，我們正邁向更公正而穩定的未來。[48]

　　五個世代的轉型，這個朝未知邁進的進程，在全世界各地有著不一

樣的速度和特性。在西方，趨緩被誤認為經濟下滑，或是中國崛起的結果。事實上，中國出現史上最大的生育趨緩，而且在最近幾年內，經濟成長率還出現急邃減速。近期的經濟變化既不是西方的下滑，也不是美國的寶座被中國奪走，而是以往在全球來回盪漾的資本主義轉型正在結束。那是新穩定狀態的開始，這不是反烏托邦或烏托邦──就只是和這五個世代以前被視為常態的穩定非常不同而已。而且那是從根本和資本主義不一樣的狀態，因為資本主義本身是一個變化過程；不是穩定狀態。

　　資本主義要求改變、要求一直擴張的市場，還有持續增加消耗：不成長就得死。許多方面來說，我們現在正朝著零成長前進，回到非常低的全球利率。我們對穩定狀態缺乏準備，所以盡一切代價試圖避免它發生，而把負債壓在年輕人身上，把獨裁者壓在新國家之上。英國的新政治正越來越意識到這一切，美國的舊政治還沒有跟上這一步。

　　一切直到最近才變得清晰一些，而且有許多仍然不確定，都還隱藏在迷霧中。因為尚未清晰，所以很容易犯錯，但是現在值得承認，有利的時節幾乎已經過去了，我們仍經歷著轉變時代，但轉變正在放慢。如果目前的變化速度沒有立刻徹底反轉最近數十年經歷的情況，人類至少還要經歷一個世代的混亂，但也是漸漸減弱的混亂。為了下一個世代而已經在進行的改變，是一種緩慢的改變。

　　有人告訴我們，全球人口預定增加五倍：從1901年的20億人到二十一世紀中的100億人。這是根據聯合國總部在2017年的預測。2019年6月17日早晨，我寫下以下這段話：「我正等待著今天稍晚會發布的下一組聯合國全球統計數字。不管數字顯示什麼，我們知道那只會確認最近期趨緩的準確速度。」[49]真的是這樣，顯示的數字就是如此。這樣的一場巨

變，上一次是發生在多次不同的新石器革命期間（而且整體速度慢上太多）。那些革命發生的歷程，就算沒有數百個世代，也有幾十個世代，而這一次的革命，我們現在經歷的這場革命，只有六個世代那麼長，還正猛然煞車中。

不穩定和持續不斷的變化，其實一點也不正常，我們所習慣的事情並沒有哪裡正常，我們這五代人（其實多半也只是其中兩或三代人）正經歷一段反常時代。想體認到這一點，有一個辦法就是比對不同地方的變化速度，有些地方比其他地方早加速，但現在每個地方都在差不多同一時候，開始急速放慢──固定下來。

一個世代的經驗和下一個世代的經驗之間轉移，在不同的地方也有所不同，不是每個地方到最後的結果都一樣，也不是每個地方都會遵循同一條軌跡。從地理方面來了解，就是看出轉型真正面貌的關鍵，或是至少看著它時，我們也能看出還正在成形的事物。有太多地理學上分屬不同位置的趨勢出現不謀而合，暗示前面將有穩定狀態；好比說幾乎所有地方的家庭大小都邁向一家一、兩個小孩的常態，或者幾乎所有孩童生存率都趨向「極高生存率為常態」的狀態。

如果你覺得很難想像即將來臨的變化，就想想本書開頭時引用其言的達爾文相信什麼。在《人類的由來》（*The Descent of Man*）一書中，達爾文主張，可能比較文明開化的高加索人種，會基於一種先前已被哲學家 G・W・F・黑格爾（G. W. F. Hegel）勾勒出來的信念，相信黑格爾認定實際存在的人種區別，以及一套荒謬的人種階級制，進而滅絕「野蠻」人種。[50] 就偏見的程度而言，我們正在慢下腳步。在富裕國家榜上經濟社會最落後兩國中最進步的兩個城市裡，也就是倫敦和紐約，人們的觀點

正再度以稍快一點的速度，變得不那麼陳腐且更加激進。

　　我們就以2018年10月31日那天，一名15歲少女在倫敦國會廣場上說過的話作結。當時她問：為什麼「從來沒有人討論到平等的面向，或者氣候正義的面向……富裕國家需要在六到十二年內降到零排放，所以較貧困國家的人們才能興建一些我們已經蓋好的基礎設施，來提高他們的生活水準，好比說道路、醫院、電力、學校和乾淨的飲用水。因為如果已經有了一切的我們，連花一秒鐘在乎這些事情，在乎我們於巴黎協定（Paris Agreement）做出的實際承諾都不願意，又怎能期望印度或奈及利亞這些國家在乎氣候危機呢？」[51] 把她的洞見和達爾文對「野蠻人」的大錯特錯相比，她想要知道為什麼人們不把貧富差距和氣候變遷聯想在一起。人們現在會了，趨緩正在發生；我們別無選擇。

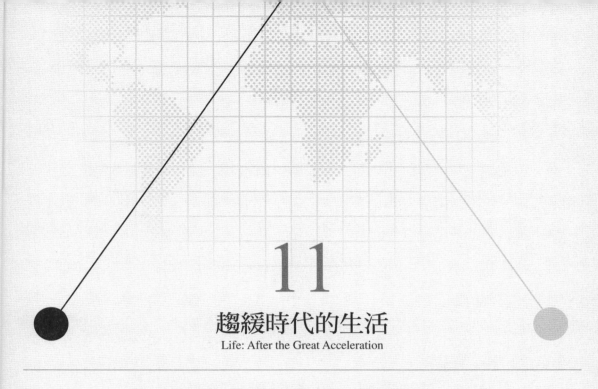

# 11

## 趨緩時代的生活
Life: After the Great Acceleration

我確實感覺到政府和我們的生活脫節了。
————卡蘿（Carol），利物浦，2017 年

**SLOWDOWN**

失認症（Agnosia）是在沒有任何具體聽力、視覺或記憶喪失的情況下，無法認出某些東西的病症。有一種社會情感面的失認症變形，就是無法解讀面部表情、肢體語言和聲音語調的狀態。失認症是一種明確的身體病況，通常是由神經系統疾病或腦部損傷所造成。為什麼政府裡有那麼多人的行為跟政治失認症相似到驚人，彷彿他們漸漸失能而無法察覺選他們擔任代表的群眾過得完全不好？他們無法看見整體，那個「我們」，那個（開頭引述的）卡蘿所說的，由所有其他人構成的團體。若是論及趨緩的影響時，情況更是如此，論及經濟面影響時還要特別嚴重。他們承諾以成長當作解藥，但是以前那種傳統式成長已經結束了。有些地方比別地方更早趨緩，卡蘿居住的英國利物浦就是其中之一。

1980年代，英國國家廣播公司（British Broadcasting Corporation, BBC）播放一齣叫作《麵包》（*Bread*）的情境喜劇。故事舞台在利物浦。「麵包」有兩個意思：一般的用法；另一個就是錢的俚語〔想想「養家人」（breadwinner，搶到麵包的人）或「搞錢」（make some dough，弄點麵糰）這類用法〕。幾十年來，經濟歷史學家都使用麵包和小麥的價格變化，當作食物整體價格的替代，並和工資相比。法國大革命的一個觸發點就是麵包漲價，1980年代英格蘭的麵包變得較貴，現在也發生一樣的事。當我們說實質工資下滑時，指的是麵包（或者其他必需品）的相對價格上漲了。

〈主禱文〉（The Lord's Prayer）在羅馬占領猶地亞（Judea）時誕生，這篇禱文不只是為了個人，也是為了眾多個人所屬的團體，就是為「我們」祈求人人可得的簡單賴以維生之物──「今日予我，我日用糧」（譯注：此處的『糧』在原文中為麵包）。當有了匱乏的跡象，當所有人都可

取得的東西沒有出現成長，或只出現小量成長時，我們就再度開始問：充足是為了什麼，以及我們怎樣更妥善地向外分享，而不是老想著所有人都應該擁有更多，想著涓滴效應會顧及那些跑最後的人。然而，當政府脫離現實，並拒絕望向趨緩時，能提供的就只有幻想了。

　　你大可質疑我的結論，我們是不是進入一個新時代，其中每個擁有較多的人，都會在很快就要到來的某個時候擁有少一點，而如果目前擁有的多很多，到時候就會少很多？或者你也會想要質疑，本書中顯示的種種趨緩會不會多半只是短期經濟循環？這裡所關注的一切，會不會只是各個行業、企業、人口統計數字和社會指標中，總是容易出現同一種「快速成長接著就趨緩」模式的那類改變？如果不是的話，趨緩時代的生活有著什麼含義？

　　觀看本書的時間線時，有些人曾經主張，我們看到的並不是每條時間線各自代表整體趨緩跡象的個別徵兆，就只是一種社會常態或技術如何被下一種取代。我不同意這個論點，但卻可以理解。這樣的批評堅稱，正在發生的事情是定量變化內的盛衰週期變動，儘管每當新型態取代舊型態時，盛衰週期變動就會被定量變化所觸發。他們會提出例子：運河、鐵路、公路、機場、太空港，每個都有過風光日子，然後又被下一個取代。但現實中，每樣新事物在基本上的改變都比上一樣少。儘管我們有可能計畫興建太空港——英國政府在2018年承諾投入200萬英鎊開發太空港，但我們打從心底知道，這一步在未來將不會是什麼巨大的躍進。[1] 人們本來預期美國太空梭計畫應該是更大的一步躍進，但實際上這個計畫只做出從未離開低空地球軌道的太空船。如果我們之前覺得有探索的可能，現在應該花費更多公帑在籌畫準備上，但我們就是下意識

地知道自己正在趨緩。

　　若要再找一個例子說明趨緩為何千真萬確，就想想1880年代的蠟製留聲圓筒被每分鐘78轉的蟲膠唱片所取代，而後者又被密紋唱片取代，然後錄音帶取而代之，接著是CD，很快就被聲音檔取代，而後又被雲端儲存的音源取代（伺服器農場位在荒無人煙之處，可以的話，最好是一個低溫的不知名處）。懷疑我們處於趨緩年代的人會說，如果從這些發展隨便挑一個繪製時間線，都會看見急遽上漲、趨緩，然後隨著每個新科技讓前一個黯然失色，而出現急遽下滑。我的回應會是，每一次的發展都會比前一個更不亮眼。接下來我們可能會意見不同，但是我會預測，接下來（在富裕國家內的）幾個世代會以跟我們差不多的方式聽音樂。所以在討論趨緩影響的本章，為了試著打破這個僵局，先回頭看看少數幾個總計測量值，這些測量值不會因為太短暫而無法佐證接下來的變化將較少。這些測量值有全世界總GDP、全世界物種總量、空中旅行總量，以及人類曾生下，或是可望即將在最後幾年的人口巔峰期間出生的總嬰兒數。[2]

　　如果從舊東西到新東西的質性變化過程本身有在變慢，我們就可望見到每人各類型能源總使用量、總人口、人均總GDP這三個數字的增加都出現趨緩。美國人類學者雷斯利・懷特（Leslie White）把能量使用視為文化演變的偉大驅動者——從人體肌肉力量開始，接著是動物拖曳，然後是局部風力及水力，接著化石燃料，最後來到核能。[3]如果他不是在1975年逝世，無緣一睹可再生能源興起，想必會把它加入。懷特提到，大部分的權力和榮耀都流向那些把最多能量轉移給人類需求的社會（他把社會稱為文化）。

　　社會流行病學家理查・威金森（Richard Wilkinson）在1973年著作《貧窮與進步》（*Poverty and Progress*）中，思考「文化系統穩定的基本前提……一個社會已適應一種已知可證的、能讓社會在不需革新的情況下，解決所有可能問題的生活方式……發展與環境的平衡關係。」[4] 在那本篇幅不多但言簡意賅的著作中，威金森在第144頁寫道，隨著等量煤炭中能夠取出的未浪費能源一再增加，蒸汽引擎的效率從紐科門（Newcomen）蒸汽機（精確地說，從1718年的模型算起），到1750年代晚期的引擎為止提升40%，然後到了1760年代，效率又幾乎加倍，而後到了1780年代晚期又快提升一倍。這個效率到了1830年代再度翻倍，然後隨著蒸汽渦輪發動機的發明，到了1910年又提升一倍。要注意的是，自1750年開始，每次技術躍進的時間間隔從十年拉長到二十年，而後到四十年，再到八十年。然而，我們不該預期從1910年到2070年會再度加倍，因為目前看來沒有這種跡象。過去，渦輪發電的效率提升也一直在放慢腳步。接下來幾代人使用我們今日技術的時間可能會拉長；他們以後不會經歷十八世紀後期由蒸汽引擎，或二十世紀後期由矽晶片所促成的技術加速革新。

　　蒸汽引擎剛開始時可說適得其所，大約一個世紀以前從馬拉犁或牛拉犁換到曳引機時開始，我們的能源使用量就一直大幅成長，但目前全世界各地每人能源使用量的成長速度都在下滑。整體使用量還在成長，卻完全不是用十八、十九世紀及幾乎整個二十世紀那樣的速率在加速。以人均來說，我們的總能源使用量現在成長的速度是空前地緩慢。今天，我們越是達到越高效的能源轉換（好比說隨著太陽能板的進步），效率進一步增加的情況就會更進入報酬遞減模式，跟第一批煤炭動力蒸汽

引擎後來的發展一樣。幸好，人口成長的大減速代表，這不再是一個看似不能克服的問題。

　　一旦達到穩定狀態就會知道：我們只會在地球人口不再增加時發現這一點（目前這已經可望發生在今日出生大部分嬰兒的有生之年），也會在未來一組穩定人口因現代化，而讓人均使用能量下降，導致總能量消耗跟著下降時，發現穩定狀態來臨。我們可以想想，到了那時候，關於幸福的許多衡量數字（包括經濟上的富足，以及幸福統計數據、生活滿意度、健康人類預期壽命之類的眾多真實發展指標）可能會變成什麼樣子。到目前為止，所有這些衡量數字不是在某些地方停止上揚，就是和過去相比速度慢上太多。

　　在未來，技術的變化有可能變得更慢，因為大部分的技術變化不再促成幸福。再想想錄音這個例子，每一種早期技術的發展都展現大幅進步。那些因為每分鐘轉大約78圈而稱作「78轉」的扁平旋轉碟，對1898年時有錢到可以搶先聆聽的少數人來說，堪稱耳目一新。但債和後來出現的45轉及33轉相比，或者和錄音帶跟CD相比，又或者跟所有不同格式的聲音檔相比，78轉就很原始。若從音質和人類獲益這兩方面的實質進步來看，就會看見報酬遞減（如果拿MP3和CD相比，音質甚至一點都沒有進步）。我們似乎正要達到有如生態學家口中「穩態氣候頂級群落」（想想成熟的雨林）的穩態經濟。到最後，人類不管發生什麼事，都必須能夠永續。最終，關鍵問題就變成：哪一種永續性、要讓多少人類永續，還有他們要過什麼樣的生活？

# 全球經濟趨緩

舉凡要理解新世紀開始時的人生百態，都必須從分析社會
對速度的經驗開始。

——威廉·薛爾曼（William Scheuerman），2004 年[5]

如今幾乎所有地方的經濟都在趨緩，尤其是有最多人的地方。三個世紀之前，湯馬斯·紐科門（Thomas Newcomen）的蒸汽引擎是加速的先驅之一。兩個世紀以前，一個新獨立的美國在沒有君主的情況下悄悄擴張並革新，而該國本身就是一項創新。一個世紀前，富裕的各國處於戰火中而革新四起。今日，我們這個時代經濟最成功的向上攀爬者、當今最神奇的地方，以及我們最沒有期待過的地方，就是中國。然而，中國早就已經在趨緩了，相比之下，早先那些工業政治革新中心的成長期，個個都比中國長上許多。[6]

中國現在放慢的速度，遠比英國或美國在資本主義高峰那時來得急遽，因為資本主義過去只是（如今也只是）一個步驟、一個過渡時期，而不是一個持續重複到了那邊就會被革命推翻的反覆抵達點。經濟最快速進展的那些年，其實是某種偏離常態的東西，而我們現在正回頭往停滯的狀態而去。我們現在會很難記得，人類過去身處的幾乎一直都是停滯狀態、一種平衡狀態。停滯狀態可以是好現象：是動盪的相反狀態，它不代表不活躍，就只是一點也不那麼急遽地變化。而且它也是一個過渡狀態，即將邁向哲學家常常會以曲折語句描述的那種東西：「一個平等主義的象徵，而它將會為了資源集體化、有效消除貧富不均、以主體權

利平等為前提的差異承認，以及（到最後）讓個別的、國家類的政治實體消亡等目標，去引領、編寫、形塑一個和平的主觀基礎。」7 今日他們會寫下這些句子，是因為現在能看到這種情況可望發生的徵兆；這不只是一個理論上的夢想。

　　我們變得太習慣拚命尋找新發展和越來越大的改變。以全球每人GDP來說，1950年代的某些年間，這個數字一年會上漲100美元到150美元，在瘋狂通貨膨脹的1972年可以達到一年260美元，接著到2006年為一年470美元，現在則是達到全球平均略多於15,000美元。然而，讓我們達到這種地步的絕對上漲值，不只是從2008年全球金融崩盤以來就一直急遽放慢，它的上漲比率在更早之前就放慢了。若從絕對值來看（見圖47），趨緩起始於2006年；若從相對值來看（見圖60），每人GDP成長從1964年以來就一直下滑，而且可能甚至從1950年開始，也就是在人們首度正式定義GDP不久之後。

　　看看圖60的趨勢，然後問問自己，1950年至2018年朝左的轉向，和1890年至1929年的急遽減速相比，看起來像不像狀態穩定轉移。當然，在你知道結果之前，事情總是「言之過早」，但知道以後就會十分明顯。可以很放心地說，我們曾在一列經濟雲霄飛車上，而那列雲霄飛車只有在非常晚近時才擺盪過史上最大的上下起伏——熱潮和崩盤。我們活在擔心未來還有更多同樣情況的恐懼中，但這很有可能已經結束了，未來恐怕只會出現較小的擾動。我們一直搭乘的這趟行程已經到了尾聲，並不是歷史的終結，就只是雲霄飛車到站。

　　看待當前全球經濟的一個方法，就是把它想成在1492年發生的事情中開始出現的某個事物。1492年之後，儘管有越來越多人被捲入全球

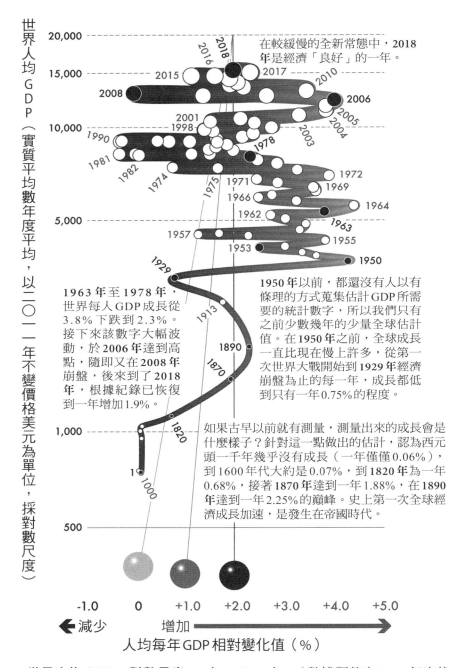

世界人均GDP（實質平均數年度平均，以二〇一一年不變價格美元為單位，採對數尺度）

20,000

在較緩慢的全新常態中，2018年是經濟「良好」的一年。

15,000

10,000

1963年至1978年，世界每人GDP成長從3.8%下跌到2.3%。接下來該數字大幅波動，於2006年達到高點，隨即又在2008年崩盤，後來到了2018年，根據紀錄已恢復到一年增加1.9%。

5,000

1950年以前，都還沒有人以有條理的方式蒐集估計GDP所需要的統計數字，所以我們只有之前少數幾年的少量全球估計值。在1950年之前，全球成長一直比現在慢上許多，從第一次世界大戰開始到1929年經濟崩盤為止的每一年，成長都低到只有一年0.75%的程度。

1,000

如果古早以前就有測量，測量出來的成長會是什麼樣子？針對這一點做出的估計，認為西元頭一千年幾乎沒有成長（一年僅僅0.06%），到1600年代大約是0.07%，到1820年為一年0.68%，接著1870年達到一年1.88%，在1890年達到一年2.25%的巔峰。史上第一次全球經濟成長加速，是發生在帝國時代。

500

-1.0    0    +1.0    +2.0    +3.0    +4.0    +5.0

← 減少    增加 →

人均每年GDP相對變化值（%）

**圖60　世界人均GDP，對數尺度，1年～2018年。**（數據調整自2018年安格斯·麥迪森計畫資料庫，由格羅寧根大學主持，利用世界銀行及國際貨幣基金組織之數據更新，https://www.rug.nl/ggdc/historicaldevelopment/maddison/releases/maddison-project-database-2018。）

化，但我們卻還不知道那實際上到底是什麼，有時候（尤其是第二次世界大戰後），我們試圖掌控它。從某方面來說，經濟和我們的資源就像是你在第一次耕作時土壤會發生的情況，地力很快就會耗盡，而作物會歉收，你的報酬遞減。資本主義似乎曾是這樣一個學習過程，而不是終結狀態。所以未來會怎樣呢？我們不知道；我們說不準，但那個未來必須永續才行，這不是懇求，只是一個觀察結果。我們現在正放慢速度接近這個未來，而且就一本書的內容來說，能了解到那點已經是夠大的一步思想躍進。那個躍進可能會產生眾多結果，其中包括不怎麼重要的——孫輩可能一輩子都穿牛仔褲，就跟我們一樣，以及意義深遠的：較富裕的經濟體會先變慢，所以我們正朝著更公平的未來邁進。

有很多地方還需要改變，但若能使經濟更加穩定，而不是一如往常地讓雲霄飛車往下衝，就有助於我們更快、更小心地達成一些必要的改變。2017年，全世界估計有14億勞工處於弱勢就業，缺乏可靠的合約，而國際勞工組織（International Labour Organisation, ILO）預測，到了2019年，這類人會再增加3,500萬。該組織估計，在最貧窮的國家裡，弱勢就業仍影響四分之三的勞工，而在較富裕的國家，「接下來幾年，活在極端赤貧的勞工人數預期仍會牢牢停留在1.14億人以上，影響2018年統計的所有受僱人口之40%」。[8] 2019年，在國際勞工組織的一百週年紀念上，該組織呼籲實現「一份能保護勞工基本權利的普世勞動保障、適當的生活工資、限制最長工時，以及安全健康的工作環境」。[9]這樣的改變顯然有可能發生。

從2018年到2019年，國際勞工組織的年度報告從絕望轉而樂觀，從關注全球工作環境的最糟狀況，變成提出值得爭取的實際目標。接著在

2019年7月，新消息又再度悲慘：「賺取收入者中所得最低的20％ ——大約6.5億勞工，賺到的錢是全球勞動所得的1％不到」（儘管有小字解釋「全球整體勞動所得不均從2004年起就持續下滑」）。[10]有一種可能是，國際勞工組織拚命爭取報紙和電視節目報導這項發現，才會讓報告的關鍵訊息每年從一個極端轉向另一個極端。年度發現本身的詳細內容就乏味多了：事情正在慢慢變好，但並非一直以同樣步調變好，這曾是也將會是非常漫長的過程，但整體的弧線正彎向越來越平等的情況。

　　**勞動給予者**（labour-giver）這個意指提供工作的人的慣用語，在馬克思《資本論》（*Das Kapital*）1883年第三版的序言中遭到嘲笑。[11]到了今日，我們還是得解釋，拿**財富創造者**（wealth creator）這個詞彙來描述那些只是碰巧有錢到可以投資的人，是多麼愚蠢的事。每個可以獲利的大投資，到頭來都是源自多數人的負債或貧窮，而且和過去人口跟市場都高速成長時獲得的報酬相比，現在這些投資越來越常為投資者帶來報酬遞減。隨著成長變慢，重新分配變成必要之事，而不只是一個可望達成的目標。預測美國2020年關鍵大事的布魯金斯學會（Brookings Institute）認為，民主黨（Democratic Party）總統提名人會主張向美國最有錢的1％家庭徵收1％的財富稅，十年間達到2.5兆美元，將用來讓全美家庭一年減稅1,400美元。[12]這是因為未來的技術革新不會讓窮人活得更好，現在只有重新分配跟社會革新可以做到這點。有了那筆每戶一年1,400美元的錢打造更好的醫療保健，並用在任何不舒服的人身上，每個美國人都將過得比原來好上太多。如果你病得很嚴重，花在身上的金額可以遠遠多過一年1,400美元；如果你沒病的話，運氣就非常好。隨著趨緩到來，很多事情可以改變，也必須改變。

# 技術幻景

　　我們現在會惋惜，未來會對生活做出最大改變的技術革新，早在過去就已經誕生了。就如羅伯特・戈登（Robert Gordon）在2012年表明的：「美國及更早之前的英國所建立的人均產量前線，那條在1750年之後就漸漸開始更快速成長的前線，在二十世紀中達到最快成長速度，且之後就慢了下來，它正在進一步放慢的進程中。」[13]戈登當時可能是沒注意或沒想到要提到，其實在其他地方，革新也沒有加速，現在每個地方的革新都在放慢。戈登接著繼續解釋，許多過去曾發生的進展只能發生一次。在僅僅一個世紀裡，我們最快速的交通運輸模式就從騎馬變成乘坐噴射機。我們今後再也無法做出這樣的躍進，從現在往後一個世紀，我們也不會用瞬間傳送移動。現在我們應該要適應已經擁有的，而且要用得比目前更妥善。

　　戈登舉的例子是，許多建築物的室內溫度，在1870年代是怎麼從過往一貫的冬天冷到結凍，變成夏天熱到窒息。今日，許多有空調的地方，一整年的溫度都穩定保持在攝氏22度，那對生產力有幫助。但改變已經產生；木已成舟，你無法再改變一次。他談到美國從全是農村的國家變成幾乎徹底都市化的國家——同樣地，那樣的轉變也無法再度發生，沒有什麼超級都會生活風格能讓我們再轉變過去。他還提出許多無法進一步做出重大轉變的例子，而他的結論是，對那些住在美國的人來說，「以量來說，最嚴重壓制我們未來收入成長的，就是正在加劇的不平等。」

　　今日世界上最平等的國家中，有許多是全球有史以來最公平、平等

的城市社會，好比說日本和斯堪地那維亞諸國。那些社會裡的成員比美國或英國社會更有創新能力，但就算是這些地方，革新的速度依舊在下滑。[14] 地球上沒有哪個社會沒能力變得比當前更加平等，但今日最公平的社會，在公平方面已經不可能再出現過去一個世紀經歷的那種大幅成長，那是因為那類地方最大幅度的貧富差距，已經在過去一世紀裡消除了。

　　戈登提倡引入更多缺乏特殊技能的移民，為這則給美國人的訊息作結。然而，布里克與伊比特森最近觀察到：「在不太遙遠的未來裡，移民可能會很難取得。」[15] 經濟學家很難接受生產力不只是減慢，而且還要進一步變慢。正如一群經濟學家近期解釋的：「趨緩是真的，而且……儘管許多因素都有重要性，但多半可以用投資的趨緩、領先公司和落後公司的差距拉大、貿易的趨緩，以及技術的改變解釋。而生產力成長趨緩，同時科技加速變化的明顯矛盾對比，或許可以用測量失準、技術執行落後及創造性破壞過程解釋。」[16] 他們沒說的是，其實不知道為什麼正在趨緩。身為傳統經濟學家，他們仍然認為應該有加速，而且加速是好的，所以試著把趨緩解釋為近期「創造性破壞」的結果，是資本主義又一次新黎明來臨，並回歸加速之前的平靜。

　　創造性破壞是一個非常晚近才由某經濟學者發想出來的點子，現在也快要消亡了。破壞本身並沒有什麼創造性，而把你的希望寄託於趨緩是幻象一點也不穩固，這是因為現在有太多跡象顯示趨緩確實存在。儘管美國有一種潮流是，幾乎什麼新想法都給予專利，儘管該國人口還在成長，儘管該國大學和研發單位都有更快速的成長，但是自從 2000 年左右開始，美國新類型創新開發的成長就已經微不足道。就連給予專利這

件事，在打造推動美國前進的火車頭之後，似乎也已經處於低谷。現在若要持續穩定增加革新，就需要越來越多的投資，才能產出重大成果。[17]

　　目前的趨緩大部分仍然被描述為創造性破壞，並被描述為「市場出清」的過程，在過程中過時的事物會被新的永久取代，就彷彿資本主義轉型是某種為歷史畫下句點的過程，而我們將永遠受困其中。財務分析師根據在學校學的1980年代和1990年代經濟，做出狂妄自大的主張，無法察覺到新的現實。他們重複一個特定的口號，希望自己可以被當成大預言家來認真看待。以下這個例子就是一名分析師從試圖解釋當前趨緩的一百萬個可能例子中取出的僅僅一例，這是關於澳洲購物中心的衰落：「因此隨著定價做出調整來協助出清市場，我們預期購物中心的價值會持續下滑。」[18]這裡的言外之意是，一旦市場「出清」了，價格就會再次漲到前所未有的高，而新的購物中心將會出現，販賣越來越貴的新商品。事情不需要如此，他們也不需要這樣主張——我們可以反過來學著滿足多數人擁有的東西，而不要覺得自己總是需要消費更多東西。

　　在英國，報導固定發布的標題往往是像「英國富人五年內財富增加2,740億英鎊」，在這個例子中，是報導該國最富裕的1,000個家庭據稱在2018年持有7,240億英鎊，以及這筆錢是怎麼從2013年的4,500億英鎊增加而來。[19]一年後，當人們替最新的英國最富有的一千個家庭財產估價時，這個排除了該年所有跌出頂尖階層的家庭並納入替代者的同一團體，顯示出較慢的成長。

　　2019年，當人們發現最富有的一千個家庭團體的財富總額只增加480億英鎊時，這回的報導標題就變成「一個法拉利與食物銀行的國家——英國富人五年內財富增加2,530億英鎊」。[20]這本來很好讀懂的：「富豪榜

上人士的財富成長，在2017年一年內增加820億英鎊時達到高峰，其後2018年下滑至年增660億英鎊，之後跌至2019年僅增加480億英鎊。」英國財富成長率與貧富不均的情況，有可能改變方向再度攀升，但暫時來說，即便是最富有者的財富增加速度都正在放緩。所以最近期排名在英國一千大富豪的那些人，若當成一個團體來看（而且最重要的是，因為那些已經跌出一千大富豪之人的關係），他們最近期的總財富其實減少了。

　　全球經濟趨緩的程度是如此強烈，以至於有錢人無法繼續變得越來越有錢。1950年內，以今日貨幣來說全世界每人平均GDP提高大約156美元，或者上漲4.3%。到了2015年，上漲了158美元，或者更接近一年1.6%——幾乎慢了三倍，[21]而且這還是選自經濟學家統計的高點！然而，即便因為有越來越多跡象顯示，我們的經濟可能到最後會放慢，我們甚至可能在社交上開始變得更團結，也不一定代表接下來我們學習如何永續生活的速度會夠快，好讓我們在不發生一連串危機的情況下放慢。至少我們從開始越來越擔心自身永續性到現在，已經比我活著的歲月還要長。現在我們之中，有越來越多人從內心深處知道我們必須趨緩。

## 讓世界失望

　　　　你們這些瘋子！你們把它炸了！該死的！該死的，你們全部
　　下地獄！
　　　　　　——1968年《浩劫餘生》（*Planet of the Apes*）結尾台詞[22]

　　在本書第一章，我曾經要你試著想像未來，或者實際上就是（假設你有孩子，而他們也有孩子，一路這樣下去的話）你的仍孫（譯注：指一個人之後的七個世代）在2222年會擔心什麼。這時候人口已經有三、四個世代沒有增加，貧富差距已經好幾個世代保持微小，而且地球也已經不再暖化。幸運的話，那個時代海平面在上升數十年後終於穩定，能源也已變得十分可靠，以至於人們幾乎不太對此提出意見。在那個未來時代，在人工智慧的圖形識別能力（前面也提過這一點）最終證明非常有用，但不太有智慧的很久以後，我們全體都可以吃飽，而且只有少數人會過胖。到了那時候，你的仍孫會擔心什麼？

　　若是持續趨緩，你可能會有100個這樣的後裔；若是人口穩定，你（平均）會有128個。如果你沒有孩子，就想想兄弟姊妹、堂兄弟姊妹、父母的堂表兄弟姊妹的子女——那不會有多大差別。即便從你直系以外的地方傳下，使你的基因被稀釋，但它還是會存活。就算我們自己沒有小孩，也都有後裔，而不管他們擔心什麼，那必定會是很大的擔憂。我們永遠都不會**不擔心**——我們始終都有要顧慮的事。本書最開頭就曾主張，身為人就是會抱著想像力去擔憂。我們未來最大的擔憂，能不能是關心「和太少的其他物種一同生活」這個已經實現的不良後果？

　　2019年聯合國報告指出：「自然界的衰退危險達到『空前』；物種滅絕速度『加速』。」[23]事實上，看一眼圖61，就會看到絕種的速度從1980年代之後就沒有加速了。圖61顯示生命地球指數（Living Planet Index, LPI）三種情況中最壞的一種，指數的發表者們在2018年指出：「全球生命地球指數⋯⋯顯示1970年至2014年發生60%的下滑⋯⋯這代表平均而言，動物數量已經低於在1970年代數量的一半。」[24]儘管生命地球指數的

下滑率已經不再加速，但持續快速滅絕的可能後果，仍是尚未量化但可能十分嚴重的威脅，以及慘烈的損失。如果目前的速度真的加速，地球上所有的物種幾乎都將在數十年內滅絕，而所有的人類肯定也會滅絕。此外，每一次對更多物種進行評估，消息就會更糟：「每當人們對新描述物種，以及來自較不熟悉群體的物種進行首度評估，國際自然保護聯盟（International Union for Conservation of Nature, IUCN）的紅皮書便在每次更新後變得更厚。」[25]

　　我們曾經極度充滿希望，而如今絕大多數人卻充滿畏懼。至少我們可以確確實實地說，在大多數情況下，我們未能知道自己在做什麼，我們不是瘋子；就只是無知的猩猩。畢竟，我們實在是在晚到離譜時才發現，世界上有包括我們在內的相互關聯物種，而那時候我們的天祖父母（譯注：上五代）都還是孩子或青年；我們的高祖父母（譯注：上四代）是家族中第一批上學的人；我們的曾祖父母開始知道生物會絕種；（對那些年輕讀者來說，）我們的祖父母是第一批學到「地球是由浮在地函上的岩石板塊構成」的人；我們的父母是史上第一批聽說世界在暖化的人。我們是知道自己製造地球面對的其中一場最大、最快大滅絕事件的第一個世代。至少可以說，這實在是滿不可思議的，而且一切不過就發生在五個世代裡。

　　圖61顯示，根據最糟的三種可能情況，1970年存在世上的大部分生物多樣性到1994年都消失了。如果專指哺乳類和其他較大型動物，在我的前半生中，人類就殺光地球上大部分最稀少的物種。我們並非有所預謀，我們根本不知道當時有那麼多物種早在滅絕邊緣，而且是被我們、被我們的牛隻和穀物、我們的豬、綿羊、山羊和雞，還有我們的土地開

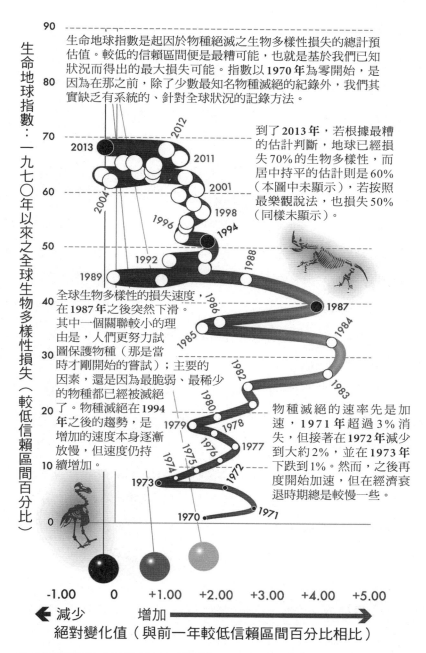

生命地球指數是起因於物種絕滅之生物多樣性損失的總計預估值。較低的信賴區間便是最糟可能，也就是基於我們已知狀況而得出的最大損失可能。指數以1970年為零開始，是因為在那之前，除了少數最知名物種滅絕的紀錄外，我們其實缺乏有系統的、針對全球狀況的記錄方法。

到了2013年，若根據最糟的估計判斷，地球已經損失70%的生物多樣性，而居中持平的估計則是60%（本圖中未顯示），若按照最樂觀說法，也損失50%（同樣未顯示）。

全球生物多樣性的損失速度，在1987年之後突然下滑。其中一個關聯較小的理由是，人們更努力試圖保護物種（那是當時才剛開始的嘗試）；主要的因素，還是因為最脆弱、最稀少的物種都已經被滅絕了。物種滅絕在1994年之後的趨勢，是增加的速度本身逐漸放慢，但速度仍持續增加。

物種滅絕的速率先是加速，1971年超過3%消失，但接著在1972年減少到大約2%，並在1973年下跌到1%。然而，之後再度開始加速，但在經濟衰退時期總是較慢一些。

生命地球指數：一九七○年以來之全球生物多樣性損失（較低信賴區間百分比）

-1.00　　0　　+1.00　+2.00　+3.00　+4.00　+5.00

◄ 減少　　增加 ►

絕對變化值（與前一年較低信賴區間百分比相比）

**圖61　生命地球指數：根據較低信賴區間估計之物種損失，1970年～2013年。**
〔數據調整自2018年生命地球指數，最糟情況；以及與理查・葛連耶（Richard Grenyer，牛津大學）、莫妮卡・波恩（Monika Bohm）及路易斯・麥克瑞（Louise McRae，倫敦的動物學院）的私人通訊。〕

拓、我們的小麥和米、我們的海洋酸化，以及其他毀滅生物棲息地、毒
害河流、汙染海洋、改變整個氣候等諸多行為逼到絕境。我們請求原
諒，因為那時不知道自己做了什麼。

　　我們在大加速開始時實在太樂觀。1914 年，布拉福鎮議員傅列
德‧萊爾斯（Fred Liles）替東布拉福社會主義主日學校（East Bradford
Socialist Sunday School）做了一面旗幟；它簡潔又充滿希望的圖案設計，
保證是你見過最幸福洋溢又令人振奮的旗幟。[26] 旗幟中間有兩棵果樹，代
表知識和真理。樹後面是一片小麥田，象徵一個豐富〔富含我們日用糧
（譯注：出自〈主禱文〉，見本章前述）〕的世界。樹下的草地上長著罌
粟，因為（或者說旗幟的一段描述如此解釋），主日學校的孩子正學習著
能夠從受刺激的土壤中浮現的美。（幾年後，罌粟花會突然在法蘭德斯戰
場和第一次世界大戰的整片戰場上出現，後來被用作緬懷象徵。）旗幟背
景裡升起的太陽代表美好的新黎明。樹木底部裝飾「和平」、「幸福」和
「豐足」這幾個詞彙。[27]

　　我們需要再度樂觀，即便面對如今所有已知情況也該如此。那所布
拉福社會主義主日學校的孩子們，當時還不知道日後將有兩次世界大
戰、1929 年崩盤及大蕭條時代來到。那些活下來的人也會在中年時親
眼目睹曾經承諾他們的新黎明終於到來，一個福利國度、免費的健康服
務、充分就業、持續進步的高度平等，還有快速提升的生活水準。這也
就是這面旗幟留存下來的原因：他們贏得勝利了，儘管那個時代有過一
切的逆境，如今我們需要再度進行策劃，來獲得勝利。

　　在那面旗幟完工的恰好一個世紀後，牛津大學人類未來研究所
（Future of Humanity Institute）的一名研究員發表一篇文章，文中詳細說

明他認為依舊最威脅人類生存的五大威脅：核戰、生物工程製造的大規模流行病、超級智慧、奈米科技，以及尚未明瞭的未知物。在一個世紀前，這五樣都不具威脅性。其中，核戰的威脅很大，但正在降低：1984年以來，不只是趨緩出現，而是進行大規模的全球核武除役。要創造或避免一場生物工程製造的大規模流行病，完全操之在己。至於超級智慧，報告作者本身承認並不一定是要擔心的事，因為「超級智慧不尋常的地方在於，我們並不知道快速強大的智慧爆發是否可能發生」。[28]奈米科技也完全操之在己，而且永遠都會有尚未明瞭的未知物。有趣的是，作者並提到氣候變遷或物種滅絕。

　　五年後，同一個作者（在「人工智慧上下足工夫」後）宣布：「就跟生物科技一樣，現在的風險相當微小，但隨著人工智慧變得更好、更聰明，風險有可能隨著時間增加。」[29]其中的含義是，在那五年中沒有發生什麼造成新擔憂的事。這一次他確實提到氣候變遷，儘管還是沒有討論物種滅絕。那很奇怪，因為就在這篇文章發表的五週前，也就是2019年復活節期間，才有超過1,000名年輕人在僅僅50英里外的倫敦進行反抗滅絕（Extinction Rebellion）抗議中遭逮捕。我們不知道人類未來研究所會存續多久，但連談論人類可能遇上的大威脅時都漏提物種滅絕，代表我們未來必須更大規模地了解自己所生存的環境，以及我們應當生存的方式——而且動作要快。幸運的是，現在有非常多人分擔這個重責大任，我們不需要仰賴安坐於少數偉大象牙塔內的少數偉大思想家。所以請再看看圖61，然後再看圖62，然後擔憂吧（人類大部分都非常善於擔憂）。

　　自從地球上出現生命以來，有過五場最大規模的大滅絕事件。大約四億五千萬年前，地球上有七分之六的物種因全球冷卻而死亡；接著在

三億八千萬年至三億六千萬年前，有四分之三的物種被消滅，可能是因為多重因素，包括二氧化碳濃度降低及氣候變冷。兩億五千萬年前又再度發生非常劇烈的氣候變遷，暖化5度，每二十五個物種才有一種存活。大約兩億年前，氣候再度變遷，地球上只有五分之一的物種倖存，然後五場大滅絕的最後一場於六千五百萬年前發生，當時一顆直徑6至9英里的小行星擊中地球，所有物種裡有四分之三（包括幾乎所有的恐龍）都滅絕了。目前，我們邁入第六次也是最急遽的大滅絕，不過才幾十年而已，人類對地球生物多樣性的影響曾比巨大的小行星還糟糕。[30]然而在同一時間，我們卻一直把倖存的物種在地球上運來運去，其種類數已經超過以往曾在地球各大小島嶼間如此快速移動的所有物種。我們很有可能還在做一些其他事，而加速讓新物種出現，我們幾乎完全不知道這些事情中任一件的後果會是什麼。

　　現在或許適合暫停一下，關注某個真的一點都沒有放慢的現象——每年搭機繞地球飛行的乘客人數。恐龍那群近親以長達16公尺的翼展翱翔天空，已經是六千五百萬年前的事。已知最大的翼龍——風神翼龍（Quetzalcoatlus），很可能和絕大部分的恐龍一同滅絕。相比之下，已知最大的猛禽——哈斯特鷹（Haast's eagle）就普通許多，約3公尺的翼展沒有比信天翁長多少。大約在六百年前，最後一隻哈斯特鷹隨著主要獵物——可重達500磅、不會飛行的「恐鳥」在紐西蘭被獵捕到滅絕，而一併死亡。

　　1903年，第一架動力飛行機靠著12公尺的翼展，在美國北卡羅萊納州小鷹鎮（Kitty Hawk）飛上天空。今日，天空充斥著怪物般的巨大飛機，從古至今最大的飛行體——而在裡面的就是我們。現在它們每年運

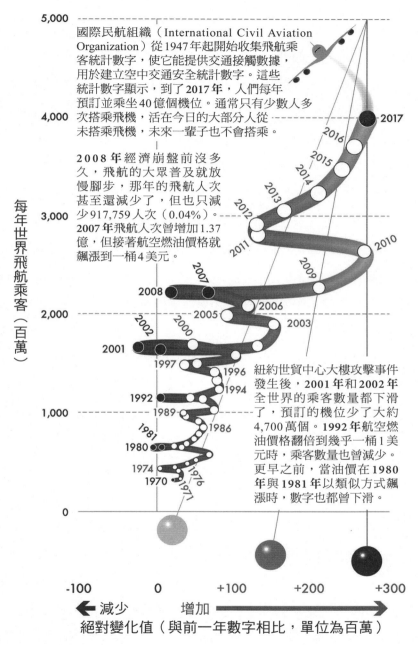

圖62　**世界飛航乘客數**，1970年～2017年。（數據調整自國際民航組織，「世界民航統計」，以及國際民航組織職員進行之估計，經世界銀行校勘，2019年9月8日存取，https://data.worldbank.org/indicator/IS.AIR.PSGR。）

載40億乘客，而目前為止，我們對空中移動的熱情完全沒有顯現出放慢跡象，除非有誰對飛行採取新的碳稅制度，逼迫我們放慢這種熱情。現在瑞典已經指定這種稅，法國也有人提案。在本書出版前，其他國家還會不會有更多這種稅上路，我個人抱持懷疑態度。

在花了一點時間思考飛行的絕望現況後，我們回到地球史上第六大的大滅絕事件。好消息是，如果你把滅絕當作「最後一對繁殖配偶的消失（至少有性別的物種可以這樣說）」，要達到滅絕就很難，儘管絕非不可能；壞消息則是，就更廣義的環保主義而言，那種滅絕實在也不是真正重要的滅絕，最要緊的滅絕是功能性滅絕，是物種的數量少到再也無法徹底在網絡連結中發揮作用。[31]如果要談物種滅絕使人類失去實用價值極高的解剖學、生物化學和遺傳變異，這種損失其實要到最後少數個體死亡才會出現，所以知道這一點或許可以稍感安慰。當一個物種消失，現在只在敘述中被人記得時，我們也蒙受較無形的意義損失；但事實上，我們還是可以拯救大量物種、拯救地球上大部分的物種——前提是我們夠關心這件事而去拯救牠們。[32]

2019年5月8日，倫敦卡斯商學院（Cass Business School，現稱倫敦大學城市商學院）的阿曼達・谷朵（Amanda Goodall），以及華威大學（University of Warwick）經濟學家安德魯・奧斯沃德（Andrew Oswald）投書《金融時報》，文中解釋：「環境惡化主要是經濟和商業力量的結果。」[33]在《金融時報》推薦給大學商學院研究刊登成果的前五十本期刊中，最近發表的四萬七千篇論文只有十一篇是關於生物多樣性和物種減少，顯示商業對此毫無興趣。作者繼續主張：「商業和經濟研究者因為關乎地位及受到鼓舞，變得著迷於登上你們金融時報的期刊名單，大部分

是靠著模仿以前做過的研究，而不是著手於今日的難題。然而，自然科學家已經做了該做的工作，現在輪到社會學家盡他們的責任了。」他們的結論指出，《金融時報》推薦的學術期刊「讓世界失望了」。

執著於地位會導致焦慮，以及許多方向錯誤的努力。此外，一個人的地位越高，往往就越覺得別人有必要意識到這一點。某些學者幾乎全心投入提升地位，對我來說，直到現在都還無法完全不在乎別人覺得自己的學術成果有什麼用（不過等你老一點就沒在怕了）。值得慶幸的是，比我還要投入的研究者，現在正在解釋我們為何必須停止在沒有什麼人閱讀的期刊上寫那些大部分都沒用的論文，並且開始做一些更有用的事。[34] 儘管目前許多學術作品當然還是有用，但也有許多可能就是錯了或方向幾乎全錯。更重要的是，只要我們能學著為一個比家庭、部族、城市、國家都還要大上許多的團體操心——而且更能分辨好壞、去蕪存菁，今日科學家產出的精彩成果中，或許也會有不少對我們的生存至關重要。

十年前進行的複雜建模主張，往往先有一段顯著的系統趨緩，才會出現突然但非一瞬間的氣候變遷（也就是並非由小行星或人類，而是由更緩慢的步驟所造成的）。[35] 現在有知識可以確定，在我們造成所有額外的加溫之前，曾經走的是哪一個軌跡；因為儘管「在抵達關鍵時間點之前要預測這樣的點十分困難，但不同科學領域的成果現在都主張，確實存在一種如果達到某關鍵門檻時，能適用於泛類別系統的通用預警信號」。[36] 我們可以算出，如果當初沒有以大量汙染干預，最有可能發生的氣候會是怎樣。未來本來就不會是某種自然的平衡；但我們可以看出它本來最有可能會變成什麼樣子，還有我們因此應該以什麼為目標。

美國馬里蘭大學巴爾的摩郡分校（University of Maryland, Baltimore County）地理學和環境系統教授艾利斯研究人文景觀的生態。他解釋，既不能仰賴領袖，也不能仰賴專家來解決我們的複雜問題：「難題在於，對我有效的，很可能對你無效。所以我們因為聚焦於環境限度，而不是聚焦於能讓環境和社會有更好結果的社會策略，導致我們無法使用能幫助自己的唯一自然力量：人類對更美好未來的嚮往……如果我們真正有意讓此行得通，就需要把我們珍視但已經過時的『自然界穩定平衡』、『人類沒有極限的足智多謀』、『只由專家所定義的不可妥協的環境限度』等信念都拋在身後。」[37] 所以問題就變成：我們要怎麼變得一心嚮往趨緩，我們要如何讓關切之心充足到嚮往趨緩？

最近五個世代期間發生的動盪變化，包括體認到我們的生活方式會產生惡果，以及體認到那些惡果到現在恐怕又將引發動盪。這些動盪中最主要的，就是更加劇烈的氣候變遷。那些預測會陳述為既有的那樣，有一部分是因為我們已經習慣把所能表達的一切都表達為「戲劇性的」（譯注：急遽的）變化，但真相依然是，即將來到的氣候變遷中，有很大一部分（包括動盪在內）都是非常可預測的，一如未來的物種滅絕速度。我們，也只有我們，擁有改變未來發生之事的能力：未來如何要看我們選擇做什麼。在一個放慢的世界裡，我們有更多選擇。

至今出現的氣候變遷，幾乎全都不是有意為之的，那是機械化農耕、工業化、國際航空、輕忽地汲取資源等諸多行為，在缺乏通盤思考下就進行擴張所導致的結果。這等於是把「因為你根本不知道有過度耕作這種可能，所以就過度耕作一塊肥沃土地」的行為，放大到全球的情況。但接下來你就必須學習和後果共存，並改變你的方法。

如果人類要維持人口稠密並存活下來，氣候變遷的人為成分就必須立刻放慢，而且至少要做得像過去幾十年間除役大部分核武器那麼快。這種情況就類似於，不可能為了灌溉把含水層抽乾，然後持續在化為沙漠的臨界點灌溉跟以前一樣多的作物。既然目前已經用這種極高速率在全世界各地汲取古代化石燃料，未來就再也不會有做出那麼大損害的潛力，也就無法在不思考後果的情況下，快速抽取那麼多石油，更不可能完全不知道將來可能會有什麼後果。就好像剛開始鑽井打入那些古老含水層時，一切看起來沒問題，直到水開始有鹹味為止。

本書中所有描述的趨緩，都是主動知情的選擇和不可避免之事的混合。每一次趨緩都關乎人類行動，但也關乎人類的無知。最終，不管人類做什麼，人類引起的氣候變遷到了某一刻都會出現趨緩，這有可能發生在文明崩壞而人口驟減時，也可能發生在我們降低汙染程度，並同時避免上述兩種命運時。我們自救的一個方法，其實是深思熟慮地加快目前的經濟趨緩過程，再搭配更大規模的（加速進行的）重新分配。不然，情況就會像聯合國氣候變遷綱要公約（United Nations Framework Convention on Climate Change, UNFCCC）第24屆締約國會議（COP24）宣布的，碳總排放量持續以2%成長，而這就像1968年（正好五十年前）的人口以2%持續成長一樣，不可能永續。[38]

我們有機會抱持希望，過去那些呼籲裁減核武的人就曾抱持希望，如果他們不抱持希望，當時就不會努力了。至於氣候變遷的前兆，現在已經在大幅趨緩的，不只有人口成長，還有消耗貨品的重量，而我們渴望在未來變得更環保的念頭，目前也出現巨大加速。我們（這些富裕的人）的財產未來都有可能較少（有辦法想像的話，就想像一下）。許多人

會說這種行動始終做得不夠，然而我們還在適應學習中。趨緩並不會那麼快速地發生，儘管這場需求孔急的額外趨緩，就跟之前的二氧化碳排放增加一樣，通常發生數十年就沒了。從地質學上來說，先前兩個十年裡發生的事，和一連串的巨大火山爆發（有可能造成過去五場大滅絕中的幾場）相比，差別不大，也沒有比較不危險。然而和火山不同的是，面對未來的排放，我們有選擇餘地，而那不難抉擇。

## 我們理解力的變化

2019年6月17日星期一，聯合國揭露最新的「世界人口展望」（World Population Prospects）。[39] 標題寫道：「2050年全球97億人，但成長速率變慢。」一天前，聯合國對2050年的預測是更接近98億人，對2100年的預測則是112億人，但這個數字到了現在突然降為109億人。人口增加的速度，放慢得比我們原先以為的還要更快。

聯合國的報告，首先聚焦於人口成長幅度未來仍將最大的地方。儘管那是因為人們活得更久，而不是有更多人出生，但報告並未強調這個事實。報告強調之處如下：「印度預計在當前至2050年間出現最大幅人口增加，2027年前後就將超越中國，成為全世界人口最多的國家。印度及其他8個國家，將包辦現在至2050年間人口估計成長數的一半以上。這9個可望出現最大增加幅度的國家，分別是印度、奈及利亞和巴基斯坦，緊接著是剛果民主共和國、衣索比亞、坦尚尼亞、印尼、埃及和美國。」

是的，美國列入人口最稠密的問題國家名單中。然而，聯合國報告

繼續寫道：「越來越多國家的人口規模其實正在縮小。2010年以來，27個國家或地區出現至少1%的下滑，起因於長期持續的低生育率。現在至2050年間，這種情況預期會擴大到55個國家，使它們出現1%或更高的人口減少，幾乎其中半數的國家會經歷至少10%的下滑。」這份報告並未強調「聯合國新的2100年預測是低於110億人」這件事。聯合國確實在主要報告之外一併發布新數據，修正過去的估計，並給1歲以下嬰孩的預測人數提供新數字，如圖63所示。

　　假使你略過本書的一些部分，而沒有讀到這些圖表怎麼運作，這裡有一個以圖63為例的要點重述。1950年全世界有略低於8,000萬個孩子出生。時間線上「1950」這個數字左邊的黑點可以看出這件事。在垂直軸上，那個黑點就在標示8,000萬的水平灰虛線下方。在水平軸上，它就在數字4的正上方，告訴你全世界一年出生的嬰兒數當年一年增加400萬。1951年增加稍少一點，而早在1956年變化速度其實就在下滑（時間線移到垂直軸的左側）。時間線顯示，1958年出生的嬰兒比1955年少。並不是每個點都有標示出來，因為那樣的話，時間線就會有一大堆的標籤，但你可以藉由往後或往前數來推算出。時間線底部的擺錘，將整體趨勢顯示為從加速擺向預測的穩定狀態──從黑線空心圓圈（在1950年標記的正上方）到2100點正下方黑色實心圓形擺錘的趨緩。

　　退一步把圖63的時間線當成一個整體來看，它顯示一連串的迴圈，然後一個特大的迴圈，增加到1989年的幾乎1.35億個嬰兒出生（那一年沒有標示在時間線上，因為那裡太亂了）。那個迴圈在1998年結束，然後之後很突然地開始另一種不同的軌跡。這和中國有一點關聯，但不是一切都有關（見第七章和第八章）。在撰寫的同時，趨勢正比幾個月前稍微

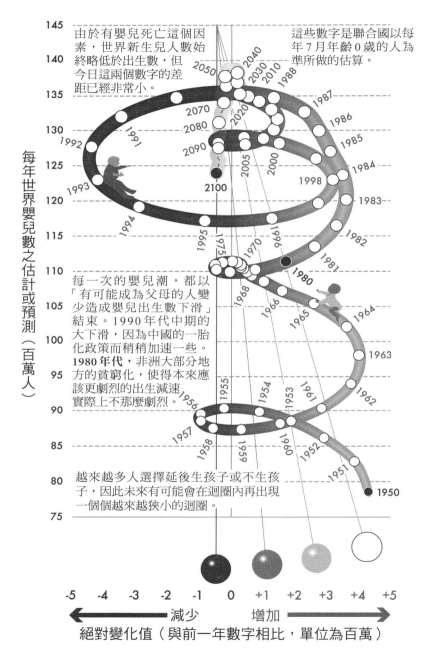

縱軸：每年世界嬰兒數之估計或預測（百萬人）

由於有嬰兒死亡這個因素，世界新生兒人數始終略低於出生數，但今日這兩個數字的差距已經非常小。

這些數字是聯合國以每年7月年齡0歲的人為準所做的估算。

每一次的嬰兒潮，都以「有可能成為父母的人變少造成嬰兒出生數下滑」結束。1990年代中期的大下滑，因為中國的一胎化政策而稍稍加速一些。**1980年代**，非洲大部分地方的貧窮化，使得本來應該更劇烈的出生減速實際上不那麼劇烈。

越來越多人選擇延後生孩子或不生孩子，因此未來有可能會在迴圈內再出現一個個越來越狹小的迴圈。

-5　-4　-3　-2　-1　0　+1　+2　+3　+4　+5

← 減少　　增加 →

絕對變化值（與前一年數字相比，單位為百萬）

圖63　全世界嬰兒數，1950年～2100年。（數字顯示1歲以下的孩童人數，而嬰兒早夭的因素會使該數字略低於出生數。調整自2019年《聯合國世界人口展望》，2019年6月20日存取，https://population.un.org/wpp/Download/Standard/Interpolated/。）

快速一點地朝著垂直軸行進——朝向另一次嬰兒出生數下滑邁進，但眼前從視覺上來判斷，未來不像有上漲的指望。你可以輕易地想像一個未來，在那個未來中，當聯合國於2021年修正估計，並於2023年再度修正後，在時間線出現一個更低的迴圈，但接下來它會更往左邁進，在非常近的未來裡描繪出巨大的趨緩。然而，提供這些數據的人口統計學家目前還沒有預言這樣的迴圈。聯合國人口統計學家反而正在假設事物準備突然穩定化，幾乎每個地方的每個人（平均）都會趨向擁有2個小孩——即便是那些目前擁有的孩子遠低於這個數字的地方。難道是因為世界各地提供免費保險套的捐贈者一旦覺得趨緩已經徹底到來，可能將會停止發放，所以那些生育的人才會改變生育行為嗎？我猜測將看到未來生育率下滑速度遠高於聯合國預測，而且會這樣講的遠遠不只我一個人。

聯合國人口統計學家於2019年6月17日發布的「世界人口展望」報告中主張，在2025年7月間，生下來仍存活且小於1歲的嬰兒，極可能會有1.36億個。接著，到了2030年會有1.37億個；到了2040年有1.38億個；到2050年也是1.38億個；到2060年是1.37億個；2070年則為1.35億個。然而，未來不會那麼穩定：出於許多理由，出生數很可能會更低，但至少官方的預測數字現在正在下滑。這裡也不要忘記，有多少東西在不久前的過去中變化得如此快速，也別忘了有多少東西還能改變。1844年〔固特異（Goodyear）輪胎公司的〕查爾斯・固特異（Charles Goodyear）替他的硫化處理過程取得專利權。1855年，人類生產第一個橡膠製保險套。不久後，新消息的傳播及新發明就促進1870年至1930年的歐洲生育下滑。隨著下滑開始起步，人們做了許多嘗試來鼓勵更多人懷孕，好反轉局部地區的人口下滑，並為軍方提供人力。這些嘗試都失

推行十三週產假，然而女性工作者在產假期間工作不受保障，這些狀況還會持續數十年。韓國在1953年推行產假，盧森堡在1962年，而葡萄牙在1963年，加拿大則是於1971年推行。澳洲相當晚，要到1973年才推行《產假法》（Maternity Leave Act），有十二週的有薪假，而無薪假可長達四十週。所有國家中最晚有作為的是美國，在產婦權利上直到1978年都沒有推行任何重大的政策，即便那年推行的政策也很可笑，只比既有的殘疾產婦政策多了幾項權利。今日美國是全世界工業化民主國家中，唯一一個沒有為職業婦女和男性提供全面保障工作之有薪育嬰假的國家。美國會這麼慢，很可能是因為當地對人口減少的憂慮，比任何地方都還要遲上許久後才開始出現。

　　歐洲各地許多國家都提供結婚者、有小孩者、家庭支援（通常是財務支援）。然而，同時又推行家庭計畫診所，卻導致出生人數的淨下滑。沒有發生這種事的地方，通常是因為晚近的移民生小孩，儘管那個數字幾乎總是低於故鄉同胞的出生人口。世界上的移民越多，未來的出生率就會下滑得更快。所以，如果做了這一切達成的不是「更多嬰兒」這個預期目標，那麼到底達到什麼？它讓女性獲得更多自由，有選擇的自由。導致大減速發生的不是男人，而是女人，未來很可能成為大減速頭號擁護者的也是女人。許多綠黨的政治人物是女性，開啟氣候變遷罷課的瑞典學童是女孩，這些全都不是巧合。隨著越來越多女性出任高階官職，可以預見不久的未來將有比目前更多的女性參政，那或許是不會在未來一段時間內就趨緩的事。

　　2019年12月，富裕國家中貧富最不均的幾個國家被相當右翼的男性統治：美國的川普、俄羅斯的佛拉迪米爾·普丁（Vladimir Putin）、土耳

其的雷傑普・塔伊普・艾爾段（Recep Tayyip Erdoğan）、智利的塞巴斯蒂安・皮涅拉（Sebastián Piñera），以及英國的強森。相較之下，女性則越來越常在爭取到更平等的國家贏得政權。在芬蘭任命社會民主黨（Social Democratic Party）的桑娜・馬林（Sanna Marin）為新首相，其後又與李・安德森〔Li Anderson，左翼聯盟（Left Alliance）〕、卡特麗・庫爾穆尼〔Katri Kulmuni，中間黨（Centre Party）〕、瑪利亞・奧希薩洛〔Maria Ohisalo，綠色聯盟（Green League）〕，以及安娜－瑪雅・亨利克松〔Anna-Maja Henriksson，芬蘭瑞典族人民黨（Swedish People's Party of Finland）〕聯合執政的那個月，這種現象可說最為顯著。[41]

　　先停下來想想，在這麼短的時間裡有多少事物改變了，如此一來，就不難變得更加樂觀。不久之前，女性甚至連基本教育都不能接受。在1870年代首度推行產婦普遍物資供給，試圖阻擋最人類面向的趨緩——也就是人口變少的不久前，少數男性物理學家和數學家才發明本書使用的相空間圖。他們在一個人類生活其實有太多正在加速時達成這項成就。一個針對二十一世紀進行、選擇測量生育率變化的社會變遷速度研究指出：「評論者頻繁地觀察到社會變化的速度在二十世紀間加速。」[42]另一份研究的開頭則是：「如果在生命中促成一定程度的控制與計畫的穩定性看似受到削弱，進而讓社會加速的感覺興起，在著手詢問失去穩定性的原因之前，我先探究其本質，以及它一開始如何在最初興起的地方興起，似乎就很恰當，也可能不可或缺。」[43]但我們並沒有在加速，如果覺得有的話，也是改變那種感覺的時候了。

　　我們為什麼還沒有看到應該那麼明顯的東西呢？那些生育率先下滑的幾個國家（大部分在西歐，並於1900年不久前就開始），下滑的速度最

慢。那些最晚近，在1972年後才要開始下滑的國家，下滑的速度最快，大部分那類國家都在非洲。因此隨著整個管弦樂團湊在一起，並且現在每個地方都正在以前所未有的更快速度衝向生育率穩定狀態，所以一個「漸強效應」（crescendo effect）從1972年以後就一直存在。

　　1972年之前可能無從知道漸強效應準備要發生。1968年有一本名叫《社會變遷指標：概念和測量》（*Indicators of Social Change: Concepts and Measurements*）的書出版了，[44] 這本書幾乎完全針對美國。或許這本書最有趣的地方在於，它的變化度量衡和那些今天使用的是如此相似，儘管現在變化速度通常都比那時候慢上很多，其他事情也不會改變太多。該書作者主張：「將要面對的一個最重要的難題是，美國低社會階層的政治表達需求增加，以及給予社會統治階層的支持信任在當前的日漸失去。」當我們放慢時，幾乎每一件事物變化都沒有那麼快。1968年跟2018年的相似程度遠勝過與1918年的相似，2018年像2068年的程度，有可能遠勝過和1968年的相像程度，這是趨緩的眾多含義之一。

　　《時代》（*Time*）雜誌記者潔米・杜夏姆（Jamie Ducharme）在最近一篇名為〈2018年美國出生的嬰兒比1986年以來任一年都少或許不是一件壞事〉（It May Not Be a Bad Thing Fewer U.S. Babies Were Born in 2018 Than in Any Year since 1986）的文章中觀察到，下滑的一部分理由是，小媽媽生孩子的情況減少。她引用賓州大學社會學教授漢斯—彼得・寇勒（Hans-Peter Kohler）擺明斥責總統川普，並感謝前總統歐巴馬的一番話作為結論：「那當然很好，因為大部分的青少年懷孕都是『時機不宜』或『並不想要』的。」寇勒這麼說。他指出青少年生育率的下降，可能反映出人們更廣泛使用有效且效用持久的避孕方式，或許是因為在《平價

醫療法案》（Affordable Care Act）之下，更多人能取得避孕手段的關係。[45]到了2016年，因為推行這個法案，無保險美國人的人數和2014相比只剩一半。隨著我們放慢，我們了解得更多：我們就進步了。這種進步之中，有一部分是我們對於差勁的人們（通常是有錢男人）過去做出的差勁決定更加感到憂慮和絕望，以前常常是他們叫我們做什麼，我們就接受，但那也只不過是非常晚近的事──以後再也不會了。

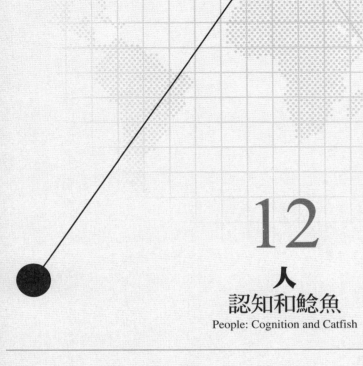

# 12

## 人
### 認知和鯰魚
People: Cognition and Catfish

對經濟衰退的恐懼再度在市場上蔓延，但許多投資者和分析師更擔心更深刻、更屬於結構上的轉變：世界經濟正屈服於一種稱作「日本化」的現象。

——羅賓・威格史沃斯（Robin Wigglesworth），2019 年 8 月 27 日

1968年出版的科幻小說《立於尚吉巴》，想像一個因人口過量而靠優生學決定誰可以生小孩的世界。本書的英國作者約翰・布魯納（John Brunner, 1934－1995）常常以令人毛骨悚然的先知先見，寫起「人工智慧、種族主義、藥物、環境、太空旅行及高科技戰爭」之類的主題。[1]他預測地球人口會在2010年達到70億。他預測的很接近；這個里程碑在2011年晚春達到。

　　布魯納原本就眾所周知，他曾替知名的反核戰歌曲〈氫彈巨響〉（The H-bomb's Thunder）寫詞，而核裁軍運動（Campaign for Nuclear Disarmament, CND）第一次從艾爾德馬斯頓（Aldermaston）一路遊行到倫敦的英國主要核武研究設施時，就曾採用這首歌。1968年，布魯納這類人都認為，我們可能很快就會全部滅亡。之後，他和核裁軍運動幾乎徹底被忽視了整整十年。不過，他一直抱持希望。

　　1901年至1968年發生人類歷史上最突然的種種變化，在短於一個人一生的時間內，從終結馬匹動力一路發展到氫彈誕生。在1901年以前，不管生活水準再怎麼進步，都只會極其緩慢地散布到大部分人口，無論在富裕國家境內或全世界都是如此。

　　然而1901年後，變化來得既大量又迅速。在英國，1901年有過一次人口普查，也標記不列顛諸島史上最快人口成長的十年起始點。[2]在全世界，1901年記錄到全球人口的年度增加來到1%是史上第一次。

　　在短暫的戰爭和流行病時期外，全球的人口成長率從1901年開始，年年都超過1%。然而，根據2019年6月發表的最新聯合國估計，如今這個數字幾乎一定會在2023年下降到低於1%，接著很快在2027年左右滑落到一年成長0.9%以下，接下來的下滑就沒有那麼快了。不過，聯合國

人口統計學家已把成長低於0.9%的預估日期提前了，儘管他們展望未來時的確還是會變得比較保守。聯合國現在預測，全球人口的年度總成長要到2051年才會下滑到低於0.5%，然後2100年不久後就會低於0%（標示出人口巔峰時刻）。近年來，聯合國報告反覆下修人口成長估計，所以我們也可以預期，人口達到巔峰值的那一刻應該會遠早於本世紀末。畢竟我們也是到了非常晚近時，才發現2015年的年度人口成長率下滑到1.15%。[3]

　　如果你懷疑趨緩是否真的迎面而來，別忘了還有多少其他的事也正在變慢——而且不只是人口。教育分歧也正在減少中，像布魯納這樣出生在兩次世界大戰之間的英國男性，就讀一所（昂貴且私立的）明星學校讓他們在經濟上幾乎必定有成；但布魯納的女性同輩絕大部分都沒有就讀大學，即使接受私人教育，除了關係到日後可能跟誰結婚外，對她們的前途可說沒有影響。[4] 在1870年之前，英國幾乎有一半的孩子不管隨便哪類的正式教育全都沒接受過，但之後不久，幾乎所有的5歲至12歲孩童都獲得免費公共教育。1920年英國幾乎沒有什麼人上過大學；一年只有3,000名男性和1,000名女性入學，而1920年更是女性第一次獲准從牛津大學畢業的一年。今日，21歲至64歲的英國勞動力裡，有42%是大學畢業生，而且即便英國大學學費是富裕國家中最高的——2019年，一年幾乎整整9,250英鎊（13,050美元），那批勞動力中年紀最輕的一群人大部分仍是大學畢業生。[5]

　　過去五個世代裡，一切都變化得太快，但情況已不再如此。還是有一些方法來領略我們的趨緩，有一天——在一個較為緩慢的未來中，人們不管是不是大學畢業都沒有差別，而且男女皆然。現在光是跟五十年

前相比，差別就已經小了很多。是男是女也不再那麼重要，我們全體都將更為平等。在那個未來裡的人們，可能要回頭認識我們古怪難解過去中的種種奇怪現象，會有人跟他們說明什麼是英國私立學校，也會有人談起那段「65%的英國資深法官都讀那種學校，但每六個英國大學的領導者〔在英國很奇妙地被稱為『副校長』（vice-chancellor，譯注：在英國，實際主管大學校務的職務稱為副校長）〕才有一個就讀這裡」的時代（也就是今日）。你可能會以為這樣的未來是幾個世紀以後，但上述兩種過往菁英裙帶關係的指標數字目前都在下滑；不過五年前，這兩個數字還是71%的英國資深法官和五分之一的大學主管。[6]英國的勢利眼是生活中又一個正在趨緩的面向。值得慶幸的是，美國的傲慢自大如今也正在下滑（但這很難妥當測量）。不平等的人類經濟世界無法永久持續，也因此將會終結；但某些可能的結局會比其他來得好。

　　我們甚至在減速時擔心加速。即便到了2018年，都還有慈善團體會跟我們說：「非洲正坐在人口定時炸彈上，若不大幅投資他們的健康和教育，逐漸成長的孩童與青年人口會成為巨大負擔，並產生重大的人類發展危機。」[7]正如本書通篇一再重複的，他們講人口定時炸彈是不對的，但別的多半沒說錯。該組織強調幾個恐怖的事實，包括該大陸略低於三分之一的孩童因營養失調造成發育受阻，以及「儘管非洲孩童大量入學，但是並沒有在學習。每五個孩子中有兩個沒學會如何閱讀、書寫或做簡單算數，就離開小學」。然而，這個情況也在快速改變。就在總算有人教訓英國菁英稍微不要對自己（通常基於死背）比其他同胞更早學會讀寫，並進行簡單算數那麼傲慢的同時，整個非洲大陸現在有更多的孩子正獲得最基本的教育工具，包括適當的中等教育。

這份以人口炸彈警訊作為開頭的 2018 年非洲兒童報告，也指出非洲兒童現在比較健康、平均壽命更長，而且受教育情況更好（即便他們就讀的學校幾乎還是資源匱乏），現在他們幾乎人人都可以盼望比原本想像中還要更好的生活。報告也提到，非洲各地政府漸漸對孩童更加友善，目前花在兒童身上的公共事務費用也是前所未有的高。這份報告大可再進一步，主張非洲社會能避免布魯納那個世代所擔憂，而且盧安達實際經歷過的那件事——也就是種族滅絕戰爭。此外，像是「一名女性就讀大學對她未來工作沒有什麼影響」之類的蠢事也將在未來終結。我們才剛離開「女人一生中最要緊的機緣就是嫁給誰」的時代沒多久，那種極端勢利眼與不平等也正在趨緩；而且如今在每個地方，我們都正在這麼努力著。

## 正在轉變的世界中心

生活本身是變化——我們總是為了別的東西放棄某個東西。
——史戴芬・葛羅茲（Stephen Grosz），2013 年[8]

如果我們收集的、關於自己的數字可以說話，或許它們會說：「我們已經把手頭上所有資訊給了你們，所有選項也給了；如果你們人類不慢下來，你們就完了。」我們或許不可避免地會覺得趨緩代表失去什麼。然而，實際上失去的是我們的不確定感。對世界上許多人來說，生活曾經就像一種極限運動，充滿風險、危險及不確定性。未來若是沒有這種「興奮感」強加在身上，大多數人會很開心。我們現在多半知道自己必須

做什麼，以及手上有什麼資源做這些事，海平面上不會突然就冒出科技奇蹟之船來拯救我們。經濟的巨輪繼續轉動；而它的中心軸正在移動，但是一套比較慢速的齒輪正在嚙合，這組齒輪很快地將會放慢，直到停止，甚至逆轉。災難資本主義者——相信創造性破壞這種邪教的人，不喜歡沒有維持現況這個選項。儘管我們無法確定從現在到人口巔峰時刻（也就是過了這一刻的第二天，總人口數就開始緩慢下滑）的這段期間會發生什麼事，但現在我們可以算出什麼是不會發生的。

　　資本主義開始轉型時，我們曾相信世界就在宇宙中心；隨著轉型加速，我們了解到可能沒有上帝或諸神，每個世代都有太多新東西要學習。所以，當兩個世代出現多年來首見的英雄所見略同（X世代和Y世代只是或許有這種情況，但Y世代和Z世代是絕對會有）時，會發生什麼事？我們距離那種情況還有一段時日。我們現在知道轉型開始時，世界不曾有過單一一個關鍵經濟中心；而當轉型結束時，也很可能不會有單一個關鍵中心。我們不用關心哪個國家未來將掌握霸權，也不用擔心北京會不會接管倫敦、紐約，這種問題是過去的問題；是轉型時代處於高點時才至關重要的問題。

　　今日最微不足道的變化也被弄得像大變化一樣，舉例來說，曾經有一段日子，美國和歐洲的城市都在快速成長；現在如果這些城市還有成長，也都只是緩慢成長。然而，這時候不管在都市外圍郊區有什麼擴建，還是興建哪一棟新公寓，常常都被形容得好像是什麼大改變。英格蘭的人們會談起移民每年全國增加的人口，等同一個考文垂（Coventry）、斯文敦（Swindon）或桑德蘭（Sunderland）這類城鎮。在美國，人們論及移民人數時，最喜歡拿加州聖塔安娜（Santa Ana）或馬

里蘭州巴爾的摩來嚇唬人。[9]除了少數想為恐懼搧風點火的權謀政治家以外，大部分的人都沒有發覺到這些人口增加有多微小。30、40萬人代表的，不過是全英國人口增加0.4%到0.6%而已。

今日的震撼並不是改變，而是某一刻停止改變，是起重機被拆卸，而所謂的建設多半只是修補重建很久以前蓋好成品的那一刻。震撼的是我們不再擴張，是再也看不到朝全新單一霸權中心移動的地理轉移。然而，隨著人們適應趨緩，我們可能不會感覺到自己的變化速度在放慢。一切都是相對的，甚至連時間流逝感都是相對的。當你年輕時，感覺你暑假彷彿會永遠放下去；當你老了，則會納悶時間都去了哪裡，為什麼生日那麼快又到了，無怪乎我們無法輕易看穿趨緩正在發生。而且正如我們很難理解改變，也會很難理解凡事都不太變化的狀態——直到那種狀態變得很普通，直到我們說的情況跟體驗的時代相符為止。

我們不應該期待人類是了不起的預言者。正如社會學家史蒂文・謝平（Steven Shapin）評論尤瓦・諾亞・哈拉瑞（Yuval Noah Harari）的著作《人類大命運：從智人到神人》（*Homo Deus: A Brief History of Tomorrow*）時所觀察到的，在去氧核糖核酸（deoxyribonucleic acid, DNA）發現之前，沒有一個人，甚至連最有想像力的科幻作者，都從未想像過聚合酶連鎖反應或DNA在生物科技工業上的用途。[10]同樣地，也沒有人預見全球資訊網徹底全方位的真正本質，即便在開始使用個人電腦的那幾年也無人發現。人們從來沒有正確地預言過未來，因為就是不能，人類頂多有機會做出一套貌似可能的猜想，其中偶爾會有一、兩個比較接近事實。真實正確的預測看起來會太超脫世外而不可行，而且很可能過於樂觀。樂觀主義往往被視為天真，所以我們較喜歡假想反烏托邦。

當然，我們的世界還是有太多錯得離譜的事。管理學專家烏邁爾·哈克（Umair Haque）最近試著替人類的難題排名，他得出的結論是，我們近期過度服用資本主義、霸權制度（由富裕國家所統治）、父權制度（由富裕家族，進而由男性所統治），因而「導致我們在人類進程中走入死胡同——由不平等、停滯、法西斯主義和氣候變遷造成的反烏托邦地獄風景。美國已經做出先例……這個世紀要有進展，我們必須超越那些舊日子，那些舊意識型態，那些令人疲倦、精疲力竭、失敗的思維。」[11]哈克也詳細說明，堅持信奉資本主義假想中的破壞性創造力量、信奉少數人霸權制度，以及把父權制度當作天經地義，是怎麼造成掠奪成性、剝削式的環境崩盤。他認為，因為上述原因而導致的崩盤，包括所有的生態環境崩潰、一部分的整體經濟崩潰、少部分較小型民主政體崩潰，而整個社會的毀滅（如果是由核武這類人造惡魔造成的話）也可能是起因於此。

氫彈誕生自西方對共產主義的恐懼，以及意圖維持全球不平等的欲望，它的孕育期是1950年代美國軍事霸權時期的最高成就，而當時的世界是一個母親們專注在母職和蘋果派，而父親抬頭挺胸的世界。然而，氫彈本來要保護的那些明顯必然事物及全球不均，現在都已蒸發到天外，或者至少能說正在縮小。

## 不均、趨緩和無聊

有些差距比其他差距縮小得更快，有些依舊非常大；此外，還有少數差距正在拉大（不過不多就是了）。然而，說起最重要的幾個差距，好

比說孩童死亡率，世界各國之間的絕對差距及各國國內的絕對差距，幾乎全部都在下滑，只是說相對差距比較頑固，通常縮小得較慢。[12]

在那些目前正處於自身歷史中極怪異時期，而不尋常地發生失靈狀態的少數地方，好比說英國和美國，當我寫下這行字的同時，嬰兒死亡率正短期上揚（但還好等你讀到這行字時已經不是了）。[13]只要有意改善，現在要避免把這種差距拉大其實不難，就像男女之間非常大的死亡率差距一樣，大部分都不難避免。

男女死亡率差距中，只有1歲的分量（或20%的差異）疑似是因為任一種與生俱來的生理差別。[14]剩下的大半差距，都是因為我們的性別，是因為男女預期扮演角色的差別，而那些角色現在隨著我們放慢腳步而快速改變。所以接著會來探討全世界男女綜合預期壽命，以及壽命的增加是如何趨緩。

圖64顯示的是全世界所有人綜合預期壽命。這個數字是測量2019年以前記錄的所有實際死亡人數，以及預期日後將出現的死亡人數而來。為何一直增加的全球預期壽命軌跡會來回扭動，將以圖中圍繞時間線的文字來說明諸多可能理由。未來的研究會決定這些觀測結果（通常只是根據情報而來的猜測）最後成真的程度。然而，當你把2020年以前的模式和2020年之後設想的模式一起觀察，之後的趨勢看起來就有點太樂觀了。為什麼2019年之後的傾斜馬上就那樣止步？這些是最近期的聯合國預測，是目前所做的全體人口預測的一部分。

像圖64那樣合併男女預期壽命有多合理呢？隨著每年越來越少女性死於分娩過程，且越來越少男性死於戰爭——至少大部分年間如此，某些使性別出現差異的顯著原因變得不再那麼重要。或許男性和女性未

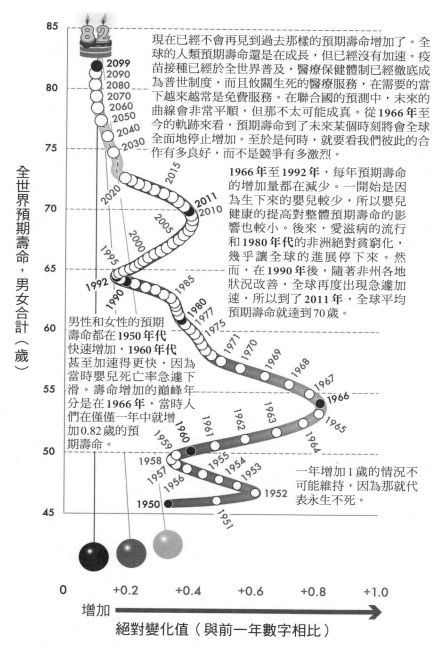

現在已經不會再見到過去那樣的預期壽命增加了。全球的人類預期壽命還是在成長，但已經沒有加速。疫苗接種已經於全世界普及，醫療保健體制已經徹底成為普世制度，而且攸關生死的醫療服務，在需要的當下越來越常是免費服務。在聯合國的預測中，未來的曲線會非常平順，但那不太可能成真。從1966年至今的軌跡來看，預期壽命到了未來某個時刻將會全球全面地停止增加。至於是何時，就要看我們彼此的合作有多良好，而不是競爭有多激烈。

**1966年至1992年**，每年預期壽命的增加量都在減少。一開始是因為生下來的嬰兒較少，所以嬰兒健康的提高對整體預期壽命的影響也較小。後來，愛滋病的流行和**1980年代**的非洲絕對貧窮化，幾乎讓全球的進展停下來。然而，在**1990年**後，隨著非州各地狀況改善，全球再度出現急遽加速，所以到了**2011年**，全球平均預期壽命就達到70歲。

男性和女性的預期壽命都在**1950年代**快速增加，**1960年代**甚至加速得更快，因為當時嬰兒死亡率急遽下滑。壽命增加的巔峰年分是在**1966年**，當時人們在僅僅一年中就增加0.82歲的預期壽命。

一年增加1歲的情況不可能維持，因為那就代表永生不死。

**全世界預期壽命，男女合計（歲）**

0　　+0.2　　+0.4　　+0.6　　+0.8　　+1.0

增加

**絕對變化值（與前一年數字相比）**

**圖64　全世界預期壽命，男女合計，1950年～2099年。**（數據調整自《2019年聯合國世界人口展望》，2019年6月20日存取，https://population.un.org/wpp/Download/Standard/Interpolated/。）

來的相似程度會超過我們目前認為的可能情況，這可能也是隨著持續趨緩，而正等待被徹底揭露的另一個人類生命面向。

　　如果你不相信男人和女人如今越來越相似，也不相信這種情況可能會對兩性各自能活多久產生影響，就想想僧侶和修女。馬克・魯伊（Marc Luy）針對與世隔絕人口的研究，可以用來比較男性與女性各自活在單一性別信仰社群（且這些社群的環境和行為又非常相像）內的團體，以及男性和女性共為社會一體的團體之預期壽命差異。[15]魯伊的研究所做出的估計是，男女預期壽命的結果差異有80%其實是性別差異，因為男性會較早死亡，顯然和各個社會中多數人如何表現男性特質有關。和總人口相比，僧侶和修女都有較長的預期壽命，兩性之間的差距顯著地小很多，僧侶和修女生病的頻率也比較沒有差別。當社會科學目前如此聚焦於男性氣概的表現（扮演男性），以及我們最近認為是生物性的那麼多事物實際上存在的社會建構時，魯伊的研究只有現在這種程度的名氣和討論，就滿令人訝異的。

　　當我們放慢時，終於有時間開始質問先前建立的種種束縛，這類束縛有一個就是無聊。舉例來說，一個更慢速改變的世界絕對沒有理由會比較無聊。人類憎恨無聊，動物園的動物苦於無聊，同樣地，我們的無聊至少可以回溯至新石器革命，當時我們把自己關進村莊，而無聊的工作開始普及，我們發展許多方法來對抗無聊。不難想像人們無數個世紀以來都一邊工作，一邊唱歌，不管是種田或蓋金字塔都一樣。[16]本章開頭就提到一首和平抗議者的歌曲──〈氫彈巨響〉，[17]它原本是使用美國人所謂的〈礦工的救生員〉（Miner's Lifeguard）曲調，而那首歌的基礎則是激勵人心的反物質主義威爾斯聖歌〈純潔的心〉（Calon Lan），後者在威

爾斯的橄欖球比賽中還有人傳唱，開頭是這樣的：「我不要奢華的生活，不求世上的黃金或漂亮珍珠。」

運動和娛樂通常都是在回應無聊。工業革命後，無聊急遽增加。工人必須執行反覆無聊的工作，而隨著時間流逝，流程的每一步都變得更簡化（也因此更無聊），好讓生產線動得更快。這時就無法一邊工作一邊唱歌，因為工廠實在是吵到不正常。

隨著時間進展，工廠變得安靜多了，二十世紀前半的工業國家裡，許多工作都變得不那麼吵嘈。在1940年6月23日，英國國家廣播公司首度放送一個將會連播二十七年的廣播節目：《做工聽音樂》（*Music While You Work*），那是一日兩次、每次半小時的節目，播放「特別給工廠工人」的音樂。在這段時期，工時也以最快速度減少，而閒暇時間成為許多男性生活的特色，女性生活就還好。人們需要更多娛樂，避免無聊在閒暇時間出現。

二十世紀期間，娛樂有三項巨大改變。第一個是娛樂不再需要現場演出，電影就是例子。對許多人來說，電影帶來的興奮感比過去只有現地才有的娛樂多上太多。第二個是娛樂可以直接送進你家。無線收音機是改變人們生活方式的急遽突破，相比之下，電視帶來的進展就小多了，不過是把一種盒子換成另一種。第三個則是可攜帶式的娛樂。造成突破的是可攜式錄音帶播放器（1979年的隨身聽）；智慧型手機就只是前者的升級。隨著每個世代長大，要處理的真正技術重大變革就越來越少。

五個世代以來，老一輩都曾惋惜地表示，又一個非常不同的年代過去了。如今，加速年代的過去是非常值得感恩的事。如果沒有放慢——始終在成長的總人口、始終越來越分化的社會、人均越來越大的消耗

量，將會是一場災難。沒有物質經濟成長，我們都很熟悉的資本主義正在變化成其他東西，某種更加穩定的東西。

變化的高速已經不再那麼快，我們的情況越來越不像是被丟進一個未知的未來；我們現在就只是從雲霄飛車般過去的緊張濃霧中現身，剛好可以開始看到雲層分開。好時節將要來到，儘管不是達爾文讚賞的那種有利時節。

## 安頓下來

想想美國三個最大的城市：800萬人的紐約、400萬人的洛杉磯，還有一直緩慢成長而逼近300萬人的芝加哥，這些在全球城市排行中都是小蝦米，它們很久以前就停止快速擴張了。想想歐洲內部或邊緣最大的三個城市：住在伊斯坦堡的人幾乎有1,300萬、莫斯科略多於1,300萬，而以及倫敦幾乎900萬——而英格蘭東南部還有數百萬人活在倫敦的優勢影響下。這些城市有什麼共通之處？倫敦和周邊更廣泛的區域是歐洲最富裕、最巨大的城市，但倫敦也是一處遺跡，它會這麼龐大，是因為曾是世界上已知最大帝國過去的心臟；莫斯科會那麼龐大，是因為曾是蘇聯首都；而伊斯坦堡今日那麼大，也只因它一度是鄂圖曼帝國（更早之前是東羅馬和拜占庭帝國）的神經中樞。

美國最大的三個城市也大半是過往遺跡，就算從比較近期來說，也是每個城市鼎盛年代的遺跡，第四大城有略多於200萬居民的德州休士頓，是石油稱王時代的遺跡；歐洲第四大城市馬德里有300萬居民；巴黎是略多於200萬人的家，儘管這個城市屬於一個居住（就最廣泛的定義

來說）超過1,000萬人的都市聚集。但重點在於，目前世界上沒有哪個城市像倫敦、伊斯坦堡和莫斯科以前那樣快速成長，更別說用洛杉磯、紐約、芝加哥、休士頓，或許用以下這些城市更適當——孟買、聖保羅或上海在大轉型高峰時的那種速度成長。

確實，世界上最大級城市（現在幾乎全都在亞洲）的人口仍然是百萬地增加，但速度是以年復一年的比例成長，已經有很長一段時間都在放慢。都市化飛快地持續，但隨著每個十年的流逝，速度都進一步變慢，留下過往年代的化石遺跡依舊傲然屹立在全球最大城市排行的統計聯賽榜上。

慣例的描述都是從全世界各地的城市成長得那麼大、那麼快是多麼神奇的事開始說起，然而這些城市不再快速成長，並沒有以布魯納寫下《立於尚吉巴》那時候的每年成長速率在成長。伊斯坦堡在1950年的居民為100萬人以下。[18]現在地球上沒有一個大城市能夠體驗到同一個地方在過去七十年內出現的人口高成長率，就是沒有足夠的移民移入，也沒有足夠的空間。現在每個地方都得要慢下來，因為之前的增加速度已變得無法永續。

趨緩沒有被當成值得報導的新聞，你也就因此很少聽說這種現象。儘管有太多事物看似逐漸穩固，而且變化得比以前慢上太多，但許多在測量前就先武斷發表看法的學者，似乎還認為我們還活在社會快速轉型的時代。雖然階級、戰爭、貧窮和不穩定性仍堅決與我們同在，但繼續主張社會變遷快速到不可思議，從許多方面來看都是很天真的。我們越走越慢的一部分原因是來自先前加速的後座力，但事情遠遠不是那麼簡單。

　　隨著女性獲得解放，隨著人口穩定，隨著學到更多的事，我們便逐漸穩定，但我們也習慣不要接受這樣的說法，我們會假定不管怎樣的趨緩都只是暫時的。我們會假定事物只能戛然而止，不可能氣若游絲地走到尾聲。我們變得太習慣永遠有新事物，而無法察覺到新東西越來越不常出現。

　　要證明一件事沒有發生可能很難，但是以下有些例子。從來沒有出現全世界生育率突然復甦這種事，也已經五十年沒有哪個地方報告過這種狀況，每個嬰兒潮的回響都比前一個更弱。人口成長的巔峰在1968年至1971年間來了又走。在過去五年中，我們看到更是快到前所未有的全世界人口減速，而且期間並沒有大災禍。此外，除了1942年的核能實際化（距離物理學證明可行已經過了很久）外，自從1930年代晚期以來，就沒有等同於電腦、飛行或尼龍衣服這種等級的重大新發明。

　　一個世紀前有過許多重大發明；現在就很少了。在美國，人們獲得的革新，都是像馬克・祖克伯（Mark Zuckerberg）2009年發明並於2013年廢止的「臉書支付」（Facebook credits），以及伊隆・馬斯克（Elon Musk）關於SpaceX的承諾，要在2023年以「大隼火箭」（Big Falcon Rocket）完成首趟私人遊客繞月來回旅行之類的事物。許多人的回應是「為什麼？」還有「真的假的？」在英國，我們被迫頌揚戴森爵士的乾手機和理查・布蘭森（Sir Richard Branson）爵士的傾斜式列車，儘管發明出來的不是他本人和他的維珍（Virgin）公司：現在企業是發明品牌，不是全新的機器。

　　就可預見的未來而言，目前在經濟上並沒有向前踏出巨大嶄新的一步──中國正非常緩慢地趕上正在下滑的美國，但兩國的人均GDP要接

近，還需要數十年。相比之下，美國的人均GDP當初在1901年超越英國（還真巧）就快上許多。沒有人貿然主張中國之後會有哪個新強權，而印度則注定要在一個我們會看到更多「平均」的未來世界裡成為平均值。至於新政治的話，最近期的就是環境保護主義，但第一批綠黨早在1972年就於塔斯馬尼亞、紐西蘭和瑞士成立了。

我們並非處於「歷史的終結」上，就只是在歷史新時代的起點——但這對我們來說還是很驚人，一如祖父母輩經歷有如社會、政治、經濟大海嘯的時代。我們應該預期未來的變化會更加緩慢，儘管我們有可能把那些變化都描述成巨變。現在有太多事物都正在塵埃落定，而沒有任何加快跡象。最重要的是，人類身上沒有顯著變化的跡象：比如說像幾十年前才停止的突然大幅長高，或者預期壽命加速；甚至在近期出現最大幅進展的印度，預期壽命的增加也從1992年就開始慢下來了。幾乎所有國家的人民在身體、壽命、生活條件、教育和認知上，彼此都越來越相似。

那些在邁向二十一世紀時試著主張「我們仍處於加速時代」的人，現在會說「不管是哪種社會加速，想從該社會加速或相關概念中取得實證測量結果的嘗試，都尚未獲得明顯的成功」。[19]所以我們認為有什麼在改變，變化速度前所未有地快，卻不知道好到（據他們聲稱是）足以測量這種改變的工具是什麼。當你半開玩笑地說「停下世界，我想要下車」時，是在假定世界仍然跑得太快，一旦你接受「世界變化的速度已經開始放慢」，那時候會怎樣呢？當我們可以下車時會發生什麼事？我們要怎麼安頓下來？

日本是世界上第一個放慢下來的大國。2018年12月，首相安倍晉

三宣布特定職業外國移民增至34萬5,150人的五年新目標。[20]原本的技術職業清單包括大學教授、企業經理、律師及執業會計師，但首相繼續解釋，該國也需要更多人投入建設、農業、照護、造船、住宿、飲食生產、漁業、清潔、鑄造、工業機械製造、電子與電氣設備工業維修保養，以及航空。

　　在最初的趨緩跡象被發現的僅僅十年後，也就是1978年，一位年輕的區域科學研究者川嶋辰彥發明ROXY指數（ROXY index）這個想法。[21]ROXY是指加權平均（X）和簡單平均（Y）的比率，測量的是一個都市系統的集聚或反聚（分散）程度。舉例來說，該指數可以用來凸顯紐約州的人口如何在興建更多摩天大樓之後，於曼哈頓出現最大增加，相反的情況就是，越來越多行經中央車站的列車越來越早抵達，使得城市的郊區擴張。原本的ROXY論文在網路上不好找，但許多後來的出版品都有詳述如何測量該指數，而且沿用這個指數還揭露很多事情，即便在發明出來的整整四十年後，都還是讓人收穫良多。[22]

　　從技術上來說，ROXY指數是將一個城市各地區的人口成長率以距離城市中心的遠近加權之後，得出的人口平均成長率。如果數值為正且高，就代表人口成長集中於城市中心附近；如果是負值且低，就代表城市向外擴張的速度快過中心成長的速度；如果數值接近零，就意指沒有什麼變化。

　　圖65是只有一個ROXY指數的時間線軌跡。乍看之下，以這條時間線為結尾滿怪的，但它就最清楚地展示全面趨緩看起來的模樣──當趨緩持續進行時，未來在其他地方會維持什麼樣子。這不是川嶋辰彥原本畫出的那條線，而是後來由另一位學者牛島千尋所繪，然後這裡再改

用和本書其他時間線一樣的風格重繪。這是當今世界最穩定的巨型城市
——東京的ROXY時間線。這個方法顯示的結果並非一定趨於平均；舉
例來說，芬蘭在二十年前接受測試時，仍然看到人口持續朝著赫爾辛基
中心集中，以及一個和東京更早幾十年前類似的、介於郊區化和集中之
間的持續螺旋狀繞行。[23] 然而，在發明這個方法的日本，現在似乎顯示趨
於平均並固定下來。

　　圖65中，牛島千尋的時間線從1920年至1925年東京快速成長時開
始。在她的時間線中，你看不到整體的快速成長（從1920年的370萬到
1940年的740萬），但還是可以看到城市一開始相當均勻地成長；在這段
時間，垂直軸的值幾乎是零。在1920年代後半，東京大部分的成長都朝
著城市中心集中，所以線條就向上移動，但這種成長發生的程度也開始
減弱。到了1930年代，成長依舊以朝向中心為主。許多高樓大廈林立，
但接著戰爭到來，連帶使人口到了1945年下滑至350萬，接著開始出現
郊區化。

　　1940年代的東京曾出現一場巨大轉變，主要的成長地點遠離中心而
朝向邊緣；在圖65的1940年至1947年看得很清楚。那股趨勢接著又反
轉，到了1947年至1950年，城市中心又成長得比市郊快速，而且是以至
今最大的相對速度成長。到了1950年至1955年，中心仍然以和郊區幾
乎一樣快的速度成長，但是到了1955年至1960年，東京的集中化有一次
趨緩，而到了1960年至1965年，相較於郊區，中心地區並沒有較大的成
長。而且要記得，在這整段時間裡城市仍在成長，東京中心在1956年達
到800萬人口、1963年是1,000萬、2001年為1,200百萬、2008年為1,300
萬、2015年則達到1,350萬：它一直在成長，但同時也在放慢並穩定下來。

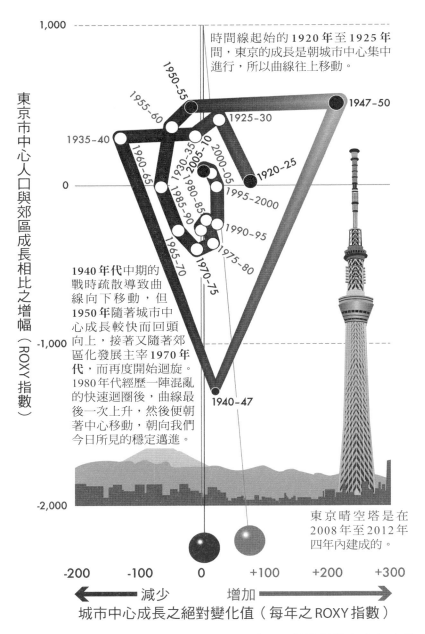

時間線起始的1920年至1925年間，東京的成長是朝城市中心集中進行，所以曲線往上移動。

1950-55

1955-60

1947-50

1925-30

1935-40

1960-65

2000-05

2005-10

1920-25

1930-35

1980-85

1995-2000

1985-90

1990-95

1965-70

1975-80

1970-75

1940年代中期的戰時疏散導致曲線向下移動，但1950年隨著城市中心成長較快而回頭向上，接著又隨著郊區化發展主宰1970年代，而再度開始迴旋。1980年代經歷一陣混亂的快速迴圈後，曲線最後一次上升，然後便朝著中心移動，朝向我們今日所見的穩定邁進。

1940-47

東京晴空塔是在2008年至2012年四年內建成的。

東京市中心人口與郊區成長相比之增幅（ROXY指數）

1,000

0

-1,000

-2,000

-200　　-100　　　0　　　+100　　+200　　+300

◀── 減少　　增加 ──▶

城市中心成長之絕對變化值（每年之ROXY指數）

圖65　東京空間集聚與反聚，1920年～2010年。〔數據調整自牛島千尋，〈東京60公里都市圈與都市之擴大‧縮小〉（日文），《駒澤大學文學部研究紀要》70期（2012年至2013年），117至135頁，圖2，http://repo.komazawa-u.ac.jp/opac/repository/all/32520/jbg070-03-ushijimachihiro.pdf。〕

圖65顯示東京的市郊於1965年至1970年間快速成長，而在1970年至1975年間甚至更加急速，但同樣地，趨勢總是在變。事實上，它從未停止改變；你在圖65看到的是一個螺旋，包含最小也最錯綜複雜，代表1975年至1990年的螺旋包著螺旋。1990年之後，中心又再度有了較大的成長；到2000年那裡的成長多於市郊。然而已經很明顯的是，這條線再度開始迴旋並明顯地朝著某處而去──正要抵達兩軸的中心，正朝向趨緩、朝向穩定。整個東京正在結束成長期，很快就不會有成長最多的到底是城市中心、郊區，還是最遠的市郊這個問題。

東京，或者更廣泛地來說是日本，從很多方面來看都可以當作處在趨緩最前線。日本已經變了，而且將持續快速變化，但它也是不再需要成長的東西（人口、建築數量、整體消費）停止變化的範例。不過在文化和智識上，我們倒是會持續改變，或許在很快就要來到的數十年中以空前的速度改變。

我們就用川嶋辰彥教授女兒和孫子的故事，作為本書的結束。不過，對大多數日本人而言，為了社會科學用途創造出測量「變化」並加以繪製的方法（也就是整本書使用的方法）的川嶋辰彥教授，是因為非常不同的原因而有知名度。1990年，他的女兒川嶋紀子對著全世界的媒體，解釋自己為什麼會在訂婚後繼續攻讀碩士。她是現代年輕女性，而她準備結婚不代表要停止學習──即便她的結婚對象是日本親王。「文仁親王喜歡研究鯰魚，」她這麼談起未婚夫，「而我喜歡研究人和認知。」[24]

十六年後，也就是2006年，川嶋紀子生下悠仁親王這位四十一年來日本皇室的第一名男性繼承人，而她和文仁親王開始做出一些略為不同的決定：「就讀御茶水女子大學附屬小學的悠仁親王，是戰後第一個未就

讀建立於十九世紀貴族學校『學習院初等科』的皇室成員。」[25]因此，即便是一個在經濟和人口都經歷最大規模趨緩的國家，還是有可能出現社會和文化上的重大改變；就算尚未改變，也越來越有可能。趨緩給了我們反思的時間，也給了我們改變真正重要事物的時間，它給予我們的就是時間本身。

當川嶋紀子訂婚時，日本社會一些數十年不變的地方（甚至有些數世紀都不變的地方），很明顯地正在經歷轉型。即便是經濟和人口都快速放慢時，社會進步還是在加速。她是一位中等社經地位學者的女兒；過往從來沒有這種背景出身的人嫁入皇室。《日本時報》這麼報導：「和皇室作風的對比有時到了喜感十足的地步，好比說那位嚴肅的宮內廳東宮侍從重田保夫帶著滿手鯛魚及其他訂婚禮物，抵達他們家窄小公寓的那一天。屋裡沒有什麼空間讓川嶋女士和侍從互相敬禮。」[26]紀子妃的兒子有可能成為天皇，但帝王的時代已經結束了。

我們現在正了解到，將我們團結在一起的性質比區分彼此的性質多，而且合作經常能達到優於競爭的結果。創造武器不只是錯誤——未來更將會被視為無謂之舉。沒有人會只因為經濟上的不得已，從事一份自己都知道沒有意義——更糟的情況下，甚至是有害的工作。如果真心喜歡鯰魚，就去研究鯰魚，不需要更多人試圖把我們不需要的東西賣給我們。

但願未來我們不再是為了要舒緩太緊繃的自己，而非得放鬆不可。從情感上來說，生活甚至有可能變得更像採集、捕獵的祖先，而比較不像更晚近的二十世紀長輩。我們不知道會發生什麼事，但要達到更好的未來，就必須先想像一個更好的未來。趨緩代表著狂暴的資本主義來到

尾聲。它不可能永久長存，因為它所奠基的期望是持續擴張的市場及貪得無厭的需求，而它所創造的財富不正常集中現象，讓民主體制顯得毫無價值。

在趨緩期間及其後，嚴重貧富不均的情況會很難繼續維持。隨著事物更少變化，想要從一群正在萎縮且老化、又變得更聰明、更難用「新」——還有這個世上的黃金或漂亮珍珠來誘騙的人身上賺錢，就會難上加難。大部分廣告的目標，是說服我們其實想要自己不需要的東西；我們必須買它，或者至少要對它垂涎，並在我們連想都不敢想擁有它時感到絕望。然而，現在有越來越多人學習心理學和社會科學，並有著更強大的識數技能，以後想要愚弄大眾只會越來越難。

在一個更緩慢的未來，巧妙的手法和心理詭計將不再有效，因為它們將不再新鮮，尤其當技術革新趨緩而使得新事物更少時，伎倆就更不新鮮了。最糟的老規矩現在消失了，一個著迷於鯰魚的男孩和一個對人和認知較有興趣的女孩，可以不用管各自生在什麼家庭而結為連理——但也非得因為他們出生在一個正在趨緩的時代。

趨緩意味著我們的機構——大學、學校、醫院，還有我們的家庭——廚房和浴室，不會像以前曾有的那樣大幅變化，但相對地，我們的態度可能會轉變得更快。趨緩給我們時間來互相更加擔心，而更少擔心自己未來會得到什麼。趨緩意味著有更多時間，質問祖父母輩從來沒有時間質問的每件事，因為他們當時在處理太多新鮮的事物。

趨緩代表著好事更長存；代表著浪費變少。它代表到了未來，許多我們現在認為是社會環境大問題的事情，將不再造成困難。當然，我們會有新難題——其中大部分是我們此刻連想像都無法想像的。當然，我

們也將做自己總是做過的事，以及在大加速開始的很久以前、大加速期間，以及大加速結束後都做過的事——享受朋友、歡樂、家庭。你對未來有什麼期待呢？

　　我呢？我會在某處的沙灘上堆沙堡。

# 附錄

如何閱讀、繪製時間線
How to Read and Draw a Timeline

**SLOWDOWN**

圖66解釋本書時間線的閱讀方法。該圖放入2000年和2005年左右的兩次小規模趨緩，以及從2010年開始的一次大規模趨緩，展示趨緩看起來的模樣。

在圖66顯示的時間線中，絕對變化意味著單純變化總量，而YoY則是「與上年同期數字相比」（year on year）的縮寫。因此，+0.2的絕對變化就是，和一年前相比，一年中平均每天喝的咖啡多了五分之一杯。這和相對變化很不一樣，取決於一開始喝了多少杯咖啡。如果你一天喝兩杯咖啡，0.2的絕對變化就是相對增加10%。在本書中，大部分的時間線顯示的是絕對變化，因為那是最重要的。

另一個觀看圖66的方法，就是把圖上的線當作在海洋上標出船的航線。時間線上的每個圈圈，都顯示在那個時間點上船在哪裡。圈圈越北（上），測量、產生、創造，或消耗的就越多——在本案例中，就是每日飲用咖啡杯數；圈圈越南邊（下），杯數越少；圈圈越東（右），被測量的量在那個時間點增加得越多；而越西（左），測量值就減少得越多，或增加得較少。在圖66的例子中，這名咖啡飲者斷斷續續地習慣每天喝越來越多咖啡，而越來越往北走；但在2010年後真正全新的局面展開了，一場趨緩開始，而在2012年後那場趨緩導致消耗量從當時開始逐漸減少，以及圓圈向南漂流；不過趨緩本身似乎在2020年來到尾聲。當你習慣隨時間加速時，慢下來可能就會有點嚇人。

本書所有時間線上每個點的水平高度，都是「該點以前的上個時間點」與「該點以後的下個時間點」之間的變化速率計算值，以「每月多少」或「每年多少」等固定速率為尺度繪製出來，這偶爾會讓時間線上最極端的點，看起來像是原本數據中實際極端值的前一個點或後一個

## 1.趨緩

點之間的距離代表變化速度，可以是量的變化速度、成長程度的變化速度，也可以同時代表兩者。舉例來說，（下圖中）A 和 B 之間的間隔代表，儘管 2011 年到 2012 年的一年期間，我喝的咖啡量幾乎沒有變化，但在經歷相對快速的三年收縮，進入負成長或趨緩後，我的咖啡消耗量的絕對變化速率開始停滯不前。到了 2015 年，趨緩已經以較慢的速率持續著，花了三年的時間在 B 和 C 之間完成跟前段一樣的絕對變化，使絕對變化速率更低。

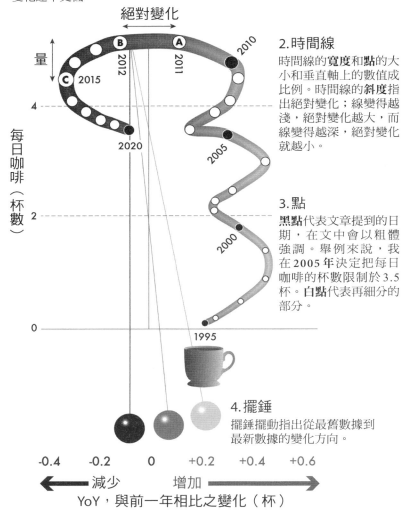

## 2.時間線

時間線的**寬度**和**點**的大小和垂直軸上的數值成比例。時間線的**斜度**指出絕對變化；線變得越淺，絕對變化越大，而線變得越深，絕對變化就越小。

## 3.點

**黑點**代表文章提到的日期，在文中會以粗體強調。舉例來說，我在 2005 年決定把每日咖啡的杯數限制於 3.5 杯。**白點**代表再細分的部分。

## 4.擺錘

擺錘擺動指出從最舊數據到最新數據的變化方向。

圖66　個人咖啡消耗量，1995 年～2020 年。

點。然而，任何在文章中或每張圖裡出現的評論使用的都是原始數據。

　　在任一條時間線中，第一個和最後一個點的變化率通常都只能用「從那點起」或「到那點為止」計算，因為該點更之前或更之後的數據不存在。本書還有一個相關網站，列出所有用到的數據，也展示所有的計算是怎麼進行的，其中步驟也包括（在很少見的場合）使用內插法時，把它凸顯在每個試算表上。該網站列出的時間線也遠比本書所能包含的多上許多。你可以到www.dannydorling.org找這些內容——或是至少在該網站像所有二十一世紀初的網站一樣不復存在之前，你還能去找找看。如果你手上拿著的是本書的紙本版，拿著的就是上述想法的最耐久複本。

　　如果你想自行繪製這種時間線，最好要留意一下我在七年前開始畫這些時間線時發覺的事：

- 使用真實數據時，當你要計算某個時間點上的變化速度，就一定要從該點之前的某個點（好比說一年前或一個月前），算到該點之後相等時間距離上的第二個點。這麼做之後，時間線就會平滑到不可思議。在本書大部分的時間線裡，圓圈的面積大小都和該圖探討的量值保持大略比例，也和每張圖垂直軸的高度保持比例。

- 確保擁有品質極佳的數據。這種技術十分善於強化微小變化，但也會凸顯數據中的任何錯誤，並使其非常顯眼。如果你看到的圖像太混亂而無法理解，就試著以較長的時間範圍把數據做平滑處理，類似於使用移動平均。觀察各年之間的變化，而不是每個月之間的變化；或是觀察（好比說）總統大選之間的變化，而非民調之間的變化；或是比對一個月的民調平均值和下個月的平均

值。趨緩過程往往很慢且通常不穩定，所以如果你使用太短的時間框架，可能就不會很明顯。人們就是因為這樣，所以常常完全沒有留意到趨緩。如果你不以正確的寬幅觀看，會看到的往往就是一大堆統計雜訊，或者沒有多大的變化。

- 不要嘗試把時間線上的每個點都標示出來，因為點通常會重疊。順帶一提，世界上最廣泛使用的試算表軟體，很不擅長在相連的散布圖上標出端點。如果你要在 Excel 上畫這些時間線，下載免費的外掛程式「XY Chart Labeler」。

- 用貝茲曲線來把圖上的點連起來。試算表軟體提供的相連散布圖通常會有這種選項。因為純加速產生的是一條直線，所以你在本書畫出的圖 1 範例中會看不到貝茲曲線，但在其他圖上都看得到。值得多思考一下這些曲線，以及它們何時被發明出來，所以接著就來稍稍說明一下。目前我們知道的事情，有太多都是非常晚近才發覺的，因為一直到非常近期，我們才加速得那麼快。

本書圖 2、圖 3、圖 5 和圖 67 的時間線會很平滑，是因為那些範例的背後，只有非常簡單的成分在決定線條的形狀。然而，本書大部分的時間線看起來也都很平滑，卻不是因為這些時間線背後的數據都反映某些類似的神奇隱藏祕方，主要的原因其實是，這些圖使用一條平滑的曲線來連結這些點：一條貝茲曲線。在統計學的術語裡，這種繪製時間線的方法讓我們得以「去除雜訊」，做得到更清晰的整體變貌——換句話說，看出那些似乎是背後架構的變化，而不是看到轉瞬即逝的短暫變化。

我們常常忘記，自己能做的事有許多要到非常晚近才辦得到。用來

系統

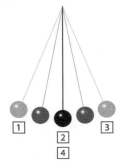

關鍵：
1. 最低位置，速度零
2. 最大速度
3. 最高位置，速度零
4. 最大負向速度

時間序

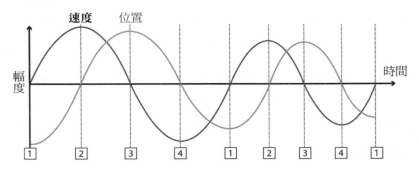

速度　位置

幅度　時間

相位圖

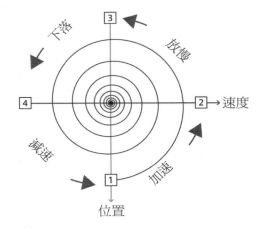

下落　放慢

速度

減速　加速

位置

**圖67　描繪擺錘動態的三種不同方式。**〔由克斯汀‧麥克勒（Kirsten McClure）調整本書圖5而成，展現擺受到阻力，導致擺動幅度逐漸減低的擺錘。〕

繪製本書時間線的曲線，是以法國雷諾（Renault）汽車公司工程師皮埃爾·貝茲（Pierre Bézier）命名。他在1968年發表一種方法，讓雷諾設計的汽車不再有扁平或彎曲得很難看的金屬引擎罩和擋泥板。[1] 在他發明這個方法之前，我們根本生產不出曲線那麼美麗的車輛。

有人主張車輛從1950年代開始有曲線，並在1960年代開始有更好的曲線，而讓某些男人又更渴望它們。[2] 在貝茲提出創舉的幾乎十年前，也就是1959年，法國汽車雪鐵龍（Citroën）工程師保爾·德·卡斯特里奧（Paul de Casteljau），創造貝茲需要的算式。其實，當初冠在這種曲線前的姓氏大有可能是德·卡斯特里奧，也滿有機會是謝爾蓋·納塔諾維奇·伯恩施坦（Sergei Natanovich Bernstein）的姓氏，他不過就是早了半個世紀把前面兩位需要的數學方法發明出來，最後這一位在僅僅半個世紀前就發明前面這兩位需要的數學。這些數學和設計革新全都不可思議地發生在極短的時期內。

當我念書時，我們使用稱作法國曲線（French Curve）的模板手繪出類似的曲線，而那個工具現在已經過時了。你們實在不能責怪我這一代的人怎麼會覺得他們年輕時的加速很普通。然而，貝茲曲線一直都在，就只是等著被發現。一旦被發現並廣泛使用，這種曲線就改變我們的世界，同時改變我們製造物體的方法，也改變我們觀察已發生事情的方式，以及描繪趨勢因時而變的方式。

未來可能不會產生無限多的新發現，不可能每一種都跟前一種一樣重大；近期大部分的改變，都只是在過去大上許多的躍進上增添一點小小進步。比我早一代的人，幾乎沒有誰小時候在學校畫過曲線，因為他們在14歲就離校了。在那之前的幾個世代，對絕大多數人來說，根本就

沒有學校可以去。

　　最後，純粹只是為了有始有終，圖67顯示的其實是如果展現的是真正的擺錘，而不是永動的理論擺錘，本書圖5看起來會是什麼樣子。一個真正的擺錘，當然就是會慢下來，完美的趨緩產生的是一個美麗的螺旋———道有如奇蹟般的螺旋。

# 注釋

## 1　抱著想像力去擔憂

題詞出處：Song Jung-a, "South Korea's Birth Rate Falls to New Developed World Low," *Financial Times*, 28 August 2019, https://www.ft.com/content/16505438-c96c-11e9-a1f4-3669401ba76f。

1. Charles Darwin, "The Struggle for Existence," 出自 *Origin of Species: by Means of Natural Selection, or the Preservation of Favoured Races in the Struggle for Life* (London: John Murray, 1859) 第三章。這段話來自該書第一版，可能和後來的其他版本有少許出入。本文有許多網路版本，例如：https://www.gutenberg.org/files/1228/1228-h/1228-h.htm。

2. Paul Ehrlich and Anne Ehrlich, *The Population Bomb: Population Control or Race to Oblivion* (New York: Ballantine Books, 1968), 160, http://projectavalon.net/The_Population_Bomb_Paul_Ehrlich.pdf.

3. Joel E. Cohen, "How Many People Can Earth Hold?" *Discover*, 1 November 1992, http://discovermagazine.com/1992/nov/howmanypeoplecan152/.

4. 見第十二章圖64。在作為全書序篇的本章中，我這些言之鑿鑿的論點，大部分都能用後頭篇章提出的證據來佐證，但也有少數就只是猜測及個人直覺。

5. 英國最近一位最年長者——葛雷絲・瓊斯（Grace Jones），於2019年6月14日逝世，享壽112歲。歐洲最年長者——喬澤帕・羅布奇（Giuseppina Robucci），於2019年6月18日逝世，享嵩壽116歲。據稱史上最長壽的人是讓・路易絲・卡爾芒（Jeanne Louise Calment），但有人懷疑她沒有自稱的那麼年長。見Tristin Hopper, "History's Oldest Woman a Fraud? Russian Researchers Claim 122-Year-Old Jeanne Calment Was Actually a 99-Year-Old Imposter," *National Post*, 31 December 2018, https://nationalpost.com/news/world/historys-oldest-woman-a-fraud-theory-says-122-year-old-jeanne-calment-was-actually-a-99-year-old-imposter。

6. 本書第十二章描述這種時間線起源於最早開始趨緩的日本，而本書的短篇附錄則更詳細說明如何畫時間線。包含本書時間線（以及其他眾多時間線）的電子試算表，亦可在www.dannydorling.org取得，也說明怎麼畫出時間線。

7. Michael Friendly, Pedro Valero-Mora, and Joaquín Ibáñez Ulargui, "The First (Known)

Statistical Graph: Michael Florent van Langren and the 'Secret' of Longitude," *American Statistician* 64, no. 2 (2010): 174–84, http://datavis.ca/papers/langren-TAS09154. pdf.

8. 1968年的人口成長失控有非常少數的例外。巴勒斯坦的人口在六日戰爭後一年少了2.1%，獨裁統治之下的葡萄牙（一年少0.7%），或者福克蘭群島（每年少0.5%）也是如此。當時芬蘭一年只成長了0.1%，英國0.5%，法國0.7%，美國0.9%，日本1.3%，加拿大1.7%，全世界（特別是印度）2.1%，衣索比亞2.5%，中國2.8%，菲律賓3%，伊拉克則是3.5%。

9. Bob Dylan, "Idiot Wind," 1974, https://www.bobdylan.com/songs/idiot-wind/.

10. 見Danny Dorling, *Population 10 Billion* (London: Constable, 2013), 338。如果你看過《1313：巨大殺人蜂！》，可能就會相信我們已經進入末日了。這是史上最爛的電影之一，但現在能這樣惡搞我們近期的恐懼，也是一件滿令人樂見的事。

11. 我有次曾和同事們一起利用英國官方發布的死亡率和醫院統計數字，計算因為從樹上掉下來摔死的機率。許多孩童因為從樹上掉下來受輕傷，幾乎沒小孩因為這樣死亡。如果你擔心自己的小孩，應該擔心小孩還小時有可能卡在喉嚨裡的小東西；該擔心溺水，就算是相當淺的水域也要提防；也應該擔心小孩被車撞到，應該擔心這三件事，而且比所有別的危險都更該提防。最重要的是，其他會讓你擔心的事情都不要再想了，因為那些會讓你煩惱到夜不成眠的恐怖事情，成真的機率微乎其微。

12. 「將有龐大的儲能供給每個城市，有需要的話，也可供給每戶人家，而這股儲能將根據需求，被人轉化成熱能、光能或動能。這就是烏托邦嗎？不納入烏托邦的世界地圖根本不值一顧，因為它排除了人類始終在抵達的那個國家。人類一抵達，他們便向外眺望，望見更好的國家，又再度啟航，所謂進步就是實現一個個烏托邦。」Oscar Wilde, *The Soul of Man* (London: Arthur Humphries, 1900), 40, https://www.gutenberg.org/files/1017/1017-h/1017-h.htm.

13. P. D. James, *The Children of Men* (London: Faber, 1992).

## *2*　幾乎一切事物的趨緩

題詞出處：China Internet Information Center, "News Analysis: Experts Predict Slowdown in Greek Economy," *Xinhuanet*, 25 January 2019, http://www.xinhuanet. com/english/2019-01/25/c_137772060.htm。

1. 出自Roxanne Darrow, "Culinary Backstreets on the Road—The Mastic Trail in Chios," *Culinary Backstreets*, 23 September 2014, https://culinarybackstreets.com/ cities-

category/athens/2014/cb-road-17/之中的引言。

2. Nikos Merouses, *Chios: Physiko periballon & katoikese apo te neolithike epoche mechri to telos tes archaiothtas* [Chios: Natural Environment & Habitation from the Neolithic Age to the End of Antiquity], Chios: Papyros, 2002，第五章第三節。人口數字出自瑪莉亞・帕派歐安諾（Maria Papaioannou）對本書的評論，來自 *Bryn Mawr Classical Review* (2006), http://bmcr.brynmawr.edu/2006/2006-06-38.html。

3. Roula Ballas and Vassilis Ballas, "How Masticulture Was Created," *Masticulture*，2019年2月11日存取，http://www.masticulture.com/about_masticulture/en/ history-of-chios-masticulture.php。

4. 產出圖3時間線顯示之人口趨勢的方程式為 $y_t = 99 + e^{(1.5 \times -t/400)} \times 10 \sin(t/10)$，其中 $y$ 是人口、$t$ 是年分，$e$ 是歐拉常數（大約是2.71821818）。

5. 2019年，歐洲統計局宣布，2017年間歐盟成年女性生下第一個孩子的平均年齡是29.1歲，上下範圍則是從保加利亞的26.1歲到義大利的31.1歲。當我動筆時，這個年齡正穩定地朝31.4歲攀升（大約是 $10\pi$，也就解釋為什麼10會出現在上面的方程式裡。）見 *Eurostat: Statistics Explained: Fertility Statistics*, online guide to European data, https://ec.europa.eu/eurostat/statistics-explained/index.php/ Fertility_statistics。在英國，2019年1月10日發表的英格蘭與威爾斯數據，揭露2017年初為人母的平均年齡是28.8歲，而且從2016年以來就沒有上升，不過初為人父的平均年齡現在則是33.4歲，比2016年的33.3歲又多了一些：Kanak Ghosh, *Birth Characteristics in England and Wales: 2017* (London: Office for National Statistics, 10 January 2019), https://www.ons.gov.uk/peoplepopulationandcommunity/ birthsdeathsandmarriages/livebirths/bulletins/birthcharacteristicsinenglandandwal es/2017。2017年，東京初為人母的平均年齡是32.3歲，相比之下，全日本則是30.7歲：https://stats-japan.com/t/kiji/14299。在美國，2017年舊金山初為人母的年齡是全美最高的31.9歲，相較之下，全美平均則為26歲，甚至比保加利亞的成年女性還年輕：Michelle Robertson, "San Francisco Women Have Children Later Than Anywhere Else in the U.S. Here's Why," *SFGate*, 7 August 2018, https://www.sfgate. com/mommyfiles/article/women-sf-children-mother-motherhood-later-age-13136540. php。到了2016年，美國的出生出現雙峰分布，因為該國已經變成社會如此分歧的國家，使得數字出現兩個高峰，分別是20歲和28歲，與一個世代前的美國相比，在1980年只有一個高峰位於19歲：Quoctrung Bui and Claire Cain Miller, "The Age That Women Have Babies: How a Gap Divides America," *New York Times*, 4 August 2018。所有的網站都於2019年7月13日存取。

6. 事實上，前英國首相大衛・卡麥隆（David Cameron）就做了這樣一個愚蠢的承諾，當時的內政大臣德蕾莎・梅伊（Theresa May）還試著履行承諾——而失敗了。美國總統川普承諾要在美墨邊界築一道牆，企圖讓英國人看起來不像美國支持者那麼蠢。趨緩的發生，需要我們察覺自己可以蠢到什麼地步。

7. 這裡的中心訂在9,900萬，因為那就是嵌入前面注釋4中方程式的數字。該方程式中的常數1.5和400決定達到穩定狀態的速率。這是笛卡兒在1638年發現的對數螺旋，並在1692年被雅各布・白努利（Jacob Bernoulli）稱為「奇蹟」螺旋。

8. G. J. Chin, "Flying along a Logarithmic Spiral," *Science*, 8 December 2000, http://science.sciencemag.org/content/290/5498/1857.3. 另見 "Spiral Mathematics," *Encyclopaedia Britannica*, https://www.britannica.com/science/spiral-mathematics。

9. "Not All Japanese Towns and Villages Are Atrophying: More Young Japanese Are Seeking a Rural Idyll," *Economist*, 22 March 2018, https://www.economist.com/asia/2018/03/22/not-all-japanese-towns-and-villages-are-atrophying.

10. S. Palmer, "Women Novelists Warned Early on That Village Life Wasn't All It's Cracked Up to Be," *Conversation*, 23 June 2018, https://theconversation.com/women-novelists-warned-early-on-that-village-life-wasnt-all-its-cracked-up-to-be-99884.

11. 惠更斯未來的興趣還會更加廣泛。他在1669年畫出已知史上第二早的統計圖，是關於以年齡區分的預期壽命分布（Michael Friendly, Pedro Valero-Mora, and Joaquín Ibáñez Ulargui, "The First (Known) Statistical Graph: Michael Florent van Langren and the 'Secret' of Longitude," *American Statistician* 64, no. 2 [2010]: 174–84, http://datavis.ca/papers/langren-TAS09154.pdf）。惠更斯的1669年圖表出於此處：Carl Boyer, "Note on an Early Graph of Statistical Data (Huygens 1669)," *Isis: A Journal of the History of Science Society* 37, nos. 3–4 (July 1947), https://www.journals.uchicago.edu/doi/10.1086/348018。

12. Stacy Taylor, "History of the Pendulum," *Sciencing*, 24 April 2017，2019年2月11日存取，https://sciencing.com/history-pendulum-4965313.html。

13. Sascha Reinhardt, Guido Saathoff, Henrik Buhr, Lars A. Carlson, Andreas Wolf, Dirk Schwalm, Sergei Karpuk, Christian Novotny, Gerhard Huber, Marcus Zimmer-mann, Ronald Holzwarth, Thomas Udem, Theodor W. Hänsch, and Gerald Gwinne, "Test of Relativistic Time Dilation with Fast Optical Atomic Clocks at Different Velocities," *Nature Physics*, 11 November 2007, 861–64, https://www.nature.com/articles/nphys778.

14. 這種事到了1960年代在新型迷幻藥的幫助下，或許稍微較容易辦到；不過山謬・柯立芝（Samuel Coleridge）早在1797年寫《忽必烈汗》〔*Kubla Khan*，附標為

「又稱夢中奇景，或稱片斷」（*Or a Vision in a Dream. A Fragment*）〕這首詩時，就已經在用鴉片劑。如果你知道作者處於哪種心智框架內，這整首有著「無限大諸空間」的詩就會比較好懂。

15. "The Phase Space and Density Function," *Wikipedia*，2019年2月11日存取，https://en.wikipedia.org/wiki/Boltzmann_equation#The_phase_space_and_density_function。

16. 吉布斯是康乃狄克州紐哈芬（New Haven）出身的子弟，就讀耶魯大學（Yale College）。本書使用的相圖是源於熱力學中使用的相圖。相圖第一次正式用於研究趨緩及其社會科學效用，是從1970年代的東京開始；本書最後一章做總結時，會提及並描述這段過程。

17. Haynes Miller, "Linear Phase Portraits: Matrix Entry, *MIT Mathlets*，2019年2月11日存取，http://mathlets.org/mathlets/linear-phase-portraits-matrix-entry/。

18. Krishnatej Vedala, "Empowering Caregivers with Technology," *TEDxFIU* (Florida International University) talk, 8 December 2014, https://www.youtube.com/watch?v=RVZ5L0LrlOo.

## *3*　負債：趨緩的減速徵兆

題詞出處：Annie Nova, "Student Debt Continues to Grow, but There's Been a Slowdown," *CNBC*, 20 September 2018, https://www.cnbc.com/2018/09/20/student-debt-continues-to-grow-but-more-slowly-than-in-the-past.html。

1. 我分別在2017年和2018年出版《平等效應》（*The Equality Effect*）和《不均高峰》（*Peak Inequality*）。兩本書包含的數據，顯示貧富不均的成長不只是變慢了；在地球上許多地方，貧富趨於不均的趨勢最近已開始反轉。展現貧富不均的情況整體來說處於下滑，在學術上並非主流，但這就是 2008 年以來的實際情況。在我動筆時，還繼續變得更有錢的超級富豪並不包括在這股趨勢內，但他們也將會面對，搞不好很快就要發生了。如果我們現在真的處在全球貧富不均的巔峰，以後就再也不會看到如此驚人的財富被世界上這麼少的家族所把持。

2. Statista, *Number of Higher Education Degrees Earned in the United States from 1950 to 2028*，線上開放取用資源，2019年2月11日存取，https://www.statista.com/statistics/185153/degrees-in-higher-education-earned-in-the-united-states/。

3. 聯邦學生補助司（Federal Student Aid，美國教育部下轄單位），*Federal Student Loan Portfolio*，2019年2月11日存取，https://studentaid.ed.gov/sa/about/data-center/student/portfolio。

4. Melanie Lockert, "What Happens to Student Loans When You Die?" *Student Loan*

*Hero Blog*, 18 December 2017, https://studentloanhero.com/featured/what-happens-to-student-loans-when-you-die/.

5. Danny Dorling and Michael Davies, *Jubilee 2022: Writing off the Student Debt* (London: Progressive Economy Forum, 30 October 2018), https://www. progressiveeconomyforum.com/jubilee-2022-writing-off-the-student-debt/; Michael Davies and Danny Dorling, *Jubilee 2022: Defending Free Tuition* (London: Progressive Economy Forum, 9 July 2019), https://progressiveeconomyforum.com/ publications/ jubilee-2022-defending-free-tuition/.

6. Jun Hongo, "Number of Cars per Household Stagnates in Japan," *Wall Street Journal*, 18 August 2014, https://blogs.wsj.com/japanrealtime/2014/08/18/number-of-cars-per-household-stagnates-in-japan/.

7. Gil Scott-Heron, "Whitey on the Moon," *The Revolution Will Not Be Televised* (New York: Flying Dutchman Records, 1974).

8. Jeff Gitlen, "History of the Auto Lending Industry," *Lendedu*，2019年2月11日存取，https://lendedu.com/blog/history-of-auto-lending-industry。*Lendedu*是一個以引誘你觀看廣告為目標的網站。

9. Statista, *Light Vehicle Retail Sales in the United States from 1978 to 2018*，線上開放取用資源，2019年2月11日存取，https://www.statista.com/statistics/199983/us-vehicle-sales-since-1951/。

10. Aarón González Sherzod Nabiyev, "Oil Price Fluctuations and Its Effect on GDP Growth: A Case Study of USA and Sweden" (BA thesis, Jönköping International Business School, Jönköping University, January 2009), https://pdfs.semanticscholar.org/ e2dc/68b6cb8346e1bda8491b6dd490594d0e6e94.pdf.

11. Tracy Jan, "Redlining Was Banned 50 Years Ago. It's Still Hurting Minorities Today," *Washington Post*, 28 March 2018, https://www.washingtonpost.com/news/wonk/ wp/2018/03/28/redlining-was-banned-50-years-ago-its-still-hurting-minorities-today.

12. Federal Reserve Bank of St. Louis, *Mortgage Debt Outstanding, All Holders (MDOAH)*，2019年2月11日存取，https://fred.stlouisfed.org/series/MDOAH。

13. Danny Dorling, *All That Is Solid*, 2nd ed. (London: Penguin Books, 2015), 236–49.

14. Daniel Thornton, "The U.S. Deficit/Debt Problem: A Longer-Run Perspective," *Federal Reserve Bank of St. Louis Review* 94, no. 6 (November/December 2012): 441–55, https://files.stlouisfed.org/files/htdocs/publications/review/12/11/Thornton.pdf.

15. International Monetary Fund, *Interest Rates, Discount Rate for United States*，由聖路易聯邦準備銀行提供，最後一次更新為2017年6月1日，https://fred.stlouisfed.org/

series/INTDSRUSM193N。

16. 反對放債及（因而）積聚橫財的宗教教令可說是眾所周知。要忘記這一點，才能把少數人積聚橫財視為應得的好事，並把多數人積聚債務看作他們無能且缺乏自制力的下場。荷蘭之所以能變得如此富裕，有一個理由就是新教放寬高利貸方面的禁令；接著1688年英國也跟進，而美國的新教徒菁英又從英國那邊把這套學過來。《聖經》中定期應有禧年（jubilee）豁免債務的教令，已不時遭人遺忘。亞伯拉罕三大教中最晚成立的伊斯蘭教，在透過欠債利息致富的規矩上可說最為嚴格。

17. Tim Di Muzio and Richard H. Robbins, *Debt as Power* (Manchester: Manchester University Press, 2016), 20.

### *4*　數據：越來越沒有新東西的洪流

題詞出處：Justin Trudeau, "Justin Trudeau's Davos Address in Full," *World Economic Forum*, 23 January 2018, https://www.weforum.org/agenda/2018/01/pm-keynote-remarks-for-world-economic-forum-2018/。

1. Elizabeth Palermo, "Who Invented the Printing Press?" *Live Science Blog*, 25 February 2014, https://www.livescience.com/43639-who-invented-the-printing-press.html.

2. Mathew Wall, "Big Data: Are You Ready for Blast-off?" *BBC Business News*, 4 March 2014, https://www.bbc.co.uk/news/business-26383058.

3. Bernard Marr, "How Much Data Do We Create Every Day? The Mind-Blowing Stats Everyone Should Read," *Forbes*, 21 May 2018, https://www.forbes.com/sites/bernardmarr/2018/05/21/how-much-data-do-we-create-every-day-the-mind-blowing-stats-everyone-should-read/#1ad9abea60ba.

4. "History of Wikipedia," *Wikipedia*, 24 April 2019, https://en.wikipedia.org/wiki/History_of_Wikipedia.

5. Tim Simonite, "The Decline of Wikipedia," *MIT Technology Review*, 22 October 2013, https://www.technologyreview.com/s/520446/the-decline-of-wikipedia/.

6. Max Roser, "Books," *Our World in Data*, 2017, https://ourworldindata.org/books#consumption-of-books.

7. UNESCO, *Recommendation concerning the International Standardization of Statistics relating to Book Production and Periodicals* (Paris: UNESCO, 1964), 145.

8. Eltjo Buringh and Jan Luiten Van Zanden, "Charting the 'Rise of the West': Manuscripts and Printed Books in Europe; A Long-Term Perspective from the Sixth through Eighteenth Centuries," *Journal of Economic History* 69, no. 2 (2009): 409–45（而前面注釋6的作者Max Roser使用本統計資料）。

9. "List of Book-Burning Incidents (Catholic and Martin Luther): The World," *Wikipedia*，2019年4月24日存取，https://en.wikipedia.org/wiki/List_of_book-burning_incidents#Catholic_theological_works_(by_Martin_Luther)。

10. Science Museum, "Thalidomide," *Exploring the History of Medicine*, accessed 2 September 2019, http://broughttolife.sciencemuseum.org.uk/broughttolife/themes/controversies/thalidomide.

11. Alexander J. Field, *A Great Leap Forward: 1930s Depression and U.S. Economic Growth* (New Haven: Yale University Press, 2012). 另見 Alexander J. Field, "The Most Technologically Progressive Decade of the Century," *American Economic Review* 93, no. 4 (2003): 1399–1413, https://www.aeaweb.org/articles?id=10.1257/ 000282803769206377。

12. Charles Darwin, "Laws of Variation," in *The Origin of Species by Means of Natural Selection*, 6th ed. (London: John Murray, 1888), https://www.gutenberg.org/files/2009/2009-h/2009-h.htm.

13. Tim Blanning, *The Pursuit of Glory: Europe, 1648–1815* (London: Penguin, 2007).

14. Robert Colwell 為美國國防高等研究計畫署微系統計數辦公室（Microsystems Technology Office）主任；這段出自其受訪內容，"End of Moore's Law: It's Not Just about Physics," *Scientific American*, August 2018, https://www.scientificamerican.com/article/end-of-moores-law-its-not-just-about-physics/。

15. Evangelia Christodoulou, Jie Ma, Gary S. Collins, Ewout W. Steyerberg, Jan Y. Verbakel, and Ben Van Calster, "A Systematic Review Shows No Performance Benefit of Machine Learning over Logistic Regression for Clinical Prediction Models," *Journal of Clinical Epidemiology* 110 (2019): 12–22, https://www.jclinepi.com/article/S0895-4356(18)31081-3/fulltext.

16. Christopher L. Magee and Tessaleno C. Devezas, "Specifying Technology and Rebound in the IPAT Identity," *Procedia Manufacturing* 21 (2018): 476–85, https:// www.sciencedirect.com/science/article/pii/S2351978918301860.

17. 不意外地，關於摩爾定律的文章多到你讀不完，而且實在太好取得：可見 *Wikipedia*，2019年9月2日存取，https://en.wikipedia.org/wiki/Moore%27s_law。

18. Wgsimon, "Microprocessor Transistor Counts 1971–2011 & Moore's Law," *Wikimedia Commons*, 13 May 2011, https://commons.wikimedia.org/wiki/File:Transistor_Count_and_Moore%27s_Law_-_2011.svg.

19. **物聯網**這個詞彙本身的使用量和用處，就正在經歷一場急速趨緩。如果你過了某一刻才讀到本書，這個詞彙在你聽來可能就毫無意義了。有太多在二十一世紀初被我們吹捧有多新穎、神奇的東西，事後來看就只是在瞎吹牛而已。

## 5　氣候：工業、戰爭、碳和混沌狀態

題詞出處：Jacob Jarvis, "Greta Thunberg Speech: Activist Tells Extinction Rebellion London Protesters 'We Will Make People in Power Act on Climate Change,'" *London Evening Standard*, 21 April 2019, https://www.standard.co.uk/news/london/greta-thunberg-tells-extinction-rebellion-protesters-we-will-make-people-in-power-act-on-climate-a4122926.html。

1. Jonathan Watts, "A Teen Started a Global Climate Protest. What Are You Do- ing?" *Wired*, 12 March 2018, https://www.wired.com/story/a-teen-started-a-global-climate-protest-what-are-you-doing/.

2. Doyle Rice and Doug Stanglin, "The Kid Is All Right: Friday's Worldwide Climate Protest Sparked by Nobel-Nominated Teen," *USA Today*, 15 March 2019, https://eu.usatoday.com/story/news/nation/2019/03/14/climate-change-swedish-teen-greta-thunberg-leads-worldwide-protest/3164579002/.

3. Tessa Stuart, "Greta Thunberg Ups Climate Pressure Ahead of UN Summit: 'This Has to Be a Tipping Point,'" *Rolling Stone*, 29 August 2019, https://www.rollingstone.com/politics/politics-news/climate-crisis-activist-greta-thunberg-united-nations-summit-877973/。而這邊也解釋了瑪麗齊亞二號是「一艘60英尺、太陽能及風力驅動的單體船，隸屬摩納哥公國」。

4. Thomas Boden, Gregg Marland, and Robert Andres, *Global, Regional, and National Fossil-Fuel CO2 Emissions* (Oak Ridge, TN: National Laboratory, U.S. Department of Energy, 2017), doi 10.3334/CDIAC/00001_V2017, 2017, http://cdiac.ess-dive.lbl.gov/trends/emis/overview_2014.html.

5. 見 "Cragside," *Wikipedia*，2019年9月18日存取，https://en.wikipedia.org/wiki/Cragside#Technology。

6. 本章我所使用的紀錄和數字，是根據綜合碳觀測系統（Integrated Carbon Observation System, ICOS）的最新估計："Global Carbon Budget 2018,"，2019年9月17日存取，https://www.icos-cp.eu/GCP/2018。

7. 見 "Monument to the First Lord Armstrong in Rothbury Graveyard," *Historic England*，2019年9月4日存取，https://historicengland.org.uk/listing/the-list/list-entry/1371120。

8. William H. McNeil, *The Pursuit of Power* (Chicago: University of Chicago Press, 1982), 26–27.

9. 同上，第32頁。

10. U.S. Bureau of Transportation Statistics, "World Motor Vehicle Production, Selected Countries," 資料來自 WardsAuto.com, *Motor Vehicle Facts & Figures*，2019年1月20日存取，https://www.bts.gov/content/world-motor-vehicle-production-selected-countries。

11. 麥迪森（1926－2010）是聲譽卓著的經濟史學家。格羅寧根成長與發展中心（Groningen Growth and Development Center）代管一個載有他大部分著作網站（2019年1月20日存取），其中包括安格斯・麥迪森計畫資料庫，目前仍持續更新他的長期資料集。見 https://www.rug.nl/ggdc/historicaldevelopment/maddison/original-maddison。

12. National Bureau of Economic Research, *US Business Cycle Expansions and Contractions, 1854 to 2009 List*，2019年1月20日存取，https://www.nber.org/cycles.html。

13. Boden, Marland, and Andres, *Global, Regional, and National Fossil-Fuel CO2 Emissions.*

14. 這些都是英國節目《世代遊戲》（*Generation Game*）參賽者通常會贏得的獎品，該節目的起源是1969年荷蘭開播的另一個不同名節目。在英國，關鍵大獎不是自動咖啡機，而是自動煮茶機。見 "The Generation Game," *Wikipedia*，2019年9月3日存取，https://en.wikipedia.org/wiki/The_Generation_Game。

15. Corinne Le Quéré et al., "Global Carbon Budget 2018," *Earth System Science Data* 10 (2018): 2141–94, https://www.earth-syst-sci-data.net/10/2141/2018/.

16. Global Carbon Project, *Global Fossil CO2 Emissions, 1960–Projected 2018*，2019年9月4日存取，https://www.icos-cp.eu/sites/default/files/inline-images/s09_FossilFuel_and_Cement_emissions_1959.png.

17. ICOS, "Global Carbon Budget 2018."

18. Intergovernmental Panel on Climate Change (IPCC), "Global Warming of 1.5°C: An IPCC Special Report on the Impacts of Global Warming of 1.5°C above Pre- industrial levels and Related Global Greenhouse Gas Emission Pathways, in the Context of Strengthening the Global Response to the Threat of Climate Change, Sustainable Development, and Efforts to Eradicate Poverty," 8 October 2018, https://report.ipcc.ch/sr15/pdf/sr15_spm_final.pdf.

## 6　溫度：慘烈的例外

題詞出處：Fiona Harvey, "Sharp Rise in Arctic Temperatures Now Inevitable—UN," *Guardian*, 13 March 2019, https://www.theguardian.com/environment/2019/mar/13/

arctic-temperature-rises-must-be-urgently-tackled-warns-un，當中又提及United Nations Environment Programme, "Temperature Rise Is Now 'Locked-In' for the Coming Decades in the Arctic," http://www.grida.no/publications/431（2019年10月12日存取）。

1. Maria Waldinger, "Drought and the French Revolution: The Effects ofAdverse Weather Conditions on Peasant Revolts in 1789" (LSE working paper, 2014), https://personal.lse.ac.uk/fleischh/Drought%20and%20the%20French%20Revolution.pdf.

2. Tekie Tesfamichael, Bonnie Jacobs, Neil Tabor, Lauren Michel, Ellen Currano, Mulugeta Feseha, Richard Barclay, John Kappelman, and Mark Schmitz, "Settling the Issue of 'Decoupling' between Atmospheric Carbon Dioxide and Global Tem- perature: Reconstructions across the Warming Paleogene-Neogene Divide," *Geology* 45, no. 11 (2017): 999–1002, https://doi.org/10.1130/G39048.1.

3. IPCC, "Summary for Policymakers," in *Climate Change 2007: The Physical Science Basis. Contribution of Working Group I to the Fourth Assessment Report of the Intergovernmental Panel on Climate Change*, ed. S. Solomon, D. Qin, M. Manning, Z. Chen, M. Marquis, K. B. Averyt, M. Tignor, and H. L. Miller (Cambridge: Cam- bridge University Press, 2007), https://www.ipcc.ch/site/assets/uploads/2018/02/ar4-wg1-spm-1.pdf.

4. "Thermometer," Science Museum, 2017，2019年9月18日存取，http://www.sciencemuseum.org.uk/broughttolife/techniques/thermometer。

5. 美國太空總署解釋，它使用「局部加權迴歸散點平滑法；換句話說，一種仰賴*k*近鄰模型的非參數迴歸分析。為了評估函數，我們使用相當於十年資料窗的一小段數據，給予一個大約五年的有效平滑。」*NASA Goddard Institute*，2019年9月3日存取，https://data.giss.nasa.gov/gistemp/graphs/。

6. 我的同事邁爾斯‧亞蘭（Myles Allan），和他在牛津大學環境變化研究所（Oxford University Environmental Change Institute）的同事產出一組數據，可以在這裡取得：http://globalwarmingindex.org/（2019年9月17日存取），而這組數據可能不會那麼受到火山爆發這類單一一次事件的影響。本章隨後也使用了考譚和威產出的數據作為比較。

7. 如果我們從第五代（開始於2011年，最後一次加速的起始點，也是圖17開始飆升的時間點）回溯，這就是第一代。

8. 其他作者把X世代的起點訂為1964年，有些人主張是1962年，也就是柯普蘭首度發明這個名詞的那年。這是整個成年人生都將會經歷趨緩的第一代。

9. Wolfgang Helmut Berger, "On the Discovery of the Ice Age: Science and Myth,"

in *Myth and Geology*, ed. Luigi Piccardi and W. Bruce Masse (London: Geological Society, Special Publications, 2007), 273, 271–78, http://sp.lyellcollection.org/ content/ specpubgsl/273/1/271.full.pdf.

10. Jason Hickel, *The Divide: A New History of Global Inequality* (London: William Heinemann, 2017), 275, 285.

11. Walmart, "Walmart on Track to Reduce 1 Billion Metric Tons of Emissions from Global Supply Chains by 2030," 8 May 2019, https://corporate.walmart.com/ newsroom/2019/05/08/walmart-on-track-to-reduce-1-billion-metric-tons-of-emissions-from-global-supply-chains-by-2030.

12. Mary Schlangenstein, "Airline Shares Reach Record as Buffett's Berkshire Extends Bet," *Bloomberg News*, 15 February 2017, https://www.bloomberg.com/news/ articles/2017-02-15/airlines-rise-to-a-record-as-buffett-s-berkshire-deepens-bet.

13. 圖 17 使用的油價來自 *Crude Oil Prices—70 Year Historical Chart*，2019 年 3 月 10 日存取，https://www.macrotrends.net/1369/crude-oil-price-history-chart。

14. Kevin Cowtan and Robert Way, "Coverage Bias in the HadCRUT4 Temperature Record," *Quarterly Journal of the Royal Meteorological Society*, 12 November 2013, http://www-users.york.ac.uk/~kdc3/papers/coverage2013/.

15. 引文出自上一則註釋所提及的 Cowtan and Way 之論文裡提到的來源，亦可在以下提及之網址找到，2019 年 9 月 17 日存取，http://www-users.york.ac.uk/~kdc3/ papers/coverage2013/background.html。

16. 斯蒂爾是世界自然基金會執行長，此段發言出自 Damian Carrington, "Humanity Has Wiped out 60% of Animal Populations since 1970, Report Finds," *Guardian*, 30 October 2018, https://www.theguardian.com/environment/2018/oct/30/humanity-wiped-out-animals-since-1970-major-report-finds 中的受訪發言。

## 7　人口統計：踩下人口的煞車

題詞出處：Darrell Bricker and John Ibbitson, "What Goes Up: Are Predictions of a Population Crisis Wrong?" *Guardian*, 27 January 2019, https://www.theguardian.com/ world/2019/jan/27/what-goes-up-population-crisis-wrong-fertility-rates-decline。

1. David Goodheart, "Review: *Empty Planet: The Shock of Global Population Decline* by Darrell Bricker and John Ibbitson—What a Shrinking World May Mean for Us," *Times* (London), 3 February 2019, https://www.thetimes.co.uk/magazine/culture/ review-empty-planet-the-shock-of-global-population-decline-by-darrell-bricker-and-john-ibbitson-people-will-disappear-5lr726vn0.

2. Jørgen Randers, "An Update of the 2052 Global Forecast Using New Data from 2011 to 2016," *Glimpse Authors' Gathering*, Cambridge, 12 October 2016, http://www.2052.info/wp-content/uploads/2016/11/2052-Jorgen-Randers.pdf.

3. 十分感謝麥基奧恩告訴我，國際應用系統分析研究所（Institute for Applied Systems Analysis, IIASA）由Lutz等人進行的中期預測，目前主張全球人口巔峰會出現在「2070年至2080年」。他們的DataExplorer FAQ提到發表預測之後的修正，所以現在該預測主張巔峰會在2070年馬上到來：Wolfgang Lutz, Anne Goujon, K. C. Samir, Marcin Stonawski, and Nikolaos Stilianakis, *Demographic and Human Capital Scenarios for the 21st Century: 2018 Assessment for 201 Countries* (Laxenburg, Austria: IIASA, 2018), 117, https://ec.europa.eu/jrc/en/publication/demographic-and-human-capital-scenarios-21st-century-2018-assessment-201-countries。

4. John McKeown, "Part 1 of a Review of Darrell Bricker and John Ibbitson, *Empty Planet: The Shock of Global Population Decline*," *The Overpopulation Project*, 11 April 2019, https://overpopulation-project.com/review-of-empty-planet-the-shock-of-global-population-decline-by-darrell-bricker-and-john-ibbitson-part-1/.

5. Danny Dorling, "We're All ... Just Little Bits of History Repeating (Part 1 and Part 2)," *Significance*, 13 and 14 June 2011, http://www.dannydorling.org/?page_id=2255.

6. Cheyenne Macdonald, "Will the World Run out of People? Book Claims Global Population Will Start to Decline in 30 Years Despite UN Predictions—and Says Once It Does 'It Will Never End,'" *Daily Mail*, 4 February 2019, https://wwwdaily mail.co.uk/sciencetech/article-6666745/Will-world-RUN-people-Book-claims-global-population-start-decline-30-years.html.

7. "Stephen Hawking's Final Warning to Humanity," *New Zealand Herald*, 28 March 2018, https://www.nzherald.co.nz/world/news/article.cfm?c_id=2&objectid= 12013139.

8. 布朗（Brown，前英國首相），Danny Dorling and Sally Tomlinson, *Rule Britannia: From Brexit to the End of Empire* (London: Biteback, 2019), 78收錄此段發言。

9. "List of Countries by GDP (PPP)," *Wikipedia*，2019年4月24日存取，https://en.wikipedia.org/wiki/List_of_countries_by_GDP_(PPP)。

10. Simon Worrall, "When, How Did the First Americans Arrive? It's Complicated," *National Geographic*, 9 June 2018, https://news.nationalgeographic.com/2018/06/when-and-how-did-the-first-americans-arrive—its-complicated-/.

11. The World Inequality Database, *Income Inequality, USA, 1913–2014*，2019年3月28日存取，https://wid.world/country/usa/。

12. Worldmapper, *Migration to USA 1990–2017*, https://worldmapper.org/maps/ migration-

to-usa-1990-2017/.

13. Dara Lind, "The Disastrous, Forgotten 1996 Law That Created Today's Immigra- tion Problem, *Vox*, 28 April 2016, https://www.vox.com/2016/4/28/11515132/iirira-clinton-immigration.

14. 更早之前，夏朝大禹可能比漢平帝早兩千年就下令進行中國史上第一次人口普查，得出1,355萬3,932人，或者如果上述數字為戶數，也可能是3,922萬人。但那可能都是後世漢朝學者杜撰的歷史：John Durand, "The Population Statistics of China, A.D. 2–1953," *Population Studies* 13, no. 3 (March 1960): 209–256, https://www.jstor.org/stable/2172247。

15. Judith Banister, "A Brief History of China's Population," in *The Population of Modern China*, ed. D. L. Poston and D. Yaukey, The Plenum Series on Demographic Methods and Population Analysis (Boston: Springer, 1992), https://link.springer.com/chapter/10.1007/978-1-4899-1231-2_3.

16. Cao Shuji, *Zhongguo Renkou Shi* [A History of China's Population] (Shanghai: Fudan Daxue Chubanshe, 2001), 455, 509.

17. AFP (Agence France-Presse), "China's Population Growth Slows," *Guardian*, 21 January 2019, https://guardian.ng/news/chinas-population-growth-slows/.

18. Bob Yirka, "Slowdown in African Fertility Rate Linked to Disruption of Girls' Education," *Phys Org*, 5 February 2019, https://phys.org/news/2019-02-slowdown-african-fertility-linked-disruption.html.

19. Danny Dorling, *Population 10 Billion* (London: Constable, 2013), 52.

20. 1840年4月8日星期三，格萊斯頓於國會發言：*The Mirror of Parliament for the Third Session of the Fourteenth Parliament of Great Britain and Ireland in the Third and Fourth Years of the Reign of Queen Victoria*, 3:2461。

21. 不過，非洲的太陽能灌溉可說潛能充沛。目前，根據全球足跡網路（Global Footprint Network）的資料，若以全球公頃（global hectare, gHa）計算，中國有13.6億全球公頃，而非洲所有國家加起來有14.8億全球公頃（資料來自麥基奧恩，私人通訊）。

22. Mark Rice-Oxley and Jennifer Rankin, "Europe's South and East Worry More about Emigration Than Immigration—Poll," *Guardian*, 1 April 2019, https://www.theguardian.com/world/2019/apr/01/europe-south-and-east-worry-more-about-emigration-than-immigration-poll.

23. E. Buchanan, "'Only Connect'? Forsterian Ideology in an Age of Hyperconnectivity," *Humanist Life*, 9 April 2014, http://humanistlife.org.uk/2014/04/09/only-connect-

forsteran-ideology-in-an-age-of-hyperconnectivity/.

24. 前八個國家，分別是2004年5月1日加入歐盟的捷克、愛沙尼亞、匈牙利、拉脫維亞、立陶宛、波蘭、斯洛伐克及斯洛維尼亞。

25. 不過可能不是實質下滑，因為官方統計數字主張，那年的人口成長了0.64%而不是下滑：日本總務省統計局，2019年4月4日存取，http://www.stat.go.jp/data/nenkan/65nenkan/02.html。

26. Kanae Kaku, "Increased Induced Abortion Rate in 1966, an Aspect of a Japanese Folk Superstition," *Annals of Human Biology* 2, no. 2 (1975): 111–15, https://www.ncbi.nlm.nih.gov/pubmed/1052742.

27. Kyodo News Agency, "Number of Babies Born in Japan in 2018 Lowest since Records Began; Population Decline the Highest," *Japan Times*, 21 December 2018, https://www.japantimes.co.jp/news/2018/12/21/national/number-babies-born-japan-2018-lowest-since-records-began-population-decline-highest.

28. "Timeline: Australia's Immigration Policy," *SBS News*, 3 September 2013, https://www.sbs.com.au/news/timeline-australia-s-immigration-policy.

29. 關於空中人口，見Dan Satherley, "Record Number of Planes in the Air at Once," *Newshub*, 2 July 2018, https://www.newshub.co.nz/home/travel/2018/07/record-number-of-planes-in-the-air-at-once.html。

30. Clara Moskowitz, "Space Station Population Hits Record High," *Space.com*, 17 July 2009, https://www.space.com/7003-space-station-population-hits-record-high.html.

## *8*　生育：從古至今最大的趨緩

題詞出處：Helen Pearson, *The Life Project: The Extraordinary Story of Our Ordinary Lives* (London: Allen Lane, 2016), 343。

1. Lee Bell, "What Is Moore's Law? *Wired* Explains the Theory That Defined the Tech Industry," *Wired*, 26 July 2016, http://www.wired.co.uk/article/moores-law-wont-last-forever.

2. Richard Wilkinson，私人通訊，2016年6月、2019年5月。

3. 來自美國和英國的兩個例子，見Danny Dorling, "It Is Necessarily So," *Significance* 10, no. 2 (2013): 37–39, http://www.dannydorling.org/?page_id=3787；以及Danny Dorling, "When Racism Stopped Being Normal, but No One Noticed: Generational Value Change," in *Sex, Lies, and the Ballot Box*, ed. Philip Cowley and Robert Ford (London: Biteback, 2014), 39–42。

4. Danny Dorling and Stuart Gietel-Basten, *Why Demography Matters* (Cambridge: Polity, 2017), 33.

5. Charles Booth, *Life and Labour of the People in London*, vol. 2, *Streets and Population Classified* (London: Macmillan, 1892)，全文詳見 https://archive.org/details/b28125125_0002/page/n7。

6. Gabriel Moran, *Uniquely Human: The Basis of Human Rights* (Bloomington, IN: Xlibris, 2013), 136.

7. William Beveridge et al., *Changes in Family Life* (London: George Allen and Unwin, 1932).

8. Stephen Lynch, "How Elevators Transformed NYC's Social Landscape," *New York Post*, 8 February 2014, http://nypost.com/2014/02/08/how-elevators-transformed-nycs-social-landscape/.

9. James C. Scott, *Against the Grain: A Deep History of the Earliest States* (New Haven: Yale University Press, 2017), 86.

10. John van Wyhe, *Darwin Online*，2019年7月4日存取，http://darwin-online.org.uk/。

11. 曳引機（tractor）一詞〔相對於曳引擎（traction engine）這樣的機械〕於1896年首度出現。原型有非常多種。在商業上獲得成功的第一台曳引機，是1901年發明的伊威爾農用內燃機（Ivel Agricultural Motor）。見 "tractor", *Wikipedia*，2019年9月3日存取，https://en.wikipedia.org/wiki/Tractor。

12. Google Books Ngram Viewer, *Nowadays 1800–2000*，2019年7月14日存取，https://books.google.com/ngrams/graph?content=nowadays&year_start=1800&year_end=2000&corpus=15&smoothing=3&share=&direct_url=t1%3B%2Cnowadays%3B%2Cc0。

13. Innocent Senyo, "Niger Government Secures 130 Tractors to Boost Food Produc- tion," *World Stage*, 16 May 2018, https://www.worldstagegroup.com/niger-govt-secures-130-tractors-to-boost-food-production/.

14. Max Roser, "War and Peace." *OurWorldInData.org*, 2016, https://ourworldindata.org/war-and-peace/.

15. 美國直到1955年才經歷最輕微的出生數下降，當時的紀錄把未登記者也加入修正後，為每千人生出25個孩子，或共出生404.7萬個孩子。Robert Grove and Alice Hetzel, *Vital Statistics Rates in the United States, 1940–1960* (Washington, DC: U.S. Department of Health Education and Welfare, 1968) table 19 (p. 138), table 80 (p. 876), http://www.cdc.gov/nchs/data/vsus/vsrates1940_60.pdf.

16. Max Roser and Mohamed Nagdy, "Nuclear Weapons," *Our World in Data*，2019年

9月4日存取，https://ourworldindata.org/nuclear-weapons/#note-3。網頁中的圖5-22出自Steven Pinker, *The Better Angels of Our Nature: Why Violence Has Declined* (London: Penguin, 2011)。

17. Statistics New Zealand, "Sure to Rise: Tracking Bread Prices in the CPI," *Stats NZ Online*, 2011, http://www.stats.govt.nz/browse_for_stats/economic_indicators/ prices_indexes/tracking-bread-prices-in-the-cpi.aspx.

18.「倉促忙亂」的原文helter-skelter是指一種叫作「溜滑塔」的移動式遊樂園設施。世界上最早的溜滑塔比該詞早一點出現，可能是在1905年英國赫爾（Hull）的一個移動式遊樂園首度亮相，反正實情是否如此，在我們的討論中也不是重點。如果移動遊樂園再也看不到這種溜滑塔，才是耐人尋味的事。見 "Helter-skelter"，*Wikipedia*，2019年9月3日存取，https://en.wikipedia.org/wiki/Helter_skelter_(ride)。

19. Kyodo News Agency, "1 in 4 Men, 1 in 7 Women in Japan Still Unmarried at Age 50: Report," *Japan Times*, 5 April 2017, http://www.japantimes.co.jp/news/2017/04/05/national/1-4-japanese-men-still-unmarried-age-50-report/.

20. Mizuho Aoki, "In Sexless Japan, Almost Half of Single Young Men and Women Are Virgins: Survey," *Japan Times*, 16 September 2016, http://www.japantimes.co.jp/news/2016/09/16/national/social-issues/sexless-japan-almost-half-young-men-women-virgins-survey/.

21. 他的書是獻給8歲離世的兒子：David Diamond, "James Gleick's Survival Lessons," *Wired*, 1 August 1999, https://www.wired.com/1999/08/gleick/。

22. Nicholas Gane, "Speed Up or Slow Down? Social Theory in the Information Age," *Information, Communication & Society* 9, no. 1 (2006): 35n1.

23. Danny Dorling and Sally Tomlinson, *Rule Britannia: From Brexit to the End of Empire* (London: Biteback, 2019).

24. 在蘇格蘭，那年會早一點點；在威爾斯，那年會晚一點點；在愛爾蘭，那年會晚很多。如果你覺得可以的話，或許問問看祖父母發生哪一年（前提是他們是英國人，而且你還夠年輕）。

25. Jonathan Austen, *Save the Earth … Don't Give Birth: The Story behind the Simplest, but Trickiest, Way to Help Save Our Endangered Planet* (Amazon Digital Services, 2018).

26. 這段引言取自我收到的一個叫作「PCF Bulletin 13」的文件，文件預報世界末日即將來臨，但也強調下一次討論這件事的會議預定在2019年1月14日舉行。

27. Claude Fischer, "Made in America: Notes on American Life from American History," *Lost Children Blog*, 1 November 2011, https://madeinamericathebook.wordpress.

com/2011/11/01/lost-children/.

28. 線上資源可見 *A Vision of Britain through Time (1801 to Now)*，2019年9月4日存取，http://www.visionofbritain.org.uk/unit/10001043/rate/INF_MORT；以及 Office for National Statistics, *Trends in Births and Deaths over the Last Century*, accessed 4 September 2019, https://www.ons.gov.uk/peoplepopulationandcommunity/ births deathsandmarriages/livebirths/articles/trendsinbirthsanddeathsoverthelastcentu ry/2015-07-15。

29. Danny Dorling, *Peak Inequality: Britain's Ticking Timebomb* (Bristol: Policy, 2018).

30. Danny Dorling, "Infant Mortality and Social Progress in Britain, 1905–2005," in *Infant Mortality: A Continuing Social Problem; A Volume to Mark the Centenary of the 1906 Publication of "Infant Mortality: A Social Problem" by George Newman*, ed. Eilidh Garrett, Chris Galley, Nicola Shelton, and Robert Woods (Aldershot, UK: Ashgate, 2006), 223–28, http://www.dannydorling.org/?page_id=2442.

31. Office for National Statistics, *Age and Previous Marital Status at Marriage*, Historic Series, 11 June 2014, https://www.ons.gov.uk/peoplepopulationandcommunity/ birthsdeathsandmarriages/marriagecohabitationandcivilpartnerships/datasets/ageandpre viousmaritalstatusatmarriage.

32. Choe Sang-Hun, "Running out of Children, a South Korea School Enrolls Illiterate Grandmothers," *New York Times*, 27 April 2019, https://www.nytimes.com/2019/04/27/ world/asia/south-korea-school-grandmothers.html.

33. James Gallagher, "'Remarkable' Decline in Fertility Rates," *BBC Health*, 9 November 2018, https://www.bbc.co.uk/news/health-46118103.

## 9　經濟：生活的穩定標準

題詞出處：Martin Wolf, "How Our Low Inflation World Was Made," *Financial Times*, 7 May 2019, https://www.ft.com/content/1b1e0070-709b-11e9-bf5c-6eeb837566c5。

1. H. D. Matthews, T. L. Graham, S. Keverian, C. Lamontagne, D. Seto, and T. J. Smith, "National Contributions to Observed Global Warming," *Environmental Research Letters* 9, no. 1 (2014): 1–9, http://iopscience.iop.org/article/10.1088/1748-9326/9/1/ 014010/pdf.

2. 馬克思，《資本論》（*Das Kapital*）德文第一版序言，該書最普及之公版書第6頁，1867年：https://www.marxists.org/archive/marx/works/download/pdf/Capital-Volume-I.pdf。

3. 見 Jared Lang, *EarthWise: A New Landscape of Globalization*，與 Danny Dorling 及

Peter Taylor之合作計畫，2019年9月18日存取，https://www.lboro.ac.uk/gawc/visual/lang_atlas3.html。

4. B. R. Mitchel, *British Historical Statistics* (Cambridge: Cambridge University Press, 1994).

5. Tim Brown, "Britain Goes 114 Continuous Hours without Using Coal to Generate Electricity," *Manufacturer*, 7 May 2019, https://www.themanufacturer.com/articles/britain-goes-114-continuous-hours-without-using-coal-generate-electricity/.

6. Kevin O'Sullivan, "Ireland Goes 25 Days without Using Coal to Generate Electricity," *Irish Times*, 10 May 2019, https://www.irishtimes.com/news/environment/ireland-goes-25-days-without-using-coal-to-generate-electricity-1.3888166.

7. *Maddison Project Database*，由Jutta Bolt、Robert Inklaar、Herman de Jong 及Jan Luiten van Zanden負責更新，2018年，https://www.rug.nl/ggdc/historicaldevelopment/maddison/releases/maddison-project-database-2018。測量方式：人均實質GDP（rgdpnapc）以2011年美元計（適合跨國成長比對）；2017年數據增加使用2016年的變化，而該變化是根據世界銀行對人均GDP（以2011年不變價格國際美元為單位的購買力平價計算）的估計；而2018年的數據則增添使用國際貨幣基金針對2018年至2019年間人均GDP變化（以當前價格為單位）的數據映射估計數字：https://www.imf.org/external/datamapper/NGDPDPC@WEO/USA/DEU/WEOWORLD。

8. Joe Romm, "We Might Have Finally Seen Peak Coal," *Think Progress Blog*, 4 January 2016, https://thinkprogress.org/we-might-have-finally-seen-peak-coal-5a3e7b15cdfc.

9. Danny Dorling, *The Equality Effect: Improving Life for Everyone* (London: New Internationalist, 2017).

10. Chris Giles, "Global Economy Enters 'Synchronised Slowdown,'" *Financial Times*, 7 April 2019, https://www.ft.com/content/d9bba980-5794-11e9-a3db-1fe89bedc16e?shareType=nongift.

11. Jeremy Grantham, "The Race of Our Lives Revisited" (GMO White Paper, London: GMO Investment Management)，2019年9月3日存取，https://falconsrockimpact.com/wp-content/uploads/2018/11/the-race-of-our-lives-revisited-2018.pdf。

12. Anna-Sapfo Malaspinas, Michael Westaway, Craig Muller, et al., "A Genomic His- tory of Aboriginal Australia," *Nature*, 21 September 2016, https://www.nature.com/ articles/nature18299.

13. Grantham, "The Race of Our Lives Revisited," 4.

14. Tom Orlik, "China's Latest Official GDP Report Is Accurate. No, Really," *Bloomberg*

*Businessweek*, 25 January 2019, https://www.bloomberg.com/news/articles/2019-01-25/china-s-latest-official-gdp-report-is-accurate-no-really.

15. Tim Cook, "Letter from Tim Cook to Apple Investors," *Apple Press Release*, 2 January 2019, https://www.apple.com/newsroom/2019/01/letter-from-tim-cook-to-apple-investors/.

16. Tim Jackson, *Chasing Progress: Beyond Measuring Economic Growth* (London: New Economics Foundation, 2004), https://neweconomics.org/2004/03/chasing-progress.

17. George Monbiot, "Goodbye, Kind World," 10 August 2004, https://www.monbiot.com/2004/08/10/goodbye-kind-world/.

18. 由安坐在美國的人操縱的無人機瞄準地球另一端的人們，這些武器不只用於戰爭，也用於並未正式和美國開戰的國家。小布希任期內下令對巴基斯坦、索馬利亞和葉門等地發動57次無人機攻擊繼任者歐巴馬，下令發動563次——有一次在葉門誤殺55名平民，包括21名孩童（其中10個不到5歲）和12名女性，其中5人懷有身孕。Jessica Purkiss and Jack Serle, "Obama's Covert Drone War in Numbers: Ten Times More Strikes Than Bush," *Bureau of Investigative Journalism*, 17 January 2017, https://www.thebureauinvestigates.com/stories/2017-01-17/obamas-covert-drone-war-in-numbers-ten-times-more-strikes-than-bush.

19. Tim Jackson, "When All Parties Want 'an Economy That Works,' You Know Neoliberalism Is Kaput," *Guardian*, 31 May 2017, https://www.theguardian.com/commentisfree/2017/may/31/economy-neoliberalism-free-market-economics.

20. Osea Giuntella, Sally McManus, Redzo Mujcic, Andrew Oswald, Nattavudh Powdthavee, and Ahmed Tohamy, "Why Is There So Much Midlife Distress in Affluent Nations?" 預印本（私人通訊）。

21. 雖然不太保證，但我對那方面的建議是：當家長。你會累到再也不會有睡眠問題——如果這樣的話，你就從此百毒不侵了。如果這也沒辦法，就寫書寫到精疲力盡。

22. Danny Dorling, *Inequality and the 1%*, 3rd ed. (London: Verso, 2019).

23. Jenni Karjalainen, "Teaching Old Dogs New Tricks," in *Work in the Digital Age: Challenges of the Fourth Industrial Revolution*, ed. Max Neufeind, Jacqueline O'Reilly, and Florian Ranft (New York: Rowman and Littlefield, 2018), 286-94, https://policynetwork.org/wp-content/uploads/2018/06/Work-in-the-Digital-Age.pdf.

24. Anna Ilsøe, "Progressing the Voluntarist Approach," in Neufeind, O'Reilly, and Ranft, *Work in the Digital Age*, 286.

25. "Global Unemployment Down, but Too Many Working Poor: UN," *New Straits*

*Times*, 13 February 2019, https://www.nst.com.my/world/2019/02/459969/global-unemployment-down-too-many-working-poor-un.《新海峽時報》是馬來西亞最老牌的英語政治工商報。

26. *Nationwide House Price Index*，2019 年 5 月 6 日存取，https://www.nationwide. co.uk/-/media/MainSite/documents/about/house-price-index/downloads/uk-house-price-since-1952.xls。

27. Dan McCrum, "Affordability Backwards," *Financial Times*, 19 February 2004, https://ftalphaville.ft.com/2014/02/19/1776182/affordability-backwards/.

28. Becky Tunstall, "Relative Housing Space Inequality in England and Wales, and Its Recent Rapid Resurgence," *International Journal of Housing Policy* 15, no. 2 (2015): 105–26, http://www.tandfonline.com/doi/full/10.1080/14616718.2014.984826.

29. "Gold Supply and Demand Statistics," *World Gold Council*，2019 年 5 月 6 日存取，https://www.gold.org/goldhub/data/gold-supply-and-demand-statistics。

30. Robert Shiller, "Speculative Prices and Popular Models," *Journal of Economic Perspectives* 4, no. 2 (1990): 59, http://www.jstor.org/stable/1942890. 注意：雖然凱斯和席勒共事數十年，但這篇論文是由席勒獨自完成。

31. John Muellbauer and Anthony Murphy, "Booms and Busts in the UK Housing Market," *Economic Journal* 107, no. 445 (1997): 1701–27, http://onlinelibrary.wiley.com/doi/10.1111/j.1468-0297.1997.tb00076.x/full.

32. Mervyn King, "An Econometric Model of Tenure Choice and Demand for Housing as a Joint Decision," *Journal of Public Economics* 14, no. 2 (1980): 137–59, https://doi.org/10.1016/0047-2727(80)90038-9.

33. James Poterba, David Weil, and Robert Shiller, "House Price Dynamics: The Role of Tax Policy and Demography," *Brookings Papers on Economic Activity*, no. 2 (1991): 183, http://www.jstor.org/stable/2534591.

34. Bruce Ambrose, Piet Eichholtz, and Thies Lindenthal, "House Prices and Fundamentals: 355 Years of Evidence," *Journal of Money, Credit and Banking* 45, nos. 2–3 (2013): 477–91, http://onlinelibrary.wiley.com/doi/10.1111/jmcb.12011/full.

35. Matthew Drennan, "Income Inequality: Not Your Usual Suspect in Understanding the Financial Crash and Great Recession," *Theoretical Inquiries in Law* 18, no. 1 (2017): 97, https://www.degruyter.com/view/j/til.2017.18.issue-1/til-2017-0006/til-2017-0006.xml.

36. 1997 年 ViewSonic、IBM 和蘋果都推出第一台彩色液晶顯示螢幕。隨著我們在技術上趨緩，從那時候起就一直使用差不多的東西。Benj Edwards, "The Evolution

of Computer Displays," Vintage Computing and Gaming, 17 September 2019, http://www.vintagecomputing.com/index.php/archives/2580/vcg-anthology-the-evolution-of-computer-displays.

37. William Miles, "Home Prices and Global Imbalances: Which Drives Which?" *International Review for Social Sciences* 72, no. 1 (2018): 55–75, https://onlinelibrary.wiley.com/doi/full/10.1111/kykl.1211.

38. Zhang Qun, Didier Sornette, and Hao Zhang, "Anticipating Critical Transitions of Chinese Housing Markets," *Swiss Finance Institute Research Paper*, nos. 17–18 (May 2017), https://ssrn.com/abstract=2969801；或http://dx.doi.org/10.2139/ssrn.2969801。

39. Dayong Zhang, Ziyin Liu, Gang-Shi Fan, and Nicholas Horsewood, "Price Bubbles and Policy Interventions in the Chinese Housing Market," *Journal of Housing and the Built Environment* 32 (2017): 133–55, doi:10.1007/s10901-016-9505-6.

40. Francisco Becerril, "The Sign of China's 'Rebound' May Be a Housing Bubble," *Financial Times*, 25 April 2019, https://www.ft.com/content/71d237aa-6520-11e9-9adc-98bf1d35a056.

41. International Labour Organisation, *Global Wage Report 2018/19: What Lies behind Gender Pay Gaps* (Geneva: International Labour Office, 2018), https://www.ilo.org/wcmsp5/groups/public/---dgreports/---dcomm/---publ/documents/publication/wcms_650553.pdf.

42. Bruce Knuteson, "How to Increase Global Wealth Inequality for Fun and Profit," *Social Science Research Network*, 12 November 2018, https://papers.ssrn.com/sol3/papers.cfm?abstract_id=3282845；或https://dx.doi.org/10.2139/ssrn.3282845。

43. 同上，n. 15。請注意——我無法替布魯斯的建議做擔保（但你也不太可能有幾十億美元投資吧！）：https://www.bruceknuteson.com/。

44. 涓滴理論是資本主義教大廟裡的一位小仙姑，即便在1980年代初期香火最鼎盛時，都還是有許多人懷疑她是否真的存在。獲利是資本主義教裡的玉皇大帝。見 Michael Wright and Carolin Herron, "Trickle-Down Theory Revisited and Explained," *New York Times*, 8 May 1983, https://www.nytimes.com/1983/05/08/weekinreview/the-nation-trickle-down-theory-revisited-and-explained.html。

## *10*　趨緩時代的地緣政治學

題詞出處：E. M. Forster, "The Machine Stops," *Oxford and Cambridge Review*, November 1909, http://archive.ncsa.illinois.edu/prajlich/forster.html。

1. 這些日期可說因看法而定：1837年是有多個互相競爭的發明家同時提出電報專利權，而第一個有效可行的系統獲得使用，但各種形式的電報在那之前就已經發明了；而1974年則是第一次在網路通訊協定上使用**網際網路**這個詞彙。Vinton Cerf, Yogen Dalal, and Carl Sunshine, *Specification of Internet Transmission Control Program*, December 1974, Network Working Group, Request for Comments 65 (RFC65), https://tools.ietf.org/html/rfc675.

2. 在這群政客與商業菁英之中，最常被提到的就是朗‧保羅（Ron Paul）、保羅‧萊恩（Paul Ryan）及彼得‧提爾（Peter Theil），但連維基百科創辦人吉米‧威爾斯（Jimmy Wales）也被列入對蘭德很有興趣的人物名單。維基百科不是每則資訊都可靠！ "List of People Influenced by Ayn Rand," *Wikipedia*，2019年7月2日存取，https://en.wikipedia.org/wiki/List_of_people_influenced_by_Ayn_Rand。

3. René Descartes, "Letter to Balzac," 5 May 1631, in *Selected Correspondence*, 22, http://www.earlymoderntexts.com/assets/pdfs/descartes1619_1.pdf.

4. W. Scheuerman, W., *Liberal Democracy and the Social Acceleration of Time* (Baltimore: Johns Hopkins University Press, 2004), 5.

5. Qiujie Shi and Danny Dorling, "Growing Socio-Spatial Inequality in Neo-liberal Times: Comparing Beijing and London," *Applied Geography*，即將發表。

6. R. Smith, "London Holds off New York to Keep Its Title as the World's Number One Financial Centre Despite Brexit Uncertainty," *City AM*, 27 March 2017, http://www.cityam.com/261819/london-holds-off-new-york-keep-its-top-spot-worlds-number.

7. 由同一個團體Z/Yen Group製作：Z/Yen Group, *The Global Financial Centres Index* 25, March 2019, https://www.zyen.com/publications/public-reports/the-global-financial-centres-index-25/。

8. Jason Burke, "Kenya Burial Site Shows Community Spirit of Herders 5,000 Years Ago," *Guardian*, 20 August 2018, https://www.theguardian.com/science/2018/aug/20/kenya-burial-site-shows-community-spirit-of-herders-5000-years-ago.

9. Omar Khan et al., "A Brief Introduction to the Ancient Indus Civilization," *Harappa Blog*, 2017, https://www.harappa.com/har/indus-saraswati.html.

10. John Keane, *The Life & Death of Democracy* (London: Simon and Schuster, 2009), 1933. Keane解釋，這些共和政體體認到：「儘管人不是天使、神或女神，但至少有良善到可以避免某些人自認為是神。民主是要成立由人民所擁有的、獲人民所選出的、為人民而服務的政府。」

11. "History of Democracy," *Wikipedia*，2019年6月17日存取，https://en.wikipedia.org/

wiki/History_of_democracy。

12. Jeremy Cushing, "Peace and Equality in the Bronze Age: The Evidence from Dart-moor Suggests That War and Rich Elites Were Unknown More Than 3,000 Years Ago," *Guardian*, 24 August 2018, https://www.theguardian.com/science/2018/aug/24/peace-and-equality-in-the-bronze-age.

13. F. H. King, *Farmers of Forty Centuries: Organic Farming in China, Korea, and Japan* (1911; repr., Mineola, NY: Dover, 2004).

14. Bill Gates, "My New Favorite Book of All Time," *Gates Notes Blog*, 26 January 2018, https://www.gatesnotes.com/Books/Enlightenment-Now.

15. Jeremy Lent, "Steven Pinker's Ideas about Progress Are Fatally Flawed. These Eight Graphs Show Why," *Patterns of Meaning*, 17 May 2018, https://patternsofmeaning.com/2018/05/17/steven-pinkers-ideas-about-progress-are-fatally-flawed-these-eight-graphs-show-why/.

16. "Meaning of feitorias (Portuguese)," *Wiktionary*，2019年7月3日存取，https://en.wiktionary.org/wiki/feitoria#Portuguese。

17. Danny Dorling, *Injustice: Why Social Inequality Still Persists*, rev. ed. (Bristol: Policy, 2015), 18.

18. Timothy Hatton and Bernice E. Bray, "Long Run Trends in the Heights of European Men, 19th–20th Centuries," *Economics and Human Biology* 8 (2010): 405–13.

19. Timothy Hatton, "How Have Europeans Grown So Tall?" *Oxford Economic Papers* 66 (2014): 353 (table 2).

20. Mary Bells, "The History of Vacuum Cleaners," *The Inventors* (part of the *New York Times*), 2006, http://theinventors.org/library/inventors/blvacuum.htm:「休伯特・塞西爾・布斯（Hubert Cecil Booth），一位英國工程師，於1901年8月30日獲得吸塵器的英國專利權，而該吸塵器的模樣，是一台巨大的、馬拉的、汽油驅動的機器，停放在要打掃的建築物外面，把長管子穿進窗戶裡進行清理。1901年當布斯在一間餐廳裡展示他的吸塵設備時，有兩個美國人也在推廣一種概念相同的東西。柯琳・都佛（Corinne Dufour）發明一種機器，可以把灰塵吸進一塊濕海綿裡。大衛・E・肯內（David E. Kenney）的巨型機器則裝在地下室裡，並連接到通往屋裡每間房間的管線網上。有一群清潔員會把這台機器從一間房屋搬到另一間房屋。」

21. "Activated Sludge—100 Years and Counting," *International Water Association Conference*, June 2014, Essen, Germany, http://www.iwa100as.org/history.php.

22. Max Roser, "Human Height," *OurWorldInData.org*, 2016, https://ourworldindata.org/human-height/.

23. Lisa Trahan, Karla Stuebing, Merril Hiscock, and Jack Fletcher, "The Flynn Effect: A Meta-analysis," *Psychological Bulletin* 140, no. 5 (2014): 1332–60, https://www.ncbi.nlm.nih.gov/pmc/articles/PMC4152423/.

24. Ariane de Gayardon, Claire Callender, KC Deane, and Stephen DesJardins, "Graduate Indebtedness: Its Perceived Effects on Behaviour and Life Choices—A Literature Review" (working paper no. 38, Centre for Global Higher Education, June 2018), https://www.researchcghe.org/publications/working-paper/graduate-indebtedness-its-perceived-effects-on-behaviour-and-life-choices-a-literature-review/.

25. Hannah Devlin, "IVF Couples Could Be Able to Choose the 'Smartest' Embryo: US Scientist Says It Will Be Possible to Rank Embryos by 'Potential IQ' within 10 years," *Guardian*, 24 May 2019, https://www.theguardian.com/society/2019/may/24/ivf-couples-could-be-able-to-choose-the-smartest-embryo.

26. Tim Morris, Neil Davies, and George Davey Smith, "Can Education be Personalized Using Pupils' Genetic Data?" 預印本，2019年，https://doi.org/10.1101/645218。「在我們的樣本中，孩童的多基因評分拿來預測他們的教育成果，幾乎和使用家長的社會經濟地位或教育程度來預測一樣。多基因評分和成就分布有著高度重疊，導致預測個體水準的正確度不佳。此外，取決於先前成就的多基因評分無法預測日後成就。我們的研究結果主張，多基因評分能提供資訊，以分辨團體程度差異，但目前在預測個人成就上效用有限。」

27. Tim T. Morris, Danny Dorling, Neil M. Davies, and George Davey Smith, "School Enjoyment at Age 6 Predicts Later Educational Achievement as Strongly as Socioeconomic Background and Gender," at https://osf.io/preprints/socarxiv/e6c37/.

28. Hartmut Rosa and William Scheuerman, eds., *High-Speed Society: Social Acceleration, Power, and Modernity* (Philadelphia: Pennsylvania State University Press, 2008), http://www.psupress.org/books/titles/978-0-271-03416-4.html. 在做出這主張時，作者們提及一篇討論「鏡頭的時間長度以前有多短」，以及「每個鏡頭時間如何隨時間逐漸縮短」的文章(Peter Wollen, "Speed and the Cinema," *New Left Review* 16 [July/August 2002], https://newleftreview.org/II/16/peter-wollen-speed-and-the-cinema)，但那篇文章的研究顯示，它們連減少一半都沒有，更別說減少到剩五十分之一長了。

29. Greg Miller, "A Century of Cinema Reveals How Movies Have Evolved," *Wired*, 9 August 2014, https://www.wired.com/2014/09/cinema-is-evolving/.

30. 在哈穆特・羅沙（Hartmut Rosa）及威廉・薛爾曼（William Scheuerman）的著作中，支持「太多事物都還在急遽加速」論點的第二個主張，就是挪威國會裡演說的速度從1945年以來增加50%。這確實有可能發生，但有可能只是因為言簡意賅的演說變得比較流行，而人們變得不那麼能容忍長篇大論。然而，「一本談加速的書，得要從電影鏡頭剪接的加速速率這種過度誇大的主張，一口氣跳到甚至更模糊的挪威政治人物口語靈巧度細節」這個事實，反倒是證明一件事：在該書出版的2008年及之前的幾年（也就是寫書的那幾年）裡，要找到加速的證據其實越來越困難了。

31. 世界各地進行過許多對性伴侶關係的調查，許多是為了監控愛滋病的散布而推行的。這些調查通常顯示，性關係數量沒有隨著時間增加，反而常常是減少，而減少到極端，就是日本青年那種不太與人互動的**繭居族**現象增加。現在較少人一開始就先結婚，所以像在美國這種地方，連續離婚的現象達到巔峰，已經是一陣子之前的事（那時候人們正處在第三段、第四段或第五段婚姻）。結婚率的巔峰總是有實際極限。有鑑於人們的性伴侶比以前少，然後又比較少人結婚，風流韻事的總次數要增加的唯一可能，就是這批日漸減少的玩家必須前所未有地活躍，還要加快拈花惹草的速度，而且速度要超越全球繭居族的增加速率才行。

32. 要了解卡巴萊，可見Christopher Isherwood, *Goodbye to Berlin* (London: Hogarth, 1939)。

33. Office for National Statistics, *Changing Trends in Mortality: An International Comparison, 2000 to 2016*, figures 1 and 2, 7 August 2018, https://www.ons.gov.uk/peoplepopulationandcommunity/birthsdeathsandmarriages/lifeexpectancies/articles/changingtrendsinmortalityaninternationalcomparison/2000to2016.

34. 其中最有名的，就是喬治・愛哲利・哈里斯三世（George Edgerly Harris III）1967年在五角大廈外被拍到，把一朵花插進槍管的照片。見 "Be the Flower in the Gun: The Story behind the Historic Photograph 'Flower Power' in 1967," *Vintage Everyday*, 11 September 2017, https://www.vintag.es/2017/09/be-flower-in-gun-story-behind-historic.html。

35. Anna Lührmann and Staffan I. Lindberg, "A Third Wave of Autocratization Is Here: What Is New about It?" *Democratization*, 1 March 2019, doi:10.1080/13510347.2019.1582029.

36. 其領袖「支持真正的尿尿藝術家」；有一位「該黨候選人是用公然撒尿作為藝術的無償藝術家。因為法院並未看出其中之藝術，使他曾因公然撒尿而被定罪。」Daniel Boffey, "Danish Far-Right Party Calling for Muslim Deportation to Stand in

Election," *Guardian*, 5 May 2019, https://www.theguardian.com/world/2019/may/05/danish-far-right-party-stram-kurs-calling-for-muslim-deportation-to-stand-in-election.

37. Sithembile Mbete, "The Economic Freedom Fighters—South Africa's Turn towards Populism?" *Journal of African Elections* 14, no. 1 (2015): 35–39, https://repository.up.ac.za/handle/2263/51821.

38. Paul Beaumont, "Brexit, Retrotopia and the Perils of Post-colonial Delusions," *Global Affairs*, 26 June 2018, 379–90, doi:10.1080/23340460.2018.1478674, https:// www.tandfonline.com/doi/abs/10.1080/23340460.2018.1478674.

39. Danny Dorling and Sally Tomlinson, *Rule Britannia: From Brexit to the End of Empire* (London, Biteback, 2019).

40. Pål Røren and Paul Beaumont, "Grading Greatness: Evaluating the Status Performance of the BRICS," *Third World Quarterly* 40, no. 3 (2018): 429–50, https://www.researchgate.net/publication/329373842_Grading_greatness_evaluating_the_status_performance_of_the_BRICS/link/5c42f22d92851c22a3800547/download.

41. Eli Zaretsky, "The Mass Psychology of Brexit," *London Review of Books Blog*, 26 March 2019, https://www.lrb.co.uk/blog/2019/march/the-mass-psychology-of-brexit.

42. 根據2019年英格蘭的報告，孩童貧窮率的最高排行如下：哈姆雷特塔（Tower Hamlets）——56.7%、紐漢（Newham）——51.8%、哈克尼（Hackney）——48.1%、伊斯林頓（Islington）——47.5%、布拉克本─達爾文（Blackburn with Darwen）——46.9%、西敏市（Westminster）——46.2%、盧頓（Luton）——45.7%、曼徹斯特——45.4%、彭德爾（Pendle）——44.7%、彼得伯勒（Peterborough）——43.8%、康登（Camden）——43.5%、桑德威爾（Sandwell）——43.2%。見 "Child Poverty Is Becoming the New Normal in Parts of Britain," *End Child Poverty*, 15 May 2019, https://www.endchildpoverty.org.uk/chid-poverty-is-becoming-the-new-normal-in-parts-of-britain/。

43. Kathryn Torney, "The Religious Divide in Northern Ireland's Schools," *Guardian Datablog*, 24 November 2012, https://www.theguardian.com/news/datablog/2012/nov/24/religious-divide-northern-ireland-schools.

44. Toby Helm and Michael Savage, "Poll Surge for Farage Sparks Panic among Tories and Labour," *Observer*, 11 May 2019, https://www.theguardian.com/politics/2019/ may/11/poll-surge-for-farage-panic-conservatives-and-labour?CMP=Share_iOSApp_Other.

45. 以2019年新選出的整個歐洲議會來看，主流保守派〔歐洲人民黨黨團（European People's Party group, EPP）〕贏得179席、社會主義者〔歐洲社會黨（Party of European Socialists, PES）〕贏得152席；自由派〔歐洲自由民主聯盟黨團

（Alliance of Liberals and Democrats for Europe Group, ALDE）〕贏得110席；環保派〔歐洲綠黨（European Green Party, EGP）；以及歐洲自由聯盟（European Free Alliance, EFA）〕贏得76席，而極右派分裂了。兩名英國獨立黨（UK Independence Party, UKIP）議員和一名民主聯盟黨（Democratic Unionist）議員加入小團體「無所屬議員」（譯注：不屬於黨團的議員）──其中成員較多是右翼極端主義者，包括法西斯政黨，如希臘「金色黎明」（Golden Dawn）、匈牙利「尤比克」（Jobbik）等。如今只剩4席的英國保守黨歐洲議會議員加入稱作「歐洲保守派和改革主義者」（European Conservatives and Reformists, ECR）的團體，該團體是由波蘭極右派政黨「法律與公正」（Law and Justice Party）所主導。

46. Keir Milburn, "Acid Corbynism Is a Gateway Drug," *Red Pepper*, 10 November 2017, http://www.redpepper.org.uk/acid-corbynism-is-a-gateway-drug/.

47. Erle C. Ellis, "Science Alone Won't Save the Earth. People Have to Do That: We Need to Start Talking about What Kind of Planet We Want to Live On," *New York Times*, 11 August 2018, https://www.nytimes.com/2018/08/11/opinion/sunday/science-people-environment-earth.html.

48. Danny Dorling, *The Equality Effect: Improving life for Everyone* (Oxford: New Internationalist, 2016).

49. 事實上，後來那筆數字確證了趨緩正在加速，但也不是什麼非得要放在這裡佐證的數字──那本來就可以預測。

50. 不到一百五十年前，達爾文都還會把黑人和澳洲原住民形容成「低等」，並暗示他們與猩猩相近到令人不舒服。達爾文也認為，人類即將進化，而將會有比「高加索人」更開化的人類。他並不知道高加索人有多麼未開化，也不知道演化的速度根本沒有那麼快。老糊塗達爾文再怎麼厲害，那時候也已經要到底了，況且他也沒有那麼厲害，離無所不知很遠。在他60歲出頭時，已經想了一輩子的他寫道：「在未來的某個時期，以世紀來算的話，在不久的將來中，開化人種幾乎是一定會滅絕野蠻人種，並在全世界各地試圖取而代之。同時，有著人形的猿猴無疑就會如同赫爾曼・沙夫豪森（Hermann Schaaffhausen）教授談到的那樣遭到滅絕。接著這樣的分裂將會拉大，因為那時候的分裂，已經是（我們可期待的）比高加索人處於更開化狀態的人和一些低等如狒狒的猿猴之間的差距，而不是像現在這樣，只是在黑人或澳洲人與猩猩之間的差距而已。」Charles Darwin, *The Descent of Man, and Selection in Relation to Sex* (London: John Murray, 1871), 2:201, http://darwin-online.org.uk/content/frameset?pageseq=1&itemID=F937.1&viewtype=text.

51. Greta Thunberg, *No One Is Too Small to Make a Difference* (London: Penguin, 2019).

## *11*　趨緩時代的生活

題詞出處：來自 Mark O'Brien and Paul Kyprianou, *Just Managing: What It Means for the Families of Austerity Britain* (Cambridge: Open Book, 2017)，第187頁的引言。

1. Greg Clark, "One Giant Leap: Vertical Launch Spaceport to Bring UK into New Space Age," press release, Department for Transport, U.K. Space Agency, Civil Aviation Authority, Department for Business, Energy & Industrial Strategy, Office of the Secretary of State for Wales, 15 July 2018, https://www.gov.uk/government/news/one-giant-leap-vertical-launch-spaceport-to-bring-uk-into-new-space-age.

2. 航空旅行實在不太可能被顯然還要很久的太空旅行取代，儘管有可能被「飄往中國的慢船」所取代：搭乘太陽能驅動的氦氣飛船，順著貿易風進行極低汙染的未來旅行，先從美國和歐洲往東，接著回頭跨越太平洋，或一路往印度、非洲，跨越大西洋到南美洲，搞不好還能到澳洲──但就是相當地慢。

3. Leslie White, *The Science of Culture: A Study of Man and Civilization, part 3, Energy and Civilization* (New York: Grove, 1949).

4. Richard Wilkinson, *Poverty and Progress: An Ecological Model of Economic Development* (London: Methuen, 1983), 18.

5. William Scheuerman, *Liberal Democracy and the Social Acceleration of Time* (Baltimore: Johns Hopkins University Press, 2004), xiii.

6. "China's Slowing Pains: After Three Decades of Strong Growth, the World's Second-Largest Economy Has Been Slowing Down,"《金融時報》系列文章，寫於2018年至2019年，收錄於 https://www.ft.com/content/9903d7e2-5c43-11e9-939a-341f5ada9d40。

7. Alain Badiou, *The True Life*, trans. Susan Spitzer (Cambridge: Polity, 2017), 41.

8. Stefan Kühn et al., *World Employment and Social Outlook* (Geneva: ILO, 2018), https://www.ilo.org/global/about-the-ilo/newsroom/news/WCMS_615590/lang—en/index.htm.

9. Cyril Ramaphosa and Stefan Löfven, *Global Commission on the Future of Work* (Geneva: ILO, 2019), https://www.ilo.org/global/about-the-ilo/newsroom/news/WCMS_663006/lang—en/index.htm.

10. Steven Kapsos（國際勞工組織「數據產生與分析組」負責人），*Just 10 Per Cent of Workers Receive Nearly Half of Global Pay* (Geneva: ILO, 2019), https://www.ilo.org/global/about-the-ilo/newsroom/news/WCMS_712234/lang一en/index.htm。

11. 弗里德里希‧恩格斯（Friedrich Engels），《資本論》（1867年）德文第三版序言，該書最普及之公版書第17頁：https://www.marxists.org/archive/marx/works/

download/pdf/Capital-Volume-I.pdf。

12. Isabel Sawhill and Christopher Pulliam, *Six Facts about Wealth in the United States*, Middle Class Memo Series, Brooking Institute, 25 June 2019, https://www.brookings. edu/blog/up-front/2019/06/25/six-facts-about-wealth-in-the-united-states/.

13. Robert Gordon, "Is US Economic Growth Over? Faltering Innovation Confronts the Six Headwinds," *Centre for Economic Research Policy Insight*, no. 6 (September 2012), https://cepr.org/sites/default/files/policy_insights/PolicyInsight63.pdf.

14. Danny Dorling, *Do We Need Economic Inequality?* (Cambridge: Polity, 2018), 130 (figure 8.1), http://www.dannydorling.org/books/economicinequality/figures-and-tables/ figure-8-1.html.

15. Darrell Bricker and John Ibbitson, *Empty Planet: The Shock of Global Population Decline* (London: Robinson, 2019), 156.

16. Ian Goldin, Pantelis Koutroumpis, François Lafond, Nils Rochowicz, and Julian Winkler, "Why Is Productivity Slowing Down?" (working paper, Oxford Martin, 17 September 2018), https://www.oxfordmartin.ox.ac.uk/downloads/academic/201809_ ProductivityParadox.pdf.

17. François Lafond and Daniel Kim, "Long-Run Dynamics of the U.S. Patent Classification System," *Journal of Evolutionary Economics* 29, no. 2 (April 2019): 631–44 (see figure 1), https://link.springer.com/article/10.1007%2Fs00191-018-0603-3.

18. Carolyn Cummins, "'Levels Not Seen since the GFC': NAB Calls the Retail Recession," *Sydney Morning Herald*, 14 June 2019, https://www.smh.com.au/business/ companies/levels-not-seen-since-the-gfc-nab-calls-the-retail-recession-20190613- p51xbr.html.

19. "UK Rich Increase Their Wealth by £274 billion over Five Years," *The Equality Trust*, 13 May 2018, https://www.equalitytrust.org.uk/wealth-tracker-18.

20. "A Nation of Ferraris and Foodbanks—UK Rich Increase Wealth by £253 Billion over Five Years," *The Equality Trust*, 12 May 2019, https://www.equalitytrust.org.uk/nation- ferraris-and-foodbanks-uk-rich-increase-wealth-%C2%A3253-billion-over-five-years-0.

21. Danny Dorling, *Peak Inequality: Britain's Ticking Timebomb* (Bristol: Policy, 2018).

22. 原句出自卻爾登・希斯頓（Charlton Heston, 1923－2008）飾演太空人泰勒上校（Colonel Taylor）的台詞。「或許希望是一種有用的情緒。《紐約雜誌》（*New York Magazine*）刊登一篇文章，描述那些迎面而來且絕對會置人於死地的氣候變遷——包括海洋死亡、二氧化碳增加導致智能障礙，或是每塊大陸都因溫度過高使人體無法抵禦而幾乎無法居住等各種恐怖可能；之後排山倒海的回應都在譴責這

篇文章不負責任，說杞人憂天只會產生失敗主義，因為人們已經深信沒有別條路可走。」Andrew Whalen, "'Planet of the Apes' Ending Is the Antidote to Aggressively Hopeful Blockbusters," *Newsweek*, 3 April 2018, https://www.newsweek.com/planet-apes-1968-ending-explained-50th-anniversary-870672.

23. United Nations, press release of 6 May 2019, "UN Report: Nature's Dangerous Decline 'Unprecedented'; Species Extinction Rates 'Accelerating,'" *Sustainable Development Goals*，2019年6月23日存取，https://www.un.org/sustainabledevelopment/blog/2019/05/nature-decline-unprecedented-report/。

24. World Wildlife Fund, *2018 Living Planet Report*，2019年6月23日存取，http://livingplanetindex.org/projects?main_page_project=LivingPlanetReport&home_flag=1。針對特定棲息地的生命地球指數數據報告，見http://livingplanetindex.org/projects?main_page_project=AboutTheIndex&home_flag=1（2019年9月4日存取）。

25. International Union for Conservation of Nature (IUCN), "Table 9: Possibly Extinct Species," *Red List Summary Statistics*，2019年6月23日存取，https://www.iucnredlist.org/resources/summary-statistics。

26. 萊爾斯長期效力於獨立工黨，該黨最初成立於布拉福，後來就成為英國工黨。Martin Crick, "The Bradford Branch of the Social-Democratic Federation," *Bradford Antiquary, the Journal of the Bradford Historical and ntiquarian Society*, 3rd ser., 5 (1991): 24–40, http://www.bradfordhistorical.org.uk/oddities.html.

27. 關於這面在1980年代多虧吉娜・布里吉蘭（Gina Bridgeland）與包柏・瓊斯（Bob Jones），而免於遺失旗幟的說明解釋："Banner of the East Bradford Socialist Sunday School," *Working Class Movement Library*，2019年6月23日存取，https://www.wcml.org.uk/our-collections/creativity-and-culture/leisure/socialist-sunday-schools/banner-of-the-bradford-socialist-sunday-school/。

28. Anders Sandberg, "The Five Biggest Threats to Human Existence," *The Conversation*, 29 May 2014, https://theconversation.com/the-five-biggest-threats-to-human-existence-27053.

29. Anders Sandberg, "Will Climate Change Cause Humans to Go Extinct?" *The Conversation*, 29 May 2019, https://theconversation.com/will-climate-change-cause-humans-to-go-extinct-117691.

30. David Wallace Wells, *The Uninhabitable Earth: A Story of the Future* (London: Allen Lane, 2019), 4.

31. Torbjörn Säterberg, Stefan Sellman, and Bo Ebenman, "High Frequency of Functional

Extinctions in Ecological Networks," *Nature*, 7 July 2013, 468–70, https://www.nature.com/articles/nature12277.

32. 人們很難分辨出什麼是值得保存的自然，而什麼又是你以為值得保存，但其實已經整個改頭換面的地景跟動植物群。在 *What Is Missing* 網站上，有一則描寫牛津郡的個人條目提及一個保護區，就在我從6歲住到18歲的那塊地產邊緣。那個自然保護區本身受到保護而未面臨威脅。圍繞那塊地的樹林是人工種植的，是很久以前為了國王打獵娛樂而種下的。這個地方現在已經失去所有原始的野生動植物，不過真菌倒是還很繁盛。那則條目寫道：「個人回憶——英國牛津郡：2017年夏天造訪英格蘭時，我有幸參訪最喜愛的作者克利夫‧斯特波斯‧路易斯〔Clive Staples Lewis，譯注：著有《納尼亞傳奇》（*The Chronicles of Narnia*）的家。在他家周圍有一大片森林，生前還是他的財產。有人跟我說，目前有一個組織正試圖取得這塊土地，目標是興建一座巨大的住宅大樓。這塊地固然有其歷史重要性，但除此之外，我聽到這個消息時也很在意野生動植物。有很多人說那片有著泥濘落葉層、髒兮兮池塘、到處長滿菌類的森林並不美，但我無法同意，因為我覺得一切的自然都很美。」或許一切的自然都很美，但有些地方的自然遠比別地方更脆弱。見 https://whatismissing.net/memory/forgotten-beauty（2019年9月4日存取）。

33. Amanda Goodall and Andrew Oswald, "Researchers Obsessed with FT Journals List Are Failing to Tackle Today's Problems," *Financial Times*, 8 May 2019, https://www.ft.com/content/b820d6f2-7016-11e9-bf5c-6eeb837566c5.

34. Paul Chatterton, "The Climate Emergency and the New Civic Role for the University: As We Face a Climate Emergency, Universities Must Undergo Radical Change to Lead the Way in Tackling the Crisis," *Times Higher Education*, 21 June 2019, https://www.timeshighereducation.com/blog/climate-emergency-and-new-civic-role-university.

35. Vasilis Dakos, Marten Scheffer, Egbert van Nes, Victor Brovkin, Vladimir Petouk-hov, and Hermann Held, "Slowing Down as an Early Warning Signal for Abrupt Climate Change," *Proceedings of the National Academy of Sciences* 105, no. 38 (23 September 2008): 14308–12, doi: 10.1073/pnas.0802430105.

36. Vasilis Dakos, Egbert van Nes, Raul Donangelo, Hugo Fort, and Marten Scheffer, "Spatial Correlation as Leading Indicator of Catastrophic Shifts," *Theoretical Ecology* 3, no. 3 (August 2010): 163–74, doi:10.1007/s12080-009-0060-6; Marten Scheffer, Jordi Bascompte, William Brock, Victor Brovkin, Stephen Carpenter, Vasilis Dakos, Hermann Held, Egbert van Nes, Max Rietkerk, and George Sugihara, "Early-Warning Signals for Critical Transitions," *Nature*, 3 September 2009, 53–39, https://www.nature.

com/articles/nature08227.

37. Erle Ellis, "Science Alone Won't Save the Earth. People Have to Do That: We Need to Start Talking about What Kind of Planet We Want to Live On," *New York Times*, 11 August 2018, https://www.nytimes.com/2018/08/11/opinion/sunday/science-people-environment-earth.html.

38. Global Carbon Project, "Global CO2 Emissions Rise Again in 2018 According to Latest Data," press release, *COP24: 24th Conference of the Parties to the United Nations Framework Convention on Climate Change (UNFCCC)*, 5 December 2018, http://www.globalcarbonproject.org/carbonbudget/18/files/Norway_CICERO_GCPBudget2018.pdf.

39. United Nations press release, "9.7 Billion on Earth by 2050, but Growth Rate Slowing, Says New UN Population Report," *UN News*, 17 June 2019, https://news.un.org/en/story/2019/06/1040621.

40. OCED Social Policy Division, Directorate of Employment, Labour and Social Affairs, PF 2.5 Annex: "Detail of Change in Parental Leave by Country," *OECD Family Database*, 26 October 2017, https://www.oecd.org/els/family/PF2_5_Trends_in_leave_entitlements_around_childbirth_annex.pdf.

41. 見 Danny Dorling and Annika Kolionen, *Finntopia: What We Can Learn from the World's Happiest Country* (New York: Agenda, 2020)。

42. Tony Lawson, "A Speeding Up of the Rate of Social Change? Power, Technology, Resistance, Globalisation and the Good Society," in *Late Modernity: Trajectories towards Morphogenic Society*, ed. Margaret Archer (Cham, Switzerland: Springer, 2014), doi:10.1007/978-3-319-03266-5__2; http://www.springer.com/cda/content/document/cda_downloaddocument/9783319032658-c2.pdf?SGWID=0-0-45-1490820-p176345324.

43. Thomas Rudel and Linda Hooper, "Is the Pace of Social Change Accelerating? Latecomers, Common Languages, and Rapid Historical Declines in Fertility," *International Journal of Comparative Sociology*, 1 August 2005, http://citeseerx.ist.psu.edu/viewdoc/download?doi=10.1.1.1013.4276&rep=rep1&type=pdf. 另見本書第二章。

44. William J. Goode, "The Theory and Measurement of Family Change," in *Indicators of Social Change: Concepts and Measurements*, ed. Eleanor Bernert Sheldon and Wilbert Moore (Hartford, CT: Russell Sage Foundation, 1968), 337.

45. Jamie Ducharme, "It May Not Be a Bad Thing Fewer U.S. Babies Were Born in 2018 Than in Any Year since 1986," *Time*, 15 May 2019, http://time.com/5588610/us-birth-rates-record-low/.

### 12　人：認知和鯰魚

題詞出處：Robin Wigglesworth, "Japanification: Investors Fear Malaise Is Spreading Globally, *Financial Times*, 27 August 2019, https://www.ft.com/content/314c626a-c77b-11e9-a1f4-3669401ba76f。

1. Hephzibah Anderson, "The 1968 Sci-Fi That Spookily Predicted Today," *BBC Culture*, 10 May 2019, http://www.bbc.com/culture/story/20190509-the-1968-sci-fi-that-spookily-predicted-today.

2. James Fulcher and John Scott, *Sociology* (Oxford: Oxford University Press, 2011), 273.

3. 作者使用麥迪森與聯合國的數字進行計算之結果。1901年全球年度人口成長為 1.029%，1971年達到2.128%的巔峰。成長的下滑可能比其上升還要來得快。

4. Helen Pearson, *The Life Project: The Extraordinary Story of Our Ordinary Lives* (London: Allen Lane, 2016), 348.

5. Richard Clegg, *Graduates in the UK Labour Market: 2017* (London: Office for National Statistics, 2017), https://www.ons.gov.uk/employmentandlabourmarket/peopleinwork/employmentandemployeetypes/articles/graduatesintheuklabourmarket/2017.

6. Sutton Trust, *Elitism Britain, 2019: The Educational Backgrounds of Britain's Leading People* (London: Social Mobility Commission and the Sutton Trust, 2019), 6. https://www.suttontrust.com/wp-content/uploads/2019/06/Elitist-Britain-2019.pdf.

7. African Child Policy Forum, "The African Report on Child Wellbeing, 2018: A Ticking Demographic Time Bomb," Addis Ababa, Ethiopia, press release, 2 November 2018, https://africanchildforum.us1.list-manage.com/track/click?u=30fc8ce3edcac87cef131fc69&id=e9f04d0f36&e=8f9ea6f9c6.

8. 這段Emma Hagestad的發言出自針對 *The Examined Life* 之評論，作者為Stephen Grosz, *Independent*, 3 January 2013, http://www.independent.co.uk/arts-entertainment/books/reviews/the-examined-life-by-stephen-grosz-book-review-9035081.html。

9. E. Cort Kirkwood, "Immigrant Invasion," *New American*, 9 July 2019, https://www.thenewamerican.com/print-magazine/item/32664-immigrant-invasion.

10. Steven Shapin, "The Superhuman Upgrade" (a review of *Homo Deus: A Brief History of Tomorrow*, by Yuval Noah Harari), *London Review of Books*, 13 July 2017, 29–31.

11. Umair Haque, "The Three Causes of the World's Four Big Problems: Deep Transformation, or What London's Climate Change Protests Teach Us about the Future," *Eudaimonia and Co. Blog*, 22 April 2019, https://eand.co/the-three-causes-of-the-worlds-four-big-problems-e9fe49d89e3d.

12. Cesar Victora and Ties Boerma, "Inequalities in Child Mortality: Real Data or Modelled

Estimates?" *Lancet*, May 2018, https://doi.org/10.1016/S2214-109X(18)30109-8.

13. Lucinda Hiam and Martin McKee, "The Real Scandal behind Britain's Falling Life Expectancy," *Guardian*, 24 June 2019, https://www.theguardian.com/commentisfree/2019/jun/24/britain-life-expectancy-health-gap-rich-poor-tory-leadership.

14. Marc Luy, "Causes of Male Excess Mortality: Insights from Cloistered Populations," *Population and Development Review*, 20 April 2004, 647–76, https://onlinelibrary.wiley.com/doi/abs/10.1111/j.1728-4457.2003.00647.x.

15. 同上；Jon Minton，私人通訊（感謝他發現這一點，並提醒我注意。）

16. Gordon Marc le Roux, "'Whistle While You Work': A Historical Account of Some Associations Among Music, Work, and Health," *American Journal of Public Health* 95, no. 7 (July 2005): 1106–9, doi:10.2105/AJPH.2004.042564; https://www.ncbi.nlm.nih.gov/pmc/articles/PMC1449326/.

17. 完整歌詞及對歌詞的詮釋，見 *Union Songs: The H-Bomb's Thunder*，2019年9月4日存取，https://unionsong.com/u576.html，2019年7月7日存取。

18. 使用多個來源是明智之舉。這裡有一個是來自 *The World Population Review*，2019年9月4日存取：http://worldpopulationreview.com/world-cities/istanbul-population/。

19. Tony Lawson, "A Speeding Up of the Rate of Social Change? Power, Technology, Resistance, Globalisation and the Good Society," in *Late Modernity: Trajectories towards Morphogenic Society*, ed. Margaret Archer (Cham, Switzerland: Springer, 2014), 21–47.

20. Kimura Masato, "Warning for Japan as a 'Migrant Power': Great Britain Changes Its Immigration Policy by Leaving the EU," *Yahoo Japan*, 23 December 2018, https://news.yahoo.co.jp/byline/kimuramasato/20181223-00108781/.

21. Kawashima Tatsuhiko, "Recent Urban Evolution Processes in Japan: Analysis of Functional Urban Regions"（論文發表於第二十五屆北美區域科學協會會議，1978年於芝加哥舉行）。

22. Kawashima Tatsuhiko and Hiraoka Norijuki, "Spatial Cycles for Population Changes in Japan: Larger Metropolitan Areas and Smaller-and-Non-metropolitan Area," *Gakushuin Economics Papers* 37, no. 3 (2001): 227–44, https://www.gakushuin.ac.jp/univ/eco/gakkai/pdf_files/keizai_ronsyuu/contents/3703=04/3703=04-18kawashima,hiraoka.pdf; Kawashima Tatsuhiko, Fukatsu Atsumi, and Hiraoka Noriyuki, "Re-urbanization of Population in the Tokyo Metropolitan Area: ROXY-index / Spatial-cycle Analysis for the Period 1947–2005," *Gakushuin Economics Papers* 44, no. 1 (2007): 19–46, https://

ci.nii.ac.jp/naid/110007524073/en/?range=0&sortorder=0&start=0&count=0.

23. Martti Hirvinen, Norijuli Hiraoka, and Tatsuhiko Kawashima, "Long-Term Urban Development of the Finnish Population: Application of the ROXY-index Analytical Method," *Gakushuin Economic Papers* 36, no. 2 (August 1999): 243–63, http://www.gakushuin.ac.jp/univ/eco/gakkai/pdf_files/keizai_ronsyuu/contents/3602/3602-21hirvonen,hiraoka.pdf.

24. David Sanger, "Tokyo Journal; She's Shy and Not So Shy, Japan's Princess Bride," *New York Times*, 26 June 1990, https://www.nytimes.com/1990/06/26/world/tokyo-journal-she-s-shy-and-not-so-shy-japan-s-princess-bride.html.

25. "Prince Hisahito Tells Junior High School Entrance Ceremony of New Students' Hopes to Broaden Perspectives," *Japan Times*, 8 April 2019, https://www.japantimes.co.jp/news/2019/04/08/national/prince-hisahito-tells-junior-high-school-entrance-ceremony-new-students-hopes-broaden-perspectives/#.XMLczutKjUI.

26. Sanger, "Tokyo Journal."

## 附錄　如何閱讀、繪製時間線

1. Pierre Bézier, "How Renault Uses Numerical Control for Car Body Design and Tooling," *SAE Technical Paper* 680010 (1968), https://www.sae.org/publications/technical-papers/content/680010/.

2. Danny Dorling, *Injustice: Why Social Inequality Still Persists* (Bristol: Policy, 2015), 145.

Big Ideas

# 大減速：飛躍式成長的終結，後疫情時代的全球脈動及契機

2021年8月初版　　　　　　　　　　　　　　　　　定價：新臺幣520元
有著作權・翻印必究
Printed in Taiwan.

| | | |
|---|---|---|
| 著　　者 | Danny Dorling | |
| 繪　　者 | Kirsten McClure | |
| 譯　　者 | 唐　澄　暐 | |
| 叢書主編 | 王　盈　婷 | |
| 校　　對 | 蘇　淑　君 | |
| 內文排版 | 林　婕　瀅 | |
| 封面設計 | 兒　　日 | |

| | | | | |
|---|---|---|---|---|
| 出　版　者 | 聯經出版事業股份有限公司 | 副總編輯 | 陳　逸　華 |
| 地　　　址 | 新北市汐止區大同路一段369號1樓 | 總編輯 | 涂　豐　恩 |
| 叢書主編電話 | (02)86925588轉5316 | 總經理 | 陳　芝　宇 |
| 台北聯經書房 | 台北市新生南路三段94號 | 社　長 | 羅　國　俊 |
| 電　　　話 | (02)23620308 | 發行人 | 林　載　爵 |
| 台中分公司 | 台中市北區崇德路一段198號 | | |
| 暨門市電話 | (04)22312023 | | |
| 台中電子信箱 | e-mail：linking2@ms42.hinet.net | | |
| 郵政劃撥帳戶 | 第0100559-3號 | | |
| 郵撥電話 | (02)23620308 | | |
| 印　刷　者 | 文聯彩色製版印刷有限公司 | | |
| 總　經　銷 | 聯合發行股份有限公司 | | |
| 發　行　所 | 新北市新店區寶橋路235巷6弄6號2樓 | | |
| 電　　　話 | (02)29178022 | | |

行政院新聞局出版事業登記證局版臺業字第0130號

本書如有缺頁，破損，倒裝請寄回台北聯經書房更換。　　ISBN　978-957-08-5930-0（平裝）
聯經網址：www.linkingbooks.com.tw
電子信箱：linking@udngroup.com

Slowdown: The End of the Great Acceleration–and Why It's Good for the Planet,
the Economy, and Our Lives © 2020 by Danny Dorling Originally published by
Yale University Press Complex Chinese edition © 2021 by Linking Publishing Co., Ltd.
Published by arrangement through Bardon-Chinese Media Agency,
Taiwan All Rights Reserved

**國家圖書館出版品預行編目資料**

大減速：飛躍式成長的終結，後疫情時代的全球脈動及契機/
Danny Dorling著 . Kirsten McClure繪 . 唐澄暐譯 . 初版 . 新北市 . 聯經 .
2021年8月 . 480面 . 17×23公分（Big Ideas）
譯自：Slowdown: the end of the great acceleration–and why it's good for the planet,
the economy, and our lives.
ISBN　978-957-08-5930-0（平裝）

1.社會發展　2.文明史

541.43　　　　　　　　　　　　　　　　　　　110010947